工作学习生活随笔

赵士仁　著

中国商业出版社

图书在版编目（CIP）数据

工作学习生活随笔／赵士仁著．—北京：中国商业出版社，2017.11

ISBN 978-7-5208-0081-5

Ⅰ．①工…　Ⅱ．①赵…　Ⅲ．①随笔-作品集-中国-当代　Ⅳ．①I267.1

中国版本图书馆 CIP 数据核字（2017）第 238567 号

责任编辑：张　旭

中国商业出版社出版发行

010-63180647　www.c-cbook.com

（100053　北京广安门内报国寺 1 号）

新 华 书 店 经 销

北京军迪印刷有限责任公司印刷

*　*　*

787×1092 毫米　16 开　26.25 印张　430 千字

2017 年 11 月第 1 版　2017 年 11 月第 1 次印刷

定价：68.00 元

*　*　*　*

（如有印装质量问题可更换）

序　言

我在商业零售企业工作三十八年，担任过总经理、党委书记和董事长，作为基层干部，经常会遇到新问题，经常要解决新问题，这就是基层干部的日常工作。由于自己在部队从事新闻宣传工作十二年，部队工作使我懂得了写作的重要性、宣传的重要性。转业之后，一直在思考一个问题：如何将写作融入到工作中，与工作有机结合，相互促进，既让自己在部队学到的写作知识继续发挥作用，又让自己在地方的工作别具一格。多年来，我坚持边工作边写作，用写作指导工作，用工作促进写作。

基层工作实践，对写作大有益处，写作的素材层出不穷，大量涌现，总有写不完的东西，说不尽的道理。为了使自己写的文章具有针对性、生命力、实用性，在写作中，我坚持的是问题导向——因发现问题而写，为解决问题而写。这样的做法，对自己从事的经营管理工作、思想政治工作都及时起到了潜移默化、扬正抑邪、克服矛盾、同化理念、统一行动的作用，既保证了企业日常工作的顺利开展，又为企业文化注入了活力，形成了企业管理的特色。

1990 年我 43 岁，产生了写书的念头，确定了写书的目标：到法定退休年龄时，要写出三本书，共 100 万字。2007 年我 60 岁，写完了三本书：《经理通俗理论》（上下卷）、《经营管理 100 招》，共计 150 万字，17 年前的目标实现了。

因自己所在的企业是股份制企业，现在仍在企业工作，今年我 70 岁，这 10 年来我又结合经营、管理、学习、党建、生活等方面的工作写了《思想政治工作漫谈》（上下卷）、《怀念、铭记、传承》《工作学习生活随笔》四本书。这次出版的《工作学习生活随笔》一书，大部分是 2013 年 7 月至 2017 年 8 月期间写的，与以前不同之处是增加了生活的内容。生活是人生的重要内容，与工作、学习息息相关。因此，有必要写入书中。

今天写序言，恰逢建军九十周年纪念日。每当“八一”之际，自己总要想一想军人的生活，忆一忆参军的经历。自己是一名转业干部，12 年的部队生活，部队教育，部队修炼，坚定了理想信念，提高了思想觉悟，锤炼了坚强意志，砥砺了铁纪作风，铸就了军人之魂，这就是部队给我们的财富、法宝、圣经。作为转业干部，要永远有颗战士之心，永远牢记战士品德，永远具备战斗、奋斗、苦斗的精神。我要坚持“日读三时，周写一文”的习惯，只要继续工作，就会继续写作，只要生命不息，就要继续写作，让写作成为提高企业软实力的助推器、催化剂，成为工作、学习、生活的伴侣。让手中之笔发挥更大的作用，使自己的人生更有价值。

赵士仁

二〇一七年八月一日

目　录

第一部分　如何纠正这些思想问题

第二部分　如何解决这些干部问题

第三部分　如何看待这些服务问题

第四部分　如何抓好这些管理问题

第五部分　如何面对这些学习问题

第六部分　如何处理这些生活问题

第一部分

如何纠正这些思想问题

做人就要做好人

怎样做人？做一个什么样的人？不管你是自觉的还是不自觉的，不管你是想过还是没有想过，这都是人生道路上的必答题，有的用语言回答这个问题，有的用行动回答这个问题。当你问别人"你是愿意做好人，还是愿意做坏人"时，不管问多少人，得到的答案都是一致的——愿意做好人！因为坏人的名声不好听，谁愿意做坏人呢？做人难，做好人更难。口头上说要做好人，行动上能不能做个好人；一时做个好人，一生能不能做个好人。这是完全不同的两个标准。做人就要做好人，这是一生要用大脑思考的问题，这是一生要用行动解答的问题。

"如何做一个好人"，既是道德命题，更是时代命题。做人就要做好人，这是一生的标准，不是一时的标准；这是一个高标准，不是一个低标准；这是一个实标准，不是一个虚标准；这是一生奋斗的标准，不是光说不做的标准。那么什么人才算是好人呢？《现代汉语词典》中的解释是：品行好的人，先进的人。

"人"是所有动物中笔画数最少的、最简单的一个名称，却也是最高级的、最复杂的一种动物。在人的身上，具有互相矛盾又互相统一的两个属性：动物性和社会性，通俗地讲，动物性就是兽性——自私、贪婪、抢占、弱肉强食……社会性就是人性——理性、文明、克己、团结、互助……动物性是动物的本能，是天生带来的，无须后天引导培养；社会性是人在群体生活中靠家庭教育、社会教育、自我改造、自我修养得到的。在人的身上，动物性和社会性既相生相伴，又相克相杀，你退我进，此消彼长。当一个人的动物性占了主导地位，那他就会以低级动物的面目出现，无视道德，不讲美德，自私自利，只要私利，不要公利，只讲独理，不讲公理，不顾及别人的感受，一味的满足自己动物本能的需求，经常干缺德丢丑之事，就是典型的坏人。而当一个人的社会性占了主导地位，他就会做事坚持社会性，以社会规矩行事，注重道德，讲求道德，以德帅行，善于正确处理私利与公利的关系，心中装着别人，宁愿自己吃亏，也不伤害别人，坚持做积德行善之事，这就是典型的好人。

希腊哲学家普罗提诺曾经说过“人的一半是天使，一半是魔鬼。”说的就是在人的心里同时可能存在美好和丑陋，善良和狠毒，正义和邪恶，真诚和虚假这些相反的、对立的品质。

人生在世，匆匆不过百年，每个人都要面对这样一个问题：人生的意义是什么？是索取还是奉献？是得到还是付出？对于这个人生命题的不同回答就是人生不同的选择。有的人选择做好人，他们甘愿做奉献，毫不利己，专门利人，在付出中收获快乐和满足，他们是光荣的，更是可敬的；而有的人选择做坏人，他们只想要索取，涌泉之恩，滴水不报，他们是永不知足的人，永不满意的人，是可耻的，更是可憎的。社会需要好人，人们呼唤好人，“好人精神”引领着更多的人做好事，从善行，做好人。

那么，如何才能成为一个好人呢？

其一，要成为家庭的好人。家庭是人的第一所学校，在家庭中全是与自己有血缘亲情的人，是关系最密切的人，只有在家庭里好好做人，做好了人，才有可能成为别人心目中的好人、工作单位的好人、社会上的好人。人们常说“百善孝为先”“孝为德之基”。一个人不论生在文化高的家庭里，还是生在文化低的家庭里，不论父母是从事教育工作的，还是从事其它工作的，他们在家庭这个第一学校中得到的都是“孝”“善”“德”的最简单、最基础、最直接的教育。孝是为人的根本，也是家庭好人的标准！父母给了我们生命，把天底下最无私的、不求回报的爱给了我们，天高地厚，不及父母爱的深切，对于这一份不可复制的爱，作为子女的一定要心存感激，努力回报。孝敬父母，既要满足父母的物质需要，保证有吃有穿，更要满足父母的精神需要，做到敬重关爱。父母身前，要对父母孝顺，让父母开心顺心；父母身后，要把父母的恩德常记心中，努力学习和继承父母的优良品德，只有做到这些才具备了做好人的底色。可是现在社会上有一些很不正常的现象：有的关系颠倒，将自己的孙子、外孙置于自己的父母之上，只顾小的，不顾老的；有的疏上优下，对自己的父母十分吝啬，小气过度，对自己的孙子外孙十分优待，大气过度；有的忘恩负义，父母培养儿女二十多年不嫌烦，父母衰老需要儿女照料时，有的儿女竟然能说出“我没有时间”的怨言；有的一生有怨，小时对父母不满，六七十岁了还对八九十岁的父母不满，父母死后还要说坏话；有的冷热不一，对自己的父母关怀备至、热情有加，对爱人的父母冷若冰霜、如同敌人；有的表现不一，人前一套，人后一套，生前不孝，死后乱叫……这些人是否是合格的人？是否是个好人？应该打个大大的问号。

从“孝”的起源上来看，孝最初的含义是对先祖对父母的崇拜和尊敬，如果把这种敬爱之心推广、延伸出来，就是对兄弟姐妹的手足之爱，对朋友同事的友情之爱，对事业的忠诚之爱，对祖国的报效之爱。有了这种敬爱之心，就会树立起正确的人生价值观，就会妥善地处理人与人之间的关系，就会充满责任感和使命感，就会始终如一地以仁善之心对待事情。

其二，要成为社会的好人。社会是人的第二所学校。只有在第一所学校合格了，毕业了才具备到第二所学校的能力。幼时是听话的儿女，大了是孝顺的儿女，儿子成家时能成为合格丈夫，女儿成家时能成为合格妻子，儿子有孩子后能成为合格父亲，女儿有孩子后能成为合格母亲。这些“合格”，不是天然就能合格，不是自然就能合格，不是必然就能合格，而是要靠自觉学习才能合格，要靠接受教育才能合格，要靠坚持修养才能合格。那么，在家庭中做好了一个“好人”的角色，具备了升学升级的能力和基础，再到社会上推而广之，就可用自己的善良做一个社会认可的“好人”。

社会好人是具有更高标准的好人。他们秉性正直，心正行正，不管说话还是做事，公正坦率，始终以真理为主，不偏袒任何一个人，持正义、主公道；他们心地善良，富有爱心，同情弱者，关心难者，即使自己也不是顺风顺水，也要创造条件让受助者得到一丝温暖；他们诚实守信，一诺千金，说到做到，哪怕承诺的事情困难重重，也要想方设法践行诺言；他们品德高尚，心底无私，心中装着大义，心里装着他人，宁愿自己吃亏也不让别人受伤害。

好人不会计较，他们不会因为小事而斤斤计较，也不会因为得失而过喜过悲，做事肯为他人考虑，在帮人中得到满足，在助人中得到快乐；好人不怕吃亏，看到别人有难处，他们急人所急，帮人之难，如果能帮到别人，哪怕自己受劳累、受牵连，也会心满意足，在所不惜；好人不会记仇，即使别人曾经对不起他们，说过坏话，做过错事，在别人遇到困难的时候，他们依然愿意拉对方一把，帮对方一下；好人不求回报，他们做事只想着要对得起自己的良心，只施恩，不留名，不图报，能在别人需要的时候给予温暖和帮助，就感到内心充实安宁；好人不染邪气，他们一身正气，是非分明，疾恶如仇，见不得邪气，看不惯歪风，对于歪门邪道嗤之以鼻，对于坏人坏事从不姑息；好人不会孤立，他们总是能看到别人闪光的地方，总是能体谅别人不得已的难处，因此他们的交友圈子就会越来越大，得到越来越多人的喜爱。

在好人的世界里，他们常用一句“做人要上对得起天，下对得起地”来要求自己。在家庭中，要上对得起父母，让父母放心，令父母骄傲，下对得起子女，勇于承担责任，成为子女的榜样；在社会中，要上对得起国家人民，不辜负国家的培养、人民的期望，在社会事务中尽自己的力量，下对得起家族亲朋，孝悌、谨信、仁爱，恪守本分，成为他们喜欢的家人；在自然界中，我们要上对得起老天赐予我们的阳光空气，让我们得到温暖舒畅，下对得起大地赐予我们的粮食水源，让我们得到补给滋养。当我们全都做到了“对得起”，就无愧来世间这一遭，无愧于“好人”这个称谓。

毛主席说过“一个人做点好事并不难，难的是一辈子做好事，不做坏事。”好人必然做好事，不是一时做好事，而是一世做好事，不是做一件两件好事，而是要做无数件好事。当这个人离开这个世界的时候，得到过他的帮助的人，或是听到过他的故事的人就会给他一个这样的评价：这是一个好人！

人心向善，通常情况下，好人会得到周围人的好评、认可，但是，不排除有这样的情况：好人也会被人指责，说你在做样子，说你在装好人，说你是假正经。在听到这些不实、不真、不利的言论时，好人难免会心生波澜：好心得不到好报，好心当成驴肝肺，这好人难当啊！“做好人就一定会一帆风顺吗？”“做好人就不会有别的人反对吗？”当然不是！在这大千世界，有好人就有坏人，有君子就有小人，有善人就有恶人，作为一组对立关系的存在，好人必然会受到坏人的指责，君子必然会遭到小人的否定，善人必然会遇到恶人的污蔑，好人不是要被所有人认可的，尤其是坏人的认可！被他们指责、否定、污蔑，只能从另一个侧面证明你是对的，是好的，是正义的，是被大众支持喜爱的。如果被坏人支持、表扬、鼓励，反倒变成了与他们同流合污、沆瀣一气的一路货色了。

人生一世，在茫茫的旅途中，我们要为自己亮起一盏心灯，做人要有人样，做人要有好人样，向好人看齐，自愿做好人、自觉做好人、长期做好人，努力做一个有道德、有理想、有价值，受到别人尊重和称赞的好人。当“好人精神”能够感染每一个人，那么，“好人”就不再会是“盆景”，而会成为最美的“风景”。

作为一名共产党员，如何理解和处理党员标准与好人标准的关系，党员标准当然高于好人标准，党员应该做好人，而且应该做好人中的好人，优秀中的优秀，先进中的先进，成为好人的榜样。

2016年6月19日

人能离开政治吗

什么叫政治？政治是指政府、政党、社会团体和个人在内政及国际关系方面的活动。政治是经济的集中表现，它产生于一定的经济基础，并为经济基础服务，同时极大地影响经济的发展。

政治是人类社会发展到一定历史阶段的必然产物，是人类社会的生存手段和特有现象，社会的发展离不开政治活动。

有的人说："我只关心生活，不关心政治。"

有的人说："政治是政工人员的事情，与我无关。"

有的人说："我不介入政治，只愿干点具体工作。"

有的人说："我想脱离政治，过世外桃源生活。"

学习古今中外的思想家、哲学家、政治家对政治的论述，可以帮助人们对政治有正确的认识，科学的认识，可以帮助人们克服对政治的错误认识，糊涂认识。

古希腊的思想家、哲学家和科学家亚里士多德（公元前384—公元前322），在他所著的《政治学》第一卷中说："人天生是一种政治动物。"他为什么这样说呢？他认为，人不能离群孤立存在，人不能索居独立生活，人按其本性必须结合成共同体才能生存，人所在的家庭、村落、城邦（古代城市国家），都是"共同体""结合体""政治共同体"。这就像中国俗语所说："独人难活，单柴难着。""人的独特之处就在于，他具有善与恶，公正与不公正及诸如此类的感觉"，"人类天生就注入了社会本能……"。人必然生活在共同体中，在这个共同体中必然要解决"善与不善，公正与不公正"等诸如此类的人与人之间的关系问题，这就是最初的、最简单的、最常见的政治问题，这个共同体就必然成了"政治共同体"。所以，人天生就注入了社会本能，就成了天生的政治动物。人类正因为参与了政治，才称其为人的，政治是人类的本能，也是人类之所以成为人的基础。一个人生在社会上，自然而然就置身于政治之中，政治不是你想不想介入的问题。你说不想介入政治，那只不过是一种无知而幼稚的想法而已。

马克思说："人是最名符其实的政治动物。"他为什么这样说呢？请看马克思的论述："我们越往前追溯历史，个人，从而也是进行生产的个人，就越表现为不独立，从属于一个较大的整体"，人"不仅是一种合群的动物，而且是只有在社会中才能独立的动物。孤立的一个人在社会之外进行生产——这是罕见的事，在已经内在地具有社会力量的文明人偶然落到荒野时，可能会发生这种事情——就像许多人不在一起生活和彼此交谈而竟有语言发展一样，是不可思议的。""在社会中进行生产的个人——因而这些个人的一定的社会性质的生产，当然就是出发点"。（政治经济学批判导言）在马克思看来，人总是生活在一定社会性质中的人，由这些人进行的物质生产，必然是具有一定社会性质的生产。孤立的一个人在社会之外进行生产是不可思议的。人生在世需要吃饭，解决吃饭问题就得从事生产，从事生产就必然带有"社会性质"，这个"社会性质"中就包含有政治内容，这个"社会性质"中的政治内容就必然要体现在解决生产、分配、消费、流通各个环节涉及人与人之间关系的政治问题，所以，马克思说"人是最名符其实的政治动物"的论点和论据是十分正确的，十分科学的。有的人说什么"我只关心生活，不关心政治。"其实生活中就有政治，比如你在生活中购买了"毒食品、毒奶粉"，影响了你的生活，你能甘心情愿吗？不可能。这时你必然要关心如何惩罚食品生产中腐败政治的问题，所以，关心生活必然要关心政治，这是不可分割的事情，"想分开的想法"如同痴人说梦话一样，只会让人感到可笑可悲。

列宁说："政治是经济的集中表现，……政治同经济相比不能不占首位，不肯定这一点，就是忘记了马克思主义最起码的常识。"（选自《再论工会、目前形势及托洛茨基和布哈林的错误》1921 年 1 月）一谈到经济，不能不涉及到生产力、生产关系，进而涉及到经济基础、上层建筑。生产力中有人与人之间利益的关系，生产关系中有人与人之间利益的关系，经济基础中有人与人之间利益的关系，上层建筑中有人与人之间利益的关系。人与人之间利益关系就是政治，这说明经济方面的各种问题和矛盾最终都要向政治方面集中，所以，列宁说"政治是经济的集中表现"。政治与经济息息相关，一个人从事经济工作就离不开政治，解决经济问题，既要从经济上解决，又要从政治上解决。要想做个百分之百纯粹的经济工作者，要想使自己的经济工作适应社会需要，与时俱进可持续发展，离开政治是万万不可能的，是万万不可行的。马克思主义的三大组成部分之一——政治经济学，这个政治经济学，既研究总结了经济发展的规律，同时，又揭示了经济与政治的关系，它的名字和内容都是很科学的，都是经得起实践考验的真理。

从“政治”的名词解释到名人对政治的论述，我们可以看出，政治反映的是人与人之间的各种关系，小到人们常见的相互关系，大到阶级与阶级的关系，国家与国家的关系。这些关系，均与利益相联，包括经济利益关系、政治利益关系、思想利益关系等多种利益的关系。政治是具体的而不是抽象的，是实在的而不是空虚的。解决政治问题，实际上是解决和处理人与人之间关系的各种问题。

人是群居动物，而政治所要表达的最基本的正是社会关系，所以人在生活中政治的思考与行为几乎就是一种本能。政治是人的政治，正因为人是政治的中心，所以政治才丰富生动而有活力，而人也必然是政治的人，只有在政治中，人的利益、价值才能得到实现。因此，离开人谈论政治，政治是空洞的，离开政治谈人，则人是抽象的，人与政治天然地联系在一起。

列宁说：“政治应该是人民的事，应该是无产阶级的事。”（选自《在全俄省县国民教育厅政治教育局工作会议上的讲话》1920 年 11 月）

孙中山说：“政治二字的意思，浅而言之，政就是众人之事，治就是管理，管理人的事就是政治。”（选自《三民主义》《孙中山全集》第 9 卷 254 页）

这两段话告诉我们：政治不是政治家的专利品，而是与人人有关，与个个相连。政治既与政治家的工作相联系，政治又与广大人民群众的工作相联系。如果要说政治家与广大人民群众对政治有什么区别的话，那就是分工不同，政治家专门研究政治，广大群众研究的是自己的本职工作。但是，政治家研究的政治离开了广大群众在实践中的政治，也就成了“空头政治”，政治家的工作必须与广大人民群众的实践相结合，才能受到人民群众的欢迎，才能研究出经得起实践和时间考验的政治理论。既然政治是大家的事，人人就应关心，个个就要重视，切不可人为地强行将自己置身于政治之外，充当政治的逍遥派。

鲁迅说：“身在现世怎么离去，这是和说自己用手提着耳朵，就可以离

开地球者一样地欺人。”（选自《文艺与革命》1928 年 4 月）

“这样的人，实在也是一个心造的幻影，在现实世界上是没有的。要做这样的人，恰如用自己的手拨着头发，要离开地球一样，然而他是离不开的，因为现实使他这样。”（选自《论“第三种人”》1932 年 10 月）

“蝙蝠要到兽类里去，因为他有翅膀，兽类不收，到鸟类里去，又因为他是四足，鸟类不纳，弄得他毫无立场，于是大家就讨厌这作为骑墙的象征的蝙蝠了。”（选自《谈蝙蝠》1933 年 6 月）

这三段语录告诉我们：一个人既然已身在具有政治的社会中，具有政治的人类中，就应有人类该有的思想，切不可想入非非在人类而存在非人类的想法，这是不现实的幻想、梦想、妄想，是永远实现不了的。身在政治中要想脱离政治如同揪住头发离开地球那样不可能，如同人要离开空气那样不可能，这个难题他们解决不了，他们又可能成为让人讨厌的骑墙的“蝙蝠”式的人。何苦呢，在有政治的人类社会里，还是老老实实，按人类的公理思维想问题吧！按人类的真理做人做事吧！人类社会没有政治的世外桃源，想过世外桃源生活的想法是唯心主义的想法，是脱离实际的想法，是异想天开的想法。中国没有政治的世外桃源，世界也没有政治的世外桃源，西方国家鼓吹说什么“非意识形态化”“非政治化”，这些东西具有荒谬性、虚假性、欺骗性，属于歪理邪说、胡言乱语，这是他们在社会主义国家推行“和平演变”的长期战略，他们的政治目的就是要变社会主义意识形态为资本主义意识形态，变马克思主义政治为资本主义政治。我们必须批判其错误，认清其本质，揭穿其阴谋，抵制其毒害，排除其干扰。

毛泽东说：“没有正确的政治观点，就等于没有灵魂。”（《关于正确处理人民内部矛盾的问题》1957 年 2 月 27 日）所谓政治观点，就是对政治问题的看法。在阶级社会中，人们的政治观点，必然受到阶级地位、阶级利益所影响和制约。一个人生在政治的社会中，既应有政治观点，更应有正确的政治观点。没有政治观点的人如同政治上的植物人，没有正确的政治观点的人等于是没有灵魂的人。作为一个有行为能力的人，作为一个有正常思维的人，不管你承认还是不承认，你都有一定的政治观点，但是，人与人各自的政治观点是不相同的，或者属于正确的政治观点，或者属于错误的政治观点，或者属于介于两者之间又倾向其一的中间政治观点。比如在认识事物方面，辩证唯物主义就是正确的政治观点，形而上学的唯心主义就是错误的政治观点；比如在精神文明方面，坚持真善美就是正确的政治观点，坚持假丑恶就是错误的政治观点；比如在党性方面，坚持正确的理想信念，牢记党的宗旨，就是正确的政治观点，丢掉理想信念，丢掉宗旨，就是错误的政治观点；比如在干部从政方面，坚持廉洁、勤政、为民，就是正确的政治观点，坚持贪污、腐败、害民就是错误的政治观点；比如在同志相处方面，坚持友善的态度，就是正确的政治观点，坚持敌对态度就是错误的政治观点；比如对阶级斗争的认识方面，认为在一定范围内还继续存在阶级斗争，就是正确的政治观点，认为阶级斗争已完全熄灭，就是错误的政治观点……

一个人生在离不开政治的社会中，只有具备正确的政治观点，才能顺应社会发展的方向，才能适应社会现实的客观需要，才能发挥自己的正作用，才能成为社会的正能量。

现在，有的人将一个班子中处理一个犯错误的人，双开一个腐败的人，称之为"政治斗争"，持这种观点的人认为政治斗争就是心存阴谋诡计，就是进行勾心斗角，这种观点显然是不正确的。持这种观点的人，对"政治斗争"一词，不了解，不熟悉，不懂得。"政治斗争"一词，包括两方面的含义，其一是"阶级斗争的形式"之一，是无产阶级反对资产阶级的阶级斗争的主要形式，包括政治罢工、示威、游行、议会斗争和武装起义等；其二，泛指各对立阶级、政党和社会集团之间为了达到某项政治目的和要求而进行的斗争，思想、理论斗争是政治斗争的一部分。社会是在矛盾中存在的，也是在矛盾中发展的，有政治就会有政治斗争，这是一种必然的现象，正常的现象。但是，政治斗争如同军事战争一样，是有不同类型的，军事有正义战争，也有非正义战争，正义战争带来的是和平，非正义战争带来的是灾难。政治斗争也有正确和错误两种，正确的政治斗争，带来的是良好的、健康的政治生态，错误的政治斗争带来的是恶劣的、有病的政治生态。一个班子中处理犯错误的同志，双开腐败分子，如果硬要套用"政治斗争"一词的话，那么，这种做法属于正确的政治斗争，这种政治斗争应持之以恒，坚持不懈，才能保证党的肌体的健康状态，才能保证党的先进性。我们每个共产党员应该正确认识这种政治斗争的必然性，坚定不移地支持这种政治斗争，切不可曲解政治斗争，抹黑政治斗争。

共产党是政治组织，共产党是靠政治起家的。作为马克思主义政党组织中的党员干部，应该对政治有特别的感情，特别的爱好，特别的关注；应该重视政治，关心政治，学习政治，懂得政治；应该讲政治方向，政治立场，政治观点，政治纪律，政治鉴别力，政治敏锐性，力争做明白政治的人。如果身在政治组织，却要做非政治之人，那是一种变态心理，那是一种变质表现，那是一种变节行为。只有做好明白政治的人，才能做好政治明白的人。政治上的明白人的特点是头脑清醒，立场坚定，思想敏锐，政治修养和政治素质较高，始终心中有党，心中有民，心中有责，心中有戒，坚定理想信念不动摇，明辨大是大非不糊涂。党员要自觉做政治的明白人，就必须强化忠诚意识，在思想上、政治上、行动上与党中央保持高度一致；就必须坚定理想信念，坚持共产党员的精神家园；就必须具备是非观念，坚定中国特色社会主义的道路自信、理论自信、制度自信，坚决反对和抵制西方丑化、西化、分化我国的反动政治理论；就必须守纪律，讲规矩，增强党员意识，强化政治定力。总而言之，党员干部应该树立政治意识，树立正确的政治观点，永远做一个有马克思主义政治灵魂的人。

2015 年 9 月 4 日

党员不能胡言乱语

有一句谚语："宁愿双脚皆滑倒，不让舌头说溜嘴。"意思就是，双脚滑倒顶多是摔伤，过不了多久就好了。可是舌头说溜了嘴，说了不该说的话，那祸害是长久的。尤其是作为一名党员，说话更应该三思而言，这样才不会发表有损党员身份、有损党组织形象的言论。

某商场有位职工A某，工龄29年，党龄13年，曾任某商场经理多年，在商场因故撤销后，在外自谋职业，企业给予保留劳动关系3年后，A某再次回到企业，在某科室任科员一职。在任职前，领导曾专门找她谈话，一再叮嘱她在新的工作岗位上要摆正自己的位置，处理好与科室领导和同事们之间的关系。在新任岗位工作的7天时间里，她摆错了自己的位置，或者妄评领导长短；或者乱议处室工作；或者随意印发材料；或者吹嘘炫富；或者指手画脚……她的表现让同事们感到反感，严重影响到科室的正常工作，成了不受大家欢迎的人。分管领导B某找她谈话，将她错误的做法一一指出，并提出给她调整工作岗位。谈话结束后，A某便打电话给领导C某说："单位要撵我走，我要闹。"C某问她要怎么闹时，A某竟说要找黑社会的来闹。最后在领导找她核实情况时，A某为自己辩解道："我就是随口一说。"一名党员干部，能这样随口一说吗？能这样胡言乱语吗？

一、A某胡言什么乱语什么

其一是"撵"。"撵"的意思是"赶走"。职工有违纪行为，企业或处罚，或解除劳动合同，这是很正常的事，也是常见的事，从没有"撵"之一说，何来"撵"？企业领导说的是"调整工作岗位"，并不是不让A某上班，A某把正常的工作调整说成是"撵"，是歪曲事实，是不懂常识。

其二是"闹"。A某对单位领导说要"闹"，这是对单位给她调整工作岗位的不满。A某不但不能正确认识自己7天工作的不当之处、不妥之处，而且在单位批评她的不当言行时，她忘了自己的身份，要找单位“闹”，她要闹什么？凭什么闹？自己犯错在前，只能是无理取闹。

其三是“找黑社会”。“黑社会”的特点就是敲诈勒索、欺行霸市、聚众斗殴、寻衅滋事、故意伤害、称霸一方，是党和政府坚决反对和取缔的组织。A 某身为党员，红色组织的人怎么能想起联系黑社会呢？这既是她对黑社会严重的错误认识，又是想凌驾于组织之上威胁单位、威胁组织。

二、A 某的胡言乱语说明什么问题

俗话说：“言为心迹，行为言迹”，每个人的语言代表每个人的思想，一个人所说的话，是一个人世界观、人生观、价值观的表现。

1. 说明她不承认自己错误，缺乏自我批评精神。A 某原本犯错在先，可她不但不承认错误，不及时改正错误，反而是想采取“闹”的做法，她的这种想法只会导致胡闹、瞎闹。她的这种不正视自己的错误、不懂得自我批评的行为，是与一名受党教育多年的党员不相称的，是与一名受单位培养多年的中层干部不相称的。

2. 说明她不考虑政治身份，缺乏党员组织观念。A 某遇到问题不是及时找党组织解决而是想找黑社会帮忙，说明在她心目中，已经忘记了自己的党员身份，已经将黑社会当成了为自己解决麻烦的靠山，对本应信任和依靠的党组织不信任、不依靠，她丧失了应有的政治立场，违背了党员的政治原则，没有组织观念。

3. 说明她不遵守组织纪律，缺乏政治纪律意识。调整工作岗位是企业的一项正常的人事工作，作为党员就应该遵守组织纪律，严格执行企业的决定，而 A 某却不能正视这一问题，不服从组织给她调整工作的决定，给领导打电话威胁恐吓，胡言乱语，缺乏党员应具备的政治规矩意识和政治纪律意识，她是政治上的“糊涂人”。

4. 说明她不顾及党员形象，缺乏思想道德修养。A 某的言行纯粹是在发泄个人不满，维护个人虚荣，制造内部矛盾，她不考虑自己的党员形象，说明她入党动机不纯。她的言行不但损害了自己的党员形象，还在群众中造成了恶劣的影响。她的思想出格了，她的行为逾矩了，她缺乏党员应有的思想道德修养。

5. 说明她不珍惜成长经历，缺乏对企业应有感情。A 某的言行辜负了企业对她多年的教育培养，企业培养她入党、企业给予她提干，她非但不感恩企业、不回报企业，反而稍不随意就要同企业“闹”，她的这种行为充分说明了她对企业的无视，对企业的冷血，对企业缺乏应有的情和义。

有的党员胡言乱语之后，还用“随口一说”来为自己辩解，这种辩解能让人信服吗？说话是受思想支配的，胡言乱语不是“随口一说”，而是内心的真实表白。错了就应该认识错误，改正错误，为错误辩解只会错上加错。

三、党员应该怎样规范言行

“言必虑其终”，说话要考虑后果，要对自己说的话负责任。作为一名党员，一定要按党员标准说话，按党章党规说话，按党纪党风说话，力求语言正，语言美，语言善。

1. 牢记党员身份。党员不管是什么样的身份，首先第一身份是党员，说话、办事都应该从党员的标准出发，严格要求自己，说有利于人民利益的话，做有利于人民利益的事。时刻牢记自己的党员身份，切实履行党员义务，坚守理想信念，增强党性观念，时刻对照自己的言行，修正自己的言行，认真践行党的宗旨，恪守组织原则，牢记自己的政治身份。

如果一个党员说话不考虑自己的政治身份，说明他不重视自己的政治身份，已将政治身份置之度外，成了这种政治身份的异己分子。

2. 强化看齐意识。“看齐意识”是党的优良传统和政治优势。党员要强化看齐意识，要向党中央看齐；向党的理论和路线方针政策看齐；向党章、党规看齐；向先进党员模范人物看齐，在政治上站稳立场、思想上辨明方向、行动上令行禁止。党员具备了看齐意识，才能对党忠诚，听党的话，跟着党走，时刻注意自己的言行，才会自觉规范自己的言行，不在言行上犯错误。作为一名党员，要言心一致（言论与思想一致），要言行一致（言论与行动一致），决不可一个脑袋两个脸，一张人脸，一张狗脸。

如果一个党员说话不向党中央看齐，不向党章、党规看齐，不向党的方针、政策、路线看齐，说明他已离开了党员的政治立场，说明他已在思想上脱离了党。

3. 提升道德品质。党员要树立良好的道德品质和道德修养，分清是非荣辱，明辨善恶美丑，按照道德规范进行自我锻炼和自我改造，懂得应该做什么，不该做什么；懂得哪些话该说，哪些话不该说；懂得哪些话说出来能发挥正能量，哪些话说出来起到的是副作用；懂得学会正确区分和评判哪些行为是道德的，哪些行为是不道德的。自觉矫正自己的不良行为，不断提高自己的道德水平。

如果一个党员说话不讲社会公德、职业道德、家庭美德，不注重个人品德，不注重党员道德，群众就不会将你当作党员来对待。

党员岂能胡言乱语？胡言乱语怎像党员？一个党员因为胡言乱语，损害了自己的人格，损害了自己的声誉，损害了自己的党性，犯错误、挨批评、受处分，也是一种“一失足而成千古恨”的事情。千不该、万不该，这种党员应该重新认识自己，重新反省自己，重新改造自己，用党员的标准严于律己，在律言上下功夫，在律行上下功夫，做一个有思想修养的党员，做一个有道德水平的党员。

语言是交流思想和表达感情的工具。判断一个人的说话，也是判断一个人品德好坏、素质高低、能力大小等的方法之一。作为一名党员干部，更要谨言慎行，多思而语，多思而行，要时刻牢记自己的党员身份，摆正位置，在思想上、行动上与党组织保持高度一致，把规矩和纪律固化于魂，内化于心，外化于行，不做“胡言乱语”的党员，不做“信口开河”的党员，不做“口无遮拦”的党员；要做说“先进之话”的党员，说“正能之话”的党员，说“正派之话”的党员。

2016 年 3 月 22 日

为何有的党员“遇私归负”

有时会听到群众这样评价某些党员：“身为党员干部，他们的表现还不如一般群众”。比方说：

有的不遵守规章制度，上班不是迟到，就是早退，工作时间内还流窜干私事。

有的遇到灾区捐款时，群众中最少的还捐 20 元，他却捐了 10 元，还美其名曰：“自愿捐款”么。

有的遇到别人批评自己，不是虚心接受，检查自己，而是反击批评者动机不纯，甚至攻击谩骂批评者。

有的表现一般化，却千方百计，想尽一切办法争取当先进，升工资，评职称，提干部，达不到目的就哭闹。

有的遇到福利等与个人利益相关的私利，首先考虑自己多吃多占，将个人利益摆在第一位。

有的连党员最起码的条件，最低的要求——缴纳党费、过组织生活都做不到，甚至连续违纪。

有的遇到需要牺牲个人利益服从全局利益的事情，绞尽脑汁，用尽心计，能躲就躲，能逃就逃。

有的妄议党的方针、政策、路线、不顾事实，不考虑身份，随心所欲，胆大妄为，超过某些非党人士。

凡此种种，这些党员干部的表现，落后于一般群众，起的不是先进作用，模范作用，而是落后作用，反面作用。我们将这种现象称之为“遇私归负”。

“遇私归负”——是指党员或党员干部在对待个人问题、个人利益、个人表现上起不到与自己政治身份相称的先进作用，落后于一般群众，起的是负作用，表现不是归零而是归负。

“遇私归负”的党员中，既有入党时间不长的新党员，又有入党时间较长的老党员；既有一般党员，又有职务高权利大的党员；既有无先进称号的党员，又有光荣称号众多的党员；既有入党时就动机不纯的党员，又有入党后蜕化变质的党员。这些党员为何“遇私归负”，简而言之，就是因为入党动机不纯，严重缺乏党性。

首先，分析入党动机

入党，对于每个申请入党的人来说都有个动机问题，有的人有正确的入党动机，有的人是错误的入党动机。动机纯还是不纯，表现是各不相同的。动机至关重要，差之毫厘，失之千里。动机正，则言行正，党性纯，党性强；动机不正，则言行不正，党性不纯，党性不强。入党动机不纯的党员，在争取入党的过程中表现不好，在加入党组织之后也表现不好。一个人从申请入党到加入党组织前要经过三个阶段，第一阶段是申请阶段，第二阶段是积极分子阶段，第三个阶段是发展对象阶段。入党动机不纯的人，在这三个阶段中，有两个严重问题：其一，没有认真学习党章及入党培训材料，没有掌握全面内容，甚至没有认真全面细致地阅读一次，只为应付培训考试学一点，考试又近乎于开卷考试，你说他们能掌握多少？记住多少？再者，有的学习党内理论，不与自己的思想和工作相联系，或束之高搁，或弃之一边，党的理论在他们身上没有发挥作用。其二，对自己的思想没有严格按照党员标准认真进行改造，缺点依然存在，问题没有克服，毛病暂时掩盖，带着申请之前原汁原味的和原封不动的落后思想面貌就加入了党组织。这些加入党组织的人，有的是为私利而入党，有的是为虚荣而入党，有的是根据父母要求而入党，有的是随大流而入党，这些人加入党组织，只是组织上加入，思想上完全没有入党。这些入党动机不纯的人“遇私归负”，不是偶然现象，而是他们思想的必然表现，不是偶尔失态，而是真实表白。

其次，分析缺乏党性

其一，不能用基本理论指导自己

有的人入党之前就不好好学习党的理论知识，入党后又放松了对党的理论知识的学习。入党加入的是政治组织，加入政治组织，就要学习这个政治组织的政治理论。要用这个政治组织的政治理论武装自己的头脑。如果不学自己所参加政治组织的政治理论，不用这个政治组织的政治理论武装自己的头脑，必然要成为这个政治组织中的“失明者”“门外汉”，或“不懂理”的党员，“不及格”的党员。这些理论知识上不及格的党员，还有一个致命的缺点是理论不联系实际，理论与自己不联系，理论是理论，自己是自己，纯粹的两张皮，没有将理论变成自己的行动指南，什么理想信念，什么宗旨意识等在他们头脑里没有一点地位，这样的人缺乏党性就成了理所当然的事情了。

其二，错误思想左右自己的思想

在市场经济条件下，有的党员认为市场经济就是利益经济，就是竞争经济，自己的利益靠自己竞争获得，而根本不考虑市场经济还是法制经济，道德经济，既要守法，还要有德。这是一种无知的思想，糊涂的思想，错误的思想，甚至有的人拿丘吉尔说过的一句经典名言“只有永恒的利益，没有永恒的朋友”来作辩解，丘吉尔的这句经典名言，反映了资产阶级和一切奸商的为人处世哲学，在他们眼里，人与人之间的关系就是互相利用的关系，他们把良心、友谊、感情都视为利益的派生物，有利当朋友，无利当路人。丘吉尔的这句话不是真理，不是科学，在社会主义社会里不适用，与社会主义核心价值观相对立，更与共产党员的世界观、人生观、价值观相对立。这句话在社会主义国家里，在共产党员的思想里，是错误的理论，反对的理论，抵制的理论，批判的理论，因为这个理论是实用主义理论，自私自利理论，见利忘义理论。这个理论共产党员要不得，共产党员如果视这种理论为真理，用这种理论指导自己的行动，必然腐蚀自己的党性，消磨自己的党性，丢掉自己的党性。

其三，拒绝批评和拒绝纠错

缺乏党性的党员，在党内过组织生活开展批评和自我批评时，或在党内外公开评议党员时，党员和群众总是要给那些缺乏党性的党员提出不少批评意见，指出不少缺点错误，可是，有的党员还是因为缺乏党性，不能正确对待批评，有的采取拒绝的做法，有的采取解释的做法，有的干脆反驳。总之不承认自己的错误；有的表示要改正缺点，表了一次又一次的态度，写了一次又一次材料，思想依旧、缺点仍存，总之拒不改正自己的错误。这样的人，本来就缺乏党性，承认错误，改正错误，就可具有党性，增加党性。但是，不承认错误，拒绝改正错误，那么只会维持或恶化“严重缺乏党性”

的状况，这样的人不加强党性修养和党性锻炼，怎么能不会存在严重缺乏党性的问题呢？“遇私归负”的党员，就像火龙果一样，表皮是红红的，里面却是白的，白的上面还布满了许许多多的黑点。

为什么有的党员“遇私归负”？明确答案有三条：

第一条，没有将党的基本理论当作自己的行动指南，自觉指导自己的学习、工作、生活，党的科学理论、红色理论，为人民服务的理论没有在自己头脑中扎根，不按党的规矩和党的纪律做事。

第二条，用错误的理论左右自己的思想，占领了自己的脑海，一步一步将一些歪理邪说、庸俗论调、谋私理论在自己头脑中生根，与党员的标准越来越远，离党员形象越来越远。

第三条，有错不纠错，有错不求变。人们常说，知错改错不算错。党员也会有错，改了就好，“遇私归负”的党员错误更大，缺点更多，有错误不改正错误，有错误坚持错误，这样做必然导致严重缺少党性。

我们将“廉洁自律准则”比作党员言行的“高线”，将“纪律处分条例”比作党员言行的“底线”。“遇私归负”的党员是千方百计脱离“高线”的党员，是想方设法接近“底线”的党员。在党中央开展的“学党章党规，学系列讲话，做合格党员”的学习教育中，“遇私归负”的党员应认识自己，认清形势，猛醒、猛学、猛改，下一番大的功夫学习，有一番脱胎换骨行动，在行动上克服自己一个又一个的缺点错误，争取早日从思想上入党，做一名合格的党员。否则，固执己见，一意孤行，错误的思想不克服，错误的问题不解决，不良的习惯仍坚持，不良的形象仍存在，迟早会受到党的纪律的处分，从警告、严重警告的处分地步发展到“开除党籍”的地步，最终让私心害了自己，成了负面典型。

在“两学一做”的学习教育中，“遇私归负”的党员面前有两条路可走，走正确之路还是走错误之路，选择哪条路走，只能由你自己来思考，来抉择，切勿错失良机。

2016 年 4 月 3 日

仓廪实≠知礼节　衣食足≠知荣辱

——道德不是物质财富的衍生物

最近无意听到了A、B两个人的对话，其中A某说："道德是建立在金钱基础上的，有钱就有道德了。"B某则说："这说法可不对，毒枭的钱多不多？贪官的钱多不多？他们有道德吗？"A某不以为然，又说："不是有句古话吗，'仓廪实而知礼节，衣食足而知荣辱（仓库里的粮食充足了，老百姓就会知道礼节，人们丰衣足食了，就会懂得光荣与耻辱）。'老祖宗早就告诉我们了，只要丰衣足食自然就懂礼仪了，自然就讲道德了。"

A某的话有道理吗？没有！A某的话正确吗？不正确！为什么这样说呢？A某在与B某对话中引用了春秋时期的政治家管仲说的一句话作为论据，想用古代政治家的一句话为自己错误的观点辩解。管仲是说过"仓廪实而知礼节，衣食足而知荣辱"这样一句话，但是没有说过"仓廪实必知礼节，衣食足必知荣辱"，管仲没有说这样绝对的话，也不可能说这样绝对的话，因为管仲明白"知礼节"和"知荣辱"还需要很多先决条件的，并不单单只是"仓廪实"和"衣食足"这两个条件！

管仲还从"四维不张，国乃灭亡"（一个国家没有礼义廉耻的教育，那么就会灭亡）强调了道德建设的重要性；从"言不得过实"（言语不得超过所述事物的实际）强调了诚信做人的重要性；从"不务地利，则仓廪不盈"（不重视地利，粮食就不能充足）强调了遵循客观规律的重要性；从"令则行，禁则止"（下令行动就立即行动，下令停止就立即停止）强调了法制建设的重要性；从"君不君，则臣不臣；父不父，则子不子"（位高者如果作风不正，位低者也会不安分守己）强调了以上率下的重要性。正是因为这方方面面的先决条件，才促成了从"仓廪实""衣食足"的物质条件到"知礼节""知荣辱"的精神世界。

管仲讲了许多话，单纯选一句就想证明“仓廪实”必然“知礼节”，“衣食足”必然“知荣辱”，那是片面的学习、片面的理解，只会产生片面的观点、片面的逻辑。只有将管仲讲的各方面的话联系起来学习，全面进行学习，才能完整准确地理解，正确科学地理解，才能产生正确的想法、正确的观点。否则，就是对这句话的曲解、误解、乱解，导致这句话演变成谬论、错论、歪论。

“仓廪实”必然“知礼节”，“衣食足”必然“知荣辱”。从道理上讲是站不住脚的，错在将不是因果关系的两者，说成了因果关系；从实践上讲，找不到证据，因“仓廪实”而不知礼节、“衣食足”而不懂荣辱者大有人在；从历史上讲，看不出理由，一切剥削阶级“为富不仁”的历史与这句话不相称；从现实上讲，讲不出服人的道理，贪腐、贩毒者懂礼节、知荣辱吗？

“仓廪实”和“衣食足”对一个人而言是客观的条件，“知礼节”和“知荣辱”讲的是主观的事情。客观条件只是事物发生变化的外因，只是必要条件，而不是充分条件，是次要原因；主观努力是事物发生变化的内因，是充分条件，是根本原因，是主要原因。虽然具备了“仓廪实”“衣食足”的客观条件，如果不能正确认识客观条件，不能正确对待客观条件，不能正确利用客观条件，不加强自身学习、自身修养、自身改造，要想“知礼节”“知荣辱”是不可能的。而且还会做有损礼节，有损荣辱的事情。唐代人张说在《钱本草》一文中就指出：“钱有毒，如果有钱，不讲道、德、仁、义、礼、智、信，就会污损贤达，就会智力减弱，精神损伤。”宋代人胡宏说：“有德而富贵者，乘富贵之势以利物；无德而富贵者，乘富贵之势以残身。”这句话讲的是，有了钱不讲道德，反而使钱成了害己害人的条件。这样的例子，在现实生活中很容易找到，有的人有了钱，或者为了牟取更多的钱，取财无道，用财无道，给自己，给别人，给社会带来了很多危害，或者贪污腐化成了腐败分子，或者挥金如土成了败家子，或者赌博成性，一贫如洗，或者理想信念丢掉，被开除出党，或者蛮不讲理，令人生厌；或者喜新厌旧、家庭破裂，或者灵魂污染，出卖人格，或者无法无天，锒铛入狱，或者在财富上是巨人，在做人上是小人……钱是一把双刃剑。如同“钱”的结构一样，繁体字的“錢”字：左边是“金”，右边是两个“戈，“戈”是古代兵器。有德富有者，两个“戈”是保证让钱成为利己利人利社会的武器，而无德富有者，两个“戈”是促使钱变成害己害人害社会的凶器。正如有人所言：“人不能把金钱带进坟墓，但金钱可以把人带入坟墓。”

一个人的道德水平不取决于财富多少、权势多大、职务多高，而是取决于一个人自身学习、自身修养、自身改造的程度。道德不是物质财富的衍生物，一个物质富有者，要想“知礼节”“知荣辱”，具备一定的道德水平，必须放下物质财富的包袱，必须正确认识、对待、利用物质条件，老老实实地学习，老老实实地修身，老老实实地改造自己，用自己挣钱的劲头来克服自己的缺点。修养是一件细功之事，是一件长功之事，是一件苦功之事，是一辈子的事情，不能有马虎思想，不能有投机思想，不能有懒惰思想。每天学习一点点，修养一点点，改造一点点，这样才能让自己的财富与道德同步提高，同步前进。

如果一个物质富有者，认为“仓廪实”自然“知礼节”，“衣食足”必然“知荣辱”，将道德视为物质的衍生物，就会产生有了钱就有了一切，就有了道德，就可以成为完美之人的错误观念；就会产生不愿改造思想，不重视精神财富，不提高道德水平的错误言行。如果将物质富有者比作一座华贵的别墅，不改造思想，如同别墅没有装潢，还是不易居住的毛胚房；如果不改造思想，缺点毛病越来越多，等于这座别墅成了存放垃圾的臭气熏天的别墅。人们会说这个别墅太可惜了，因为成了存放垃圾的别墅。一个物质富有者，应该是追求物质财富和精神财富双丰收的人，成为既富又贵之人。且不可一面是钱袋里装满了金银财宝的人，一面是脑袋里装满了肮脏东西的人，成了被人们唾弃，被人们指责，被人们讨厌的垃圾小人——钱越来越多，人越做越小、越丑、越恶、越黑、越毒。

将“仓廪实而知礼节，衣食足而知荣辱”作为重财富不重道德的人的历史依据和理论根据，这是正理歪用，既是对古人的背叛，又是对今人的欺骗。这是金钱论的表现，又是拜金论的体现。如果物质富有者，真想做有道德的富贵之人，就应该利用好物质财富这个良好的外因条件，在学习上下功夫，在修养上下功夫，在改造思想上下功夫，坚持数年如一日，持之以恒、坚持到底，功到自然成，就一定能成为一个德财兼备的富贵之人。

2016 年 6 月 16 日

“和人”是为人处世之道

在采写母亲生前故事时，不论是本家邻里，还是亲朋好友，对母亲的评价中，他们常用的一个词是“和人”，现在城市里很少用这个词，在农村还是容易听到这个词的。“和人”是什么意思？按照《汉语大词典》的解释，“和人”是指使民众和顺。但是村民对“和人”一词的理解与词典里的解释有所不同，村民口中的“和人”是指一个人与人相处时采取与人为善的思想，善待他人，乐于助人，人品好、人缘好、威信高。

当我第一次听到“和人”一词后，这一词便不断进入脑海，我反复琢磨，不断思考这个词的含义，这个词到底包括哪些内容，我归纳为五点：

1. 从态度上讲要和蔼，态度温和，容易接近。
2. 从相处上讲要和睦，尊重他人，相处融洽。
3. 从待人上讲要和气，对人温和，善解人意。
4. 从合作上讲要和谐，与人共事，配合得当。
5. 从语气上讲要和声，语调适中，感觉良好。

“和人”是为人处世之道，“和人”二字，讲的是“和”与“人”的关系。作为一个人，在为人处世时要重和、言和、践和、随和，就能达到人与人之间和顺的目的。“和人”是处理人际关系的真道、正道和人道。

孔子在《论语·学而》中说：“礼之用，和为贵”。译文是礼的作用，以和谐为贵。“礼”泛指规定社会行为的法则、规范、仪式的总称。用现在的话来说就是，法律法规、规章制度的推行和应用要以和谐为贵，凡事都要重和谐，讲和谐，求和谐。

“和为贵”，是中国文化的优秀体现和重大特征，“和”在军事、经济、家庭、个人方面都有重要的作用，我们从常见的古话、成语和俗语中就可认识到或体会到它不可估量的益处和好处。

“和”有利于克敌制胜。在《孟子·公孙丑上》一文中说：“天时不如地利，地利不如人和”。译成现在的话就是，有利于作战的天气条件，比不上有利于作战的地理形势，有利于作战的地理形势，比不上作战中的人心所向，内部团结。这句话讲天时、地利、人和，三者相互比较组成，中间两个“不如”相连，表示了递进关系，一个比一个重要，其结论是，“人和”最重要，“人和”是战胜敌人的最重要的条件。

“和”有利于生财聚财。俗话说：“和气生财”。这句话的意思是待人和善能招财进宝。这是一条重要的生意经，从事经济工作，尤其是商业服务工作，要讲究“和气”，因为经营工作虽然天天和商品打交道，但更重要的是要和人打交道。如果业务人员、营业员对顾客尊重，服务态度好，顾客就愿意来，久而久之坚持“和气”，就会使顾客成为回头客和忠诚客，顾客盈门，必然财源广进，在市场竞争中创造生财聚财的有利条件。

和有利于家兴家旺。俗话说：“家和万事兴”。家庭和睦了，什么事情都能办成。一个家庭夫妻和睦，儿女和睦，祖孙和睦，上下左右，互相尊重，互相关心，互相爱护，互相支持，心往一处想，劲往一处使，家里的一切困难可以克服，家里的一切大事可以办成。上管下一帆风顺，下孝上自觉自愿，孝老爱亲其乐融融，其福无比，一有利于健康，二有利于幸福，三有利于事业。“和”在家庭中是一本万利之事，好的家庭重视“和”字，离不开“和”字。

“和”有利于人缘人气。俗话说：“和气致祥，乖气致戾”。意思是和气招来祥瑞，不和招来灾难。一个人对人和气是素质的体现，气量的体现，风格的体现。和气是宝，能给和气之人带来多种好处；和气得人，和气能得到更多的朋友，使自己朋友越来越多；和气容人，和气能容人之不能容，忍人之不能忍，处人之不能处；和气得道，和气是人道，有和气说明懂人道，得道多助，失道寡助。你对别人和气，别人也必然对你和气，你帮助别人，别人也会帮助你的。和气者不孤立，朋友多，幸福多。

但是，有的人不自觉地失和，有的人对失和不在乎，有的人还制造失和，常见的现象有这么几种：

一、官气失和。有的人有了一定职务后，官生脾气长，认为自己高人一等了，与平民百姓之间隔了一堵墙，对待同事、同学、战友打起了官腔，摆起了臭架子，让人不易接近，不愿交往，这种官气者，必然导致失和。

二、气粗失和。有的人有了点钱，就产生财大气粗的坏毛病，从人模人样变成了狗模狗样，一副土豪的嘴脸，对人不尊重，对人不礼貌，说话胡言乱语，做事离经叛道，与人有了一道交际鸿沟，这种气粗者必然导致失和。

三、清高失和。这种人要求自己很严格，做人做事很认真，但是对有点缺点错误的人不容忍，看不惯，经常批评别人，经常指责别人，结果出现“人至察则无徒，水至清则无鱼”的现象，不容人，不得人，这种清高者必然导致失和。

四、独理失和。有的人，有的官，不讲公理讲私理，不讲正理讲歪理，认为自己是真理的化身，认为自己的一切都是对的，听不进别人的批评，不采纳别人的建议，不主动与人交流，不平等与人交往，这种独理者必然导致失和。

五、自私失和。这种人自私自利，一切从个人利益出发，只要对个人有利的事就积极去办，对个人不利的事情就消极而办。办自己的事很大方，好像富翁花钱，为别人办事很小气如同乞丐。他们为了个人利益经常办一些失掉礼数、失掉辈数、失掉人性、失掉理性的事情，这种自私者必然导致失和。

六、缺德失和。这种人不讲道德、无视道德、践踏道德，既不遵守社会公德，又不遵守职业道德，既不注重家庭美德，又不注重个人品德，比如，同父母吵架，甚至打骂父母，失去人性必然失去人道，这种缺德者必然导致失和。

七、圪料失和。“圪料”一词属于山西方言，原意指（木、纸等）平的东西由湿变干而不平。由此引深比喻人性情古怪别扭。人们称这种人为“圪料人”或“圪料货”。这种人对己只看优点不看缺点，对别人只看缺点不看优点，采取怀疑一切、否定一切的态度，属于“万事不满”和“万人反对”之人，很少有知己、朋友，很孤立、很怪异。这种“圪料者”必然导致失和。

同时这里要说明一点，和人之人不是滥好人，他们一不与坏人同流合污，二不让邪气染指自己。他们为人处世是有原则立场的，是有是非界限的，他们对坏事有辨别能力，有反对态度，有抵制言行。和人之人是属于善于处理原则性与灵活性关系的人，是属于善于同各种人打交道的人，是属于善于求同存异顾全大局的人。

和人，是仁慈的体现，是人和的前提，是人善的展示。当别人评价一个人“和人”时，是对一个人善于处理人际关系的简要概括，是对一个人与人为善的人气人缘的高度评价，是对一个人为人处世的方式方法的敬佩崇拜。我们在践行社会主义核心价值观中的“友善”要求时，一定要充分认识友善在建立和谐社会、和谐单位、和谐家庭中的重要作用，重视友善，践行友善，坚持友善，力争做一名友善之人，和人之人，为自己的周围形成人和的氛围而发挥自己的作用，有一分热，发一分光。

2017 年 1 月 31 日

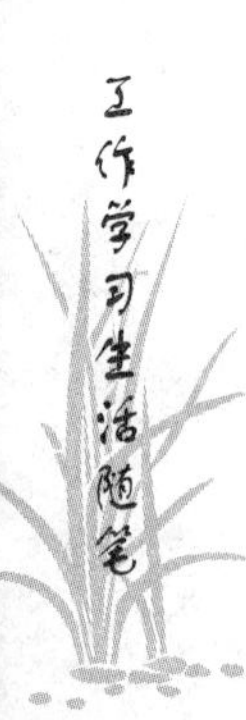

如何理解“吃亏是便宜”

“吃亏是便宜”，这是父母教育子女时经常说的一句话，意在让自己的儿女做好人，处理好人际关系。

人与人之间的交往和联系，往往是利益得与失交汇，吃亏与便宜并行。“吃亏”和“便宜”这两词互为反义词，怎么两者又划了等号呢？这是什么道理呢？

“吃亏是便宜”这句话的意思是：吃亏中有便宜，便宜中有吃亏，先吃亏后便宜，吃亏在前，便宜在后，这就是两者的辩证关系。

一、为什么要坚持吃亏的思想

1. 严己吃亏——高标准

这种吃亏体现的是严于律己的做人标准。这是自己给自己订的高标准严要求，与别人相处时，决不占别人的便宜，宁肯人亏我，决不我亏人。例如，“把有限的生命投入到无限的为人民服务之中去”的雷锋同志，他懂得“怎样做人，为谁活着”，他忠于党，忠于祖国，忠于人民，忠于社会主义，严格按共产党员的标准要求自己，乐于吃亏，走到哪里，就把好事做到哪里。他说：“有些人说我是傻子，是不对的，我要做一个有利于人民，有利于国家的人，如果说这是傻子，那我是甘心情愿做这样的傻子。”

2. 利人吃亏——高风格

这种吃亏体现了做事的高风格。每做一件事情都要考虑怎样给别人带来好处，带来利益，宁肯自己吃点亏也愿意这样做。利人的思维具有超越时空的生命力，无数事实可以证明这一点。比如至今人们仍然记得“全心全意为人民服务”的张思德；记得“不远万里来到中国”的加拿大医生白求恩；记得“县委书记的好榜样”焦裕禄；……用世俗的眼光看他们都属于吃亏者，但他们是利人利他的吃亏者，是具有大胸怀，大格局的可敬之人。

3. 助人吃亏——高品质

这种吃亏体现了助人为乐的高品质。当别人遇到困难时，或慷慨解囊相助，或毫不犹豫援助，有钱主动出钱，有力自觉出力。不论是国外发生灾难，还是国内发生灾难，不论是自己的同事遇到灾难，还是邻里遇到灾难，不论在马路上见到有人遭遇不幸，还是在出差途中见到有人遭遇不幸……每当这种时刻，总会有人在第一时间拿出自己的钱财捐助，或牺牲自己的时间去救助，或影响自己的工作去施救……这就是助人吃亏的动人事迹。

4. 致和吃亏——高姿态

这种吃亏体现的是共办一事的高姿态。当相互协作一事，或者是利益相关者，不管是双方，还是三方或是多方，为了长远利益，为了友情亲情，为了大局利益，自己带头吃亏，领先吃亏，以自己的亏带来全局的赢。郑板桥写信劝弟让墙就是典型一例：清朝乾隆年间，郑板桥正在外地做官，弟弟郑墨来信说到家中因一墙与邻居发生纠纷，想让郑板桥出面给当地县官说情。郑板桥不但没有说情，还写了回信劝弟弟息事宁人，同时寄去一条幅，上写“吃亏是福”四个大字，并同时另附一首打油诗：“千里告状为一墙，让他一墙又何妨。万里长城今犹在，何处去找秦始皇。”弟弟郑墨读信后当即撤诉，向邻居表示不再相争，邻居被郑氏兄弟一片诚心所感动，表示不愿再闹下去，于是两家重归于好，仍然共用一墙。

这“四种吃亏”是自觉、自愿、自动、自发、自决、自主的……

这种吃亏常见的表现是：必要的，一定限度的吃苦、妥协、让步、忍辱、放弃、委屈、忍耐、沉默……

二、吃亏为什么是便宜

1. 吃亏有利于提高自己的声誉

这种自觉自愿的吃亏，因为与一个人做人的高标准严要求联系在一起，所以，这样的吃亏人，会时时注重一言一行的正影响，一举一动的正能量，他们每次的吃亏都会给自己添彩，他们每次的吃亏都会给自己增光，持之以恒，积德行善，他们在众人心中会获得很高的声誉。吃了点亏，得到的是美誉的口碑，这不是便宜吗？

2. 吃亏有利于得到多人的帮助

这种自觉自愿吃亏的人，都是乐于助人，乐于帮人的人，他们不怕吃亏，帮人不分时间、地点、场合之境，助人不分远近、亲疏、生熟之人。他们与别人在一起工作，多吃点苦感到快乐，多流点汗感到幸福，他们今天吃亏帮了很多人，明天会有很多人帮助他，正如古人所言“得道多助，失道寡助”，正像今人所说，帮别人等于帮自己。吃了点亏，得到的是众人的帮助，这不是便宜吗？

3. 吃亏有利于广交众多的朋友

这种自觉自愿吃亏的人，他们襟怀坦白，胸怀宽广，能容人，善处事，与人交往不计较一点一滴，不在乎鸡毛蒜皮，不重视陈年旧事，做吃亏的事不后悔，不自卑，这些正是广交朋友最重要的条件，最宝贵的资源。谁也不愿与斤斤计较，寸利必争的人打交道，谁也不愿意与算计别人爱占便宜的人共事情。这种自觉自愿吃亏的人，勇于吃亏益于他人的人，人缘好，人望高，愿与他们打交道者无数，愿与他们交朋友者众多。吃了点亏，得到的是无数的朋友，这不是便宜吗？

4. 吃亏有利于获得长远的利益

每项工作，每件事情，都有眼前利益和长远利益的关系，都有局部利益与全局利益的关系。自觉自愿吃亏的人，他们重长远轻眼前，重大局轻局部，在对待眼前利益时，对待局部利益时，敢于吃点亏，善于吃点亏，这种吃亏，别人不易理解，不易看懂，但是他们的吃亏是用眼前利益的吃亏换来长远的大利，他们的吃亏是用局部利益的吃亏换来全局的大利，这种吃亏既是高明的吃亏，又是有远见的吃亏。吃了点亏，得到的是长远利益，这不是便宜吗？例如，被誉为“不败商神”的李嘉诚，在与人合作分利时，得七八分利只取六分，甘愿吃亏，进而赢得包括竞争对手在内的人都愿意与他合作。

5. 吃亏有利于增加自己的智慧

这种吃亏之事，不是“傻人之事”，不是“愚人之事”，不是“痴人之事”，而是“聪明人所办之事”“智慧人所办之事”“能干人所办之事”。为什么这样说呢？因为这些自觉自愿吃亏的人，他们懂“得”与“失”的辩证关系——失中有得，失小得大；他们懂“舍”与“得”的辩证关系——舍中有得，小舍大得，他们在吃亏中磨练了自己的意志，他们在吃亏中学到了知识，他们在吃亏中提高了能力，他们在吃亏中增加了智慧。吃了点亏，得到的是人生智慧，这不是便宜吗？

“吃亏是便宜”，看似一句普通的俗语，常见的俗语，但它却是为人处事之法，为人处事之宝。不识不懂对自己毫无益处，说说而已，说说了事；读懂用好益处多多，常记常用，受益匪浅。那么，如何给“吃亏是便宜”中的“吃亏”二字下结论呢？

吃亏是一种胸怀，一种品质，一种风度；吃亏是一种境界，一种自律和大度，一种人格上的升华。

有人会说：现在是市场经济，在市场竞争中要力争利益最大化，讲“吃亏是便宜”是否与市场经济背道而驰，不合时宜。我们这里说的是“小亏”“微亏”，也就是“小利”“微利”，而不是让一个人“吃亏”吃到生活紧张，穷困潦倒，而不是让一个企业“吃亏”吃到月月亏损，破产倒闭。所以，“市场竞争”与“吃亏是便宜”并不矛盾，在市场经济环境下仍应坚持“吃亏是便宜”这一条为人处世之道、之德、之宝。

能否勇于吃亏，乐于吃亏，是检验君子与小人的试金石，清朝散文大家魏禧说的好：“我不识何等为君子，但看每事肯吃亏的便是；我不识何等为小人，但看每事好便宜的便是”。每事“好便宜的人”貌似精明，实则愚蠢，而勇于吃亏，乐于吃亏看起来傻，实则智慧，是懂得人之道，成功之道的体现。

如果说甘于吃亏是一种品质，那么，乐于吃苦就是共产党员的精神特质。共产党人吃亏，牺牲的是个人利益，成就的是党的事业，谋的是人民群众的福利，这是共产党人甘于奉献，牺牲自我的“吃亏观”。

对于共产党人来说，吃亏到底是什么？吃亏是一种精神，乐于吃亏的共产党人时刻捍卫着精神的标杆；吃亏是一种信仰，乐于吃亏的共产党人时刻坚守着信仰的坐标；吃亏是一种觉悟，乐于吃亏的共产党人时刻保持着党性的纯洁；吃亏是一种福利，乐于吃亏的共产党人时刻享受着奉献的幸福。

2017 年 2 月 17 日

“一个巴掌拍不响”是什么意思

有个职工问我：“怎样理解‘一个巴掌拍不响’这句话？”我说：“先说一下你的看法”，他说：“就是发生问题双方都要承担责任”，我说：“这样理解不够准确，不够全面”。这个职工对这句话的理解有一定的普遍性和代表性，为了让职工正确认识这句话，很有必要进行解读。

“一个巴掌拍不响”是一句成语，每当发生一件关于双方或多方的问题时，当事人常说这一成语，处理问题的干部也爱用这一成语，但是，如何理解这一成语却是各有各的想法。

《中国成语大词典》对“一个巴掌拍不响”的解释是：比喻单方面闹不起事来。现在流行的说法是，凡出现问题，双方都有原因，应该都来承担责任。这种理解显得有点片面，有点误导。

什么是问题？需要研究和加以解决的矛盾。

什么是矛盾？从辩证法的角度讲，是指客观事物和人类思想由两个对立面之间相互依赖，而又相互排斥的关系。

毛泽东在《矛盾论》一文的开头语就写道：“事物矛盾的法则，即对立统一法则，是唯物辩证法的最根本的法则。”这里的“对立”，指的就是任何事物的存在必须由两个方面构成，一个方面就不可能对立。凡是发生问题，或者发生矛盾，必须具有存在两个方面这个条件，只有一个条件是难以存在的，就如“一个巴掌拍不响”，要“响”就要有“两个巴掌”，两个巴掌代表“两个方面”这个条件，只有一个方面是不响的。因是比喻，比喻就难免有缺陷，两个巴掌是比喻两个方面，这两个方面可能是两个巴掌；或者可能一个是巴掌，一个是其他；或者可能两个都不是巴掌，而是两个其他。

我们说到一件事情时，有时用“问题”一词，有时用“矛盾”一词，这两个词是近义词。在解读“一个巴掌拍不响”时，用“矛盾”一词比较好理解，任何矛盾一般由“矛”和“盾”两方面构成，无“矛”不成矛盾，无“盾”也不成矛盾，两个巴掌就如同“矛”和“盾”的关系一样。

“一个巴掌拍不响”需要从两方面理解：

其一，双方是发生问题的前提条件，问题由双方引起，由双方承担责任，这类问题属于“两个巴掌拍得响”的问题。

属于两个巴掌的问题，一是要坚持调查研究，具体问题具体解决，根据各自不同的情况，各自承担不同的责任，或者是一九分担，或者是二八分担，或者是三七分担，或者是四六分担，或者是五五分担。切不可采取简单的平均主义的一刀切的“各打五十大板”的做法，那样的话，人心不服，留下后遗症，后患无穷，既影响工作质量，又影响干部的威信。

其二，双方是发生问题的前提条件，问题由一方引起，由一方承担责任，这类问题属于“一个巴掌拍得响”的问题。

一个巴掌也能拍得响，比如，你用一个巴掌拍桌子，拍柜子，都可以听到响声，这是基本常识。

有的问题是属于单方面引起的，只能由单方面承担责任，不可一发生问题，就惯用“一个巴掌拍不响”的思维方法和工作方法，那样就会陷入唯心主义的泥坑。

比如，司机追尾，自己要负全责，不能让前面的车负任何一点责任，不能责怪前面车开得太慢，或刹车太快，为何不找自己不保持应有车距的问题呢？

比如，小偷偷别人的钱，小偷要负全责，不能让失窃者负责，不能责怪失窃者身上带钱，不能责怪失窃者出门办事，如果让失窃者承担责任就成了天大的笑话。

比如，恐怖分子杀害了无辜良民，恐怖分子要负全责，不能让受害者负任何一点责任，不能责怪受害者，不能责怪他们缺少自我保护能力，缺乏反恐能力。

比如，有人无故骂人、诽谤人，骂人者、诽谤者应负全责，被骂者、被诽谤者，没有反击，没有还击，不负任何责任，不能责怪挨骂者、受诽谤者不会说话。

一个巴掌拍得响的问题，只能由一个巴掌承担责任。一个巴掌的问题让两个巴掌承担，那是一种不公平、不科学、不讲理的做法，那样会使有理者感到不公、委屈、受害。

作为一名领导者，还是管理者、政工者，在面对需要解决的问题时，切不可随口、随意、随便使用“一个巴掌拍不响”这一成语。世界上的事物是多变的，有的是两个巴掌拍得响的问题，有的是一个巴掌拍得响的问题，有的是由一个巴掌的问题变成两个巴掌的问题，要认真调查，认真研究，搞清事情的来龙去脉，搞清事物的真相真貌，从实际出发解决问题，使有错者受到惩处，使无错者得到保护，奖惩严明，恰到好处，这样才能提高自己的工作能力，提高自己的群众威望，圆满做好自己的本职工作。

2017 年 2 月 23 日

为何“总是有理”总是落后

在我们日常的生活、工作、学习中经常会遇到一些这样的人，他们在遇到事情的时候总是会找很多的理由，为自己的行为解释，为自己的想法辩解，虽然理由很多，但这些理由却让他们不断退步、不断落后。请看“总是有理，总是落后”的现象：

现象一：有的业务人员做了多年业务，销售业绩一直保持原地踏步甚至不断下降。这时的他却说：“现在的市场竞争激烈，不少企业跌入亏损行列”，“网店上的东西很便宜，大家都去网上购物了”，“企业内存在重复经营的问题，别人卖的商品尽是在我们经营的范围内。”“外面修路，顾客过不来。”

现象二：有的人写了入党申请书多年，却一直未能发展入党。这时的他却说：“入党是领导的事，领导看重谁，谁就能入党。”“有些人对我有意见，总在背后说我坏话，我怎么可能入党呢。”“我当时是随大流随便写了一个申请而已。”

现象三：有的科室负责人工作多年，科室成绩平平，没有任何出色的表现。这时的他却说：“底下的人不配合我工作，我的工作能力无法发挥出来。”“很多事都让我们科室的人去做，做的越多，错的越多，自然会认为我们科室没能力了。”“反正上面还有分管领导呢，我管不管都是一样的。”

现象四：有的营业员，工作多年能力却一般，有的新来营业员的销售都能轻易超越她。这时的她却说：“我尽力卖了，但顾客不买我又有什么办法。”“她柜台里的商品比我柜台里的商品好卖。”“商品价格不合理，顾客不愿意买。”“同事们对我有意见，处处针对我，因此显得我能力差。”

现象五：有的商场经理管理多年，商场不仅没有管理好，反而是问题很多，如同一盘散沙。这时的他却说：“外聘人员素质太差，不好管理。”“分管领导不支持我的工作。”“企业在各个方面的管理制度已经很全面了，既然有现成的制度，我何必再去费力地管理呢。”

从这些现象中，我们不难发现，他们有一个共同的特点：寻找的理由都是客观的，没有一条理由是从自身去寻找、去分析、去思考的。他们为何只找客观原因而不找主观原因呢？

原因一：掩盖自己的问题

当自己的不足或是缺点暴露出来的时候，因为担心他人看到这些而小看自己或是嘲笑自己，就用一些客观理由来进行遮掩、掩盖，以表示这个问题的发生或存在不是个人的问题导致的。不论任何问题，客观理由谁也能随意找出三条、五条，用这种办法掩盖缺点，容易让人相信。

原因二：推卸自己的责任

不愿意为自己工作中存在的缺点错误买单，或是担心问题的后果会给自己带来不好的影响，就找客观理由把自己的责任推卸得一干二净，就找客观理由作为自己的保护伞。用客观理由作为自己犯错误、不负责、业绩差的辩护词，这是一些人常用的办法，容易让官僚主义者接受、认可、同情。

原因三：满足自己的虚荣

为了满足自己的虚荣心，保留自己的领导威严，或是在群众中的良好形象，利用客观理由这个不是主要理由的理由，为自己铺平道路、为自己找台阶下，让下面的人信服自己、依赖自己。讲客观理由，摆客观理由，容易使自己成为“总是有理，现在有理，将来有理，永远有理”的不受欢迎的“有理先生”。

原因四：安于落后的现状

对新的东西、新的事物，懒得多学习、多动脑、多付出，对比自己先进的做法、先进的人物不愿意努力去对标、看齐、追赶，对自己落后的理念、落后的现状不愿意下苦功改变、扭转、克服，想用客观理由证明，存在的问题不是自己不去努力解决，而是自己受到了客观条件的制约而没有办法。在这里，客观理由又成了一些人安于现状、道德滑坡、本领向下、业绩平平的依据、凭证和救命稻草。

出现问题只找客观原因，不找主观原因，让很多人改变了初衷、让很多人放弃了自我。他们不断地用客观理由解释自己不好的行为；不断地用客观理由降低自己做人的标准；不断地用客观理由减轻自己工作的担子。长此以往，怎么可能不退步、不落后呢！这种思维，这种做法危害很多：

危害一：主观能动性被客观原因扼杀了

当一个人只注重客观理由而忽略主观原因的时候，主观能动性自然而然会跟着慢慢地退化，甚至消失。这时的他们一味地强调客观原因，只愿做客观的奴隶，无心通过主观来改善、来超越、来进步。因为那些客观原因，让眼睛总停留在别人身上；让心里总是认为错不在己；让自己觉得自己能力不差，主观能动性就这样被阻止了、被限制了、被扼杀了。

危害二：是非分辨力被客观原因混淆了

做人必须有一把良知的标尺——正确的是非观，只有当我们知道了什么是“是”，什么是“非”以后，才能决定自己该做什么，不该做什么，才能知道该“扬”什么？该“弃”什么？如果不能正确对待客观原因，客观原因就如同一副墨镜，蒙蔽了自己的双眼、阻碍了自己的视线，让自己觉得事情的本来面貌就是这样，事情的正确方向就是如此。一直在自己的客观理由里停留，一直在自己的客观理由里转圈，没有正确的引导、没有正确的方向，是非对错自然无法分辨，使自己的缺点越来越多，优点越来越少。

危害三：工作责任心被客观原因淡化了

因为所谓的“客观原因”的存在，他们就算是敷衍了事也有了借口，他们就算是互相推诿也有了依靠，一直处于“总是有理”的位置，这样一来责任心必然淡化、必然丢失。一个人就算能力再强、本事再大，但如果你没有责任心对自己负责，没有责任心对集体负责，那么你永远都不会获得成功、取得成绩。因为责任心的缺失只会让你丢掉了工作的热情、丧失了工作的能力、降低了工作的标准、迷失了工作的目标。

这种“只找客观理由，不找主观原因”的思维和行为方式，是落后的、失败的思维方式和行为方式。不仅不会给事情的发展带来有力的推动，反而会使事情朝着相反的方向、错误的方向发展。会使落后者越落后，失败者越失败。怎样克服这种错误的思维和行为方式呢？

其一：明确主客观之间的关系

毛泽东在《矛盾论》中曾着重指出了“唯物辩证法认为外因是变化的条件，内因是变化的根据，外因通过内因而起作用。”任何问题都有主客观原因，在一般情况下，主观原因属于主要的、第一位的原因，客观原因属于次要的、第二位的原因。比如说，你上班迟到了，客观原因就是因为修路，增加了路途上所需要的时间。虽然这个客观原因我们无法去改变，但你出门的时间却可以自己控制，如果你很早就出门了，那么有任何客观原因你都不会迟到。所以，问题的关键在于主观，只有我们不断地提升主观能动性，所有的事情才能向好的方向、正确的方向发展。

其二：对自己的行为要有担当

在我们的生活和工作中，只要我们做事情，必然就会有责任。然而，一个真正有责任的人绝对不会一味地只是强调客观理由，而是会从自身落脚，尽力用自己的能力去承担所应担当的事情。任务交到自己的手中，就是大家对自己的信任，为了这份信任，自己要有一颗努力完成的决心，就算自己没有把任务完成好，也不能辜负大家对自己的期望，要积极地从主观上寻求原因，承担自己应该承担的责任。总之，真诚的让大家感受到自己是一个敢于担当的人，而不是一遇事情就用各种各样的客观理由推脱，一遇困难就用各种各样的客观理由退缩，一遇不满就用各种各样的客观理由宣泄，一遇问题就用各种各样的客观理由放弃，要尽力让身边的人相信自己、信任自己。

其三：对待错误要有正确心态

每一个人都难免犯错误，难免有缺点，但不能为了逃避而找借口，找客观理由，这样只会将错误延续，错过改正错误的机会。找出发生错误的主观原因，是改正错误的关键。如果靠客观理由极力去遮掩，这样一来，错误永远是错误，小错误会变成大错误，一个错误会变成多个错误。为此，无论是生活还是工作，自己都需要正确认识自己存在的错误，并尽量将错误消灭在萌芽状态，不能作茧自缚，让错误的思想捆绑住自己的手脚、用错误的行为包裹自己的身体。承认错误、改正错误只会提高自己的威信，改善自己的形象；掩盖错误、坚持错误，将会降低自己的威信，损害自己的形象。正如一句名言所说："聪明的人能找到自己的缺点，勇敢的人能克服自己的缺点。"

其四：不断提出新标准新要求

遇到困难解决不了，出现问题处理不了，处于落后扭转不了，习惯于只找客观理由，不找主观原因的问题，反映的是工作标准和工作要求的问题。标准落后，要求落后，思想理念必然落后，工作方法必然落后，工作业绩必然落后。因此，自己的工作标准和工作要求应与时俱进，不断给自己提出新的高标准，新的严要求。用新的高标准、严要求约束自己，激励自己，鞭策自己。处在困境时，就能不怕困难，迎难而上，充分发挥自己的主观能动性，解放思想，树立正确的理念，创造新的工作方法，具备新的工作能力，用高标准改变现状，用严要求解决问题，就会战胜新的困难，做出新的成绩，不断前进、不断进步。从这个意义上说，“标准”决定思维，“标准”决定心态，“标准”决定动力；“要求”提高能力，“要求”创新方法，“要求”获得佳绩。

只重客观理由，轻视主观原因，会致使无事变成有事、小事变成大事、简事变成繁事、成事变成败事，让自己永远处于失败、落后的位置。只有正确认识自己，拥有自知之明，遇到问题多找主观原因，不断地去发挥自己的主观能动性、发掘自己的主观潜在力，敢于应战新问题，敢于挑战不可能，成功才会随时到来。

2016 年 5 月 21 日

“吃谁家饭向着谁”对不对

在市场经济条件下，企业间职工的流动成了一大特点，有的职工今天在大的企业工作，明天又在小的企业工作；有的职工这个月在公有企业工作，下个月又在私有企业工作；有的职工今年在风气好的企业工作，明年又在风气差的企业工作……有的企业职工流动率百分之一二十，有的企业职工流动率达百分之七八十，有的企业职工流动率甚至超过了百分之百。在企业经营管理的过程中，时而能听到职工说这样一句话“吃谁家的饭就向着谁”。这句话猛一听没有问题，但是一分析是不科学的，是不合理的，是不正确的。

这句话不科学。一个人在社会上工作、学习、生活，离不开对客观事物的正确认识，做人、做事要尊重事实，坚持真理，有正确的世界观、人生观、价值观，有自己独立的立场和主见，这与“吃谁家的饭”没有关系。

这句话不合理。职工与企业之间的关系之一是，一者付出劳动，一者付出工资，从表面上看职工吃着企业的饭，但实际上职工的“饭”不是白吃的，是自己的劳动所得，是自己的付出所报，不存在“吃人的嘴软，拿人的手短”的问题。

这句话不正确。“吃谁家的饭向着谁”，要看企业领导是什么样的人，有什么样的思想，如果企业领导讲求道德，充满正能量，重视精神文明建设，两手抓，两手硬，政治生态优良，那么是可以向着这样的领导，而且要保持思想上和行动上的一致；如果企业领导劣迹斑斑，道德败坏，无视道德，不讲道德，企业歪风多，政治生态恶劣，不但不能向着这样的领导，还得在思想上和行动上与之保持距离。

“吃谁家的饭向着谁”从表面上看是职工对于企业的一种忠诚，是一种感恩的心态，但究其根本，这样的职工采取的是自私自利的实用主义态度，他们只顾眼前的“钱”和“利”，其它什么也不管，缺少做人的基本道德、觉悟、准则。他们吃着谁家的饭，就跟着谁家的主人跑，对方向不去辨别，对是非不去分明，对真假不去判断。他们丢掉了自己的头脑，丢掉了自己的眼睛，丢掉了自己的耳朵，一言一行都是听命于主人的钱袋子，什么话可以说，什么话不能说，不是发自于内心，尊崇于实际，而是一切按主人的意愿办事，按钱袋的指令行事，没有主见，脑子成了“垃圾桶”“万花筒”。心存感激是人之常情，但是在道德伦理面前没有分辨，谁给钱就替谁说话，一心向着主人，那就成了“钱”的奴才，“利”的傀儡，“势”的牺牲品。

好的企业领导教给职工的是如何做好人，怎样做好事，讲的是正道正理，说的是君子之话，追求的是真、善、美，传递的是正能量，有这样的领导，职工的思想品质、道德素质自然高。这叫“跟着好人学好人”“跟着善人学慈悲”。而坏的企业领导教给职工怎样做坏事，讲得是歪理邪说，说得是歪门邪道，崇尚的是假、恶、丑。他们有的以利为本，为富不仁，认为“不骗人挣不下钱”，职工也跟着坑蒙拐骗，不择手段；有的宣扬“婚姻自由，小三也可以和老婆竞争”的思想，职工也认为当第三者很正常；有的企业在市场竞争中，窃取其他企业的情报，职工的竞争也变得不正当、不合理，成为恶性竞争；有的企业领导经常说别人的坏话，职工也跟着嚼舌根，通过贬低别人提高自己。这叫“跟着疯子学撒土”“跟着巫婆学假神”。

如果长此以往，职工受到道德败坏的领导的影响，不动脑筋，没有是非，缺乏操守，见钱眼开，既没有独立思考，更没有独立立场，要么被权力“圈养”，要么被金钱“包养”，不管这钱的来路正不正，不管自己的做法妥不妥，不管这事该不该做，不管那话该不该讲，盲目与其同流合污，沆瀣一气，臭味相投，就会从量变到质变，变得没有人格。这些人思想免疫力差，一遇思想“流感”传染，首先中毒的就是他们，一遇思想“病毒”入侵，首先致命的就是他们。有的人在歪风邪气的单位工作时间不长，他们就像接触了“非典”的病人一样，很快就被思想病毒传染了，很快就被思想歪风污染了，很快就被思想邪气熏黑了，丢了脸又丢了人。他们虽然在一些歪风邪气的单位挣了一点钱，但是损失太大了，他们损失了人性，损失了做人的资格，不但自己受害，还会殃及子女，贻害下一代；他们虽然在一些歪风邪气的单位得了一点利，但他们太可怜了，没有头脑，没有觉悟，没有灵魂，人家害了他，他还要感谢人家，感恩人家。纵观现在社会中这些不良现象的产生，无不与职工所处的环境影响有关系。身处歪风邪气单位的职工，应有政治和思想免疫力，以防污染灵魂，毒害精神，牺牲自己的人格。

古人云："近朱者赤，近墨者黑。"环境的好坏对我们的影响是不同的。一个人身处于遍地谎言、推诿扯皮、充满勾心斗角的圈子，人与人之间比坏不比好，学坏不学好，在这样的环境中，时间长了就会慢慢中毒，由善变恶，由正变邪。而在一个积极向上，乐观豁达，充满友爱的圈子里，人们就会以积极的心态对待工作、对待生活、对待周围的人和事。环境有好坏之分，顺逆之别，作为一名流动职工或者一个打工者，没有办法改变一个工作单位的环境，但是作为一个成年人，应该有独立的分析能力，对环境的影响应该有取舍，而不应该成为环境的奴隶，被环境所征服。事实证明，环境可以改变人，也可以塑造一个人，关键是看自己如何判断，如何选择。

"吃谁家的饭"是一种在哪个单位工作的形象说法，但"向着谁家说话"却是代表一个人的立场和观点。如果我们评价一件事情，往往先不论事情的本质，而是看当事人属于哪一个阵营，是不是对自己有用处，是不是跟自己是一伙，那么社会上就分不清是非对错，分不清善恶美丑，试问当"钱"字大过"理"字，还谈什么规矩？当"利"字大于"理"字，还说什么真理？这种向人不向理的做法不管出现在什么地方，表现在哪个环节，它带来的必然是偏袒之举，包庇之行，损人之举，害人之行；它维护的必定是不公之理，不平之事；它损害的必将是法治之公器，社会之公平。

正确的做法应该是向理不向人，追求真理，寻求正理，坚持公理，探求好理。要做到向理不向人，必须在做好人、做好事上有高标准严要求，有坚定的立场，坚定的原则——不被金钱所迷惘，一丝不苟，认真做好人，负责做好事；不被私利所诱惑，不折不扣，老实做好人，正确做好事；不被强势所压倒，意志坚强，坚定做好人，坚持做好事；不被时间所动摇，一生做好人，一世做好事。

习近平总书记提出，要成风化人。这就要求我们企业要用人们普遍认可的道理，有目共睹的事实，耳熟能详的语言，喜闻乐见的形式引导舆论，形成积极健康向上的企业风气，以崇高精神感染人、以典型事例教育人、以榜样人物鼓舞人，让职工丰富精神世界，增强精神力量，巩固精神动力，保持皓然正气。

2016 年 5 月 26 日

为什么会犯低级错误

2015 年 11 月 2 日晚上临近关门时，顾客闫女士在搪百商场化妆品柜组购买了价格 17 元的“好迪洗发水”，她先给了营业员 A 某 7 元零钱，又给了其 50 元整钱，就在营业员 A 某找钱的时候，闫女士又要求购买一瓶 18 元的沐浴露，营业员 A 某此时本应找给顾客 22 元，但她只找给顾客 17 元。闫女士走后，发现找给自己的钱有出入，感觉 A 某少找 5 元钱，于是便返回大楼想问清楚。可是因为商店已经关门，顾客就和下夜的保安 B 某简单说了一下事情的经过，B 某让顾客第二天再来，和 A 某本人核实。

11 月 3 日中午 1 点 40 分，闫女士再次来到化妆品柜组，找到 A 某核实此事，A 某声称账款相符，没有出错，态度很不友好，顾客听后非常气愤，在卖场破口大骂。正在此时，商管处值班经理查岗经过，见此情形上前进行劝阻，并将情绪激动的闫女士和 A 某一同叫到商管处协商解决此事。在商管处办公室，值班经理将两人分开，A 某在里屋，顾客在外屋。里屋的 A 某拒不承认自己犯错，也不向顾客道歉。外屋的闫女士坚决要求 A 某给其道歉，值班经理见劝解无果，便自己拿出 5 元钱垫付给顾客，让顾客先回家。闫女士没有要钱，只要求 A 某给其道歉。此时里屋的 A 某嘀咕了一声，顾客认为是骂其傻，本已平静的顾客又被激怒了，径直向一楼冲去。值班经理实在拦不住，只好跟着顾客一路小跑到了一楼，在化妆品柜组，顾客激动地要砸柜台，将柜台上的部分商品推到了地下。这时你一言，我一语的都劝 A 某给顾客道歉，于是 A 某怪声怪气地对顾客说：“我错了，你对的！”说了两遍以后，顾客更加生气地质问：“你这是心里道歉，还是嘴上道歉？” A 某不吭声，顾客怒气难消，一直指责。此时柜台周围已经聚集了许多顾客和营业员，一层半的营业员都探出头来观看究竟。值班经理和保安经过多番劝说，将闫女士又领回商管处，在对闫女士进行安抚后，他们再次给了其 5 元钱，让她写下了投诉信，才平静地离开商店。随后，A 某的问题根据企业相关制度进行了处理。

发生这件事情的原因是什么？是因为营业员在销售商品过程中没有坚持“唱收唱付”的规定，导致顾客认为少找5元，进而发生吵架、摔货、围观等问题，事虽不大，但造成了很不好的影响。

唱收唱付是营业员必须坚持的工作规范之一。唱收唱付的工作规范，要求营业员在收款时，要向顾客唱明金额数。如“收您100元”“收您20元”等，不要收款后闷声不响，就放入钱柜；找零时，也要向顾客唱明找零数额，并当面点清。同时，说话要客气，用词要恰当，动作要文明。找零时，一般要请顾客点点数，说一声“请您点一点”。如果找零只是单张纸币或一二枚硬币，就不能用上述语言，可说声“找零请放好”。找零时要轻放，或交到顾客手中，切不可乱丢乱放。唱收唱付还要防止只唱收不唱付，或只唱付不唱收两种现象。坚持唱收唱付的目的就是为了防止在收款找零中出现“各说各有理，谁也说不清”的问题。

一个人从事营业员的工作后，他的师傅就会教他在销售商品时要做到唱收唱付。唱收唱付对一个营业员来说是最简单最初级的知识，在营业员应具备的知识水平中属幼儿园小班的水平。就这么一点简单的知识，就这么一点很低的水平，可是一个工作二十多年，临近退休年龄的老职工A某却没有做到，所以，我们说她是犯了一个低级的错误。

工作多年因找零与顾客发生纠纷，属于低级错误。由此想到工作多年，老大不小，不懂点货，点错了货；不会结账，结错了账；不会说话，伤害顾客；卖货热情，退货冷谈；违规操作，造成事故；有事旷工，受到处罚；动手打架，解除合同……都属于低级错误。这里需要思考的问题是，为什么有的人会犯低级错误呢？这可能与这些人为人处世的一系列“低”有关系。

犯低级错误与做人的低标准相联系。一个人不论你在思想上是自觉的，还是不自觉的；是明确的，还是盲目的，对于如何做人都有一定的标准，不是高标准，中标准，就是低标准，不是做优秀的人，普通的人，就是做落后的人。犯低级错误的人，一般是在做人方面低标准的人，他们做人的标准是不犯罪，不犯法，违规违纪不在乎。这种做人标准很容易做出违法之事。比如你少找给顾客钱，就侵犯了顾客利益，就触犯了《消费者权益保护法》这一法律，这些人如同走在河边的人，随时有湿脚的可能。这种做人标准低的人就不可能遵守制度、执行纪律，犯低级错误也就成了必然之事。

犯低级错误与做事的低标准相联系。做人与做事是息息相关的，做人的标准决定做事的标准，做人标准低的人，也是做事标准低的人。做事标准高的人，工作中坚持高标准、严要求，注重标准化、规范化、精细化、高效化，在他们的工作中体现的是“精、细、严、实”四个字。而工作标准低的人，做事不管标准，不要规范，马马虎虎，应付差事，能省事就省事，能投机就投机，做事不认真，不负责，不顾及效果，工作中出点差错，闹点问题就成了家常便饭。所以，工作标准低的人犯低级错误就是必然之事。

犯低级错误与对待批评采纳率低相联系。一个人在工作中难免会出现这样或那样一些问题，与问题随之而来的是难免出现这样或那样一些批评，这些批评有的来自领导，有的来自周围的同事。做错事受到别人的批评，这是一种很正常的现象，很常见的现象。正确的批评，是别人对自己的关心、爱护和帮助，对自己而言是一件有幸之事，有福之事，有爱之事。但是犯低级错误之人，不能正确对待批评，将别人的批评视为是打击、报复、歧视、责难。他们见不得批评，听不进批评，甚至反对批评，拒绝批评，有时表面也给人留下“虚心接受批评”的印象，但在行动中却是坚决不改，对待批评的采纳率极低，使自己缺点错误有增无减。所以，这种人犯低级错误就成了必然之事。

犯低级错误与对待知识使用率低相联系。这些人学习精神差，掌握知识少。但是，他们到一个单位工作后，这些单位必然要根据工作的需要让他们学习一些与工作相关的知识，比如，工作的流程和标准，劳动的纪律和制度，职业的道德和规范，消防的理念和技能等知识，这些知识是应知应会的知识，是须懂须行的知识，是保证正常工作的知识，是避免违纪犯错的知识，可是这种人对这些知识左耳进，右耳出，不学习，不记忆，不与自己的工作相联系，不在自己的工作中去践行。对这些知识使用率极低。这样一来就会导致他们的工作出现随意性，任意妄为。所以，他们犯低级错误就成了必然之事。

犯低级错误的人，主要是低在离开了事业心的范围，没有将自己的工作当事业对待；低在离开了职业心的范围，没有按职业标准从事职业；低在了他们的思想进入了应付心的范围，做事敷衍了事，不负责任；低在了他们的思想进入了混饭吃的范围，做事为了混饭，混饭必然混事。这些人，有岗位但不爱岗敬业；受教育但拒绝修养；有工作但素质如初；有饭吃但不感恩企业；有同事但缺乏感情。这些人犯了错误不承认错误，受到批评耿耿于怀，受到处罚痛哭流涕，解除合同气急败坏。这种人真可谓可怜、可悲又可恨，他们唯一的出路是正视自己的错误，明白自己错误的危害性，真正认识到自己的错误必将损害自己的工作成绩，损害自己的职业道德，损害自己的名誉声誉，损害自己的人生价值，损害自己的儿女成长。有错误不可怕，可怕的是不认错，不改错，只要认真改正错误，弃旧图新，就一定能做一个自爱自尊的人，受人欢迎的人。

一个人犯低级错误，是由自己的低级水平所决定的，低级的思想水平决定了自己低级的能力水平。任何事物都不是一成不变的，事在人为，低级水平也是可以变化的，只要自己树立新理想，确定新目标，鼓足新勇气，有改正错误的决心，有幡然改进的信心，坚持有恒心，向自己挑战不可能，就可以使自己由低级水平向中级水平过渡，由中级水平向高级水平过渡，做一个高水平的人。

2015 年 11 月 15 日

富贵　富贱

实行社会主义市场经济体制的目的，就是要让社会财富极大丰富，让人民生活不断提高。随着改革的深入，经济的发展，收入的增加，社会上出现了越来越多的富裕之人。在这些富裕之人当中，有宽以待人，厚德载物的又富又贵之人；有尖酸刻薄，财大气粗的富且卑贱之人。他们有着一个共同点：都是物质的富有者，但他们却因思想不同，表现不同，成为了两种不同的人。

富贵之人。贵者，思想高贵高尚，好人也。这种人既重视“财润物”更重视“德润身”，他们在追求财富的时候注重思想求上，始终保持一颗上进心，对所认定的目标始终如一地执着追求；他们在跻身富人的行列时知道适可而止，做事心中有度，懂得节制欲望，控制本能，知道哪些地方不能去，哪些朋友不能交，哪些东西不能拿，做事讲纪律，有分寸；他们在成为财富拥有者以后仍然把做人放在第一位，心有正气，胸怀信念，清清白白做人，干干净净做事，堂堂正正做官。他们对待别人宽容友善，乐善好施，对待社会积极贡献，极尽所能。他们有高贵儒雅的气质，有乐于助人的爱心，有人心向善的良知，有承担责任的勇气。这样的人物质富有，品德高尚，地位崇高。钱越来越多，德越来越美，他们是令人敬佩，让人尊重的富贵之人。

富贱之人。贱者，品德卑贱低贱，小人也。这种人在小富的时候也是谦虚谨慎的，待人友善，做事认真。当他们的财富达到别人的五倍、十倍、百倍时，他们的毛病就逐渐显露出来，无官的人摆起了臭架子，有官的人摆起了官架子，对待别人用等级划分，对待事情用级别对待，听到别人称呼自己的职位时笑脸相对，听到别人叫自己姓名时不理不睬，他们见到比自己有钱的人就趋炎附势，卑躬屈膝，如同哈巴狗，见到比自己钱少的人就趾高气昂，盛气凌人，好像小疯狗。当他们的财富剧增之后更是大肆挥霍，有的成天沉溺于香车美女、山珍海味之中不能自拔，有的疯狂炫富就怕别人不知道自己是土财主。这样的人思想上的毛病越来越多，行动上的丑事越来越多，身上的刺越长越多，头上的角越长越多，人们从他们身上闻到的是铜臭味，见到的是怪模样，触到的是贱习气，留下的是坏印象。他们虽然富有，但言行令人不敢恭维。这样的人钱越来越多，人越来越小，虽是物质的富者，却是精神的贱族，是让人厌恶的富贱之人。

为什么有人不愿做富贵之人，甘愿做卑贱之人，他们背着无数的金钱越走越远，越走越偏，越走越邪？主要原因是有三种论调左右他们的思想，支配他们的行动。

一、等价论。有这种思想的富人，他们觉得有多少钱就有多高的地位，有多少钱就有多大的身份，有多少钱就有多少的特权，有多少钱就有多少的德行。他们将物品和人品的概念混淆了，错在将物品等同于人品，将人品降到物品的水平。他们把财富的多少作为衡量地位高低、品德优劣的标准，自以为是地认为财富与地位、财富与品德是成正比的，财富增加了，地位就上升了；财富充实了，品德就高尚了。在他们的眼里、心里、灵魂里，钱等于地位，等于德行，等于尊重，钱越多，人的德行就越多；财产越多，人的品德就越高。

二、必然论。有这种思想的富人，他们认为自己的财富多了，自己的品德也就会好起来，其论调是“财富多、品德必然好”。他们还用古人的“仓廪实而知礼节，衣食足而知荣辱”这句话为自己辩解，而为什么不用“为富不仁”这句古人之话为自己的丑陋言行做依据呢？他们把发家致富和改造思想理解成了因果关系，这是两件既有联系又不相同的事情。发家致富需要有良好的品德，比如为了得到更多财富，在与人交往中，从功利角度考虑，也能做到诚信，就凭这一点，也可能发了大财。但改造思想是要克服自己思想上的缺点、毛病，是需要下苦功夫的，是需要一点一滴地进行改造的，是需要对自己修枝剪叶的，是需要长期坚持才能生效的。财富不会使自己思想上的缺点自行消失，财富不会使自己思想上的毛病自行消除。如果有了这种必然论的思想，不能正确认识财富和修身的关系，反而必然会使自己的缺点增多，毛病扩大。

三、拒绝论。有这种思想的富人，他们觉得现在的社会没有什么比钱更有话语权的东西了，可以用钱说话，用钱办事，用钱为所欲为，用钱摆平一切。对于他们来说，什么道德、良知、品行、慈善，都是虚无的名词，无用的代词，统统都不重要，不需要，没必要。他们认为，有钱就一切有理，有钱就有了一切，有钱就是天王老子，有钱就能唯我独尊。他们一叶障目、两耳塞豆、固执己见、刚愎自用，拒绝监督，拒绝批评，拒绝帮助，听不进意见，听不进建议，听不进劝解。他们只有退步，没有进步，优点一天比一天减少，缺点一天比一天增多，讲的是独理，走的是下坡路。

就是因为有这些论调，我们在现实中看到了时隐时现的为富不仁之事，有钱乱为之事。有的富人结个婚动辄百万、千万，甚至上亿元，拿钱铺就的婚礼让来宾们只看到了真金白银的奢华，看不到相守一生的真情；有的富人标榜自己如何登上富豪排行榜，如何富可敌国，却拔一毛以利天下而不为，大难之前不见慷慨解囊，甘当缩头乌龟；有的不满足于糟糠之妻，明目张胆地开设三宫六院，妻妾成群，儿女成堆，无视国家的法律与社会的道德；有的为了金钱利益，明争暗斗、雇凶伤人；有的为了体验刺激，豪车狂飙，置路人的性命于不顾……凡此种种，不一而足，屡见报道，他们成了社会的负面人物，发挥负能量，尽起副作用。

那么，为什么会出现这些论调呢？究其原因，是因为这些人的世界观出现了偏差，人生观出现了变质，价值观出现了扭曲。他们奉行的是“拜金论”，继承的是“钱神论”，践行的是“厚黑论”。在这些人眼中，金钱是至高无上的，钱能带来自己需要的社会地位，钱能带来自己想要的富裕生活，钱可以作为自己欺辱他人的经济支柱，钱可以作为解决任何问题的重要保障，钱可以成为摆平一切矛盾的锐利武器，所以他们认为自己的钱越多，自己就会品德好，自己就会品位高，自己就会成贵人。

什么才是真正的贵呢？“富”体现在物质上，可以是一个数字，而“贵”则表现在精神上，有着更深刻的内涵。一个富贵的人既能够维持本人尊严，又能够真心实意尊重他人、宽容对手；一个富贵的人既能够自制自律，严格要求自己，还能够慷慨大方，无私奉献；一个富贵的人既能够以礼待人，于众不骄，还能够怀揣强烈的社会责任感和使命感，当用钱处，慷慨解囊，应节俭时，锱铢必较。如此富者，方称富贵之人。高贵不是奢侈品加身的包装，高贵是源自于内心的本善担当。金钱上的富有永远弥补不了精神上的贫穷。作为富人应该完善人品操行，提高人生境界，常怀仁爱之心，多行济困之举，通过行动把自己的财富转化为一种责任，一种担当，从而达到内心的富有，才能真正成为富贵之人。

我们要践行社会主义核心价值观，实现社会主义精神文明，让良好的政治生态，健康的精神文明，高尚的道德品质到处开花结果，就要对这两种人有明确的态度：对富贵之人要学习和宣传，对富贱之人要批评和帮助。

2015 年 10 月 19 日

“人不为己　天诛地灭”错在哪里

党的群众路线教育实践活动，意在要教育党员干部树立“为民、务实、清廉”的思想，克服“形式主义、官僚主义、享乐主义、奢靡之风”。追根溯源，“四风”主要来自私心，可以这样说，心底无私，“四风”难存，克服私心是克服“四风”的治本之道。鉴于此，我选择有代表性的为私心辩护的成语撰写这一文章。

有句古语叫做“人不为己，天诛地灭”。这句话有两层意思：一层意思是，为己、为私，天经地义、天老地荒；另一层意思是，为公、为人，天诛地灭、天理不容。

难道一个人的工作只能为自己吗？只能完全为个人利益去工作吗？古人讲：“天生我材必有用。”这个“用”字，不是用在“吃饭”二字上，而更重要的，更主要的是用在“劳动”二字上。我们每个人来到这个世界上，应该用自己的劳动发挥正能量，为建设新世界贡献自己的力量。在劳动中要想到自己的责任，承担自己的责任。这个责任包括个人的责任、家庭的责任和社会的责任。个人责任，就是要对自己的言行负责，对自己的工作负责；家庭责任，就是要对自己的父母、对自己的子女负责；社会责任，就是要多做对社会有益的事情，力争成为一个有道德、有素养的社会人，对社会负责。在履行责任时，通常表现为三种境界。

1. 个人利益的“合理为己”的境界。个人利益是指个人生存和发展的各种需要的总和。即包括物质生活需要，又包括精神生活需要。这是天经地义的事情，这是古今中外概莫能外的事情。正如马克思和恩格斯所说：“我们首先应当确定一切人类生存的第一个前提，也就是一切历史的第一个前提，这个前提是：人们为了能够‘创造历史’，必须能够生活。但是为了生活，首先就需要吃喝住穿以及其他一些东西。因此第一个历史活动就是生产满足这些需要的资料，即生产物质生活本身，而且，这是人们从几千年前直到今天单是为了维持生活就必须每日每时从事的历史活动，是一切历史的基本条件。”（选自《德意志意识形态》1845 年秋——1846 年 5 月《马克思恩格斯选集》第一卷，人民出版社 2012 版，第 158 页）由此可见，马克思主义从不否认正当的个人利益，正当合理的个人利益，是人们在发展社会整体利益的过程中，通过诚实劳动、合法经营所获取的维持个人生活和工作需要的正当的物质文化利益。

2. 个人主义的“偏重为己”的境界。个人主义是指一切从个人出发，把个人利益放在集体利益之上，不顾别人的错误思想。这些人无论从事任何工作或做任何事情，不是首先从人民利益出发，不是首先为他人利益着想，而是以对自己有没有收益和好处为原则和标准，有则就争就抢，无则就推就躲，一事当前先为自己考虑，先为个人的利益着想，事事打小算盘，处处想自留地。这种人，哪怕具有很高的能力和水平，哪怕可能会在某些时候努力做事，但实际上与敬业南辕北辙，同样难以认真做好工作，推动事业发展，同样可能影响社会和谐稳定、损害人民利益。

3. 极端个人主义的“全部为己”的境界。极端个人主义是指为了达到个人或极少数人的私利，抛弃道德、原则、政策、法规、人性、党性，采取极端手段牟取不正当利益的极端错误的思想。极端个人主义反映在权力运用上，突出表现为用权不公，以权谋私，私利高于原则，金钱代替政策，不给钱不办事，给了钱乱办事；反映在职务提升上，跑官为了私，买官为了私，要官为了私，当小官为小私，当中官为中私，当大官为大私；反映在利益关系上，突出表现为过分计较个人得失，有利的事则干，无利的事不干，为了满足个人私欲，不惜损害他人利益和国家利益，争功诿过，勾心斗角，追名逐利；反映在家庭关系上，无人之常情，无血缘之情，无感恩之情，只想别人为己，丝毫不思为人，既不孝顺生己之父母，又不关爱己生之儿女。总之，极端个人主义者，为了个人利益敢于无视一切，不顾一切，背道而驰，倒行逆施。

“人不为己，天诛地灭”的思想，是极端个人主义的代名词，这种极端个人主义带来的后果是什么呢？一个社会如果被这种思想所左右，所统治，这一代人都花光吃尽，没有一点社会积累，社会怎么能进行再生产，又怎么能扩大再生产，只能是走向崩溃，走向灭亡。如果一个家庭被这种思想所支配，所禁锢，作为父母把自己所有的收入独享独用，不剩一点，哪里还会有子女的存在，必然导致断子绝孙，香火熄灭。所以“人不为己，天诛地灭”的思想是十分错误的，其发展结果只能是人全为己导致天诛地灭。从社会发展史看，为公是社会生存和发展的基因，人类社会经历的第一个社会是原始社会，在原始社会中，人们首先有的是公有观念，而不是私有观念；首先想到的是为公，而不是为私。人类进入私有制社会，也就是进入奴隶社会，才出现了私有观念。所以就“公”和“私”的资格来说，“公”字要比“私”字老，“公”字要比“私”字经历的时间长。人类的历史是从“公”字开始的，怎么能说“人不为己，天诛地灭”呢？说这种话的人不懂历史的发展，违背了历史唯物主义的观点，这是一种十分错误的、荒谬的论调，说这种话的人首先不敢在他自己的家庭中完全彻底地实践这种理念。

“人不为己，天诛地灭”这句成语是一句长期被误识、误传、误用的成语，其实这个成语中的“为己”不是为了自己，这里的“为”是“修习、修炼、修养、修为”的意思。“为己”的意思是说修炼自己。“人不为己，天诛地灭”的本来含义是，一个人如果不修炼自己的德行，不把作为人应有的人性和道德做出来，随私所欲，任意妄为，尽做缺德事，尽干亏心事，那么天理也难容，老天就会诛杀他。这样解释才符合中国古代善恶有报的文化传统，才符合中国文化传统的精义。可是，现在有的人乱用、胡用、瞎用这一成语，将这个成语用来标榜成极端个人主义和拜金主义的座右铭，作为自己人生道路上的航标灯。在市场经济条件下，更有甚者，将这句成语视为“绝对真理”，奉为圣旨对待。

一个党员、一个干部，一定要抛弃“人不为己，天诛地灭”的极端自私的人生观，面对各种利益，不能只考虑个人利益，一定要正确处理个人利益与他人利益、集体利益、国家利益的关系。其一要摆正位置，坚持他人第一、集体第一、国家第一的原则，个人利益要服从其他利益；其二要控制比例，在个人利益与其他利益的比重中，要尽力扩大其他利益所占的比例，这样才能体现党员干部的价值，为社会做出更多、更大的贡献。受社会发展阶段的决定，现实中的人都会有私心、私欲，不承认这点，就不是唯物主义者。但是，承认人人有私，不等于对党员、对干部不能提出大公无私的要求。其实，历来讲大公无私，都是将其严格限定在公共事务领域，而没有引入私人领域。大公无私强调的是，在公共事务领域应克己奉公不能以权谋私，影响公众利益和公平正义。公共领域要讲公，私人领域才讲私，不能把这两个不同领域的处事原则混为一谈，否则，就没有正确理解大公无私。在公共领域讲大公无私，不仅是应该的，而且是可行的。以大公无私的态度和理念处理公共事务，既是人民对党员干部的要求，又是党员干部应有的言行，还是党员干部具有远见和智慧的表现。有个别党员干部个人主义严重，干个人的事情不怕困难、不怕吃苦，带病劳作，从不言苦，无怨无悔，而对在单位的本职工作，拈轻怕重，无病呻吟，能推则推，能躲则躲，怨声载道，看不到一点党员的形象，看不到一点党员的先锋模范带头作用。当有人批评这种党员的表现是一种错误时，他们还要振振有词地为自己辩解。这样的党员丢掉了全心全意为人民服务的宗旨，放弃了党员正确的理想信念，失去了党员的政治本色，思想上达到退党的条件。这不是错误，又叫什么呢？这样的党员属于党内的“烂梨”或“废品”，这样的党员在党内有什么用呢？正如毛泽东同志所说：“共产党员无论何时何地都不应以个人利益放在第一位，而应以个人利益服从于民族和人民群众的利益。因此，自私自利，消极怠工，贪污腐化，风头主义等等，是最可鄙的；而大公无私，积极努力，克己奉公，埋头苦干的精神，才是可尊敬的。”（毛泽东《中国共产党在民族战争中的地位》1938 年 11 月 14 日《毛泽东选集》第二卷，人民出版社 1991 年版，第 522 页）

党的宗旨是全心全意为人民服务。“十二五”规划建议提出，“提倡修身律己、尊老爱幼、勤勉做事、平实做人，推动形成我为人人、人人为我的社会氛围。”主张“为人民服务”，当然要强调“我为人人”，但并不因此就否定“人人为我”。一般即寓于个别之中，“人民”要体现在一个个鲜活的个体之中。如果要求一部分人只提供服务而不享受服务，“为人民服务”岂不失去了一部分服务对象？所以，我为人人与人人为我是辩证统一，相辅相成的关系。在社会生活中，大公无私是圣人，公而忘私是贤人，先公后私是善人，公私兼顾是常人；私字当头是小人，假公济私是痞人，以公肥私是坏人，徇私枉法是罪人。我们要提升常人，提倡善人，学习贤人，向往圣人；也要教育小人，揭露痞人，改造坏人，惩治罪人。鉴于日常的、多数的是常人，要做的“常事”，就是修身律己、平实做人；要说的“常理”，就是“我为人人，人人为我”。

从事实上，从理论上，都说明长期流行的脱离本义的“人不为己，天诛地灭”的说法和解读是错误的。历史的发展证明，不是“人不为己，天诛地灭”，而是人全为己将会导致天诛地灭！我们应该从思想上正确认识公与私的关系，从行动上正确处理公与私的矛盾，不断地提高自己的思想境界，不断地为他人的利益，为集体的利益，为国家的利益而奋斗，不断地为社会做出我们应有的贡献！

2014 年 4 月 26 日

“回锅肉”不要成为“滚刀肉”

在我们的企业有这样一些人，他们总感到自己的工作不理想，自己的收入不满意，工作表现一般，成绩平平。好像企业亏待了他们，没有发挥他们的才干，内心一直思谋着到外面去干一番事业，见异思迁，向企业写申请、打报告，在保留劳动关系的前提下，如愿到了自己理想的新单位。

可是，过了一段时间，有的当初信誓旦旦，要求在外面一直干到退休，结果在外面呆了两年就干不下去；有的为了创业梦想，选择到外面奔波闯荡，但由于不能适应社会发展，不能跟随经济步伐而出局；有的觉得自己在单位不能体现应有的价值，想到外面挣更多的钱，结果却是一事无成；有的为了一己私利，投奔新的工作单位，但由于在新单位工作不出色，业绩不突出而被裁员；有的为了个人追求，到社会上找出路，但由于高估了自己的能力，高看了自己的水平而被淘汰……

这时他们才又想到了企业，想到了自己的工作岗位，于是他们无可奈何，带着失败的心理，低声下气地求助企业，尽量快点回单位安排个工作，大部分无条件地回到了企业，人们称这些人为“回锅肉”。

这些人离开企业时趾高气扬，毫不含糊，但回到单位时却像是打了败仗的士兵一样垂头丧气，又像泄了气的皮球一样毫无神气。这时，他们应该总结一下自己外出闯荡失败的原因，原因一般有二：

其一，错误地认为工作业绩与环境有关。他们感到在原企业不能发挥自己真实的水平，于是选择到其他地方工作。但是他们却没有意识到，一个人的工作业绩与环境关系不大，而是与品德和才干有关。他们在企业没有做出贡献，到外面不能如愿以偿，说明他们缺乏到外面工作的能力，证明自己能力不行，素质不高。一个人缺乏工作能力，缺少职业道德，无论在什么工作岗位，在什么工作环境都不可能作出成绩，不可能取得成功。

其二，盲目地过高估计自己的能力。他们对自己没有正确的认识，没有清楚的看法，不知道自己几斤几两，他们往往缺乏自知之明，直到失败了才看到了自己的本事，验证了自己的水平，了解了自己的能力。这一条反映的是他们的思想问题，他们对自己没采取实事求是的分析，过高地估计自己，过高地评价自己。失败的外出工作经历证明了自己的思想方法有问题，同时也证明了企业原先对他们的工作安排是合理的，企业是根据他们的工作能力安排工作的；发放工资是合理的，企业是根据他们的劳动成效给予报酬的，企业没有使其屈才，没有使其冤枉。

当他们经历了碰壁、受挫、失败后，企业给予了他们重新回归的机会。这时他们应该思考两个问题：

其一，自我解剖，总结经验。他们应该从失败中找到原因，从教训中总结经验，这是他们避免再次失败的重要保证。当他们回到企业时，应该重新审视自己，正确看待自己，客观评价自己，各自分析自己失败的具体原因，看清自己的能力有多大，在失败中吸取教训，在失败中总结经验。他们特别需要以一颗客观、公正、务实的心对待自己现有的工作和环境，真正做到在自责后惊醒，在内省后明白，在思考后觉悟。

其二，心怀感恩，回报企业。他们在个人利益面前选择离开企业，他们在外面挫折之时又选择回归企业。但是当他们重回企业时，企业并没有对他们提出任何额外的要求，提出任何苛刻的条件，企业给予他们的待遇与其他在岗职工是一样的，说明企业能正确对待他们的失败，宽容他们的失败，理解他们的失败。企业再次接受他们的时候，是在他们最困难的时候，因此，他们对待企业应该有一颗感恩之心，因为怀揣感恩之情，就会变得执着而无私，敬业而忠诚；怀揣感恩之情，就会把自己对企业的感激转化为勤奋工作，转化为奉献企业的动力；怀揣感恩之情，就能够真正把自己融入到企业的兴衰之中，关心企业发展，对企业利益负责，与企业同舟共济。

在重新回到企业的这些人中，也因为思想和心态不同，产生了两种不同的做法：

正确的做法："回锅肉"式职工中的一部分迷途知返的人，他们在自己落魄的时候，企业接纳了他们，他们懂得感恩，懂得为企业付出。回到企业后，弃旧图新，幡然改进，珍惜企业给自己的机会，不挑工作岗位，不嫌工作贵贱，在做人做事上下功夫，认真做人，争取做受人欢迎的人，认真做事，争取成为工作中的先进者，成为"回锅肉"中的"可口肉"。他们当中的突出者，有的还加入了党组织，有的还提拔为中层干部。

错误的做法："回锅肉"式职工中的另一部分执迷不悟的人回到企业后，有的违背诺言，面对重新安排的工作岗位仍挑三拣四，重活不想干，小活看不起，对待工作马马虎虎，吊儿郎当，到了解除劳动合同的边缘；有的身在曹营心在汉，不安心工作，不是把企业当成工作的场所，而是把企业当作养老的地方；有的请假多，闲话多，牢骚多，埋怨多，或以德报怨，或恩将仇报，不但说企业的坏话，而且还寻机攻击企业，缺乏应有的道德，应有的人性……他们成了"回锅肉"中的"滚刀肉"。

这种"回锅肉"中的"滚刀肉"职工在外挣钱时没有想到过企业，在外享受时没有想到过企业，到了自己在外面混不下去了，生活困难了才想到了企业，企业出于同情而再次收留了他们，他们应该心存感激，心怀企业，但他们对企业的安排却并不满意，嫌弃岗位不光彩，嫌弃工作不轻松，嫌弃回报不丰厚，有的成了软硬不吃，不知好歹，无理取闹的混世之人。再查一查这些"滚刀肉"的历史，有相当一部分人是从外单位调来的，这些人总是以"滚刀肉"的面目出现，说明他们在原单位就表现不好，表现不好是他们的习惯，是他们的常态，是他们的真相，好像改也难也。

这些人已不是经过一两锅的菜了，而是经过了三四锅的菜了。这些人应反思一下：自己虽然经过了好多锅，为什么成不了让人喜欢的好菜，为什么成了别人眼中不懂道理，不通人情，不受欢迎的人。

这种"滚刀肉"式的职工这样做是不自重，不自爱，不自强，不自警的表现。正值中年的他们本来可以重新规划他们的人生，但是他们依然没有意识到自己的问题，没有好好考虑自己的将来，等到退休时才考虑，等到生命结束时才考虑，但为时已晚，晚到不可挽回，晚到没有机会，晚到无可救药。他们以自己游戏人生的态度开始，往往让人生游戏自己的结果而告终，这是一种瞎活、乱活、胡活的人生态度，他们这样做对不起自己，对不起父母，对不起家庭，如果他们依然如故，不思悔改，注定只能拥有可笑的人生，可怜的价值，可悲的结局。一切"滚刀肉"的致命缺点是，太圆滑，太滑头，对人接触只有"点"没有"面"，人际关系不牢靠，对"事"接触又是只有"点"没有"面"，工作作风不踏实。这些人的当务之急是下决心自己"切"自己一刀，使自己有个稳定的、实在的、可靠的、扎实工作的一面，不要滚来滚去，不要滚到退休时仍糊里糊涂；自己"切"自己一刀，见血见肉见灵魂，可真正看清自己的真实情况，可知道自己灵魂深处的缺点错误，真正做到自己了解自己。这一刀是转变自己的一刀，是提高自己能力的一刀，是扭转自己命运的一刀，是重新塑造自己的一刀。切好这一刀需要有理想、有毅力、有决心，需要不怕疼痛，不怕亮丑，不怕批评。总而言之，“滚刀肉”虽然难改自己的恶习，但是难改不等于不能改，只要下定决心也是可以改好的，关键是自己敢不敢、能不能、善不善自己“切”自己一刀。下决心“切”好这一刀，改好自己的形象，以后人们就不叫你“滚刀肉”了，舍不得“切”这一刀，面貌依然不变，人们仍然叫你“滚刀肉”。

2015 年 6 月 28 日

莫说坏话　莫当坏人

友善，顾名思义就是友爱、善良。友善既是中华民族的优秀传统美德，又是社会主义核心价值观的重要范畴；既是社会生活中人与人之间建立友好关系的粘合剂，又是成就事业发展的基础。

可是有的人却要丢掉传统美德，远离核心价值观，胡乱处理人际关系，他们对别人不是采取友善的态度，而是采取敌对的态度。采取敌对态度最常见的一种做法就是对别人说坏话。所谓坏话，就是指不对的话；不入耳的话；对人对事不利的话。他们通过听说、造谣、传话，用老鼠作风鬼鬼祟祟，偷偷摸摸地将见不得人的谣言、流言、谎言、佯言、谗言、妖言、恶言、毒言等传递给对方，以达到破坏团结、损害友谊、干扰工作的目的。

这些说坏话的人心理阴暗，心底恶毒，如果用一个字来形容他们的特点就是“阴”，他们喜欢背后捣鬼，暗地使坏，阴处作弊；他们用错误的方法对待对方，在背后用说坏话的手段将矛盾、意见、分歧暴露出去，随意传播。正常的人心理阳光，心地善良，如果用一个字来形容他们的特点就是“阳”，他们喜欢当面批评，当面谈心，当面交锋，他们用正确的方法对待对方，将矛盾、意见、分歧当面讨论、当面解决，决不在背后捣鬼。阳光心理的人和阴暗心理的人，前者喜欢当面行事，体现的是一种水平，一种风格，一种素质；后者喜欢背后作乱，反映的是一种歪风，一种邪气，一种恶习。两者具体有什么不同呢？

阳光的人当面体现的是光明磊落，光明正大；阴暗的人背后显露的是阴险狡猾，阴谋诡计。阳光的人当面体现的是互相帮助，互相关爱；阴暗的人背后显露的是恶意诋毁，有意使坏。阳光的人当面体现的是正气正派，正人正行；阴暗的人背后显露的是歪风邪气，歪门邪道。阳光的人当面体现的是同志友谊，同事情感；阴暗的人背后显露的是冷酷无情，忘恩负义。阳光的人当面体现的是尊重人格，尊重礼节；阴暗的人背后显露的是丑陋面目，丑陋心态。阳光的人当面体现的是道德高尚，品行高雅；阴暗的人背后显露的是思想卑鄙，言行低下。阳光的人当面体现的是尊重事实，真言真语；阴暗的人背后显露的是胡言乱语，胡编乱造。阳光的人当面体现的是对人负责，对己负责；阴暗的人背后显露的是不计后果，不顾影响。阳光的人当面体现的是君子作风，君子风度；阴暗的人背后显露的是小人之心，小人之见。阳光的人当面体现的是自信自强，自重自爱；阴暗的人背后显露的是鸡肠小肚，睚眦必报。

这些说坏话的人，他们唯心做事，唯心做事就会随心所欲，想胡说什么就胡说什么，稍不遂意就要说坏话；他们唯私为准，唯私为准就会随私所欲，只要触犯私利，他们就怀疑一切，否定一切，就要说坏话；他们唯我独尊，唯我独尊就会心里只有自己，只要不合心意，就要说坏话。说别人坏话的人，在丑化别人时，全面否定别人，全面指责别人，说的尽是坏话，而对他自己及其一家之人，一丘之貉，一路之货，却是全面肯定，百般袒护，说的全是好话，把臭狗屎也说成了香糕点，不过事实胜于雄辩，香的臭不了，臭的香不了，正常的人还是有辨别香臭能力的。可为什么他们要不顾事实，颠倒黑白，信口雌黄，睁眼说坏话呢？因为他们心不正，心不正必然言不正，说坏话就成了他们的习惯做法，他们的问题既是思想方法的问题，更是思想意识的问题。心理阳光的人同这种思想意识不好的人打交道，就如同猫与鼠打交道一样，交往时间再长，也难以建立真正的友谊和深厚的感情。

这样的人，说别人的坏话能达到自己的目的吗？不能！这样的做法只会适得其反，以损人开始，以害己告终。他们说别人的坏话，等于激将别人也说自己的坏话，等于自己给自己脸上抹黑，等于自己给自己身边增加更多的敌人。这样的人名声不好，人们常送给他们的绰号是：长舌妇、乌鸦嘴、黑心肠。他们胡说来胡说去，都是徒劳的、无益的，这里应该送给这些人一幅对联，上联是：狂犬吠日，不影响日出日落；下联是：乌鸦乱叫，不妨碍农耕农种，横批是：邪不压正。他们这样经常说坏话，不会损害对方的一根毫毛，只会污染自己的灵魂，损害自己的人格，玷污自己的形象，失掉自己的人缘，减少自己的人性。

这些人自己要好好学一学“人”字。人是高级动物，在所有动物的名字中，“人”字是最简单的，但“人”是最难做的，做事难，做好事难，做人难，做好人难。假如将“人”字的第一画“撇”当作自己的话，第二画“捺”当作别人的话，说明人在世界上要与人共处、与人善处、与人常处，就要怀着一颗感恩的心，感恩那些与你相处的人，与你共事的人，与你合作的人，与你有缘的人。经常说坏话的人就等于把第二画去掉了，这样就等于失去了做人的支柱，就会使自己灵魂倒塌、人格倒塌、事业倒塌。有无一颗感恩的心，是人与动物的区别之一。作为一个人，要时刻记住人与动物的区别，不要任意妄为，不要任性胡言。否则就会盲目行事，使自己进入了动物界，人们就会将他当作低级动物来看待，他就会成为枉对人生的人。中国人的传统美德是“滴水之恩，涌泉相报”，切不可“涌泉之恩，滴水不报”，做一个一毛不拔的吝啬鬼。人们常说：“仁者长寿，恶者短命”，常说坏话的人，心情长郁闷，也会导致自己心理患病，身体患病，自己给自己增病，自己给自己折寿。

这样的人到底属于什么人呢？这样的人属于愚蠢之人、可耻之人、可恶之人，应该归于小人、坏人、恶人之列。有人说：“我有钱”，有钱不等于有君子之德，有钱老说别人坏话，只能叫有钱的小人；有人说：“我有权”，有权不等于有为人之德，有权老说别人坏话，只能叫有权的坏人；有人说：“我有名”，有名不等于有善人之德，有名老说别人坏话，只能叫有名的恶人；有人还会说，我只是说坏话，没有做坏事，怎么能叫我坏人呢？因为有的坏话是缺德的，有的坏话是违法的，有的坏话是犯罪的，所以，说坏话也是做坏事的一种，说坏话的人也就必然成为一种坏人了。

言为心声，心为言迹。作为一名党员，一名干部，说话要有党性，有官性，时刻记住自己的政治身份，记住自己的政治责任，决不能说不利于党和国家的话，决不能说有损党和国家形象的话。党员应该说党员该说的话，干部应该说干部该说的话，也是党员和干部以身作则的内容之一，要求之一。

这些说坏话的人，什么时候说坏话最多呢？就是在进行改革的关键时刻，因为改革触犯了他们的利益，他们要说坏话；就是在人事变动的重要时刻，因为变动触犯了他们的利益，他们要说坏话；就是在机构调整的特殊时刻，因为调整触犯了他们的利益，他们要说坏话；就是在经济工作中竞标失败时刻，因为自己的愿望成了泡影，他们要说坏话；就是在与人交往的平常时刻，因为对方意见与其相左，他们要说坏话……这些人在这些时刻往往是动歪脑筋最多，出坏主意最多，说坏话最多的时刻，这时候最容易看到他们灵魂深处的污垢，为人处事的缺陷，所作所为的卑劣。

在这些说坏话的人当中，人们最讨厌的、最痛恨的、最鄙视的就是那种忘恩负义，以怨报德，恩将仇报的人，在这些人身上看不到人格、人品、人性，他们属于自私自利的动物，不耻于人类的小丑，千夫所指的人渣。他们说坏话，办坏事，损德作恶，使自己的舌头成了“毒舌”。这些说坏话的人的做法落伍于现代社会，落伍于精神文明，落伍于道德准则，他们是落伍的人，他们是低级的人，他们是庸俗的人。

希望这些说坏话的人好好改造思想，改邪归正，迷途知返，在好好做人上下功夫，认真学习社会主义核心价值观中关于“友善”的内容，了解友善，理解友善，践行友善，在与同事的相处中，在与朋友的相处中，在与家人的相处中，要记住“责己重以周，待人轻以约”的古训，要懂得“敬人者，人自敬之”的道理，不动不利于团结的脑，不说不利于团结的话，不做不利于团结的事。他们应该吸取教训，谨言慎行，要发挥舌头的正能量，说好话，做好事，积德行善，使自己的舌头成为“甜舌”，争取做一个心怀善意的人，宽容待人的人，助人为乐的人，受人欢迎的人。

作为一个好人，一个有道德的人，一个有原则的人，一个高尚的人，对于各种坏话，要采取“听而不信，听而不传，听而不变”的态度，应坚持“坏话围我万千重，我自岿然不动”的精神，不被坏话所左右，不被坏话所蒙蔽，不被坏话所动摇，务必冷静观察，客观分析，适度批驳，坚定地坚持做好人的高尚品德，坚定地坚持做好事的职业道德，坚定地坚持处好人的友善精神。

2015 年 6 月 9 日

"借嘴造谣"真可耻

每个人都有言论自由，但是任何人的言论自由必须在法律法规的范围内行使，不能突破底线，妨碍他人的自由，也就是说，言论应该自由，但谣言不能自由。有的人把"言论自由"理解为想说什么就说什么，甚至曲解成造谣自由，这种滥用民主权利的后果，必然是谁都难以有真正的自由。有的人惯用"有人说什么""别人说什么""人家说什么""听人说什么"的伎俩进行造谣，这种"借嘴造谣"的做法不仅害人，更会害己。

"借嘴造谣"的三种类型：

第一种：因信谣而去造谣

工作间隙，茶余饭后，总有那么一些人，他们爱聊八卦、爱打听别人的隐私、爱说家长里短的事情，一会儿说张三坏话，一会儿讲李四隐私，要么说王五出了什么问题，要么讲赵六怎么不行，只要别人做一点什么事情，就在人家背后议论、恶语中伤、进行造谣。当有的人听到这些谣言说的是自己时，多疑多猜，以小人之心度君子之腹，不动脑筋，不做调查，不加分析，乱作判断，轻信人言，听风就是雨，这样，正中造谣者的下怀，最易上造谣者的当。他们将毫无根据的东西当成事实，信以为真，加之心理不健康，采取你说我的坏话，我也说你的坏话的做法，由信谣者变成造谣者。伤了无辜者，害了有恩者。

这种人最大的思维弱点是有头无脑、有脑无思、有思无判、有判无断、有断无理、无理胡思。这种人最大的思想缺陷是刚愎自用、不懂政治、不会做人、缺乏理智、胡作胡为、不计后果。这种人最大的错误做法是随心所欲、口无遮拦、罔顾事实、目空一切，不识人劝、一意孤行。

第二种：因嫉妒而去造谣

任何地方都有先进后进之分。正常的先进和后进的关系应该是这样的，先进帮后进，后进学先进，互帮互学，共同前进。可是有的人由于心胸狭窄，心底不善，见强于自己的先进者，不是采取佩服的态度，学习的态度，虚心向先进学习，而是采取厌恶的态度，憎恨的态度，设法对别人嫉妒，说坏话，造谣言，成了他们的家常便饭，成了他们的常用武器。他们认为谣言重复千遍就会成为真理，相信众口铄金的法力，看到别人受到伤害，自己也因此寻找到内心的一点可怜的平衡。有的嫉妒者恨不得将对方视为敌人、置于死地，这种人由嫉妒者变成了造谣者。伤了先进者，害了后进者。

第三种：因私利而去造谣

每个人都有自己的工作单位，每个人在单位都可能遇到集体利益与个人利益的关系问题，全局利益与局部利益的关系问题，长远利益与眼前利益的关系问题。有的人当自己的个人利益受到一点影响时，不是正面认识，而是从反面思考，不是与人交流看法，以求共识，而是钻牛角尖，独自胡思。当认识不到位时，思想想不通时，就开始造谣生事，或攻击企业，或攻击企业领导。他们的私利神圣不可侵犯，只要有一点点影响，就要用谣言加以攻击，这种人由自私者变成了造谣者。伤了公心者，害了私心者。

谣言本身就不是真东西，不是好东西，造谣必然会伤害别人，也会伤害自己。“借嘴造谣”的人采取的是借嘴之法，一切自己造的谣言，都要冠以“听人说”“他人说”“别人说”“人家说”等主语，把自己从谣言中撇出来，他们损人不担名，害人不留名，将谣言嫁祸于人，将脏水泼向别人。明眼人一看便知，不是别人，造谣者正是他自己。正如川剧中的变脸戏，不管变十几张脸、二十几张脸，其实还是那个演员的一张脸。造谣者想把造谣之事推给别人，推是推不掉的，赖是赖不掉的，想推如掩耳盗铃，想赖似瞒天过海，可能吗？不可能！可行吗？不可行！

借嘴造谣者真可谓“人面兽”，当面说的好听，背后又在捣鬼，他们把谣言当成了利器，自以为得计，给别人造谣就能损害别人的声誉，降低别人的威信，这是痴心妄想。俗话说，真的假不了，假的真不了，一旦澄清谣言，别人的威信会更高，声誉会更好，自己的威信会更低，声誉会更差。再进一步思考，当你给别人造谣时，别人也会用眼观察，用脑分析，当对方识破你的谣言时，别人更看不起你，必将你视为一个小人，你给别人造的谣越多，反对你的人就越多，这是一种自伤的行为，这是一种自残的行为，这是一种自害的行为。多么得不偿失，何苦呢？俗话说“长舌如斧”，造谣者就是如斧的长舌者，当造谣者用谣言这把斧子砍向别人时，砍掉的不是别人的声誉、威信、利益，砍掉的正是自己的声誉、威信、利益，这种做法可以说是“搬起石头砸自己的脚”。所以，完全可以下这样的结论，借嘴造谣，害人更害己，损人更损己，是一种十分卑鄙的、十分愚蠢的、十分可耻的行为。

言为心声，行为心表。造谣反映出的是造谣者丑恶的灵魂，阴险的心底；造谣反映出的是造谣者错误的世界观，扭曲的人生观，变态的价值观；造谣反映出的是造谣者可耻的人性，卑劣的人品，下流的人格。这些人生为人，不知如何做人，不知如何做个好人，不知如何做个受大家欢迎的人；这些人应该改恶从善，改过自新，改邪归正；这些人应该在做人上下功夫，在做事上下功夫，在学习上下功夫，尽快加入到真正的人的大众队伍中来！

2014 年 8 月 24 日

争做"成熟"之人　不做"滑头"之人

现在社会上，有的人由于思想模糊，稀里糊涂度日，分不清成熟与滑头的界线，将滑头之人当作成熟之人；有的人属于处事圆滑，奉行好人主义，宁做滑头之人，不做成熟之人。这种现象与党和政府倡导的社会主义核心价值观是格格不入的。在市场经济条件下，面对复杂的人际关系，我们一定要有主心骨，定盘星，分清是非，辨别好坏，发挥正能量，争做成熟之人，不做滑头之人。

何谓成熟？成熟是指发展到完善的程度。成熟的人是诚实的人，是坚持原则，讲究方法，正视矛盾，认真负责的人。

何谓滑头？滑头是指油滑不老实的人。滑头的人是圆滑、世故、不诚恳的人，这种人是穷讲方法，不要原则，掩盖矛盾，不负责任的人。

在为人处事方面，成熟的人与滑头的人有哪些不同呢？

成熟的人，是认真执行工作标准的人。对待工作标准一分不差，一丝不苟，能做到"严、实、细、准"，生怕出一点错；滑头的人，对待工作标准是能混则混，能骗则骗，十分标准干五分，五分标准干二分，是混饭混钱的做法。

成熟的人，是遵纪守法的人。他们在执行规章制度时，不打折扣，不搞变通，不愿走样，自觉严格执行；滑头的人，制度面前打擦边球，玩小花招，要小聪明，他们执行制度奉行的是实用主义，投机主义，选择主义，利己则行，不利则弃。

成熟的人，是明辨是非的人，他们在是非面前有明确的态度，坚定的立场，支持"是"，反对"非"，他们是释放正能量的人；滑头的人，是是非颠倒的人，他们在是非面前含糊其辞，模棱两可，或将是说成非，或将非说成是，爱睁眼说瞎话。

成熟的人，是扎扎实实工作的人，不管领导在或不在，检查或不检查，考核或不考核，他们都能默默无闻，务实求实地工作；滑头的人，在工作中是弄虚作假的人，糊弄别人的人，或说一套做一套，或只讲形式，不管内容；或只求表面，不求实际；或只重过程，不重结果。

成熟的人，是持之以恒的人，他们有理想，有信念，干起工作来，天天如此，月月如此，年年如此，一生如此，是可持续发展、可持续前进之人；滑头的人，是或冷或热，有头无尾，有始无终的人，油嘴滑舌，说的天花乱坠，干的一塌糊涂，是没有方向、没有前途的人。

成熟的人，是人生道路上的好学生，他们认真学习，坚持学习，有学习能力，不但学才，而且学德，是不断学习，不断上进的人；滑头的人，是人生道路上的坏学生，厌学、逃学、既不学做人的道理，又不学做事的道理，而是学做人做事的歪理邪说，做不三不四的人。

成熟的人，有真正的朋友，他们对人襟怀坦白，诚心诚意，没有一点虚的，没有一点假的，说话可信，做事可靠，能信得过，处得住；滑头的人，对人虚情假意，虚头八脑，虚与委蛇，甜言蜜语无真话，点头哈腰无真心，说话不着边，办事不落实，这种人不可靠，不可信。

成熟的人，如果是一名党员干部，他们一定是坚持党的群众路线的人，受群众拥护、赞成、支持、欢迎的有威信的干部。滑头的人，混入干部队伍，他们对群众一无爱心，二无感情，不为群众老老实实办事，是不受群众欢迎的没有佳绩的没有威信的干部。

成熟的人，是坚持原则的人，原则是说话和行事所依据的法则和标准，成熟的人，如果是干部，他们应该是“学习、宣传、坚持和维护原则”的干部，从某种意义上讲，原则离开干部，就失去原则的作用，干部离开原则，就失去干部的作用；滑头的人，如果是干部，他们必然视原则如儿戏，口头上坚持原则，行动上玩弄原则，时而坚持原则，时而丢掉原则。在执行原则的问题上，他们生怕得罪人，反而得罪的人更多。他们不重视执行原则的言行，导致自己失去了干部的资格、威信和作用。

成熟的人，如果是干部会成为优秀的干部，他们在事业上艰苦奋斗，谦虚谨慎，戒骄戒躁，既追求事业的成功又追求思想的成熟，力求做成功和成熟的优秀干部；滑头的人，成了干部，官职不大，架子不小，本事不大，毛病不少，有点成绩，骄傲自满，自我吹嘘，有了问题，掩盖矛盾，拒绝批评，他们充其量也就是个混世界的劣等干部。

成熟的人与滑头的人，由于各自的世界观、人生观、价值观不同，他们在为人处事方面也就有明显的区别。成熟的人，成中有德，熟中有善，是崇德敬善的人，他们释放的是正能量，发挥的是正作用，留给人们的是美形象；滑头的人，滑中有奸，头中有私，是耍奸弄私的人，他们释放的是负能量，发挥的是反作用，留给人们的是丑面目。在弘扬社会主义核心价值观的今天，作为党员干部，要认识成熟与滑头的本质区别，切不可混淆成熟与滑头的界限，更不可将滑头视为成熟。我们要支持成熟之人，反对滑头之人；要奖励成熟之人，惩罚滑头之人；要坚定地做成熟之人，绝不能做滑头之人。

2014 年 6 月 29 日

既要看到　更要改正

你了解自己吗，有人会说“我自己怎么不了解自己呢?”其实不然，我们每个人所能看到的只是自身的一部分，而不可能看到全部。就拿身体来说，我们看不到自己的脑袋，也看不到自己的后背，我们大概只能看到自己身体的三分之二左右，其它三分之一左右的地方是看不到的，要想看到，只有借助镜子。所以，古人有句话“以铜为镜，可以正衣冠。”意思就是说，只有通过照镜子，才能看到我们身体的每个部位，才能修饰我们的外表。清人钱大昕有一篇著名的《镜喻》，很形象地描述了我者与他者的相互关系，“目能见物而不能见吾之面，假于镜而见焉。”意思就是说：“眼睛可以看到万物，却看不到自己的脸，只有借助镜子才能达到目的。”

在日常工作、学习和生活中，我们自己也是不可能真正、全面的了解自己，就像我们不照镜子就不能将自己的身体全部看到一样，而“以人为镜，可以知得失”，讲的就是，人必须借助他人的帮助，将他人当作一面镜子，才能达到了解自己，端正言行的目的。

然而，总是有人过分自信，这种人正如古人所说的那样：“吾自有目，乌用镜为?”（“我自己有眼睛，用镜子干什么?”）“不知己面之黑子，泰然谓美莫己若”（不知自己脸上有黑痣，却觉得没人比自己更漂亮），这样的人总是自以为是，根本看不到自己的一点不足。殊不知，看不见缺点，本身就是很大的缺点。因为这种人蓬头垢面时还认为自己十分漂亮，别人认为他是豆腐渣时，他自己还觉得是一朵花；这样的人采取自作聪明，自欺欺人的态度，不认识自己的全部，不了解自己的缺点，每当遇到有人批评他们时，他们总是锱铢必较，蛮触相争，无理狡辩。几十年没有长进，没有进步，依然如故，依然如初。使自己一直处于愚昧无知的水平，处于幼稚可笑的孩提阶段。这样的人，不能自知之明，而是糊涂至极，需要补习启蒙教育这一课，尽快使自己开化，尽快进入成人的行列，尽快进入常人行列。否则，人们会将你或当成不成器的小孩子对待，或当成不成熟的下一代对待，或当成不理智的老糊涂对待，这样的人，既看不到缺点，更谈不到改正缺点，他们会使自己的缺点越来越多。

希望我们每一个人都能将他人当人镜，正确对待他律，将他律认作关心、爱护、帮助，求助他人，检查自己，改造自己，在检查中做到自知之明，在改造中做到自我完善，争取更大的进步。

2013 年 7 月 31 日

太任性就会无人性

在2014年的网络流行语中，“任性”成为了互联网的热词之一，一时间“任性”不但在网络上具有超高的人气，而且在相对严谨的传统媒体上曝光率也是居高不下！任性被当作一种时代的特点，时髦的亮点，成为了大家可以为之炫耀的事情，那么，到底什么是任性呢？

“任性”一词，是指放任自己的性子，不加约束。太任性的人在放任自己的性子方面，常常表现为口无遮拦，胡言乱语；心理变态，胡作非为；固执己见，胡搅蛮缠；自以为是，胡判乱断；感情用事，胡拉乱扯……太任性的人在不加约束方面，常常表现为拒绝教育，不要理喻；拒绝劝说，不要谏言；拒绝批评，不要帮助；拒绝管理，不要监督；拒绝领导，不要服从……

在人的一生中，任性多发生在儿童时期，小孩不懂事，还处于启蒙阶段，所以难免会任由自己的性格行事。这样的任性是本性的表现，是人性的展示，无伤大雅，无可厚非。

孩子任性可以理解，成人任性就多少有点让人无奈了。吸烟有害健康，但任性的人就是要多吸烟；喝酒对身体不好，但任性的人就是要多喝酒；糖尿病人不能多进甜食，但任性的人就是不忌口……这样的任性损害的是自己的身体，危害的是自己的健康，有害自己，无关他人。

任性不怕，怕的是任性过了头。太任性，就会失去人性！一些有权的人无视国家的法律法规，任性的贪污腐化；一些有钱的人通过赌博、吸毒，任性的寻求刺激；一些有名的人男盗女娼，任性的违背伦理。这样的任性不仅损害了国家、集体、他人的利益，也违反了法规、纪律和道德，有伤风化，有悖法律。

在现实生活中，太任性的事情真的不少：一位名牌大学的教授说：“我是流氓我怕啥”；一位学生因为不满老师的批评而将滚烫的开水泼向了老师；一位出国旅游的乘客在飞机上因不满乘务人员对他的服务，大打出手，还扬言说要炸飞机；一位乘坐公交车的乘客因和司机发生口角，竟然不顾全车人的安全，同司机争夺方向盘；有的幼儿园的老师因孩子淘气用针扎孩子；有的保姆为了自己清闲，让孩子吃安眠药；有的儿女不但不孝顺父母，反而还要虐待父母；有的人为了寻找刺激，点燃库房商品，引发火情，造成火灾……这些太任性的人还有人性么？还属于人类队伍中的一员吗？

我们知道，人既有动物性的一面，又有社会性的一面。一个人迷恋动物性的负能量时，在他心中就会生出邪恶、残暴、冷酷、奸诈、贪婪、嫉妒、狂傲等假丑恶的东西；一个人崇尚社会性的正能量时，在他心中就能生出理想、诚实、爱心、正直、廉洁、无私、欢乐等真善美的东西。因为人是高级动物，如果一个人自由散漫，随心所欲，不接受任何约束，不学习做人的知识，不懂得做人的规矩，就会仍停留在低级动物阶段，只保留动物性的一面；作为高级动物，一个人只有坚持自律、接受他律和遵守法律，让法规、道德、他人约束自己，加强修养，改造自己，这样才能有社会性的一面。而在当下，有些人却丢掉了自己的社会性，他们身上的动物性越来越突出，只由着自己的性格想说什么就说什么，想做什么就做什么，想怎么做就怎么做，还自豪地对别人说“就这么任性!”我们说，人有时任性是在所难免的，但太任性的人就丢掉了社会性，只剩动物性了，就不能被人所高看，只能把他们当动物看待。因为他们已经从人类世界转入了动物世界。这真是一种悲哀，悲哀在他们把错误的思想当成正确的思想，把克服的行为当成提倡的行为，把厌恶的事情当成向往的事情，盲目崇拜任性是悲哀，随意宣扬任性更是悲哀。太任性的人，摆错了自己的位置，认为有权就可以胡作非为，有钱就可以胡搅蛮缠，有名就可以胡言乱语。太任性的行为扭曲了人们应具有的正常感情和理性，颠倒了人们正常的是非观，混淆了人们正常的价值观，所以，太任性的人一般不顾道德，不要法律，目无纪律。他们既乐于庸俗、低俗、媚俗，他们又敢于涉黄、涉毒、涉黑。

太任性的人，羞耻心淡化、弱化、钝化，荣辱观错位、缺位、无位，不知何者为真荣，何者为真辱，在他们心目中，崇高乃是迂腐，卑劣反是能奈，无耻应是常态，所以他们做出“人妖颠倒是非混淆”的事情，就是必然的表现。

有的有钱的人太任性，他们得意忘形！有的有权的人太任性，他们胆大妄为！有的有名的人太任性，他们自以为是！他们的行为表现在抛弃了社会公德，职业道德，家庭美德。本来任性是小孩的特点，而现在却出现了“返祖现象”“还童行为”，本来是成人，却变成了小孩，本应做君子，却要做小人。对成年人来说，任性是一种缺点。但是太任性就会变得没人性。太任性不是思想解放的表现，而是思想颓废的表现；不是与时俱进的表现，而是倒行逆施的表现；不是追求时尚的表现，而是以丑为美的表现。太任性就会使一个人顿时变得十分渺小，十分丑劣，十分可悲。

希望太任性的人好好反思自己的行为，反思自己还是正常人吗？还会受人欢迎吗？这些人应该加强自身修养，重新学习蒙学教材，补上蒙学这一课，认真读一读《弟子规》《千字文》《三字经》，把自己拉回到正常的人性轨道上来，牢记人性，坚持人性，完善人性，做一个真正受人欢迎、受人尊敬的人。

2015 年 1 月 29 日

受骗在于无知

——从办卡被骗2万多元说起

最近在调研中得知这样一件事情：一位聘用职工，初中文化，19岁。他通过网络搜索到一条办卡信息后，决定在网上为自己办理信用卡，对方先后有4人与他通话，时而让他与广发银行联系，时而又说他在平安银行有不良记录，他们以收取资料费分两次要求他支付200元和400元；以收取公司流程费分两次要求他支付3000元和2200元；以提高信用卡额度要求他支付4500元；以春节期间代还款要求他支付6000元；以消除黑名单要求他支付5000元；以银行开通好处费要求他支付2100元；诱使他先后分八次向对方共计汇款23400元，并相信骗子说的"这些钱都在你卡里，都是你自己的，办完卡就可使用"。而且这位职工每天家中只给他15元的零花钱，自己无积蓄，办卡的钱，全部是向四位同事借的。当最后一次向骗子又汇入2100元失去联系后才恍然大悟，立即报案。虽已报案，但希望渺茫。

这位职工被骗23400元，这相当于他365天的劳动报酬，相当于他365天的全部收入，这意味着什么？意味着他不是为自己干了一年，而是给骗子干了一年，这是多么可怜、多么伤心的事情。

这件事情发人深省，引人深思，用这位职工自己的话说就是，对方一给他打电话，他大脑里就一片空白，只知道给人家去汇款。当一个人做错事之后，或犯错误之时，自己总爱用"一片空白"来形容，这是一种为了面子的自我"解说"，这是一种掩盖问题的绝妙形容。"一片空白"的大脑是植物人的大脑，作为一个行动自如神经正常的人，怎么能说是一片空白呢？如果真是一片空白，就不会被对方牵着鼻子走，就不会去办对方想办的事情了。所以，分析这位年轻职工的行为，我们只能归结为两个字——无知。

说他无知，原因有三。

其一，他对办理银行卡的流程一点不懂，对办卡的相关知识一无所知。比如他就不知道办卡不需要花钱。在这种情况下，他就敢冒失地去办卡，进入了骗子的掌控之中，这是一种无畏的无知，胆大头脑发热而导致无知。

其二，凡事有再一再二，没有再三再四，而他却三番五次，既不动脑思考，又不咨询同事，接连多次为骗子汇款，自己却浑然不觉是上当受骗，这是一种盲目的无知，盲目不去思考而导致无知。

其三，他每天只有15元的零花钱，为什么就非要办银行信用卡，是为了显示自己是有卡一族吗？是为了满足自己的虚荣心理吗？是为了自己花钱方便吗？兼而有之。骗子就是利用他的这种虚荣心理趁虚而入的，这是一种虚荣的无知，虚荣失去理智而导致无知。

《现代汉语词典》上“无知”一词的解释是，缺乏知识，不明事理。无知的人没有分析事物对错的能力，只会按照自己的感觉去行事，这样的行为易中骗子的计谋，任凭骗子的摆布，最后掉入骗子的圈套里。所以，骗子喜欢无知的人，无知的人相信骗子，因为无知的人知之甚少，不懂得自我防备，不懂得分辨是非，不懂得思考判断，骗子说什么他就觉得是什么，骗子说怎么做他就赶紧怎么做，把骗子当成了指引自己行为准则的领路人。

其实骗子并没有什么高明的骗术，他们就是利用了人们冒然、虚荣、盲目的无知心理来行骗的。也许这位年轻职工自己会辩解，我无知吗？我对我的岗位专业知识比较熟悉，我为顾客服务得也不错。这也是事实，不可否认。但一个人参加工作后，除了要懂得专业知识外，还要懂得社会常识，在做好本职工作的同时，要多读书，多看报，多思考，多分析，用书本知识武装自己的头脑，用社会常识丰富自己的阅历，切不可成为专业知识上的能手，社会常识上的白痴。德国诗人歌德说过：缺少知识就无法思考，缺少思考就不会有知识。一个人身在社会，就必须学习社会常识，不学社会常识，就难以适应社会，就会出现成年人犯小孩子的错误，聪明人犯糊涂人的错误的现象；就会出现别人认为容易的事情，自己则认为是困难的事情，别人认为是骗子，自己反而认为是朋友的问题……。

列宁说：“聪明人并不是不犯错误的人，不犯错误的人是没有而且也不可能有的。聪明人是不犯重大错误同时又能容易而迅速地纠正错误的人。”（选自列宁《共产主义运动中的“左派幼稚病”》一九二零年四月）一个年轻人在人生道路上犯点错误总是难免的，犯错误不可怕，只要能正确认识错误，用实际行动改正错误，总结教训，就会把错误当成人生的财富，就会把错误当成进步的老师。犯错误后最可怕的是，有错不知错，有错不认错，有错不改错，继续犯错误，犯成大错误。

我们应将此事引以为戒，作为一个社会公民，处在复杂的社会之中，处在知识爆炸的时代，既要学习专业知识，又要学习社会常识，只有学习、学习、再学习，与时俱进，才能适应社会新环境，跟上时代新步伐，才能成为事业上的行家里手，社会上的聪明之人；才能成为知己知彼、明辨事非的智者，而不是无知无畏、糊里糊涂的白痴；才能在人生的道路上，战胜各种困难，避免各种欺骗，使自己立于不败之地。

2015 年 2 月 15 日

低调有害　底线无益

“低调”和“底线”，是当前使用频率较多的两个词。

在工作、生活中，我们常能听到这样的说法：保持低调！这个低调包括了事前低调、事中低调、事后低调，涵盖了时时低调、处处低调、人人低调。低调这个声乐用词渐渐演变成了一句流行语、时髦语！

在各种报道宣传中，我们常能看到这样的说法：坚守底线！于是，做人的底线、道德的底线、工作的底线，各种各样的底线铺天盖地、应运而生，也正是因为有了这些底线，一些人就徘徊在这些底线上，忽好忽坏、忽左忽右、忽美忽丑，底线成了标准线、是非线！

什么是低调？其一，比喻悲观消极的思想和言论；其二，比喻不张扬或方法较缓和。前者已成为当前社会的一种思潮。在面对一件事情的时候，持这种“低调”论的人，不论是非，总是把大事化小、小事化了，他们恨不得把调定得低到别人都听不见、看不见、觉不见，做了好事要低调，做了错事也要低调；导致该表扬的不表扬了，该批评的不批评了，该提倡的不提倡了，该抵制的不抵制了。此时的低调不是谦虚谨慎、不骄不躁，而是找不着正确的调，扰乱了正常的调，破坏了应有的调，成了乱调、变调、走调、反调。

什么是底线？底线是比喻必须坚持的最低的条件限度。底线就是一条不可触碰的线，这条线更像是一条悬崖上的钢索围栏，在线以内，一切都是安全的，一旦越过线，生命就得不到保障，随时会消逝。只讲底线，只想守住底线，就如同一个走钢丝的人，不能坦坦荡荡地在大路上行走，非要战战兢兢地走在一条细线上，心处于美德与缺德的边界，身游在好人与坏人的边缘。稍有差池，略有放松，人生的道路就会偏移，底线就变成了红线、无线。

保持低调与坚守底线虽然用词不同，但是有一个共同点，那就是

“低”，很低，最低！在社会盛行心浮急躁之风，在人们盲从虚无主义的大环境下，找寻这个“最低”有益吗？坚守这个“最低”无害吗？

让我们在日常生活中寻找答案吧。一个正常的家长在要求孩子时，会鼓励孩子争取100分，那么孩子就会有一个方向，会向着100分的方向努力，即使孩子得不到100分，也不会相差太远；如果一个家长要求孩子“考个60分就行了。”其结果只能是考试分数多是小于60分。低调论者，底线论者，可能动机是好的，但实际情况是——低调不保险，底线很危险。守住底线不如远离底线，保持低调不如追求实事求是、不断进步、不断提高的高调。

只要低调，只讲底线，这种做法违背了“人往高处走”的基调和基线，违背了树立社会主义核心价值观的基调和基线，违背了比、学、赶、帮、超优良传统的基调和基线。那样做就会让人把思想往下转，眼光往下看，标准往下定，要求往下走，素质往下滑，水平往下降……不是试着跳高去摘高处的硕果，而是蹲下去捡最易得的东西，常此以往，跳高的人越来越高，蹲下去的人就越来越懒得跳起，最后恐怕连站也站不起来了。

这些人处事的原则就是“多一事不如少一事”，得罪一人不如团结一人，不干事比干错事要强，少干事比多干事风险小。这种低调、守底线并不是真正的“讷于言而敏于行”，不是可靠的稳操胜券有把握，而是不愿竞争，不愿拼搏，甘为落后、甘当弱者的低调做人术，底线求生术。这个“低调”，那个“底线”，实际上是一种无可奈何的，不负责任的，不求上进的，甘愿落伍的，经不起时间和实践考验的做法。作为领导坚持这种做法是放弃责任，失职渎职的表现；作为群众坚持这种做法是一种放弃理想，落后颓废的表现；这种做法会导致出现先进者遭嫉妒，中等者向下滑，落后者有人赞的悲哀现象；导致颓废思潮流行，人妖颠倒常见，是非标准混淆——低级趣味无人批评，低级下流无人反对；低质低效畅通无阻，低能低德照样晋升，庸俗不雅层出不穷，伤风败俗屡见不鲜。

古人说：“取乎其上，得乎其中；取乎其中，得乎其下；取乎其下，则无所得矣。”意思是：追求高的目标，最终得到中等结果；追求中等目标，最终得到一般结果；追求一般目标，那恐怕就没有什么收获了。按照这个逻辑推理，如果“取乎其底”，必然是“得乎其负”了。“无限风光在险峰，把目标定在半山腰的人是不能登上山顶的。”所以坚持低调会出现“变调”

“反调”的问题，坚持底线会出现“离线”“出线”的问题。有的著名作家，身为党员，竟然声称“只为个人写作，不为人民写作”；有的冠军运动员，国家培养，公然声明“只愿为个人打球，不愿为国家打球”，忘恩负义、忘本变色，令人嗤之以鼻，鄙视蔑视。当公安部门打击卖淫嫖娼的丑恶行为时，有人居然胡说什么“嫖娼是行为艺术”“上帝都会原谅妓女”。这是地地道道的流氓理论，真可谓恬不知耻，无耻之尤。

应该怎样对待“调”，应当怎样找准“线”呢？

调要定得高，定在科学而向上的高调上。高调做事，这里说的高调是指做事的高标准、高目标、高要求、高姿态和高志向。有了高标准才能高屋建瓴，有了高目标才能高瞻远瞩，有了高要求才能高歌猛进，有了高姿态才能高义薄云，有了高志向才能高视阔步。高调做事是一种责任，一种气魄，一种精益求精的风格，一种执著追求的精神。所做的哪怕是细小的事、单调的事，也要代表自己的最高水平，体现自己的最好风格，体现出自己的最高理想，一年一个新台阶向上攀登。

线要划得高，划在努力能实现的高线上。不可盲目反对高、大、全，社会需要高、大、全的英雄人物，在他们的引领下，才能更好地促进社会正气，激发正能量。过于低调，只守底线，就会使高、大、全不复存在，有的只是矮、小、缺，无模范。人人低调，只守底线，那样的话，路见不平一声吼的人少了，该出手时就出手的人少了；站在道德的讲台上侃侃而谈的人少了；为人们做精神楷模的人少了。人们会感到无所适从，不知该向谁学习，不知什么是正确的。所谓高的线，不是成为百万富翁和高级干部这样的权钱标准，而是对自己人生的定位，是对自己工作、学习、生活的理想定位。一年一个新目标努力实现。

低调有害，底线无益！我们应多些科学的高调、少些负面的低调，多讲合理的高线，少讲无底的底线，树立崇高而远大的理想，让向上的力量激发起更多的、健康的、有益的正能量。

2013 年 9 月 1 日

聪明与愚蠢

坚持学习则聪明，厌恶学习则愚蠢；
勤于思考则聪明，懒得动脑则愚蠢；
知错改错则聪明，坚持错误则愚蠢；
与时俱进则聪明，固步自封则愚蠢；
坚定不移则聪明，患得患失则愚蠢；
与人为善则聪明，随意树敌则愚蠢；
谦虚谨慎则聪明，骄傲自满则愚蠢；
德才兼修则聪明，少才缺德则愚蠢；
重视生命则聪明，无视健康则愚蠢；
珍惜人生则聪明，游戏人生则愚蠢。

2013 年 12 月 1 日

小人得势仍是小人

某零售企业原来有这么一位女职工，文凭大专，二十岁刚出头就成了一位中层干部，但自从提干部后，她好象换了一个人似的，目中无人，盛气凌人，自以为是，孤芳自赏，一副得意洋洋的面孔，一个得意忘形的嘴脸，任职时间不长，人缘变得很差，威信变得很低，朋友越来越少，评价越来越劣，人们送给她的绰号是“小人”“小聪明”“小伶俐，大糊涂”……

这个人后来调到其它单位，在其它单位工作一段时间后，又做起了小买卖，摊摊不大，发点小财，比较富裕一点，生活殷实一点，但还不够现在社会上流行的“土豪”的资格。

2014 年春节前十几天的一个上午，这个人又回到了自己工作第一站的零售企业购物。这时的她思维混乱不堪，行走摇摇晃晃，说话口无遮拦，言语令人作呕，给人留下了不知天高地厚的小丑形象。她见到公司的一位领导开口就说：“我有钱了，坐上了 20 多万的小车，家有 6 套房子”，公司领导感到有点莫名其妙，多年不见，为什么一见面就要炫耀自己呢？可能是唯恐别人不知道她有了点钱。这人后来又到了皮衣柜组，皮衣柜组的貂皮大衣的价格在一万至两万之间，这人又开口了，说什么：“你们这里卖的貂皮大衣太便宜了，满足不了我这个档次人的需要……”这也不适合她，那也不适合她，引起了售货员的反感，向她投向了讨厌的目光。再看一看这位所谓有“档次”的人，身着普通的羽绒衣，普通的羊绒衫……，看不到一件所谓“高档的衣服”，看不到一件属于“奢侈”的物品。俗话说：“自大一点为臭”，这个人狂妄自大就不是自大一点了，而是自大很多点了，应该称为臭气熏天的人。这个人稍微富了一点点就这样盲目骄傲，令人生厌，如果她成了亿万富翁，肯定会由丑陋的人模人样变成十足的狗模狗样。

这种人思想上有个极大的误区，就是将人品的档次与物品的档次划了等号，企图用物品的档次代替人品的档次。比如皮衣有兔皮、羊皮、狐狸皮、猫皮、猪皮、狗皮、牛皮、貂皮、鳄鱼皮等多种，貂皮属于珍贵之皮，貂皮中也分高中低档。一般而言，貂皮属于高档之皮。将物品档次代替人品档次的人，他们认为穿上了高档皮衣，将貂皮裹在自己身上，自己就成了高档人士，这就是他们的逻辑。这是一个十分错误的逻辑，错在将物品的档次当作人品的档次；这是一个十分愚蠢的逻辑，愚在将做人的标准降为动物的标准。一个人买一件高档衣服是一件容易办到的事情，是一件在很短时间内就能办到的事情，一个人要想成为品德高尚的人，要靠长期严格的思想修养，是一辈子的事情。坚持思想修养，塑造完美人格，相比穿一件高档的衣服的事情，要求的内容要复杂得多，所做的工作要多得多，坚持的时间要长得多，实现的难度要大得多。穿一件高档衣服，有一辆高档小车，就认为自己是高档人士，那就大错特错了，对这种人来说，那只不过是一种包装、伪装。对于道德沦丧、不讲人格的人来说，这样做难以掩盖自己低俗、低劣、低下的人品，难以改变自己“外好里肮脏”“金玉其外，败絮其中”的特点。

如果一个人经营有方，取财有术，发财致富了，但思想不改造，自身无修养，从来不想“如何做人”的事情，从来不谋“如何做好人”的事情，身为人不知如何做人，自私自利，妄自尊大，自我吹嘘，赚钱再多，财产再多，仍然还是一个标准的小人。

在市场经济条件下，劳动致富是光荣之事。在致富的过程中应追求双富，既要努力挣钱追求财富，又要刻苦修养追求德富，力争物质文明和精神文明双丰收。一个人的人品档次是根据德富的程度来决定的，而不是根据财富的多少来决定的。且不可有了钱，就喜欢吹嘘、极力炫耀、以“土豪”自居，结果把不住关，有的人成了土俗类之人，有的人成了土痞类之人，有的人成了土匪类之人。

2014 年 2 月 9 日

“万事不满”与“万人讨厌”

在我们日常工作和生活中，有这样一种极少数的特殊人，他对周围所有的人、所有的事都不满意，认为大家都对不起他，从他嘴里说不出别人一点好的地方，好像别人都是他的敌人，这样的人，我们称他为万事不满之人。而因为他对万事不满的态度，别人对他也都是退避三舍，远而避之，不愿与其交往、沟通、合作，久而久之，他便会成为万人讨厌之人。

万事不满的人总的特点就是，只看自己的优点和别人的缺点，不看自己的缺点和别人的优点。

为什么这种人会对万事不满呢？1. 思维是阴暗的。认为一切都是黑的、坏的。2. 待人是阴冷的。对待别人无情无义。他们总爱说别人的坏话，正如古人所说：“小人毁人之善以为功”，意思是说，小人采取诋毁他人的善心善行来标榜自己。3. 观事是阴面的。评价事物只从反面、负面考虑。4. 人性是阴阳的。利己则视为朋友，逆己则视为敌人。5. 胸怀是阴险的。顺己则平和，责己则报复。总之，这样的人缺少基本人性，不懂做人之理，逆向思维，阴阳怪气，鸡肠小肚，睚眦必报，孤家寡人，独往独来，表面聪明，实则很傻，他们在阴暗的世界观、人生观、价值观中，马马虎虎地孤芳自赏，独自盲动。

为什么这种人会万人讨厌呢？1. 只认识自己的优点，不认识自己的缺点。2. 只讲独理、歪理，不讲公理、正理。3. 只爱独处，不能合作。4. 只听表扬，不听意见。5. 只要私利，不要公利。自以为是，自作聪明，自私自利，自己对人不好，还妄想别人对自己好。遇到问题，别人跟他说不进、说不通、说不清，成了不可理喻，人人讨厌的人。

这样的人，灵魂扭曲了，心态有病了，心境黑暗了，心理变态了。他们或知识丰而无朋友，或能力强而无人缘，或钱财多而无好感，或年龄大而无威信，人们送给他的绰号是“滚刀肉”“臭石头”“独脚蟹”，这种人实在是可鄙、可恶、可恨的不受欢迎的人。这样的人，人们形容是“会咬人的疯狗”，所以他们会干一些“狗怪人不是”的事情，这样的人属于“小人”，“人小鬼大难招架”，我们需提高警惕、以防受害。

心态决定状态，这样的人要成为正常的人，受人欢迎的人，就必须改变心态，拥有一颗阳光的心态。怎样才能修炼成阳光心态呢？要老实做人。想问题办事情从实际出发，对自己要实事求是，对他人要实事求是，说老实话，做老实事；要胸怀宽大。遇事顾全大局，不贪图私利，对谣言、传闻不听不信不传，耳根清静，心绪宁静；要心存感恩。滴水之恩，涌泉相报，时刻怀着一颗宽容的心去面对周围的人和事，与人为善，善待他人；要乐于助人。将帮助他人当成自己的快乐之本，在帮助他人的同时净化灵魂、升华人格、体现价值、收获快乐；要善于沟通。多与他人沟通、交流，了解他人的想法和兴趣，使自己能够融入到集体的环境中；要有自知之明。了解自己的缺点和错误，虚心听取他人的意见和建议，使自己不断改进，不断完善。只有这样，修炼成积极、宽容、感恩、乐观的心态，朋友才会越来越多，工作才会越来越顺，道路才会越走越宽。

在当今这样一个需要合作的社会中，人与人之间更是一种互动的关系。只有我们先去善待别人，善意地帮助别人，才能处理好人际关系，从而获得大家的认可，成为一个受人欢迎的人。一个人对他人多一份理解和宽容，对自己多一份豁达和开朗，用一颗友善、真诚、宽容的胸怀去善待周围的每一个人，每一件事，在使他人快乐的同时，收获自己真正的幸福，因为善待他人就是善待自己。

2013 年 8 月 6 日

打水吵架应该吗

2013 年 8 月 9 日早 8 时许，正值公司职工打热水的高峰期，营业员 A 某排在队伍的最前面打水，营业员 B 某排在其后等待打水。与营业员 A 某同在一个商场工作的营业员 C 某拎着暖壶进到水房后并没有按顺序排队打水的意思，而是左看看、右瞅瞅，寻找队伍前面是否有自己认识的熟人。C 某看到 A 某后便将暖壶跨过人群递给 A 某让其帮忙打水。排在 A 某后面的 B 某看到 C 某插队打水，开口就骂，营业员 C 某听到 B 某在骂自己，也不甘示弱地回骂起来，脏话对脏话，边骂边往 B 某面前冲。这时，被后勤一干部将二人强行拉开，才避免了二人从吵架发展到打架的闹剧。

人多排队打水，这是一种正常的、文明的做法，排队打水的规则是依次打水，不得违犯次序，不得插队打水。那么，A、B、C 错在何处？

A 某错在不尊重别人，打乱了正常的打水顺序，帮助同事 C 某插队，影响了别人打水的时间，侵占了别人的时间，等于帮助别人犯错误；B 某反对 C 某插队是应该的，但错在方法不当，开口骂人，污辱别人，因别人的错误而使自己犯错误；C 某错在不遵守排队的纪律，采取投机的做法，不排队就想快点打到水，其他排队的人不是傻子，怎么能不反对你呢？反对者不只是 B 某一人。打水本是一件小事情，因为打水而吵架，这是不应该发生的事情，可是在有的人身上就发生了，将给别人留下怎样的思考？

人们常说“一滴水可以反映出太阳的光辉”，一件小事，可以反映出一个人的水平、素质、修养、道德、能力等方面的问题。从“打水吵架”这件事进一步分析，我们可以看出三个问题：

其一，纪律观念差。企业有明文规定：“吵架骂人一次罚款 500 元，两次罚款 1000 元，三次解除劳动合同；打架斗殴罚款 1000 元，解除劳动合同。”这些人在这么严格的纪律面前，竟然缺少纪律观念，无视组织纪律，因小事吵架、打架而不怕罚款，不怕丢饭碗，因小失大，不该、不值、不必要。

其二，同事感情差。这些人吵架的对象是一个单位的同事，同事之间应有感情，这是做人的基本要求。对同事因小事稍不随意张口就想骂，动手就想打，这是纯粹的野蛮行为，为什么就不考虑用文明的办法解决呢？这些人在社会上与陌生人打交道遇到类似小事时，必然会肆无忌惮、不顾一切、不计后果。人是感情动物，相处要有感情，切不可做冷血动物，对人冷酷无情。

其三，文明素质差。企业是文明单位，精神文明的制度一项又一项，比较健全；精神文明的教育，一年又一年，坚持不断。这些人也学习制度，也参加教育，为何充耳不闻、闻而不进、进而不改、依然如故，原地踏步，就是因为不重视精神文明建设，不重视道德修养，无所长进，原地踏步，文明素质还停留在原始阶段。

遇事要三思而行，不可因小事头脑发热，只图痛快，随便行事，出言不逊，行动粗鲁，伤害同事，影响团结，损害自己的形象、人格、素质，影响自己的进步、提高、前途。一定要认真反思，在做人上下功夫，在克服自己的缺点上下功夫，在为人处事上下功夫，不断提高自己的精神文明素质，做一个受人欢迎的文明人，做一个为企业精神文明建设增光添彩的人。

一个人的道德修养和道德锻炼，是要在时时、处处、事事加以注意和修炼的，而不是只限于在工作单位。在工作单位有制度约束，有领导管理，还出现问题，那么，这些人在家庭中，在社会上能不出现问题吗？真正重视道德修养和道德锻炼的人，必然会严于律己，从点滴做起，从行动做起，从改造自己做起，从完善自己的人格做起。

2013 年 8 月 11 日

为钱能使人变“鬼”

2013年7月，陕西富平县发生一起震惊全国的医生拐卖新生儿案件，人们听后义愤填膺，在议论的同时，把目光集中在了主要犯罪嫌疑人张素霞的身上。张某何许人也？

张某，55岁，党员，是陕西富平妇幼保健院产科副主任，从事妇产工作30多年。她是产科副主任，副主任医师，同乡邻里、同窗同学、亲朋好友家生孩子，都会通过关系找她。2013年7月15日，富平县村民来国峰陪妻子到县妇幼保健院生产，因为这个医院的产科副主任张某是他们一个村庄的，所以他们就找张某帮忙接生。孩子出生后，张某告诉来家，孩子妈妈患乙肝和梅毒，孩子也患有先天性疾病。在张某的“劝说”下，来家同意放弃孩子，张某还向来家人索要了100元的处理孩子费。事后，来国峰和妻子到县另一家医院检查确诊无病，遂发现张某的破绽后报了警。经查证，张某从2006年起就开始贩婴，贩婴已有8年，目前涉及贩婴案件已查出26起。

面对失去人性，失去人味，失去人格的张某，人们不禁要问，她还算个人吗？她应该是地地道道的彻头彻尾的令人憎恨和蔑视的“鬼”！

身为党员，本应成为牢记宗旨，全心全意为人民服务的模范，可是她却忘记党性，背叛党性，信念熄灭，理想异化，成为损人利己的“害群之鬼”。

身为高职，本应成为受人尊重的技术权威，可是她却将手中的权力变成自己牟取私利，作恶作孽的桥梁，成为被人唾弃的“欺人之鬼”。

身为医生，本应成为圣洁、善良的美好天使，可是她却利用“天使”的美誉，心狠手辣，盗贩婴儿，成为“人面兽心”的“盗贩之鬼”。

身为好友，本应成为热情相助，真诚相待的熟人，可是她却利用朋友对她的信任和盲从，胡编乱造，为非作歹，成为专吃窝边草的“冷血之鬼”。

今天我们看到的是张某为钱变“鬼”贩卖婴儿的事情，过去我们也看到过王某为钱变“鬼”贩卖子女的事情，以后还会看到李某为钱变“鬼”贩卖学生的事情。

他们曲解市场经济。处在社会主义市场经济中的他们，只要市场经济，不要社会主义；他们在市场经济中，只要利益经济，不要法制经济，不要道德经济；他们在利益经济中，只要个人利益，不要国家利益、集体利益、他人利益；他们在个人利益方面，不满足于正当合法的个人利益，追求极端个人主义的个人利益，追求超越常人标准的个人利益，追求跨越现实阶段的个人利益。这是他们人变“鬼”的思想基础。

他们信仰拜金主义。他们盲目崇拜金钱，把金钱价值看作最高价值，一切观念和行为都服从于金钱。他们认为有钱就有一切，用钱思考一切，用钱衡量一切，用钱对待一切，用钱评价一切，重利轻义，见钱眼开，见利忘义，唯利是图，千方百计往钱眼里钻，绞尽脑汁找钱的来路，想方设法往钱包里撸，在谋钱方面的突出特点是“三化”——手段无道无德化；速度快速快捷化；目标最大最多化。他们所作所为的负能量已大大超过了他们拜金主义的老前辈。这是他们人变鬼的手段目的。

他们做人不讲道德。有无道德是人与鬼的主要区别，他们在极端个人主义思想的指导下，在极端自私自利心态的左右下，道德沦丧，什么鬼点子也敢想，什么鬼主意也敢出，什么鬼钱财也敢挣，什么鬼手段也敢用，随钱所欲，为了钱不讲社会公德，不讲职业道德，不讲家庭美德，不讲个人品德，在道德底线下思维和活动。由于他们的丧德、缺德、无德，要钱不要脸，要钱不要命，使他们丢掉了人德，抛弃了人性，失去了人格，由量变到质变，自然而然地加入了“鬼”的行列。

我们既反对“金钱万能论”，又反对“金钱万恶论”，既要实事求是承认金钱的地位和作用，又要看到它的诱惑力和腐蚀性。但是，由于拜金主义的忠实信徒，从大到小的每个血管里都流淌着“唯利是图”的有毒血液，从头到脚的每个毛孔里都充满了“金钱至上”的肮脏东西，他们在思想上是“金钱万能论”的崇拜者；又由于他们十分缺德，为钱不择手段，取财无道，用财无道，离开正道，不讲人道，他们在行动上又是“金钱万恶论”的实践者。他们为了钱，心变黑，成了“鬼”；他们有了钱，脸一变，还是“鬼”。

我们每个人应该遵纪守法，注重修养，追求美德，完善自己，做一个有利于国家，有利于集体，有利于他人的人。我们对于金钱要持正确的态度——正确看钱，正道挣钱，正常花钱，争当钱的好主人，不当钱的坏奴仆。

2013年8月18日

警察摔婴　怵目惊心

7 月下旬，媒体披露北京大兴发生一起摔死婴儿案。京案未了，8 月中旬，媒体又披露河南林州又发生一起摔婴案，致使 7 个月大的婴儿颅骨 3 处骨折，颅内有淤血，极有可能留下后遗症。

我们先分析一下这两起案件：

北京大兴案件的犯罪嫌疑人韩磊，是有前科的人员，曾因盗车判无期徒刑，出狱仅 9 个月，因过路与婴儿之母发生争执，连 2 岁半的婴儿带婴儿车举起近 2 米摔下，导致婴儿 50 小时后死亡。

河南林州案件的犯罪嫌疑人郭增喜，从警 30 年，又是党员，还担任过派出所所长、指导员，因同朋友喝酒后打赌，断定女子怀抱婴儿是硅胶玩具，突然上前从女子怀中抢走，高举过头重摔地下。

人们从媒体得知警察郭某摔婴一案后，一是感到十分震惊，二是感到郭某与韩某相比，有过之而无不及。这样的事，竟然发生在一个党员身上，这还叫什么党员？这是毫无党性的党员！这样的事，竟然发生在一个警察身上，这还叫什么警察？这是毫无人性的警察！

这则警察摔婴案，令人怵目惊心，惊在三处：

一惊——郭某本人蜕化变质。人们常说，人民警察为人民，郭某既忘掉了人民的利益，又抛弃了警察的职责，竟然执意断定是玩具不是婴儿，竟然执意手持婴儿还要坚决摔下去，竟敢用人的生命来打赌，这样的赌徒太可恶，这样的警察太缺德，惊在郭某已从人民警察变成了人民敌人。退一步说，即使女子怀抱的是硅胶玩具娃娃，作为一个警察也没有任何权利夺下摔地。

二惊——郭某的朋友助纣为虐。婴儿已 7 个月，婴儿是动的，硅胶玩具是不动的。一个正常的人，即使是一个喝过酒的人，也能判断清楚是婴儿还是玩具。郭某的朋友怎么能打这种赌呢？怎么能激将郭某摔婴呢？在整个过程中，郭某的朋友也是共同犯罪的嫌疑人，郭某的朋友也属于丧尽天良的一丘之貉，惊在郭某交了这样一些狐朋狗友。

三惊——郭某的领导包庇渎职。郭某摔婴案属于法律处理的问题，郭某单位的局长、政委、副书记等人却按政纪问题解决，只给予警闭十五天的处理，既不向上级汇报，又不立案处理。丢掉是非观念，丢掉原则立场，丢掉法律准绳，赤裸裸地包庇郭某的犯罪行为，明目张胆地失职渎职，严重损害了人民利益，严重损害了公安形象，惊在这样的人也能担任人民公安的领导。三领导被撤职是错有应得的事情，是众望所归的事情。

郭某个人道德沦丧，缺少人性，交上道德败坏的、没有人味的狐朋狗友，遇上道德缺乏、没有是非的糊涂领导，他成为犯罪嫌疑人就成了必然之事，郭某处于这种恶劣的人际环境中，是他的悲哀，是他的不幸，是他的厄运。因为这一人际环境使他丢掉了人格，丢掉了党籍，丢掉了警籍。

从郭某犯罪一案给人的警示是，在人生道理上要注重自身修养，改造思想。否则，思想有问题迟早出问题；交朋友，要有标准，有选择，要交有益之友，不可交有损之友；对于有歪风邪气的领导，一定要保持距离，提高警惕不要盲从，更不要同流合污，沆瀣一气，跟着领导犯错误。

2013 年 8 月 29 日

从“拆”字看法治

我国是法治国家，作为干部，特别是领导干部，无论办任何事情必须依法办事。就拿拆迁一事来说，首先应该想到与拆迁有直接关系的《中华人民共和国物权法》和《国有土地上房屋征收与补偿条例》，（俗称《新拆迁法》）可是有的干部在办理拆迁过程中，根本不提这两个法。比如有个单位就遇到了这样的问题，他们的房屋是合法的，在他们不知情的情况下，先是看到墙上写的“拆”字，后来又看到街道办事处人员送来的市级政府部门的拆迁通告，紧接着又送来了区级政府部门的限期拆除通知书，每个通知里都写着“带相关材料去办理”，但对带去的产权证等合法证件置之不理。在这些过程中看不到对法律的尊重，对权利人的尊重，对群众利益的尊重。

拆迁的相关法律对拆迁工作有明确的规定和程序，比如：先公示，后协议，先补偿，后搬迁等。可是这些工作人员该办的不办，不该办的却办的很欢，写“拆”字就是突出的一例。《城市房屋拆迁管理条例》（俗称《旧拆迁法》），《旧拆迁法》中有 198 个“拆”字，《新拆迁法》中一个“拆”字也没有，而是将“拆迁”二字改成了“征收”二字。新旧拆迁法中，既没有将“写‘拆’字”列为法定的内容，也没有将“写‘拆’字”作为法定的程序，为什么他们特别重视写“拆”字呢？好像“拆”字决定了一切，一写了“拆”字就一切问题解决了，其他只是为“拆”字走走过场而已。该拆的，不写“拆”字也应该拆；不该拆的，写上“拆”字也不该拆。

为什么有的人要随随便便写“拆”字呢？就是因为无视法律，无视人民群众的利益，摆错了自己的位置，不是将自己放在与权利人平等的位置，民主的位置，协商的位置，而是将物权中的平等的关系曲解为上下级关系，将自己视为上下级关系中的上级——我命令你，你就得服从我，在这里“拆”字反映的是命令性；是将物权中的民主的关系曲解为强弱者关系，将自己视为强弱者关系中的强者——我想让你干什么，你就得干什么，在这里“拆”字反映的是强迫性；是将物权中的协商的关系曲解为父子式关系，将自己视为父子关系中的父辈——我可以代替你，我可以包办你，在这里“拆”字反映的是包办性。这个“拆”字拆掉了物权人的权利，物权人的尊严，物权人的利益。这种做法与法治社会的要求，与依法治国的要求是格格不入的，与《物权法》和《征收与补偿条例》也是背道而驰的。这种现象反映出的是，有的干部缺少法律知识，缺乏法治观念，缺失法治思维，这种行为是一种违法行为，是一种法盲行为，而且还有一定的代表性，这是一种以权代法，以言代法，以土法代替国法的做法，这种做法法理难容，民心难忍，是不得人心的，必定损害法律权威，损害干部形象，损害群众利益，损害干群关系。

这些人乱写“拆”字的胆量来自哪里？一则来自不懂法，他们属于无知者无畏之类，张扬的是蒙昧之性，具有一定的野蛮性；二则来自乱用权，他们信奉的是强权政治理念，重视的是个人权威，具有一定的压迫性；三则来自有私欲，他们采取的假公济私的做法，图谋的是形象工程，具有一定的迷惑性。这种胆是无知之胆，乱权之胆，私心之胆。也完全可以这样说，这种胆是违法之胆，妄为之胆，胡作之胆。

我国是社会主义国家，是人民的国家，更应该保护人民的利益，不能以为了公共利益的名义而损害群众利益。资本主义国家在这方面还有许多典型案例，比如：美国的商业大厦中保留着居民的矮小房子；日本的成田机场中给住户留有一席之地；德国的皇宫外 10 米处保存着私人的风车磨坊等。他们既把这些案例当作向国人宣传为民美德的好教材，又将这些案例当作向世人介绍维权传奇的好故事，作为资本主义国家尚且能维护公民的合法利益，而我们是社会主义国家，应该比他们做得更多、更广、更全、更好一些，对于单位和个人的物权和产权要“坚持平等保护，全面保护，依法保护。

对待法律的态度，对待人民利益的态度，是检验一个干部是优秀干部还是劣质干部的标志之一，是检验一个干部是先进干部还是落后干部的标志之一。希望这些干部自觉学习法律知识，不断提高法律素质，坚定树立法治理念，养成法治思维习惯，坚持“法定职责必须为，法无授权不可为”的原则，牢记法律红线不可逾越，法律底线不可触碰，应成为社会主义法治的忠实崇尚者、自觉遵守者、坚定捍卫者，自觉守法，遇事找法，解决问题靠法，做依法办事的模范，切不可干违法乱纪，损害人民利益的事情。

2016 年 8 月 30 日

不识好坏人　难以做好人

在我们的成长过程中，从小父母就教育我们要做好人，做好事，不要做坏人，做坏事。好人和做好事联系在一起，坏人和做坏事联系在一起。

可是有的人到了成人阶段也不懂什么是好人，什么是坏人，这里就给大家举一例：妻子婚内出轨，背叛丈夫把家里的财产全部转移，明目张胆地把第三者带回家过夜而不顾及孩子的感受，公开场合秀恩爱毫不避嫌，并厚颜无耻地、毫无顾忌地制订双双离婚、两个第三者重组家庭的丑恶计划，对自己的婚姻和家庭毫无责任可言。当别人对他说："你的妻子欺骗了你的感情，欺骗了孩子的感情，破坏了自己的家庭，破坏了他人的家庭，已经变成一个坏人了！"他却说："我并不觉得她是坏人！"这个人是多么的糊涂，他的妻子已变成坏人了，他仍当好人对待，结果就上了这个所谓好人妻子的当，弄得他落了个净身出户的可悲结局。

什么是好人？什么是坏人？现代汉语词典的解释是：好人，就是品质好的人，先进的人；坏人，就是品质恶劣的人，做坏事的人。从字面上来讲，好人与坏人的解释都提到了品质问题，所以，判断一个人是否好坏，只要看他的道德品质是否优劣就一清二楚了。

有人把有没有构成犯罪作为评判一个人是好人还是坏人的标准。这个标准是片面的，不准确的。我们说构成犯罪的人肯定是坏人，但坏人不一定都是构成犯罪的人。有些坏人，他们的行为虽然没有构成犯罪，可他们的品质却和坏人一样恶劣。他们中有的衣冠楚楚，仪表堂堂，实则人面兽心，面善心恶，丧失人性，丢掉人格，缺少人品，干起坏事来卑鄙无耻，冷酷无情，表面留好感，行动留恶感；他们中有的身为干部，官迷心窍，每天琢磨升官发财，厚着脸皮，黑了心肠，表面人模人样，实则狗模狗样，尽干一些不得人心之事；他们中有的学历挺高，资历挺深，但在与人相处时，显得有知识，无文化，有资历，无水平，智商特高，德商特低，尽做丑陋之事；他们中有的对人当面一套，背后一套，当面说的好听，背后又在捣鬼，遇事坚持的是算计别人，损人利己的原则，心怀叵测，行动诡秘，常做骗人之事……他们游走在社会生活的大团体中，游走在家庭生活的小环境中，他们的品行伤害了他人的感情，破坏了人际关系，败坏了社会风气，混淆了是非和曲直，给社会、家人、同事带来了负面的影响，不良的后果，这样的人，就是坏人，需要我们避而远之，警惕上当！

请看人们在日常生活、工作中是如何判断好人与坏人的？

做正义的事情得到大众认可的是好人，做邪恶的事情受到大众唾骂的是坏人；帮了你的忙却不说一句话就离开的人是好人，无缘无故侵害你的人身安全的人是坏人；你对他有情有义，他对你有恩相报的人是好人，你对他有情有义，他对你忘恩负义的人是坏人；当别人有困难的时候出手相助的人是好人，当别人有困难的时候雪上加霜的人是坏人；帮助你、祝福你幸福的人是好人，嫉妒你、憎恨你幸福的人是坏人；老实可靠的人、诚实守信的人是好人，言而无行的人、狡猾难信的人是坏人；把不幸留给自己，把幸福给予了你的人是好人，把自己的快乐建立在你痛苦上的人是坏人；对你默默付出一生的人是好人，对你尖酸刻薄无爱可言的人是坏人。

能否分清好坏人是一个人能否做好人的重要因素之一。一个人能够分清好人和坏人，他就会头脑清晰，坚定自己做好人的意志，同坏人保持距离，划清界线，并同坏人坏事做斗争；一个人如果分不清好人和坏人，他就会迷失方向，同坏人同流合污，成为了坏人的朋友或帮凶，还会出现自己当了坏人还不知道的糊涂现象。

在认识好人和坏人的问题上，常见的有这么几种错误主义：

其一，虚无主义。这样的人否定或者怀疑世界上存在着好人和坏人的区别，他们认为人没有好坏之分，事没有善恶美丑，做不做好事无所谓，当不当好人不要紧，一切都形同虚设，似有似无，可有可无，过一天算一天，活着浑浑噩噩，没有想法，没有思考。

其二，唯心主义。这样的人活在自己的主观世界中，自己认为是好人就是好人，自己认为是坏人就是坏人，根据自己的主观意识而不是客观事实来判断事物的好与坏。我们说实践是检验真理的标准，同样，实践也是检验好坏人的标准，判断好坏人要用事实说话，单凭自己想象判断好坏人，那是纯粹的唯心主义。

其三，实用主义。这样的人认为对自己有利用价值，能给自己带来方便和实惠的人，就是他心目中的好人，相反，觉得对自己不利，或者还会批评、纠正和处分自己的人就是坏人。他们判断好坏人不讲原则，只考虑对自己有利无利，有用无用，有用则是好人，无用则是坏人。

其四，折中主义。这样的人没有是非之分，他们眼里的好人和坏人是混淆的，他们评判一个人的好坏也是随心所欲的，同样一个人，在一个场合下他说成是好人，在另一个场合下，他又说成是坏人，总之不得罪别人，想怎么说就怎么说，当“和事佬”，“和稀泥”，做事没有立场，没有标准。

好人和坏人是我们现实社会中都会遇到的，在分辨好人坏人的过程中我们发现一些常见的规律：

风清气正时，易分好人坏人，风气不好时，难分好人坏人。风气正，人心齐，正气压倒邪气，人人都有一股积极向上，嫉恶如仇的正气，在这样的环境里，坏人是难以立足的，好人坏人显而易见。而风气不正，歪风抬头，邪气压倒正气，坏人的恶劣行为得不到有效及时的批判和打击，坏人畅通无阻，邪气蔓延不止，好人受到排挤，好事不被重视，在这样的环境里，就会出现人妖颠倒，是非混淆的怪象。

领导是好人时，易分好人坏人，领导是坏人时，难分好人坏人。领导是好人，他会要求他的下属也做个好人，他不会容忍坏人出来干坏事，搅浑水，从上到下都是非分明，抑恶扬善，好坏人分得很清，能形成好人受重用的正气，使好人越来越多；如果领导是坏人，就应了那句俗话“兵熊，熊一个，将熊，熊一窝”这样的领导就会重视坏人，歧视好人，让坏的下属与领导臭味相投，成为沆瀣一气的一丘之貉、一路货色，这样的单位难分好坏人，会导致坏人受器重的歪风，使坏人越来越多。

自己正派时，易分好人坏人，自己不正派时，难分好人坏人。打铁先需自身硬，一个正派的人，是非分明的人，他们懂得好坏人的标准，具备判断好坏人的能力，他们把做好人，办好事当成自己的做人标准，他们很容易分清谁是好人，谁是坏人。如果一个人自身不正，是个不正派的人，不正派的人本身就属于坏人的范围，这样的人很容易将坏人当好人，将好人当坏人，他们是很难正确地分清楚好人和坏人的。

自己有公心时，易分好人坏人，自己有私心时，难分好人坏人。古人说：“公生明”，一个人心存公心，看问题，看待人就会公正、公平、公道，这样的人做人光明磊落，不被坏人所迫，不为私心所动，心明眼亮，好人坏人他们看得清，判得准。而有一己私利的人，容易被物质冲昏头脑，容易被利益蒙蔽眼睛，正如一句成语所说“利令智昏”。这种私心严重之人，私利重于一切，私利高于一切，他们就会将有利可图的人当成好人，将公正无私的人当成坏人，或为了自己的利益而为坏人办坏事，这种私心过重的人，要分清好坏人是很困难的事情。

在对好人与坏人的认识上，应明白几个问题：在人数上——好人是多数，是绝大多数人；坏人是少数，是极少数人。在变化上——好人思想变质，会由好人变坏人；坏人认错改错，会由坏人变好人。在评价上——好人得人心，受人欢迎；坏人伤人心，令人讨厌。在特点上——好人喜欢做好事，做好事感到光荣，坏人喜欢做坏事，做坏事不感可耻。在结局上——好人做好事，得道多助，好人有好报；坏人做坏事，失道寡助，坏人有坏报。在对待上——要区别对待，好人要按好人对待，坏人要按坏人对待，好人按坏人对待就会伤害好人，坏人按好人对待就会上当受害；对好人要急其所急，想其所想，帮其所需，对坏人要保持警惕，知其所坏，防止受骗；好人要善于同坏人坏事作斗争，善于维护自己的合法权益。

做好人好事，在社会发挥的是正能量，起的是正作用；做坏人坏事在社会产生的是负能量，起的是负作用。但是只有认识好坏人，才能做好人，不识好坏人，难以做好人。在人生的道路上，要加强学习，提高觉悟，修养道德，心明眼亮，火眼金睛，明辨是非，善识好坏，老实做人，踏实干事，光明磊落，坦荡无私，才能做一个社会需要，单位满意，家人认可的好人，才能一辈子只做好事，只做好人，而不做坏事，不做坏人。

2017 年 7 月 22 日

脾气与品德

“脾气”与“品德”是我们非常熟悉的两个词。“脾气”，字典中给出的解释是性情，容易发怒的性情，急躁的情绪；“品德”，字典中给出的解释是品质道德。脾气有好坏之分，品德有优劣之别。

脾气和品德都是一个人言谈举止，行为水平的体现，但人们通常认为品德是大问题，脾气是小问题，品德是大节问题，脾气是小节问题，品德是思想问题，脾气是方法问题。比方说，如果一个人性格暴躁，说话办事不受约束，伤害了别人，我们说他脾气不好，他往往可以接受，但说他品德不好，他通常是难以接受的。其实，脾气和品德是有一定联系的，脾气坏到一定程度，就会上升到品质问题，就会让人们觉得他品德有问题。脾气与品德相互联系，相互影响，而不是相互隔绝，相互无关，两者的关系是品德决定脾气，脾气反映品德，品德是内在的，脾气是外在的。

例如：A 某占用了 B 某的车位，B 某回来停车时非常生气，将 A 某的汽车轮胎放气，车身划伤，A 某见状，不由分说，大打出手。事情本身是 A 某犯错在先，B 某是受害者，但 B 某却用极端、拙劣、盲目的态度去解决这件事情，不但解决不了矛盾，相反激化了矛盾，使问题越搞越大，而 B 某的行为已经从脾气不好上升到品德败坏的程度了。

又例如：A 某去照顾自己的老人，却不懂得孝老敬亲的道理，总是与老人不断发生口角，惹的老人满心怨气，有人说他这样做是品质出了问题，对老人不敬，他还生气，认为自己就是脾气有点大，没什么大不了的。从 A 某对待老人的坏脾气就能看出他内心流露出的真性情，对老人缺少尊重，缺少关爱，缺少孝心，这种不善待老人的行为，就是品质不好的行为，就是思想不好的举动。

再例如：有的人对家人冷酷无情、残忍无道，不是今天骂老婆，就是明天骂儿女，不是今天打老婆，就是明天打儿女，甚至有时打伤住院，这样的家庭根本不像一家人，这种人像对待仇人一样对待家人，还发展到严重违法犯罪的家暴问题，自己还只认为是个脾气不好的问题，这样的轻描淡写谁能相信？谁能认可？谁能同意？

诸如此类的事情还有很多，这些事例告诉我们，不顾时间、地点、对象，宣泄自己坏情绪的人，其实是不顾人性，不顾人格，不顾人品，随心所欲，十分任性，任意妄为的人，是做人品德出现问题的人。

其实一个人发生问题，自己说自己是脾气问题，是自己对自己的辩解，别人说自己是脾气问题，或者出于策略上的考虑，或者出于包庇对方，将大事化小，小事化了。

如果把我们的脾气比作自然界的水和气体，水在正常温度下或者稍微偏低一些的情况下，人们还是可以接受的，但水结成了冰，人们就会觉得寒冷，难以正常接受；气体也一样，如果是正常温度，人们会感到舒适、温暖，但气体温度过高，人们就会感觉炎热、烫手，也是难以接受的。每个人难免发脾气，但发脾气要掌握两点，其一，要把握好度，脾气越小越少越好，不能让脾气伤人感情，伤人关系，伤人利益，激化矛盾；其二，要区别对待，对好人好事要采取友善的态度，良好的脾气，对坏人坏事要采取怒对的态度，敢于发脾气。就像有句英国谚语所说："不会发怒是蠢人，不愿发怒是聪明人"。

写到这里，就想到时下流行的一句俗语叫："羡慕、嫉妒、恨"。羡慕是人们正常的情感表达，是一种见贤思齐，见好就学的积极、向上的人生态度；发展到嫉妒时，就会发生品质的变化，常常不能正确面对他人的长处和自己的不足，由好事变成坏事，由善意变成恶意；最后到了恨，就会导致品质恶劣的问题，或故意诋毁他人，或恶意中伤他人，或制造事端，或捏造事实，或致人死地，所以，脾气与羡慕一样，程度不相同，产生的结果也是不相同的，我们可以比照"羡慕、嫉妒、恨"归纳为"脾气、伤心、痛"。

在工作中，一位领导因为下属工作失误而对其发火，这位下属不敢对老板生气，回到家后就对妻子乱发脾气，妻子又把怒气撒给了儿子，儿子又对自己养的猫发起了脾气，这一连串的发脾气只有开头老板对下属发脾气是有些缘由的，后来的一连串发脾气都是无中生有的。

莎士比亚笔下的奥赛罗听信小人谗言，怒发冲冠，回到家中不问青红皂白把爱妻一剑送入黄泉，及至觉悟，已为时晚矣，痛不欲生的奥赛罗自尽身亡，从而酿成一幕人间悲剧。所以我们说脾气不好的人最容易一时冲动，造成自己无法挽回的损失。

人们常说：“三思而后行”，这也是区分高级动物和低级动物的区别，作为高级动物的人类，在解决问题，化解矛盾的时候，都要冷静思考，沉着应对，妥善处理，想出一个可行的办法再去行动，遇事要考虑该不该说，说什么话，何时说，怎样说，说了效果如何等问题，而不能像动物那样一受到外界的刺激就立刻做出反应，或跳，或动，或咬，或怒，这些都是低级动物的表现，如果人类也这样，那只能将自己降到低级动物的水平。

那么，坏脾气会给一个人带来哪些害处呢？

一是很失态，有害个人形象。人们描述一个人生气的词句，除了吹毛求疵，冷眼横眉，就是气急败坏，暴跳如雷。得到的是痛快，失去的是个人形象，别人印象。

二是很伤人，有害人际关系。没有人愿意跟爱发脾气的人在一起，不仅相互疏远，失去信任，甚至关系恶化，彼此仇恨。比如，多年夫妻，多年亲戚，一方随意责骂另一方，否定一切，另一方要怀疑一方相处有无真情，其结果是，从牢骚满腹到众叛亲离；多年朋友，多年同事，一方随意攻击另一方，恩将仇报，另一方要怀疑一方交往有无诚信，其结果是，从万事不满到万人讨厌。

三是很坏事，有害处理事情。脾气大的人失去了理智，感情用事，意气用事，跟这种人是解决不了问题的，因为他们正处于不可理喻的境地，只会把事情弄糟弄乱，不可能有好结果。

四是很伤身，有害个人身体。怒伤肝，气伤心，悲断肝肠，轻者气逆不下，积血薄厥，重者面留凶相，气绝呕血。常发脾气严重损害自己的身心健康，这叫自己害自己。

脾气是天性，是人的动物性表现。但品德是后天形成的个人修养。发怒是人的本能，无论男女老少，生来就会；然而制怒是人的本事，需要克制忍耐，修炼始成。制怒，就是要对怒气约束、限定、管束，从程度和时间两方面加以节制，不能心无思考，口无遮拦，胡言乱语；制怒，就是要做脾气的主人，自己能压制怒气，控制怒气，限制怒气，克制怒气；制怒，就是不要做脾气的奴隶，不能让怒气牵制自己，宰制自己，统制自己，管制自己。有人会说，永远不会发怒的人不就是傻子吗？不就会受人欺负吗？这里的制怒，不是说受了委屈也不辩驳，遇上坏人也忍气吞声，而是要动脑筋，想办法。在面对坏人坏事时，我们必须要有自己的脾气和性格，但脾气不是大喊大叫，脾气不是行为粗鲁，言语粗俗，脾气不是盲目发泄，一意孤行，我们要用智慧的方法，智慧的手段去与之抗衡，与之较量，去战胜他们。遇到这种情况，发点脾气，或者大脾气，人们是理解的，支持的，认可的。

有一句名言说："冲动是魔鬼，发怒是祸水。"我们每个人从小到大都会遇到生气愤怒的事情，但经验告诉我们，发怒是解决不了任何问题的，制怒才是解决问题的前提，人人都需要有制怒的思想和办法。

作为领导，要率先垂范。领导的脾气性格，直接决定领导的修养和水平，一个有水平有能力的领导，必然是一个性格沉稳，顾全大局的人，他们不会因为某件事情而喜形于色，也不会因为某个问题而怒形于色，大动干戈，他们懂得控制自己的情绪去为人处事，总揽全局。相反，一个不懂得控制自己情绪的领导，是缺乏做领导能力的人，他们的情绪失控会让下属小看，会使矛盾加剧，会造成适得其反的后果。

作为下属，要克己复礼。作为一名下属，要懂得谦虚做人，谨慎做事，要懂得礼貌待人，团结互助，这样才能在团队中树立良好形象，使大家热爱你，支持你，信任你，才能做好自己的本职工作。相反，整天把坏情绪带给周围同事的人是不会受到大家欢迎的人，同样也是不会受到领导赏识的人，这样的人如果不克服自己的坏情绪，注定一事无成。

作为父母，要为人师表。作为父母，是孩子的一面镜子，你怎么对待他人，你怎么行为处事，孩子都会学到做到，所以要想把孩子培养成一名优秀的人，就要先学会管理好自己的情绪，提升自身文化修养，言传身教，让孩子学会在冷静中化解矛盾，在理智中解决问题，克服生活中的坏情绪所带来的不良后果。

作为百姓，要安分守己。作为一名普通公民，我们有义务维护自身的形象，大到为国家，小到为家庭，为个人树立良好的形象，不出言不逊，不打架滋事，不扰乱治安，要多学习先进文化知识，多学习中国传统文明礼仪，安分守己，和善待人，和气待人，和蔼待人，用自己高尚的行为准则来做一名遵纪守法的好公民。

不把怒气随意发泄出来是一个人有修养的体现，也是一个人良好品德的体现，苏东坡在《留侯论》中写到："天下有大勇者，卒然临之而不惊，无故加之而不怒；此其所挟持者甚大，而其志甚远也。”意思是说，天下有一种真正勇敢的人，遇到突发的情形毫不惊慌，无缘无故的对他施加侮辱也不动怒。为什么能够这样呢？因为他胸怀大志，目标高远。他们的脾气服从目标，为了实现目标，约束、克制、防止自己的脾气，他们懂得“小不忍则乱大谋”的道理。正如《旧约全书·箴言》中所说：“不轻易发怒的，胜过勇士。治服己心的，强如取城。”

人的脾气性格是天生的，而道德修养却是后天形成的。有修养、脾气好的人，一般不随意发火生气，他们发脾气是有选择的，只对坏人坏事发脾气；缺乏修养、脾气不好的人，一般是随意发火，无端生怒，他们发脾气不分好人坏人，不分时间地点，不管方式方法，不想别人感受，不虑恶劣影响，不计不良后果。随意发脾气是性格不健康的表现，是丧失理智的表现。这种人的思想特点是性格孤僻、心胸狭窄、自私自利，变化无常，是一种卑贱的素质。受脾气摆布的往往是生活中的弱者，一般来说，无能者安慰自己唯一的办法是恼火，他图一时痛快发脾气，得到的是错误的心理安慰，失去的是人格，丢掉的是诚信，减少的是亲朋好友。

有人说：江山易改，本性难移。其实这句话只说对了一半，人的本性是比较难改变的，但并不是不能改变。人的性格的形成有先天遗传的因素，但更多的是后天环境的影响。印度发现的狼孩，从小在狼群里生活，长大后就自然具有狼的野性行为。克服坏脾气，养成好脾气，也在道德修养的范围内，我们只有通过不断的学习，不断的修养，不断的改造，从一点一滴做起，从做人做事做起，从道德规范做起，就能克服坏脾气，自己改造自己，自己塑造自己，自己驾驭自己，自己管好自己，完善自己的人格、人品、人德，就能具备健康的性格，使自己的人生既快乐又幸福。

2017 年 8 月 24 日

第二部分

如何解决这些干部问题

干部有魄力　工作无阻力

所谓“魄力”，是指一个人为人处事的韬略胆识和果敢作风。

魄力包括“胆”和“识”两方面的内容。

“胆”与“识”在魄力中是相辅相成的，互为依存的关系，“识”的作用离不开“胆”的发挥，“胆”的发挥离不开“识”的作用，两者分离则一事无成，两者结合则事事有望。有胆无识，不算有魄力；有识无胆，也不算有魄力；有胆有识，才算有魄力。胆子大、吹得大、架子大、脾气大都不在魄力的范围内。

胆的作用有多大？英国著名学者培根说过：“如果问，在人生中最重要的才能是什么？那回答则是：第一，无所畏惧，第二，无所畏惧，第三，还是无所畏惧。”有人还说过：“失去金钱的人损失甚小，失去健康的人损失极多，失去勇气的人损失一切。”

识的作用有多大？《薛文清公读书录·器量》中指出：“识高能量大”；唐代文学家、哲学家韩愈说：“人生处万类，知识最为贤”；英国著名学者培根说：“知识就是力量”；苏联伟大作家高尔基说：“没有任何力量比知识更强大，用知识武装起来的人是不可战胜的”。

胆的作用大，识的作用大，但是一个干部失去一方面就不能成为有魄力的干部。

有魄力的干部具有四个特点：1. 个性鲜明。具有政治清醒、为人正派、言行一致、处事果断、敢于担责和亲民爱民的鲜明个性。2. 决策科学。在决策中，广泛收集决策意见，深入开展调查研究，准确制定决策方案，不能专横决策、不凭兴致决策、不搞经验决策、不拍膛子决策。3. 作风干练。身先士卒、立说立行、敢为敢当，能在处理各种急、难、险、重的任务和突发性事件中处变不惊、掌握主动、应对自如、化难为易。4. 落实有力。魄力来自落实的水平。干部魄力的高低最终通过工作落实的有效性来检验，而不会只满足于发号召、造声势、作指示、听汇报和靠会议传达、靠文件指导、靠电话布置。

一个干部有了魄力，就如同有了压倒一切敌人的英雄气概，就如同有了战胜一切困难的锐利武器，就如同有了解决一切问题的锦囊妙计；一个干部有了魄力，就能够排除一切阻力，扫除一切障碍，攻克一切难关，他们在顺境时，可以锐意进取、革新除旧、引领风骚；他们在逆境时，可以力排众议、不畏邪势、敢破敢立。

一个干部的魄力往往体现在用铁的心肠，铁的手腕对待制度上。他们既能制订严格的制度，又能严格执行制度，他们养成了以法办事的良好习惯，一切按规章制度办，既能坚持一贯始终如一，不或冷或热，不前紧后松，又能一视同仁，不分远近，不分亲疏，有功则奖，有过则罚；他们更能严于律己，追求自身过硬。古人说：己不正焉能正人。自己严，才能严别人；自己松就没有资格要求别人严。俗话说："打铁先得本身硬。"作为一名领导者一定要在思想、工作、生活各方面严格要求自己，克己奉公，处处走在群众前面，力争使自己常有理，老正确，就能严之有威，严之有力，严之有效。

现在有的干部受好人主义影响，怯懦思想多了，勇敢精神少了，他们缺少了干部应有的魄力，有的干部在工作中表现得软弱无力、软弱无能、软弱被欺。这是一种缺"钙"的现象，这是一种危险的现象，这是一种缺乏战斗力的现象，这个"软"字的后面是好人主义，好人主义管不好人，管不好事。有好人主义的干部，职务越高，危害越大，时间越长，危害越深。

在企业的工作中，我们可以看到一些规律性的东西，比如一个企业：企不欺工，工不欺企，关系和谐；企业欺工，工欺企业，上下不正；干强企强，政通人合，一帆风顺；干弱企弱，工敢欺企，一片混乱。又比如，一个干部有魄力，则敢作敢为，不怕困难，自己战胜困难，做出优异成绩；无魄力，则胆小怕事，害怕困难，困难战胜自己，难以做出成绩。

有魄力的干部要有无所畏惧的精神，不怕一切人，不怕一切事，敢于面对，敢于交锋，敢于解决，他们有一股战斗精神，遇事能做到五跟上："心"能跟上，头脑清醒，反应敏捷；"嘴"能跟上，应对得当，对答如流；"理"能跟上，言之有理，驳论有力；"法"能跟上，办法很多，行之有效；"步"能跟上，步步紧逼，敢于取胜。

有魄力的干部，在他们的管理中能做到"五不""五要"。五不：不能让无理者理直气壮；不能让无赖者平安无事；不能让无耻者得意忘形；不能让无视者无法无天；不能让无良者感到光荣。五要：要让老实者有好处；要让先进者有基础；要让优秀者有市场；要让有智者有作为；要让有功者有奖赏。

魄力是一种人格魅力，软实力，无声的影响力。作为一个干部，你要想在工作中敢想敢干，敢作敢为，踏石有印，抓铁有痕，你要想在事业上有所创新，有所提高，有所发展，有所成绩，你就要下决心做个有魄力的干部。

2014 年 7 月 26 日

事业心与职业心

什么是事业心？什么是职业心？这是人们经常讨论的一个问题，也是需要每个人弄清楚的问题。

这里先举例说明，有一则故事：某个建筑工地正在施工。有人问三个砌砖工人："你们在做什么？"第一个工人回答说："你没看见，我正在砌砖。"第二个工人说："我正在赚工资呢。"第三个工人说："我正在建造一座世界上最有特色的房子"。由于三个人对工作的认识和态度不同，第一个工人是纯粹为工作而工作，第二个工人是为挣钱而工作，第三个工人是为实现目标而工作。据说到了后来，前两个工人始终是普普通通的砌砖工人，而第三个工人最后成了有名的建筑师。在这个例子中，第一、第二个工人是只有职业心的人，第三个工人才是具备事业心的人。

何谓事业？人所从事的、具有一定目标、规模和系统而对社会发展有影响的经常活动。搞事业就需要有事业心，事业心就是指努力成就一番事业的奋斗精神和热爱工作、希望取得良好成绩的积极心理状态，是人类一种高尚的情操。

何谓职业？个人在社会中所从事的、作为重要生活来源的工作。从事职业需要有职业心，职业心是指为工作而工作，为谋生而工作，是缺乏长期目标，缺乏远大理想的心理状态，是人类一种本能的行为。当然，职业心也有上、中、下不同的等级，以和尚撞钟而论，当一天和尚撞一天钟者属于上等的职业心；告一下，敲一下钟者属于中等的职业心；告了也不敲钟者属于下等的职业心。

有事业心的人与有职业心的人的区别在哪里？

1. 有事业心的人是有理想的人

A. 有事业心的人不是为工作而工作，而是通过努力工作实现为国分忧、为民谋利的理想抱负。作为企业职工，能把自己的工作与部门目标和企业目标联系起来，作为共产党员能把本职岗位与党的最终目标和现阶段的任务联系起来。他们用大目标、大理想确定自己的小目标、小理想，这个小目标、小理想，是高标准的小目标、小理想，是只有经过努力才能达到的小目标、小理想。这就是一个人具备了事业心的具体表现，有了事业心，他们就会把工作当作事业，把事业当作自己必须做的工作，就会主动发现问题，主动解决问题，及时发现问题，及时解决问题。就会对工作始终保持热情，充满感情，怀有激情，始终保持昂扬向上的精神风貌；就会按照自己确定的目标、确定的理想朝气蓬勃地去努力，去奋斗！

B. 有职业心的人，为工作而工作，工作为了糊口养家，上班为了稻粱之谋，在他们眼里工作只是谋生之道，安身之术，立命之所。他们对他人的事不关心，对集体的事不关心，对全局的事不关心，对政治的事不关心。

2. 有事业心的人是有使命感的人

A. 有事业心的人，他们有一种强烈的使命感，把完成工作任务当作必须执行的使命，保持旺盛的工作积极性，变“要我干”为“我要干”，以苦为乐，甘于奉献，在工作岗位上肯钻研，立标杆，当旗帜。他们在时间上，力求干足八小时，在质量上，力求干好八小时；他们在业务知识上好好学习，每天争取进步一点点，提高一点点，自己给自己立标杆，定标准，一年上一个台阶，一年上一个档次，年年进步大，岁岁提高快。当一般干部时就具备了当中层干部的能力，当中层干部时就达到了当上层干部的水平。时刻准备着，让组织去任用，让领导去提拔。

B. 有职业心的人，做一天和尚撞一天钟，只求过得去，不求过得硬，只求无过，不求有功，斤斤计较个人利益得失，满足于不出错，不出局，工作上难有大起色，大作为。比如有的干部多年当科员，水平仍如故，想提中层干部总是不够标准；比如有的营业员上班四五年，素质无长进，想让她当个柜组长却难以胜任，水平仍停留在徒工阶段。

3. 有事业心的人是大有作为的人

A. 有事业心的人，他们视工作为事业，甚至视工作胜于生命，他们的人生因事业有成而精彩纷呈，富有意义和价值。他们做出成绩有成就感，做出贡献有快乐感，他们反对平庸一般化，就想干一番事业，要求自己在所在部门成为作用最大的、贡献最大的人，力求使自己的人生价值最大化、最优化，不怕别人嫉妒讽刺，事事敢为人先，处处一马当先。他们敢于肯定自己，创造自己，超越自己；敢于创新，敢于超前，敢于超人，做事就要做出个好样子，做出个好成绩。

B. 有职业心的人，工作平淡无为，结果是工作完了，人生也到头了，退休便褪了色，退位便失了志。回顾一生，成绩无几，贡献无几，荣誉无几，功劳无几，反倒会产生“年老徒伤悲”和“后悔无奈何”的遗憾。

4. 有事业心的人是有志气的人

A. 有事业心的人，他们为了搞好自己的事业，不怕困难，不怕挫折，不怕失败，有百折不挠的精神，有不达目的誓不罢休的精神，有坚持到底就是胜利的精神，有坚韧不拔的精神。在工作中很少能听到他们说“这也不行”“那也不行”的无所作为的话，而是有坚强的意志，遇到问题想办法解决，遇到困难动脑筋处理，敢于藐视困难，善于战胜困难，有迎难而上、想方设法战胜困难、一切为了胜利的英雄气概。他们在平时的工作中有学习先进人物的上进心，有争当先进人物的前进心，有争创一流成绩的拼搏心。他们有很强的自尊心，有“要干工作就要干好工作”的信念，他们干不好工作时会产生耻辱感、伤心感，有吃不香饭、睡不好觉的感觉。即使辞职再干适合自己的工作，也绝不给人留下“尸位素餐”的印象。

B. 有职业心的人，只满足于拿工资、得报酬，他们在工作中，往往畏首畏尾，怕狼怕虎，缺少锐气，缺少魄力，见困难就躲，遇挫折就走，失败了就逃，没有排除困难的决心，不想战胜挫折的办法，不谋转败为胜的新招。他们做不好工作，满不在乎，总要找客观原因；他们的工作出了问题，不感内疚，总要埋怨别人；他们犯了错误，理直气壮，不是从自己身上找原因，而是从领导身上找问题。

5. 有事业心的人是有自觉性的人

A. 有事业心的人，他们有自觉自动的工作作风，不管领导在与不在，不管上级检查不检查，不管在单位还是外出执行任务，不管人多工作还是一人单独工作，不管有人还是无人监督，都能自觉按标准完成工作。他们把工作当作自己神圣的事业，当作自己人生中的大事，摆在头等位置，履行自我职责，日复一日，月复一月，年复一年，他们会自觉圆满完成工作，无须别人操心，十分令人放心，“规定动作”做得好，“自选动作”做得更好。

B. 有职业心的人，自觉性不是很高，被动性比较明显，消极性随时可见，领导在与不在不一样，检查不检查不一样，在内在外工作不一样，人多工作与单独工作不一样，监督与不监督工作不一样，缺乏对工作负责任的精神，缺乏善始善终的作风。

6. 有事业心的人是无怨无悔的人

A. 有事业心的人面对事业上的风风雨雨，面对职业中的沟沟坎坎无怨无悔、任劳任怨、义无反顾、坚定不移、说到做到、持之以恒。成绩面前无骄气，遇到挫折不泄气，碰上困难能鼓气，天天工作有士气，一心一意谋工作，风吹雨打不动摇。对于自己所从事的工作，有爱岗敬业的精神，爱岗肯钻研，敬业有作为。在正常情况下，对工作自觉负责，积极负责，认真负责，千方百计做好工作，有成绩不骄傲，谦虚谨慎，不断前进；在失误的情况下，对问题敢于承担责任，敢于承认错误，敢于自我批评，及时总结经验教训，想方设法扭转败局，争取圆满完成任务，力争到达胜利的彼岸。

B. 有职业心的人，对自己的工作缺乏坚定的信念，缺乏坚定的立场，别人说自己职业不好，他就见异思迁，想调个新单位工作；别人说他的工资不高，他就想找个工资高一点的单位。工作中遇到难题怪话连篇，牢骚满腹；人际上出现麻烦，怨声载道，指责对方。思想或冷或热，工作患得患失。对职业无感情，对事业无定力，最终干不好工作，损害了事业，影响了前途。

每个职工，每个党员，每个干部，都应将事业心作为一个标杆，经常自己对一对标，自己的工作之心是属于事业心？还是属于职业心？要力求使自己在职业中有事业心，保持健康的人生状态，不断提高生命的质量，让事业成为人生风景中最绚丽多彩的部分。

2015 年 3 月 29 日

要做问题终结者　不做问题中转者

作为一名敢于担当，敢于负责的干部，在解决问题的过程中，既善于发现问题，发现问题及时而准确，又善于解决问题，解决问题正确而无误，没有后遗症，解决问题的过程是一个善始善终的过程，这种干部属于问题的终结者。

但是，现在有的干部在解决问题时，却总是有头无尾、乱头乱尾、有终不善，不具备独力解决问题的能力，解决不了问题，只好将问题转交别人办理，成了问题的中转者。

那么，对问题采取中转态度的干部有哪些表现呢？其一、面对问题，老问别人。有些干部遇到问题，自己不动脑筋，拿不出主意，总是去问领导，一个问题来来回回要问十几趟，这样的干部把原本属于自己解决的问题推给了领导，给领导增加了工作负担，成了问题双方的传话筒。其二、推卸责任，等待别人。有些干部怕担风险和责任，缺乏破解难题的能力和勇气，不敢直面问题，遇到问题喜欢“绕道走”，有的把问题和困难当足球，往外踢、往上交；有的不敢抓不敢管，不愿接触问题，不善化解矛盾，等待别人来解决，成了问题的旁观者。其三、拖延问题，转嫁别人。有些干部安于现状，工作标准不高，习惯混日子、守摊子，出工不尽职、不尽力。所以遇到问题就采取能拖就拖，能放就放的态度，等问题到了不能再拖的时候，就把问题转嫁给别人解决，使别人成为了问题的承担者，延误了解决问题的最佳时机。

是什么原因使这些干部不能独立解决问题，成为问题的中转者呢？

一、思想不端正，态度有问题。这些干部不是把工作当事业去做，而是把工作当负担去做，工作态度不端正。他们遇到问题，或是嫌麻烦、怕担责，或是怕得罪人，好人主义，采取敷衍了事、和稀泥的态度随意解决。这种做法，看似维持了一团和气，实质上影响了干部的形象，丢了干部的面子，这种干部属于不作为的渎职干部。

二、职能不相称，能力有问题。有些干部看似整日忙忙碌碌，早出晚归，但就是不会解决问题，面对问题，总是一头雾水，无从下手。究其原因，是干部工作能力不足，职务与能力不相称，职责与能力不相符。当干部就要学习本领，提高能力，工作能力是干部的基本功，干部没有能力，不配当干部，只会成为无能的干部，被淘汰的干部。

三、工作不抓紧，作风有问题。毛泽东同志说过“抓而不紧，等于不抓”，可是有些干部从来不主动去解决问题，作风拖拉，行为懒散，问题找上门来，依然四平八稳，不急不动，在解决问题上采取“慢、耗、拖、推”的“四字工作法”，将小问题拖成大问题，大问题拖成难问题，一问题拖成多问题，问题得不到解决，积重难返，最后可能导致问题压倒自己。

这样的干部带来的危害是：面对问题，解决不了，要求处理，处理不了，使问题成了夹生饭，甚至还会滋生和繁衍出更深层次的问题。这种干部套用“少壮不努力，老大图伤悲”这句成语，这里应叫“工作不努力，淘汰图伤悲”，工作不好需要调整或免职、降职时，或闷闷不乐，或怨气重重，或哭哭啼啼，怨谁呢？只能怨自己。这样的干部若不猛醒，若不猛改，只能让未来的自己讨厌现在的自己，到那时，时过境迁悔恨无用，最好的办法是尽心尽力做好现在的自己，胜任现在的工作。

那么，怎样成为问题终结者的干部呢？

爱岗敬业。所谓爱岗敬业，爱岗就是要热爱自己的本职工作，能够为做好本职工作尽心尽力；敬业就是要用一种恭敬严肃的态度对待自己的职业，要专心、认真、负责任。作为一名干部，既要爱岗又要敬业。既然爱这个岗位就要真正敬业，在敬业中刻苦钻研本职岗位所需要的知识和能力，使自己拥有这方面的知识和能力，干部要有干部的知识、能力、水平，干部就是要有解决问题的能力，没有能力的干部就不叫干部，就完不成干部的使命。所以敬业不是一句空话，而是兢兢业业做工作，自己敬业要敬出佳绩，才能受到群众的尊敬，否则，就会成为不受群众欢迎的干部。

调查研究。解决问题就要把问题调查清楚，然后进行不断的研究和分析，这是解决问题的关键。所以，干部在接手问题后，要深入调查研究，理清问题的来龙去脉，不道听途说，不感情用事，时刻保持清醒的头脑，把产生问题的根源弄得一清二楚，使问题在自己心里明明白白，然后紧盯问题去想办法，去动脑筋。调查研究，才能掌握解决问题的主动权，才能具备解决问题的发言权。

有所准备。人们常说“不打无准备之仗”“有备无患”。在深入调研问题后，要对问题有敏感性和预见性，做好提前准备工作。用什么方法、用什么制度、用什么政策，可能发生什么情况，每一种情况的应对措施等等，都要提前充分设想，要做到力争使自己比对方想的多，他有一招，你就有两招，对方想到没想到的，你都想到了，才能直面问题，战胜一切困难和阻力，在问题面前攻无不克、战无不胜。

坚持学习。干部不是一当上干部就有了干部的能力，不是今天有能力，明天也有能力。要想具备干部的能力，要想永远保持应有的干部能力，只有一个办法，就是学习、学习、再学习，坚持向理论学习，坚持向实践学习，坚持向先进学习。在学习方面偷懒不得，投机不得。只有不断坚持学习，不断用学来的知识完善、提高现有的知识水平，工作能力；才能在问题来临时，临危不惧，应对自如；才能在解决问题时，对症下药、游刃有余；才能在化解矛盾时，从容不迫，镇定自若，运用适合的政策、法规和制度去合理解决问题、终结问题，才能更快、更好地适应新的环境、新的情况、新的形势，跟上发展的步伐。不学习必然是落后的干部，不学习必然是无能的干部。

成为问题的终结者，是干部对问题应有的态度，应有的水平，应有的能力，而把问题上交，成为问题的“中转者”，是干部失职、失责、失能的表现。所以，要想成为问题的终结者，而不是中转者，就不能当木匠，睁一只眼闭一只眼，也不能当瓦匠，不停地和稀泥，更不能当“二传手”，遇见问题就上交，要当铁匠，敢于直面问题硬碰硬，勇于攻克难题不走样。要当解决问题的最高领导，不推别人，要做解决问题的总管总理，不靠别人，要成解决问题的最后一站，不转别人。不解决问题不罢休、不化解矛盾不收兵，把问题解决在自己手中，把矛盾化解在自己手中，只有坚持做问题的终结者，干部就可以在不断解决问题中，不断化解矛盾中，不断提高自己的能力，不断提高自己的水平。

2016 年 11 月 14 日

官品与人品

做人要有人品，做官要有官品，这是为人和为官的基本要求；只有做好人，做人好，才能做好官，做官好，这是做好人与做好官的必然联系。

官品与人品的“品”字，讲的是品德、品行、品质。品德是指品质道德；品行是指有关道德的行为；品质是行为、作风上所表现的思想、认识、品性等的本质。

做官中最重要的一条官品是“言行一致，以身作则”。这一官品就是人们常说的“说到做到，不放空炮，要求别人做到的事情，自己首先要做到，要求别人不做的事情，自己坚决不做。”这是诚实守信的人品在官品上的体现。

一个人从一个普通群众提拔为干部，或者从一个低级别的干部晋升为更高一级别的干部，不论从业务角度看，工作能力看，还是从道德品质看，政治水平看，都需要用新的要求约束自己，用新的标准规范自己，用新的职责提高自己。并不是一提拔就完全达到了所在新岗位的要求，并不是每个人永远符合岗位的新标准。在职务变化的每个时刻，有的人符合标准，仍需要一如既往巩固提高；有的人离标准还有一定差距，更需要加倍努力，急起直追，尽力达到与职务相应的标准，做到职能一致，职德一致。

一个干部要想提拔时达到岗位的职责要求，要想提拔后一直符合岗位的职责要求，就必须坚持学习政治理论，坚持学习专业技术知识，坚持提高工作能力，坚持改造自己思想，不断努力，不断进步，不断提高。尤其在官品方面，任职初期——需要“提速”，尽快达到官品的要求；任职期中——需要“提高”自己的官品标准，“巩固”自己的官品水平，保持官品的稳定性；退休之后——退职不退官品，无权仍持官品，使官品可持续存在，坚持官品一辈子。

可是，有的干部不认为提拔后要求更严了，标准更高了，责任更重了，而是将“干部工作”当成了“工作面具”。如同舞台上戴面具的演员一样，演戏时戴上，不演时摘掉，面具与本人不一致。这种将官职与官品相互隔绝的面具式干部，常见的表现有：

其一，台上一个样，台下又一样；其二，人前一个样，人后又一样；其三，在职一个样，退休又一样；其四，单位一个样，家中又一样；其五，工作一个样，休闲又一样；其六，得意一个样，失意又一样；其七，官场一个样，场外又一样；其八，领导面前一个样，群众面前又一样；其九，不遇私利一个样，遇到私利又一样；其十，亲者一个样，疏者又一样；其十一，本地一个样，外地又一样；其十二，国内一个样，国外又一样……

人们对于这些干部的评价，好听一点叫“言行不一”，不好听的则是“混饭干部”“两面派干部”。有的干部任职多年，道德依旧，水平如故，人们会说他们“白当了几年干部，一点长进也没有！”有的干部因为做了一件错事，结果威信大减，形象大损，自己还感到很冤枉。这种干部如同一杯白水加一滴墨水，人们不会再认为是清水，而是黑色的水一样。一着不慎，满盘皆输，一事犯错，因小失大，前功尽弃，甚至可成千古恨。

如果一个干部不讲官品，随心所欲，胡言乱语；随私所欲，以权谋私；随权所欲，以职压人；随势所欲，仗势欺人……那必然会成为一个不得人心的干部，成为被人鄙视小看的干部，成为一个有权无威的干部。不讲官品的“干部之路”，或变成混世之路、应付之路、下坡之路；或变成私心之路、牟私之路、腐败之路；或变成失德之路、蜕变之路、坏人之路。

作为一名干部，一定要坚持“从政立德”的美德，严于律己，谨言慎行，始终以身作则，将自己的人品与职务要求的官品相一致，力求做好人与做好官相一致。且不可将当干部当作当演员，且不可将干部工作视为演戏，而应在工作中当实践者、示范者、先行者，做人民群众的支持者、拥护者、赞成者，永远忠于人民，忠于事业，忠于党，永葆党员干部的本色、正气、红色。

2013 年 10 月 20 日

光说不干不行

A 某是单位新招聘的一名年轻职工，在商场工作 8 月有余。和其他同事相比，他接待顾客的能力差，销售数量比别人少，搬货、上货等工作缺乏主动性。有同事问他原因，他说："我学的是管理专业，招聘来是搞管理的，不该干这些活!"

企业将 A 某安排到第一线锻炼，意在先从当售货员做起，先从经营的第一步做起。这个阶段应以售货员的身份出现，虚心学习，扎实工作，争取当一名优秀的售货员，这个阶段千万不能以管理者的身份出现，道理很简单，因为你还不具备管理干部的条件，这个阶段如果当不好售货员，不懂得经营，怎么又能成管理干部呢？谁又愿意提拔你为管理干部呢？

"我是学管理的，怎么不能以管理干部的身份出现呢？"也可能本人会这样反问。答案是因为你现在还不是管理干部。按常理讲，在学校学习管理的，在社会上应该成为管理干部。但在实践中却出现了不同的情况，有的人成了管理干部，有的人没有成为管理干部。因为决定一个人成为管理干部的条件不是仅凭懂得书本管理知识这一项，还要考虑思想是否与人合群，能力是否适应工作，作风是否以身作则等诸多因素。

一个职工从优秀售货员成为柜组长，再成为商场经理这一级的管理干部之后，仍然要有实干的精神，除了管理工作的"实干"工作外，有时也要干些售货员的"实干"工作，管理干部，尤其是新提拔的管理干部，如果一提干部，就陷入"光说不干"的误区之中，那怎么能使自己的才干长进？那怎么能使自己的能力提高？那怎么能使自己有群众威信？那怎么能使自己出优异成绩？

实践出真知，实践长真知，实践增威信，实践保成绩，这个实践，即是指"干"的实践，又是指"说"的实践。管理干部应该成为既能干又能说的干部，且不可成为光说不干的干部，或者光会说不会干的干部。

2013 年 7 月 19 日

人找事常无事　事找人常有事

2013年12月9日，某零售公司营业楼内散发着一股淡淡的臭味，因味道较轻，并未引起相关人员的注意。第二天，臭味由轻变重，楼内的售货员与顾客都因此气味而无法正常工作和购物，该公司领导认为可能是暖气管道泄漏导致的原因，而行政处负责人A某却说不可能是管道泄漏，即使是泄漏也只是泄漏一点，会逐步消失的。当天下午，臭味越来越浓，人们进入楼内不到十分钟，衣服上都会附着臭味，该企业考虑到职工的健康和安全提前关门。关门后公司领导询问行政处A某查找问题的情况，行政处领导说，营业厅西侧管道已检查过，没有发现问题。公司领导要求A某在第二天早晨对营业厅的东侧管道进行排查。第三天，通过对营业厅的全面检查发现，问题还是出在了位于营业厅西侧眼镜厅的暖气管道上，当天上午进行放水停气，到下午5时才焊接好管道送上暖气，但营业厅内的臭味持续一周才彻底消失。

虽然事情在发生后得到了解决，但是也给我们的工作敲响了警钟。通过这件事情，我们发现了管理工作中存在的问题：

一是判断不准确。供热公司为了防止人们用暖气中的水投放了臭味剂，如果是排气阀冒出的气味，味道就不可能那么重，时间就不可能那么长。如果不是管道漏气怎么能有那么重的臭味呢？怎么臭味会越来越重？已经持续一天多的臭味，还认为管道没问题，不是管道没问题，而是判断有问题。

二是检查不过细。行政处的A某说营业楼西侧管道已检查，可问题就发生在西侧没有检查过的管道上，这是第一个检查不细。如果往前推，通暖气前注水打压时检查一下就会发现漏水的问题，就不可能导致投放臭味剂时才发现有了管道漏水漏气的问题，这是第二个检查不细。

三是思维不科学。当公司领导了解到发生问题的原因时，A某的回答是："去年就没有问题"。这样的回答让我们不禁产生疑问："难道去年没有问题，今年就没有问题吗？”可以说，工作无止境，问题也会无止境的，人就生活在矛盾之中，怎么能有无矛盾、无问题的意识呢？无矛盾、无问题意识是一种唯心的不科学的思维方法。

在干部的工作中，一种是人找事的工作，一种是事找人的工作。如果一个干部把自己的工作范围只定格在事找人的范围内，工作就会常出问题，业绩就很难及格；如果一个干部，既重视解决事找人的问题，更重视解决人找事的问题，就会使自己的工作主动，工作就会出现持续良好的局面，业绩就可进入优秀行列。

一个干部怎样才能把自己的工作做好呢？答案是要有“没事找事”的精神：

“没事找事”来源于责任感。工作意味着责任，这个责任的起码体现，是使自己的工作少出问题，或不出问题，这个责任要体现在主动找问题解决，既解决显性问题，又解决隐性问题。这就需要我们在工作中“没事找事”，提前发现问题，提前解决问题，及时发现问题，及时解决问题。

“没事找事”来源于高标准。高标准体现在工作思路的科学谋划上，体现在解决问题的对照标准上，体现在工作成果的不断完善上。在工作上我们要定位更高，视野更宽，举措更新。这就要求我们在工作中“没事找事”，自觉以更高的标准，更饱满的精神状态，更积极的工作态度对待我们的工作，力求事故趋零，力求意外趋零。

“没事找事”来源于敬业心。敬业心基于一个人对工作对事业的全身心忘我投入的精神，其本质就是奉献。在工作中用认真负责、精益求精的工作态度，力求干一行、爱一行、专一行，最终成为行业的行家里手。这就要求我们爱岗敬业，用心工作，精细工作，为自己的企业做出贡献。敬业，就做到人有长进，业有建树，常出问题就说明一个干部的事业心不强，没有干好自己的事业。

“没事找事”来源于作风勤。工作作风的好坏关乎一个干部成绩的优劣，作风勤则业绩优，作风懒则业绩劣。一个干部如果脑勤、手勤、耳勤、眼勤、鼻勤、腿勤，常想工作中存在的差距和不足，常思工作难点热点问题的解决之道，就能发现和解决隐性问题，就能做出优异的成绩。如果一个干部一身懒肉，四体不勤，必然会问题成堆，此起彼伏，按下葫芦浮起瓢，就不可解决发生在萌芽状态的问题。

“事找人”的人，习惯于按部就班，循规蹈矩，墨守成规，不是积极主动地找事情做，而是消极被动地等事做，对工作没有前瞻性，领导安排什么就做什么，推一下动一下，不求有功但求无过的工作态度。

“人找事”的人，做事积极主动，谋划在前，任劳任怨，该管的事认真管，该干的工作主动干，该负的责自觉负，让自己的工作不留后患，不留死角。

无数事实证明一个道理：人找事，常无事，平安无事；事找人，常出事，问题不断。

2013 年 12 月 21 日

拒绝批评等于什么

什么是批评？批评是指对缺点和错误提出意见。正常的批评，是批评者对被批评者的关心、爱护和帮助。被批评者应持友好态度，应表诚心谢意，应有幸福之感。

可是，有的人将批评视为“与自己过不去”“打击报复自己”“不尊重自己”，受到批评叫“受气”，甚至对批评者采取“睚眦必报，小肚鸡肠”的态度，将批评者视为敌人，批评一次，怨恨一生。诸如此类对待批评的错误态度，都属于拒绝批评，反对批评，不要批评。那么，拒绝批评等于什么呢？

拒绝批评等于不求上进

每一个人不可能十全十美，既有优点，又有缺点。如果一个人将自己视为只有优点没有缺点的人是错误的。同样，一个人将自己视为只有缺点没有优点的人也是错误的。自己对自己应有一个唯物辩证和客观正确的看法。一句名言说的好，“虚心使人进步，骄傲使人落后。”虚心才能听进批评，才能使人进步，骄傲则会拒绝批评，必然使人落后。力求上进的人是不断克服缺点，今天克服一点，明天进步一点，不断克服，不断进步的人，这样的人才能保证自己每天进步一点点。不求上进的人是不断掩盖缺点，今天掩盖一点，明天退步一点，不断掩盖，不断退步的人，这样的人会导致自己每天退步一点点。当有人对你提出批评时，说明你的缺点比较明显，或者比较严重。如果你今天以这样的理由拒绝批评，明天以那样的理由拒绝批评，你的缺点依旧，你的缺点不改，你的缺点不减反增，你怎么能进步呢？所以，拒绝批评等于不求上进。

拒绝批评等于不可理喻

何谓不可理喻？不可理喻是指态度蛮横，不讲道理。人们将什么人视为是不可理喻的人呢？将谁的话也不听的人视为不可理喻的人。这种人，同事的话不听，朋友的话不听，爱人的话不听，父母的话不听，什么人的话也听不进去；将讲独理的人视为不可理喻的人，这种人，给他讲方针政策不听，讲规章制度不听，讲日常道理不听，一个劲地只讲自己“歪理邪说”的独理；将“死猪不怕开水烫”的人视为不可理喻的人，这种人表现恶劣，一副野人的嘴脸，一种顽固的态度，一套赖皮的做法，常说的一句话是“我什么也不怕，你们能把我怎么样？”批评是理喻的一种形式，拒绝批评无异于不可理喻。一个人一旦让人认为不可理喻，那是一种很不好的名声，一种很不好的评价。谁也不愿与这种人打交道，所以，这种人的人缘最差，朋友最少，威信最低，道德最劣。解决这种人发生的问题，一般是采取经济的制裁、纪律的处分、法律的惩罚等强制性手段。

拒绝批评等于不要他律

一个人，如果重视自己的人格，重视人格的修养，重视人格的完美，一般来说，要坚持三律：自律——自己要约束自己；他律——让别人约束自己；法律——用法规约束自己。一个人的缺点，有的自己能看到，有的自己看不到。就像自己看自己的身体一样，只能看到三分之二的部分，有三分之一的部分是看不到的，比如自己看不到自己的后脑勺，看不到自己的后背等。一个人要想全面看到自己的缺点，就要借助他人的帮助，这个“他人”，是指自己之外的一切人。俗话说，一个篱笆三个桩，一个好汉三个帮。重视他律，就能得到多人的帮助。看清缺点，看全缺点，就要正确对待他律，改正缺点就要十分重视他律，勤攻缺点就要长期依靠他律。批评就是他律的内容，就是他律的形式。而且是主要的内容，常见的形式。重视他律必然重视批评，拒绝批评等于不要他律。

只爱听表扬，不爱听批评，这是幼儿的水平；听表扬高兴，听批评记仇，这还不如幼儿的水平；拒绝一切人对自己的批评，拒绝对自己一切事的批评，这种言行体现的是人格上的缺陷，思想上的无知，心理上的变态，做人上的失败。这种人是小聪明，大糊涂，自称一朵花，人称豆腐渣。实在是可怜，可怜其一直长不大，总像个小顽童；实在是可悲，可悲其身为人，但不会做人。

“难得是诤友，当面敢批评。”陈毅同志的这句名言充分体现了一名共产党人的坦荡胸怀，他将当面敢于提出自己缺点错误的人视为难得的真朋友。这句话对于那些拒绝批评的人来说具有现实教育意义。一个人能有敢于批评自己的朋友，这是一件十分幸运的事情。因为当你出现犯错误的倾向和苗头时，有人会警告你，有人会提醒你，可帮你将问题消灭于萌芽状态；当你身上存在的问题比较严重和危险时，有人会大喝一声，有人会猛击一拳，又助你猛然警醒，悬崖勒马……对待批评，虚心接受，坚决改正，大有好处；对待批评，拒绝不纳，坚决不改，害处多多。

作为一名共产党员，一名党员干部，一定要正确对待批评，欢迎别人批评，将批评视为自己前进的推动力，视为党性锻炼的必修课，视为保持先进性的好助手。

2014 年 5 月 11 日

领导干部开会迟到是一种官僚作风

你能想到吗？迟到的领导干部会与蜗牛、乌龟和需要坐轮椅的残疾人联系在一起，这两种原本风马牛不相及的事情，现在却出现了相同之处。

听说这样一件事情，2012 年 11 月的一天，一位 7 岁的孩子随父亲观看一场体育比赛，原定要求 7 点半到体育馆，8 点半开始表演，可是到了 8 点半，有 10 个领导座签的位置上只来了一位领导，这时，已等得不耐烦的父亲对孩子说："咱们回家吧。"孩子诧异地问："为什么？"父亲说："因为领导还没来！"回到家后，孩子的爷爷问孩子为什么不观看比赛就早早回来了？孩子说："因为领导没有来！"然后又自言自语地说："可能领导让魔术师变成乌龟和蜗牛了，也可能他们都是残疾人，别人没把他们用轮椅推来……"

把迟到的领导干部比作行动缓慢的动物和需要坐轮椅的残疾人，这句出自孩子之口的比喻发人深省，引人深思。

我们在日常工作中常常看到这样两种现象：第一种现象是，领导经常上班迟到，他们不能把开会时间定在 8：00，而要把时间定在 8：30 以后，8：00前一个领导也不来，到了 8：30 或者 9：00，领导们才姗姗来迟。第二种现象是，有的领导自己能按时上班，但他们不相信下级能按时到会，明明 8：30 开会，为了防止下级迟到，通知下级 8：00 到会，自己却 8：30 甚至更晚才会到场。两种现象的共同特点是，到规定时间不按时开会；到规定时间领导迟迟不到。这些领导干部在开会时总是走在群众的后面，总是迟迟来到会场，认为下级等上级，群众等领导是理所当然的事。让下级在无聊和等待中浪费着宝贵的时间。将一小时的会开成了两三小时。开会时间是对所有人的要求，不光是指群众和下级，也包括领导干部在内。身为领导干部，为什么不能相信下级按时开会？为什么不能说几点开会就几点开会？为什么领导就能无故拖延会议时间？这种行为常常会引起下级的不满，不仅浪费了自己的时间，也浪费了大家的时间，使领导干部在群众心目中的形象大打折扣。

鲁迅先生说："浪费时间，等于图财害命。"我们现代人说："时间就是金钱，时间就是生命。"因领导迟到而推迟开会时间，是浪费时间的一种表现。试想，如果给 10 个人开会，每人耽误 1 小时，10 个人就是 10 个小时，如果给 100 个人或者 1000 个人开会，又会造成怎样的后果呢？其实，开会是大家的事情，不是领导干部个人的事情，领导干部应该用心开好会议；开会是件严肃的事情，不是随心所欲应付的事情，应有严明的奖惩制度。据史料记载：上古时代开会，姗姗来迟者往往要遭到与会者的谴责，甚至杀戮。为什么远古时代对开会迟到的人要处以戮刑呢？原来，古代的这种会议往往是邦国之间的盟会，是商讨"国计民生"大事的，约定了时间就不能迟到，迟到意味着背叛同盟，至少可能贻误大计，既然如此，遭到杀戮也就不足为怪了。由此可见，我国古代对开会者有相当严格的纪律要求。而在当今社会，开会也是为了商讨大事才将大家召集在一起的行为。会风问题反映的是干部的作风，体现的是干部的政治素质、精神状态、敬业精神和工作责任感。一个连开会都不守时的领导还谈什么责任心？谈什么诚信？又如何作表率？领导干部不按时开会，说明言而无信，不守信用；领导干部不按时到场，说明目无纪律，自律太差。这样的领导，显然是没有号召力和凝聚力的，更谈不上带领群众搞好工作了。

为什么领导干部自己安排的会议还要迟到？因为有的领导干部有特权思想，不能把自己和群众放在平等的位置上。有的领导干部认为，只有迟到才能体现出自己的"官架"来。殊不知，领导"架子"越大，自我"价值"越小，这样的领导在群众心目中是没有价值的，在日常工作中也是不会创造价值的。有的领导干部认为，只有迟到才能体现出他的权威来。这叫什么权威，一次又一次的迟到，只会一次又一次的减少他的威信，这种做法体现的不是权威，体现的是有权无威，有职无威的丑陋形象。

有的领导干部开会不守时，习非成是，不以为然，让下级看到的只能是搞特权的官僚主义，摆架子的官僚主义，脱离群众的官僚主义，浪费时间的官僚主义。这种官僚主义反映了有的领导干部缺乏党性，律己不严，责任不强，严重地影响了自己的工作效率，降低了自己的工作标准，损害了自己的干部形象；这种官僚主义，严重影响了队伍建设，它会助长违纪现象，导致纪律涣散，作风拖拉，组织纪律观念松弛。总之，问题看似虽小，但危害极大。

领导干部开会迟到是一种常见病、多发病、老毛病，是会风不正的痼疾、焦点、基因。我们反“四风”，就应该从小事抓起，从细微抓起，从现在抓起，就要克服领导干部开会迟到这种现象。作为领导干部，无论开会还是办事，都应该提前到，早点到，严于律己，以身作则，带头遵守纪律，自觉遵守时间，时刻走在群众前面，这样才能为下级、同事以及群众树立良好的榜样，才能够带领大家努力营造一个风清气正、积极向上，纪律严明的良好环境。

2014 年 5 月 22 日

对症下药　有的放矢

——如何同不讲道理、不讲道德的人交流谈话

在做职工们的思想政治工作时，在与人的交往过程中，无论是政工人员，还是管理人员，都不可避免的会遇到一些不讲道理、不讲道德的人。那么，怎样同这些人谈话呢？这里就常见的一些问题举例而谈：

第一例：

1. 面对问题——习惯抱怨

2. 具体表现——从原先的工作单位调动到了一个新的工作单位，但进入新单位工作之后，不仅没能好好做人或好好工作，反而还说新工作单位的不好，怨言不断、抱怨不停，人称“万事不满”者。

3. 如何谈话——你从一个工作单位调入一个新的工作单位，原因一般有二，或因经济效益差，个人收入低；或因人际关系差，处境不太好。如果属于前者，应好好工作，同大家思想一致，为企业建设作出应有的贡献；如果属于后者，应总结自己为人处世的教训、找准自己的缺点、克服自己的问题，在新的工作单位处理好人际关系。新的工作单位能够接纳你，你就应该去感恩、去珍惜，你不懂得感恩，不懂得回报，一味地报怨，只能给人留下“不说己不是，只怪人不是”的感觉，只能给人留下“不思己过，忘恩负义”的印象。不改自己的错误，走到哪里也吃不开，走到哪里也是不受欢迎的人。就像那些不断离婚，不断结婚的人一样，最后没有一个真正爱他（她）的人。你的做法最终会让没完没了的抱怨害了自己，合算吗？值得吗？还是少点抱怨，多点感恩，少点批评别人，多点自我批评，切不可由“万事不满”者变成“万人讨厌”者。自己应认识到“万事不满”的心理状态是一种变态心理，变态心理使自己与正常人不一样，与多数人不一样。自己应与做人的标准不断进行“对标”，纠正非理性、非人性、非常态、非

常理的东西，步入众人的行列，成为大众中正常的一员。

调入新单位抱怨不断的人，属于调动原因的第二种——在原单位为人不太好，人际关系差，到了新单位，老病未改；收敛一段，老病复发；遇到私利，老病恶作，这就是他们的特点，所以，人们给这种人最难听的评价是“狗改不了吃屎。”

调入新的工作单位，时而怨言，时而牢骚，还有一个对自己不利的印象是，人们在想，怪不得要调入新的工作单位，他们在原来单位也不是一个“省油的灯”，混不下去才调动的。

第二例：

1. 面对问题——过度挑剔

2. 具体表现——在谈论别人的时候，从来没有从他的嘴里听到过一句好话，有的只是别人各种各样的缺点。在他的眼里、他的心里只有自己才是最完美的，别人都是一无所成，一无是处的。

3. 如何谈话——没有任何一个人绝对的全是优点，没有任何一个人绝对的全是缺点。一个人既有优点，又有缺点，区别在多少轻重之间，看人要一分为二，既要看到别人的长处，又要看到别人的短处。如果你总说别人的坏话，这些话传到别人耳里，别人会怎么看待你，将心比心，想一想，你将别人看作坏人，别人也会将你当作坏人。同时，每当你说别人的坏话时，你就增加了一个反对你的人，你说的坏话越多，反对你的人就越多，你说的坏话越多，认为你是坏人的人就越多。这个账你应好好算一下。所以，说别人坏话是一种愚蠢的做法，你要真正关心别人，可以当面与对方诚恳交心，千万别背后说人家的坏话。否则，别人轻则说你乌鸦嘴，重则说你黑心肠，这样，人们只会把你当作异己，而没有人愿意和你做朋友。当你说别人坏话时，应该先考虑，难道自己就没有缺点吗？如果有缺点，先责怪自己为好，还要牢记一名言“责己重以周，待人轻以约”。你老说别人坏话，自己又做的不怎么样，人们就会把你当作“说人道人不如人”的人。其实，你总说别人的缺点，这就是你最大的缺点，你应多说你的这个缺点，下决心改正你的这个缺点。

第三例：

1. 面对问题——以讹传讹

2. 具体表现——用“听说”来的、毫无根据的小道消息或是传闻、传言来说一些攻击性的语言，攻击别人，攻击企业。

3. 如何谈话——你攻击别人、攻击企业，采取“听说”的手段，有证据吗？“没有”；有事实吗？“没有”。没有证据属于胡说八道，没有事实属于造谣生事。用胡说八道、造谣生事的手段攻击企业、攻击他人，属于违法犯罪行为，你愿承担违法犯罪的罪名吗？如果不愿意承担，你就要改邪归正，做个老实的人，取得大家的信任，取得大家的谅解。否则，你就会成为损人害己的人。你那样做事，别人送你“胡说八道之人”“造谣生事之人”的绰号，你愿意吗？有的是别人说的，有的就是你自己说的，你只不过是借嘴胡说，借嘴造谣罢了，别人怎么说，我们没有听见，我们只听见你是这样说的，我们只能将这个账记在你的身上。

第四例：

1. 面对问题——推卸责任

2. 具体表现——受到了批评后，不寻找自己身上的问题，反而是推卸责任，说别人的不对，说部门的不好，说组织的不是。总之，所有的原因、所有的毛病都在别处，与自己毫无关系。

3. 如何谈话——你干得是好、是坏，自然有人会评说，如果你干得好，别人肯定会给予赞扬，反之，如果你干得不好，肯定会受到别人的批评。推卸责任是不负责任的表现，埋怨别人是拒绝进步的表现。负责任的人敢于承担失误的责任；求上进的人敢于承认自己的缺点。你要想进步就要有自知之明的思想，坚持自己的优点，克服自己的缺点，成为一个敢于担当的人。推卸责任，是把自己应承担的责任推给别人，你这样做，谁还敢与你共事，谁还敢与你合作？请你记住两句话：“成功者遇到问题时，总是找主观原因；失败者遇到问题时，总是找客观原因”，遇到问题推卸责任是一种失败的思维方法。

第五例：

1. 面对问题——心胸狭窄

2. 具体表现——受到表扬或是支持时，就高兴奉承；受到批评或是不支持时，就乱叫乱咬。

3. 如何谈话——俗话说：“心底无私天地宽，心胸狭窄烦恼多”。一个人心胸狭窄，你听不得别人对自己的一点点反对意见，每一天、每一时、每一刻都在用自己的小肚鸡肠来衡量别人，用自己的斤斤计较来对待别人，这样会使你除了烦恼，还是烦恼。一个人没有大气的胸襟，远大的报负，不懂得包容，不懂得宽容，不懂得友善，到头来只会是自寻烦恼，烦恼不断；自找无趣，无趣缠身。一件事情，别人认为不是个事情，你就认为是个事情，别人认为是个小事情，你就认为是大事情，自造烦恼，自造无趣。所以，一个人不能心胸狭窄，容不得任何一个人；不能小肚鸡肠，容不得任何一点事，不要处处只为个人利益考虑，要多为别人着想，设身处地的考虑问题，烦恼就会越来越少。心胸狭窄的人，不但使自己思维狭窄，人脉狭窄，人生之路狭窄，进而还会使自己的精神世界总处于“阴云密布”的状态，处于自我折磨的状态。这样，就容易导致自己患上精神方面的疾病，比如抑郁症之类的疾病，使自己的身心受到很大的损害，这都是自讨苦吃，自找罪受的恶果。

第六例：

1. 面对问题——胡乱猜疑

2. 具体表现——遇事不去查找事情的原因，不去查看事情的真相，而是怀疑这个，怀疑那个。没有辨伪存真的洞察力，没有分辨真假的判断力，随意去怀疑，让原本简单明了的事情变得错综复杂，让子虚乌有的事情变得确有其事。

3. 如何谈话——遇事应调查研究，才能弄清事情的来龙去脉，才能弄清事情的真实面目。怀疑只会越来越糊涂，使自己变成糊涂的人；猜测只会越来越迷惑，使自己变成迷惑的人。怀疑伤人又伤己，猜测害人又害己。你要想搞清楚一个问题，就要丢掉猜测、丢掉怀疑的坏毛病，老老实实去调查、去研究，调查研究——可以使你心明眼亮。你应好好学习毛泽东的名言：“没有调查就没有发言权。”遇事先进行科学的调研，调研之后再慎重发言。一定要下决心解决自己“疑心重重、出言不逊、言则伤人”的问题。

第七例：

1. 面对问题——自由主义

2. 具体表现——他的行为不愿受约束，他的心中无组织、无纪律，只要自己受到管束，就觉得浑身不舒服，就产生不满情绪，就发表不满言论。

3. 如何谈话——“人之初，性本善。性相近，习相远”。“三字经”中这段话的意思是说，人刚生下时，本性非常善良，纯洁得像一张白纸，但是随着人的长大，由于生活环境和主观努力的不同，人们在智力和品格方面就有了智愚好坏的区别，这说明后天的教育和学习是多么重要。一个人出生后，只有接受学校教育，接受家庭约束，这样才会成为一个真正的“人”。

一个人走上社会以后，更应受到国家法律的约束，单位纪律的约束，这样才能从自然人变成社会人、从低级动物变成高级动物。你如果拒绝法律、纪律、他律，那说明你还处于不懂事的蒙昧阶段，处于蒙昧阶段，就必然有不服管理的自由主义，不服教育的野蛮行为，不服命令的对抗现象。所以，这种人应明白，人出生后只处于人的动物阶段，只有虚心学习，接受教育，才能成为真正的社会人。否则，就会成为不懂人事的小人、不懂规矩的野人、不受欢迎的讨厌之人。一个人怎样做人，怎样做个好人，不是生而知之的，而是学而知之的。从外表上看你是个人，但你不学习做人知识，不懂得改造自己，不懂得一个人在社会上应该遵守的规矩，说明你还不具备做人的资格，或者说还是一个不合格的人。

第八例：

1. 面对问题——刚愎自用

2. 具体表现——这种人倔强固执，自以为很了不起，从来都不接受别人的意见，常常以自己的想法为中心。对任何人的意见，任何人的想法都听不进去，表面上他可能感觉自己很厉害，可在别人的眼里，他就如同一个无知、无礼的顽童。

3. 如何谈话——你属于刚愎自用的人，讲的是独理，你的独理，或属私理、或属邪理、或属歪理。在社会上必须讲公理，公理是天理、正理、众理。一个人在社会上，如果只讲独理，不讲公理，那是行不通的。私理离开公理，就等于离开了真理，你只会四处碰壁，无法与周围的人融合到一起。你不与外人沟通，不与外界交流，与他人脱节、与社会脱节，最终的结果会成为一个脱离社会的孤家寡人，脱离大众的“独夫”之人。你表面聪明过人，实则是个“大事糊涂，小事清楚”的小聪明；表面胆大吓人，实则是一个内心空虚的“纸老虎”。

第九例：

1. 面对问题——背后伤人

2. 具体表现——这种人对某个同事有意见、对某个朋友有意见或是对某个领导有意见，不是当面指出，而是躲在背后，说一些是非话，搞一些小动作。到那些不清楚事情原委的人面前说三道四、说长道短，躲在角落里，以达到中伤别人为目的。

3. 如何谈话——你不敢当面指出，只会背后鼓捣，说明你无理；你不敢当面交锋，只敢背后乱捅，说明你无能。你无理加无能，当然不敢光明正大的走在阳光下，而是只能偷偷摸摸的活在阴暗中。你应该明白，这些做法就如同偷生的老鼠一样，会受到千人所指、万人喊打。这种“老鼠作风”势必会受到所有人的厌恶、反感、唾弃。背后伤人，属缺德之事，这不是什么本事，这不是什么能耐，你还是改邪归正，学点真本事，真能耐吧！

第十例：

1. 面对问题——以权压人

2. 具体表现——比如，有一上级机关的处长，要求一企业负责人给安排一个售货员工作，因当时无空缺，一个月内没安排，这位处长就说：“一个烂售货员有什么了不起，等了一个月还没安排。”这句蛮不讲理的话，使企业负责人很生气。

3. 如何谈话——对于这种蛮不讲理的上级干部，也可以适当反击一下，适当教训一下，且不可一味忍让。比如这位企业领导就这样回答：“你作为上级干部，怎么能这样看待企业的职工呢，如果说售货员是烂的，那么你这个处长也是烂的。售货员还为企业创造效益，你胡言乱语对社会有什么好处，希望你说话要尊重别人，讲点道理，不讲道理我们不欢迎。今天批评了你的做法，但有机会还要安排你要安排的人。”从此以后，这个干部老实了许多，说话也慎重了。

第十一例：

1. 面对问题——无理取闹

2. 具体表现——遇到不满就去“闹”，遇到问题就去“闹”，在他们的心里、眼里，“闹”是解决一切办法的武器，“闹”是达到所有目标的途径，只有“闹”才能如愿以偿，只有“闹”才能心满意足。

3. 如何谈话——你动不动就说要去闹，这是用错误的方法去解决自己的错误的问题，只能产生错误的结果。所谓“闹”，在词典上这样解释：“吵、扰乱、发泄”。你开口说闹，闭口说闹，一说闹，就把自己放在无理的位置，就自己把自己视为无理之人。有理还用闹吗？有理走的是正确之路，采取的是正确的、合法的、合理的方法，据理而争。有句成语说的是“无理取闹”，无理者才取闹。与这个成语作伴的是“无耻取闹”“无赖取闹”“无德取闹”，这种吵闹、胡闹、瞎闹、盲闹，只能使自己更无理、更无耻、更无赖、更无德，只能增加自己的错误，使自己陷入被动挨打的局面。这是一种“搬起石头砸自己的脚”的做法，闹来闹去只能闹住自己，你看，是闹，还是不闹呢？

从上面的那些不讲道理、不讲道德的人身上可以看出，这些人就如同跳梁的小丑，面对他们的错误做法，我们不能当“哑巴”不说话，不能胆子小去躲避，更不能丧失原则成为他们的“同伙人”。我们需要打进攻战。

我们要做冲锋陷阵的战斗者。有人会说“秀才遇到兵，有理说不清。”所以如果遇到了不讲道理、不讲道德的人就应该选择避开 ，能躲多远就躲多远。这种行为是错误的，如果我们选择躲开的话，只会让这些人误以为自己有理，误以为自己没错。因此，我们要有敢于向错误发起应战的勇气，要有敢于向无理抗争到底的决心，就如同战场上的战斗者一样，打一场漂亮的进攻战。

我们要做消灭病毒的消毒者。有人会说“忍一时风平浪静，退一步海阔天空。”所以如果遇到了不讲道理、不讲道德的人就会选择忍让，不与这样的人理论，不与这样的人发生正面冲突。这种行为是错误的，如果我们选择忍让的话，那么，他们的这种不正确的思想，不正确的行为就会蔓延，就会像没有束缚的藤蔓一样不停地疯长。因此，我们必须像消毒者一样，把他们当作有病毒的人，对他们进行消毒。

我们要做敢打必胜的胜利者。有的政工人员，有的管理人员，遇到不讲道德，不讲道理的人，常听到的一句话是“人家怎么说，怎么做，”很少说自己如何说、如何做，显得无能为力，无所作为。作为政工干部，管理干部，应该有铁嘴钢牙，遇到不讲道理，不讲道德的人，首先要有压倒对方的英雄气概，要有敢打必胜的本领，多动脑筋，多想办法，在解决问题中要有不达目的誓不罢休的意志，要有不胜对方誓不收兵的决心，一定要争当胜利者。

面对不讲道理，不讲道德的人并不可怕，只要我们有一个清晰的思路、积极的态度、正确的方法去同他们进行思想斗争，对他们进行思想引导，给他们进行思想教育，那么一切问题都将会迎刃而解。

2014 年 11 月 11 日

解决问题不能再造问题

某零售公司每天开门营业的时间是上午 9 时。2014 年 7 月 6 日，这一天是星期天，在该公司北门存车处旁就出现了无证摆摊的小商贩。上午 9 时 50 分左右，公司值班的副总 A 某率保卫处 B 某、C 某到北门清理小商贩。C 某告诉商贩们："不要卖了，收拾了摊子吧！"当时一女商贩没吱声，有三、四个顾客还在挑选商品，C 某又说："赶快收了吧！"女商贩说："等一下，有顾客。"大约过了两三分钟，B 某又劝说："收了摊子吧！"这时 A 某紧接着就与女商贩骂了起来。脏话像连珠炮般地袭来，一直骂了五六分钟，A 某见女商贩骂个不停，就抓住女商贩的胳膊往楼里拉，女商贩挣脱，B 某顺势将女商贩拦住。这时女商贩的丈夫冲到 A 某面前想理论几句，A 某火气骤然而生，抬手就打了男商贩一耳光，并说："女的不敢动手打，你个男的还是可以的。"这一巴掌导致了商贩夫妇怒不可遏，非要追打 A 某。虽经 B、C 二人劝架拉架，在拉扯的过程中，男商贩在 A 某后脑勺打了一拳，女商贩用小板凳在 A 某腰部砸了一下，A 某也对商贩夫妇各踹了一脚，闻听此事，保卫处 D 某也前来劝解，这时的商贩夫妇怨气不解，怒气难消，谁的话也听不进去，甚至把自己的小车开到营业楼门前，妄图阻止顾客出入。经过公司保安人员、来往顾客的反复劝解、开导、说理，这场风波暂时得以平息。女商贩第二天、第三天，连续两天打电话询问公司："怎么处理这件事情……"

"清理商贩"的问题没有解决，又发生了"打人骂人"的问题，出现这样的结果，谁应承担这个责任，明眼人一看便知，A 某应对这件事负有不可推卸的责任。A 某错在哪里呢？

错误之一：A 某不该直接面对商贩解决问题。A 某下面有处长，有科员。正常的工作程序是，科员先去解决，科员解决不了，再让处长解决，处长解决不了，A 某再设法去解决。A 某直接解决问题，要科员干什么？要处长干什么？A 某直接解决问题，科员的能力能得到提高吗？处长的能力能得到提高吗？“一杆子插到底”不是科学的工作方法；“越俎代庖”不是以身作则的要求。

错误之二：A 某不该开口骂人，动手打人。本来是商贩摆摊无理，有理的一方是 A 某。但 A 某一骂人，一动手，有理与无理的双方发生了变化。在新的矛盾中，商贩由无理的一方变成了有理的一方，A 某由有理的一方变成了无理的一方。而 A 某还出现二次骂人，二次打人的问题。作为一个领导，在处理问题时，自己导致自己成了无理的一方，犯错的一方，自己就失去了工作的主动权，失去了解决问题的资格，你怎么能解决好问题呢？

错误之三：A 某不该拉女商贩到公司办公室。A 某已骂了女商贩，女商贩已不相信 A 某，已憎恨 A 某，已开始骂 A 某，A 某拉女商贩去办公室，她会去吗？她能去吗？可能性很小很小了。A 某与女商贩已产生了矛盾，即使女商贩去了办公室，她能听 A 某的话吗？她能信 A 某的话吗？不可能，只会继续招致女商贩的痛骂声、斥责声。这样做的结果会更加适得其反，欲罢不能。

一个干部解决问题，一般有三种结果：其一，解决得好。准备工作充分，调查研究扎实，彻底使问题得到解决，没有后遗症，没有反复性，没有翻案子，用公式表示：1-1=0；其二，解决得差。好像解决了，但过后留下后遗症，或成夹生饭，或成烂尾工程，如同严重的褥疮一样，总是难以愈合，用公式表示：1-0.9 或 1-0.8 或 1-0.7……=0.1 或 0.2 或 0.3……其三，解决得糟。旧的问题没有解决，又制造出新的问题，一个问题变成了两个问题，三个问题，这是解决问题最失败的结局，用公式表示 1-1=2 或 3 或 N。

每个干部都有自己的本职工作，在本职工作中经常遇到的问题无非是两个：一是如何及时发现问题，二是如何正确解决问题。发现问题是解决问题的前提，解决问题是发现问题的目的。要达到及时发现问题和正确处理问题的目的，必须具备三个基本功：第一是学习的基本功。要坚持学习，既学书本知识，又学实践知识；既向历史学习，又向现实学习；既向同行学习，又向群众学习。通过学习使自己的脑海中储备更多的知识，储藏更多的方法，储存更多的妙计。第二是调研的基本功。没有调查就没有发言权，同样，没有调查也没有领导权，没有解决问题权。遇事一定要先调查，后解决，调查要细，弄清问题的来龙去脉，弄清问题的主次矛盾；调查要实，要亲自调查，尽量不要用二手、三手资料。第三是解决的基本功。解决问题一定要多动脑筋，反复思考，不能只想一种办法，要多想几种办法，多备几种方案，一计不成，再用一计，一招不行，再施一招。

作为一名干部，在解决问题的过程中，第一，首先要把自己搞正确，不能因别人的错误而使自己犯错误；第二，要争取用最好的办法解决问题，不能用错误的办法导致错误的结果。

问题解决得好坏，反映的是干部的能力问题。解决得好，说明这个干部能力强；解决得差，说明这个干部能力弱。当前，企业的党员干部正在参加党的群众路线教育实践活动，这次活动的目的之一，就是要提高党员干部的群众工作能力。在这次党的群众路线教育实践活动中，每一个党员干部都应联系自己的思想和工作，好好学习，接受教育，认真实践，提高能力。切实对照党对党员干部的要求，检查一下自己的群众工作能力，优者继续提高，劣者急起直追。一个人当了干部，并不是马上就可达到“职与能”相一致的水平，即使今天一致，也可能明天不一致。新问题不断出现，这就要求党员干部不断学习新知识，不断掌握新本领，不断提高新能力。所以，作为一个党员干部，一定要重视自己的群众工作能力，一定要不断提高自己的群众工作能力。只有具备较强的群众工作能力，才能更好地履行自己为人民服务的神圣职责，才能成为一名名符其实的党员干部，才能受到群众的欢迎、支持和赞扬。

2014 年 7 月 13 日

小事情反映大问题

在零售企业中，营业员的角色至关重要，她们服务的好坏直接影响到企业的形象和效益。大多数营业员都能够为顾客提供满意、周到的服务，但也有个别营业员却在接待顾客的时候随心所欲、出言不逊，给顾客造成了无法弥补的心灵伤害。看似微不足道的小事情，却反映出服务中的大问题，如下三个事例：

强卖只能适得其反

两位老年顾客在试穿完两条裤子后，正犹豫是否购买时，营业员却自作主张为其赶紧打好裤边，使顾客进退两难，最后，顾客还是决定不买时，营业员非常生气的怒斥顾客："你们倚老卖老，看上的裤子又不要了，真不像话！"

点评：你可以锁住裤边，你能锁住顾客的心吗？你可以强卖，你能使顾客顺从吗？擅自锁边只能吓跑顾客，执意强卖只能使顾客厌烦。交易双方是自愿的、平等的，顾客对商品进行对比、选择、考虑都是正常现象，顾客买不买是他们的权利，营业员无权强迫顾客购买。作为一名合格的营业员，应该在顾客拿不定主意时当好他们的参谋，在顾客还想去别处挑选和对比时，善意的对他们说："没关系，您再去转转"，用一颗宽容、理解的心去对待顾客，感动顾客，使顾客因为你的优质服务而对你记忆犹新，也许这次没有在你这里购买到合适的商品，那么下次，说不定顾客第一个想到的就是你，因为你的服务行为感动了顾客，这样做才能赢得顾客的心，留住长久的顾客群体。而自作主张，强买强卖，甚至在顾客未按照自己的意愿去行事时就对顾客恶语中伤，这样的做法是自毁形象，自绝后路的做法，是素质低下、道德缺乏的做法，其结果只能是吓跑顾客，增加永别客，减少回头客。

耐心才能赢得顾客

一位顾客在购买了商品后，先后两次来进行退换货，最终要将商品退掉时，营业员不耐烦起来，生气地对顾客说："像你这种人，以后别来了!"

点评：顾客刚退换了两次就心生厌烦，这样的态度还能搞好服务工作吗？在服务性行业里，我们所倡导的"百挑不厌，百问不烦"的服务理念，就是要求营业员在面对反复、多次挑选、退换的顾客时，都能做到从一而终的热情和周到，使顾客真正享受到宾至如归的感觉。在日本服务行业，营业员把为顾客服务当成是一种荣耀，曾有报道记载，一位去日本观光的游客在一家鞋店先后试穿了 40 余双鞋，因为没适合自己的款式而没有购买，为此，营业员不但没有因为顾客的反复挑选、试穿而反感，反而对顾客没能在她这里选购到合适的商品表示歉意，认为这是没有为顾客提供到最完美的服务，这样的服务态度是值得我们称赞和学习的，这样的服务行为不仅感动了顾客也为自己的民族赢得了荣誉，而与这位日本营业员相比，我们所说的这位营业员的服务素质就相差太远了，同样是服务，同样是面对顾客，一个仅为顾客退换两次就不耐烦了，一个却在顾客反复挑选 40 多次还能给予顾客最满意的服务，差距就在于前者是把个人利益放在第一位，后者是把顾客利益放在第一位。只有将顾客利益放在第一位，当好顾客的公仆，耐心为顾客服务——百问细解答，一问还是百问，都能笑脸相迎；百挑陪着挑，一挑还是百挑，都能热情接待。这样才能满足顾客的需求，赢得顾客的信赖。能否正确对待"百挑""百问""百换"的顾客，是考验营业员是否合格的试金石。这位营业员那样回答顾客，顾客心里会想：像你这样的营业员，企业应该快点辞掉，免得以后再遇上你。

感情是服务的基础

一位 80 多岁的老人乘坐电梯从二楼下一楼，一位营业员在电梯里看到后却说："就一层还要来挤电梯，多占个地方，不会自己下啊!"

点评：这样的老人应该和营业员的奶奶年龄差不多大了吧，试问这位营业员，如果把这位老人换作是你的奶奶，你会怎样对待她呢？你会不会在电梯人多的时候主动让她乘坐而自己选择爬楼梯呢？你会不会因为她年龄大了而给予她更多的关心和孝敬呢？孟子曾说："老吾老以及人之老"，意思就是说在赡养孝敬自己的长辈时不应忘记其他与自己没有亲缘关系的老人。营业员也是如此，我们不能只关心自己的家人而忽视了周围的顾客。营业员也是公众人物，面对的是广大顾客，心中要有大爱，对顾客要有爱心，要带着感情去服务——把顾客当亲人，让顾客感受到家一样的温暖。这样才能尊重顾客，想方设法服务好每一位顾客。尤其是老年顾客，更应该对他们多一些关心和帮助，当他们遇到困难时伸出援手，主动上前搀一下，扶一把，把尊老爱幼这一中华民族的传统美德通过我们的服务继续传承下去，发扬下去。而像这位目无尊长、缺乏爱心的营业员我们不难想象，她对待顾客是这样，对待家人也不会好到哪去。在服务工作中，营业员对顾客的感情起着举足轻重的作用，从某种意义上说，感情决定服务的一切，感情决定服务的态度，决定服务的形象，决定服务的质量，决定服务的效益。

这三件小事，反映的是营业员服务观中存在的大问题。这个大问题就是在服务中颠倒了服务与报酬的关系，正确的服务观，是将服务放在第一位，将报酬视为服务的副产品，将报酬放在第二位；错误的服务观，是将报酬放在第一位，将服务视为报酬的副产品，将服务放在了第二位。作为一名营业员，要想为顾客更好地服务，首先必须解决好服务观的问题。所谓服务观，就是要树立“主动、热情、耐心、周到”的服务意识和观念。把服务工作当作自己的事业，当作自己的理想，当作自己的前途，乐于服务、乐于助人、人乐我乐、人忧我忧。只有解决好服务观的问题，服务才会有所起色，形象才会有所改观，效益才会有所提高。

2014 年 7 月 16 日

“不断请示领导”的干部好不好

在管理工作中，人们会看到这样一种干部：他们对于自己职责和职权范围内的事情，不是遇事马上解决问题，不是立即开展工作，不是抓紧时间办事，而是以“请示领导以后”再说、再办、再理。这种工作作风，不但使需要办事者不满，又使工作效率甚低。

这种干部为什么要“不断请示”领导呢？大致有这么几种情况：

其一，表示自己谦虚。这种干部认为，先在办事之前请示一下领导，问一问领导怎么办？一则表示自己谦虚，二则也能给领导留下谦虚的印象。有必要这样做吗？完全没有必要！如果你对所解决的问题胸有成竹，胜券在握，何必再“请示领导”呢？不该请示领导时请示领导，只能说明你在给领导增加麻烦，只能说明你有虚荣心，这不是谦虚，而是虚荣。这种干部应克服“虚名虚荣”的虚思想，要树立“求实务实”的实作风。

其二，照顾领导面子。有一种领导就希望下级干部事事请示，天天请示，只有下级不断请示，才算下级尊重上级，上级才有面子。下级干部只好因人而异、因人制宜、因人做事，被迫照顾领导面子，以免伤了和气，他们选择的办法是：遇事不断请示领导。这种领导或者画蛇添足，闲得没有事干，尽给下级增加麻烦，或者不懂领导科学，不善于调动下级的积极性，总认为他自己最聪明。这种情况是上级领导逼出来的不正之风。

其三，遇事没有办法。遇事心中无数，手中无法，该说的不会说，该办的不会办，一副无能为力，无可奈何的样子。怎么办呢？他们只好请示领导，而且不只是一次请示，在解决问题的过程中还会不断请示，可能要请示三五次，或者请示十次八次，几乎可以说不是自己在解决问题，而是领导在解决问题。这种情况反映的是干部缺乏工作能力，难以胜任本职工作的问题。

其四，变相推卸责任。这种干部遇到难办的事情，难管的人员，怕担责任，怕担风险。本来自己可以解决，能够解决，应该解决，但他们却不去大胆解决、坚决解决、快速解决。别人侮辱他们“你作不了主”，他不在乎，他也就以“我作不了主，需要请示领导”为借口，把责任推给领导，把战火引向领导。这种干部不能为领导分忧解愁，不能成为领导的助手。这种干部遇到难办的事时，还跟领导说什么“你只要给我权，我就能解决了这个问题”，这是你职责范围内的事情，还需要什么权？只不过是你怕得罪人，不敢用权而已。要权，又是推卸责任的一种表现！

何谓干部？干部是在一个组织中担任管理和领导职能的人。干部是一个管理者，是一个组织或团队的领头人，是带领大家完成目标的人。总之，干部是带领大家干事业的人。作为一个干部，你工作的好坏，不是你个人的事情，你的工作涉及到组织、团队，是大家的事情。所以，每一个干部都要理解“干部”二字的含义，明白“干部”二字的责任，懂得“干部”二字的任务，实现“干部”二字的目标。一个干部，不论职务高低，不论正职副职，不论上层中层，不论有无职务，都要具备与自己职务或工作相应的工作能力。这个工作能力应体现在能独立思考，独立判断，独立工作，独当一面；这个工作能力应该体现在能守土有责，守土负责，守土尽责，守土胜任；这个工作能力应体现在能注重能力，提高能力，不断进步，与时俱进。“不断请示领导”的干部不是好干部，这种干部群众不欢迎，领导不欢迎。这种干部“不断请示领导”，既有方法问题，又有思想问题；既有能力问题，又有道德问题。这种干部应反思自己“不断请示领导”的错误，下决心改正，否则将成为被淘汰干部的后选人，在自己的历史上记上不光彩的一笔。

2014 年 9 月 6 日

反对“三玩”干部

这里的玩，指的是“玩弄”。玩弄为何意？“玩弄”一词，指摆弄、戏弄、搬弄，施展手段伎俩等意。总之，玩弄者对人与事，不是采取严肃的态度，而是采取轻浮的态度；不是采取认真的态度，而是采取马虎的态度；不是采取负责的态度，而是采取敷衍的态度；不是采取诚实的态度，而是采取虚伪的态度。

在腐败作风的影响下，在腐败思想的左右下，在腐败土壤的滋养下，社会上出现了一种“三玩”干部——玩弄政治，玩弄工作，玩弄群众。他们是腐败产生的畸形干部、邪气干部、歪风干部。

他们玩弄政治，玩坏了政治生态

什么是政治？政治是政府、政党、社会团体和个人在内政和国际关系方面的活动。政治是经济的集中表现。政治主要讲的是如何处理人们在经济活动产生的相互关系，政治问题多属于人们在经济活动中产生的相互关系的问题。解决政治问题靠什么？靠的是党和国家的方针、政策、路线，法律、法规、法令，党章、党规、党法等这些“规矩”。按这些规矩处理政治问题，政治问题就能处理好，那里的政治生态就是优质的；如果不按这些规矩处理政治问题，政治问题就处理得差，那里的政治生态就是劣质的。

玩弄政治者，体现在哪里呢？就是体现在玩弄这些党和国家的“规矩”上，他们采取的惯用手段是“上有政策，下有对策”“有令不行，有禁不止”“打折扣，做选择，搞变通”，他们用负能量的“潜规则”代替正能量的“好规矩”。他们抛弃理论指导，不要法规约束，胆大妄为，肆意胡作，冲破底线，敢闯红灯。他们由践行者变成践踏者，由执行者变成了破坏者；由厉行者变成了胡行者；由先行者变成了先乱者，最终变成了官痞和奸商相结合的混血儿。在他们的玩弄下，正确的政治变成了错误的政治，人民的政治变成了私人的政治，为公的政治变成了为私的政治，以权谋私，入党为己，从政谋钱，成了他们的常态；在他们的玩弄下，他们的理想信念丢失了，宗旨意识没有了，政治立场抛弃了，政治观点改变了，政治面目全非了；在他们的玩弄下，他们管理和领导的范围内党风变了，政风变化了，民风变了，变得离开了精神文明、物质文明、政治文明的正确轨道。“人妖颠倒是非混，有钱就能办一切”就是对这些地方政治生态的真实写照。

他们玩弄工作，玩掉了工作责任

不论是干部，还是党员，根据社会分工，都有自己的一份工作，这份工作是履行社会责任的工作，是实现自身价值的工作，是谋生存求幸福的工作，对于这份工作，应有爱岗敬业的精神，做到守土有责、守土尽责、守土负责，尽职尽责，尽心尽力干好工作。而玩弄工作者，将工作岗位变成了谋私的平台，谋利的场所，谋权的台阶，谋钱的宝地，他们将职业变成副业，公事变成私事，公权变成私权，事业变成思财，公职变成私职。他们“挂羊头卖狗肉”。承诺的事言而无信，急办的事拖着不办，重大的事一人而定，大额开支独自拍板。他们对群众毫无感情、毫无责任，将干群关系变成金钱关系，不给钱不办事，给点钱办点事，少给钱少办事，多给钱多办事，给足钱办事快，给大钱办大事，见钱眼开，见钱办事，来者不拒，成了他们的习惯。他们每天也上班，但心里考虑的是“钱、钱、钱”“利、利、利”“权、权、权”，考虑的是权与利的关系，职与利的关系，事与利的关系，小权与小利的关系，中权与中利的关系，大权与大利的关系。他们的座右铭是“八分拉关系，二分搞工作，关系为个人，工作谋私利”。他们在玩弄工作中，将自己的工作玩的一点责任也没有了，将自己的干部职责玩的一点公心也没有了，将自己的党员身份玩的一点红色也没有了。

他们玩弄群众，玩毁了公仆形象

人们常常用公仆与主人的关系来比喻党员干部与群众的关系，作为人民公仆，就应该摆正与主人的关系，勤勤恳恳为人民服务，老老实实当人民的服务员，一辈子做人民的老黄牛，忠实地不折不扣地执行党的群众路线。玩弄群众者，他们对待群众的立场有错，观念有错，言行有错，主要是扭曲了自己与群众的关系，他们将公仆与主人的位置颠倒，仆人变成了主人，主人变成了仆人；他们将依靠群众变成了利用群众，时而用群众，时而弃群众；他们将为了群众变成了为了自己，在宗旨上犯了方向性错误；他们将联系群众变成了脱离群众，官气十足，霸气冲天，做官当老爷。他们玩弄群众主要采取的是两面派手段，台上一套，台下又是一套；表面一套，背后又是一套；说的一套，做的又是一套；书面一套，行动又是一套；阳的一套，阴的又是一套；开始一套，后来又是一套。他们玩弄群众常见的做法是“脸难看、门难进、事难办；不给钱，跑断腿，办不了”。他们在玩弄群众的不良言行中，使自己的公仆形象严受损，重污染，大变形，公仆成了公贼，公仆成了公害，公仆成了公敌，有的成了“老虎”，有的成了“苍蝇”，他们的言行使人民失望、让人民反对、遭人民厌恶，走到了人民的对立面，最终被人民所抛弃。

“三玩”干部，身是干部，却不像社会主义国家的干部；身为党员，却不像中国共产党的党员；身在工作，却不为人民勤奋工作，他们是蜕化的干部，变质的干部，腐败的干部；他们是犯错的干部，是犯法的干部，是犯罪的干部；他们是应反对的干部，应淘汰的干部，应惩处的干部。我们要反对“三玩”干部，就是要反对他们对待政治的错误态度和做法，反对他们对待工作的错误态度和做法，反对他们对待群众的错误态度和做法。

作为一名党员干部，一定要立场坚定，旗帜鲜明地反对“三玩”干部，反对他们的恶习、恶风、恶德，以他们为反面典型、反面教材、反面人物，吸取教训，引以为戒，应用共产党员的标准严格要求自己，自觉锤炼夙夜在公，舍我其谁的历史使命感和担当精神，做到一身正气，两袖清风，争当名符其实的、风清气正的讲政治、爱岗位、敬职业、为人民的优秀党员干部。净化政治生态，营造良好的从政环境，是从根本上铲除消极腐败现象滋生的土壤，作为一名党员干部，应以自身模范的先进的良好形象，为建设清明、清廉、清正的社会主义的政治生态环境而努力奋斗。

2014 年 11 月 14 日

腐败晋官相

反腐风暴，越刮越烈；贪腐被揭，战果显赫；
深得民心，人民拥护；官场腐败，晋官居首；
特点之一，系统腐败：三晋大地，东西南北；
省市县乡，各个系统；腐事常现，涉案众多；
特点之二，塌方腐败：大梁不正，二梁歪邪；
上级带头，下级效仿；廉事不畅，腐事无阻；
特点之三，宗派盛行：上下勾结，左右串通；
在党离党，热衷帮派；官官相护，结党营私；
特点之四，以权谋财：红色面目，黑色思想；
煤地房路，四大肥差；投机钻营，牟取暴利；
特点之五，任人唯钱：人妖颠倒，是非混淆；
买官卖官，成为常态；有钱就提，带病照升；
特点之六，不择手段：以钱贿官，不思党性；
以恶追腐，不要人格；以色求权，不顾脸面；
特点之七，队伍混乱：鱼龙混杂，蛇鼠皆有；
名为党干，实为蛀虫；心中无公，以私害公；
特点之八，邪气压正：政治生态，异化质变；
党风败坏，社风不正；民风污染，风气恶化；
人民期盼，除腐务尽；弊革风清，重树形象；
继承传统，学习于君；风清气正，精神文明。

2015 年 1 月 10 日

破窗与破官　破法　破心

这里的“破窗”二字是指“破窗效应”一词中的“破窗”二字。“破窗效应”是犯罪学的一个理论，这个理论认为环境中的不良倾向如果被放任存在，会诱使人们效仿，甚至变本加厉。比如，一个房子如果窗户破了，没有人去修补，时隔不久，其它窗户也会莫名其妙地被人打破。这就揭示出一个规律，任何坏事，任何问题，如果在开始时没有阻拦掉，没有解决好，一旦形成风气，管也难管，理也难理，改也难改，除也难除。

在企业里，也会经常看到“破窗效应”的现象：

在执行制度中，对于违犯制度的行为不批评，不教育，不严肃处理，没有引起职工的重视，就会使类似的问题再次发生，重复发生，一个制度不执行，其它制度也不执行，制度变成一纸空文。

在服务顾客中，对于顾客提出的退换货问题，不重视，不解决，一次又一次，一天又一天，把退换货顾客顶回去，使顾客退换货难如上青天，致使顾客大幅减少，经济效益濒临亏损。

在思想政治工作中，对一些有代表性影响全局的思想政治苗头视而不见，见而不管，管而无力，教而无方，就会出现蔓延势头，歪风压倒正气，使企业出现混乱的思想政治局面。

“破窗效应”为什么会出现？为什么会存在？

究其原因，不外乎有三条：

一、破官所致。“破官”是指不具备干部素质而在干部工作岗位上不好好工作的干部。这些干部有相当一部分是靠腐败之风，采取“跑、要、送、骗”而获得职位的，他们不是靠“德、能、勤、绩”而提拔的。这些人多数属于素质低下者，水平低下者，加之为当官而当官，为谋私而当官，当干部的目的就是错误的，所以，他们当官不谋正，当官不为民，有问题发现不了，发现问题也不解决。破官混饭度日，破官不理破窗，破官怠治破窗，破官领导的单位，破官管辖的地方必然会出现“破窗效应”，必然会导致“破”事不断——破官促使“破窗效应”不断发生，“破窗效应”不断为破官脸上抹黑。比如有的地方，反腐越反越腐，打假越打越假，扫黄越扫越黄，就是破官理政的局面。

二、破法所致。我们经常把解决问题比喻为“矛”与“盾”的关系，有时“矛”能戳破“盾”，叫解决问题有办法，有时“盾”能挡住“矛”，叫解决问题有办法。“破法”是指不能解决问题的办法。有的干部能力不足，职能相悖，遇事不知怎么办，无可奈何，束手无策，无计可施，面对问题望而却步；有的干部方法太少，遇事如同急病乱投医，今天一个办法，明天一个措施，办法一个又一个，没有一个管用的，措施一条又一条，没有一条见效的，他们采取的方法是“破法”对“破窗”，结果是破法难治破窗。比如“牛栏关猫”“隔靴搔痒”“擀面杖吹火”“官僚主义之法”“形式主义之法”“文牍主义之法”等就属破法之列。这种破法之治可称之为无能之治，无法之治，无效之治。

三、破心所致。破心，是指没有责任心之心，或缺少事业心之心。干部就是负责任的人，一个干部不负责任就失去了当干部的意义，失去了当干部的资格，失去了当干部的作用。破心干部面对问题，或者熟视无睹，睁一眼，闭一眼，置若罔闻，不理不睬；或者胆小怕事，遇事畏首畏尾，前怕狼，后怕虎，被问题吓住自己，缺乏解决问题的魄力和胆量，不敢解决问题；或者好人主义作怪，怕得罪这个人，怕得罪那个人，谨小慎微，不去解决问题；或者个人主义作祟，处处考虑个人利益，事事为了个人打算，只要影响个人利益，任何问题、任何公事，不管不理；或者有的人有能力而玩弄政策，玩弄群众，玩弄工作，不作为，慢作为，因“破心”不治“破窗”，导致破窗效应由小变大，由轻变重，此起彼伏，积重难返。

总而言之，干部缺乏应有的素质，缺乏应有的能力，缺乏应有的责任，是产生“破窗效应”的三个原因。破窗问题遇上破官者、破法者和破心者，其结果只能是破结果——差结果、乱结果、坏结果。

不论是一个群众，还是一个干部，正常的心理，正常的做法是，见到“破窗”的问题，就要引起重视，及时修补。同时，要支持和鼓励别人修补“破窗”的行为，不以“破窗”为理由而同流合污，要以修补“破窗”为美德，体现职工和干部自己的高度责任心和主人翁精神。

“破窗”是发生矛盾的一种比喻，哪个单位，哪个部门也免不了发生“破窗”的问题，关键是要从细小之事抓起，实行精细管理，重视“破窗”问题，解决“破窗”问题，消灭“破窗”反应，防微杜渐，把问题消灭在萌芽状态。“破窗”是打破有序，制造无序，管理就是要维护秩序，巩固秩序，用科学的管理办法解决“破窗”问题，消灭“破窗”问题，敢于修“破窗”，善于补“破窗”，为建立良好的和谐的科学的秩序不懈努力。

在一个组织内要克服或消灭“破窗效应”，需从三方面做起：其一，对于“破官”类干部，要坚持原则，按照党的选拔任用干部的标准，毫不留情，及时果断进行淘汰，或降职，或降级，或官复民位；对于“破法”类干部，或是组织帮助提高能力，或是自身努力提高能力，使其从破法干部向足智多谋干部转变；对于“破心”类干部，或组织加强教育，或个人加强改造，使其向尽心尽力干部转变。如果“破法”类干部几年无长进，能力仍如故，如果“破心”类干部教育无转变，思想仍不改，这两种干部也需进入淘汰行列。坚持做到这三条，“破窗效应”的问题就可大大减少，及时“消缺”的心态就会成为常态，就会出现弊绝风清、健康利民的政治生态。

2015 年 4 月 12 日

万事开头难　还是万事开头易

有一句俗语叫“万事开头难”，这句话的意思是指“做任何事情，开头总要难些。”对于这句话，每个人都能随口说出自己经历的事情，随心说出自己切身的体会。

比如，小孩子第一次用筷子，很别扭，夹不上菜不高兴，在家长的帮助下，坚持使用很快就会掌握用筷子的要领。

比如，第一次从事推销工作的人，因为害怕遇到拒绝而忐忑不安，一旦把握住顾客的心态，推销起来便驾轻就熟。

比如，有的人刚当干部，不知道如何进行管理工作，产生畏难情绪，一旦他懂得了管理的基本原则、基本方法，他就会调动职工的积极性。

比如，有的人第一次做饭，做的饭自己都不想吃，就觉得自己做不了饭，多做饭，多琢磨，学会使用油盐酱醋，掌握火候，就能做出可口饭菜。

一个人初做一件事，初涉入一个领域，对这个人来说属于做新的事情，由于对新的事情，不了解，不熟悉，不懂得，或缺乏知识，缺乏能力，缺乏实践，往往带有对未知新事情的恐惧，就会产生难的感觉，已成了一般规律，所以人们要说“万事开头难”。这就是万事开头难，难有难的理由。

既要记住“万事开头难”这句话，开始做一件事，一定要谦虚、认真、谨慎，又要记住“世上无难事，只怕有心人”这句话，对开头之事，只要有决心，有信心，有专心，用心、细心、热心做事，就可由难事变成易事。正如清代文学家彭端淑所说：“天下的事情有困难和容易的区别吗？只要肯做，那么困难的事情也变得容易了；如果不做，那么容易的事情也变得困难了。”

世界上的事情，不是一万两万件，而是无数万件，并不都是万事开头难的事情，也有万事开头易的事情。

比如，工作中不论是遇到人的思想问题，还是业务问题，开始比较容易解决，发展大了就难解决了。

比如，一个人患了癌症，刚发现不扩散时，比较好医治，但是到了晚期再治，就难治了。

比如，腐败的问题，刚出现腐败苗头时就真正反腐，比较好解决腐败问题，一旦腐败成风，反腐就成难事了。

比如，食品安全问题，刚出现问题时，就容易消除，一旦蔓延，处处都有食品安全问题，解决起来就成难事了。

任何问题，开始的时候，问题比较小，能量小，副作用也小，只要用少的精力，少的力量，少的时间就可解决，而且解决的效果也比较好。为什么人们常说“要把问题解决在萌芽状态”，说的就是这个道理，萌芽状态的问题好解决。何谓萌芽状态——植物处在生芽的状态。一颗大树，一个人用全身力量也撼不动，但它处于萌芽状态时，一个指头就可使其夭折；一个坏人，五大三粗，不易制服，但如果早知他可能是坏人时，在出生时，一个手指头就可使其窒息。对于解决问题方面的事情，对于解决反作用的事情，对于解决副能量的问题，还是“开头易”。这就是万事开头易，易有易的道理。

“开头易”的关键问题是如何在萌芽状态时及时发现，及时解决。发现萌芽状态的问题，需要有洞察力——善于观察问题的能力，需要有鉴别力——善于鉴别是非的能力，需要有果断力——善于迅速判断是否需要解决问题的能力；解决萌芽状态的问题，需要有责任——愿意解决问题，需要有能力——能够解决问题，需要有胆量——敢于解决问题。解决开头易的问题，要善于抓小、抓早、抓紧、抓实、抓好，这样就可避免“破窗效应”现象。

作为一个干部，不论职务大小，对于自己工作中的问题，一定要在“开头易”时就及时解决，解决起来又快又好，又能提高自己的威信。如果对于自己工作中的问题开始不解决，等到问题发展到不可收拾时解决，自己那时又收拾不了。自己不把问题消灭在萌芽状态之时，问题就会把自己消灭在积重难返之日，最后的结果是，自己解决不了问题，让问题解决了自己——淘汰、免职、撤职……

2015 年 5 月 1 日

丢掉责任将丢掉一切

什么是责任？《现代汉语词典》的解释是，其一，指分内应做的事；其二，指没有做好分内应做的事，因而应当承担的过失。

我们每一个人学习、生活、工作在社会上，都要承担相应的责任。作为学生，主要的责任是认真学习；作为老师，主要的责任是教书育人；作为父母，主要的责任是培育子女长大成人；作为职工，主要的责任是做好自己的本职工作；作为党员干部，主要的责任是对党忠诚，履行好党员干部的职责和义务。责任与人人相关，与事事相连，与时时相干，与处处相通。

那么，人们在实践中又是如何认识责任的呢？有人说“责任是天职”；有人说“责任是本分”；有人说“责任是义务”；有人说“责任是动力”；有人说“责任是良心”；有人说“责任是灵魂”；有人说“责任是能力”；有人说“责任是人性”……这些说法都是正确的，都从不同侧面说出了责任的重要性。从责任的角度怎么认识“人”字的两划呢？第一划代表人的躯体，第二划代表人的责任，离开了责任，人就成了空壳，人就不能成为合格的人。责任是人生的核心要素，正如一位伟人曾说过：“人生所有的履历都必须排在勇于负责的精神之后”。既然责任这么重要，我们应该如何对待责任呢？应该学好用好三个成语：第一要有“责重山岳”的认识，认为责任重大，责重如山，要把责任放在至高无上的位置；第二要有“责有攸归”的态度，是谁的责任，就应该由谁承担，而且一定自觉承担，积极承担；第三要有“责无旁贷”的精神，自己应尽的责任，要尽心尽到全心，要尽力尽到全力，成功不把功劳据为己有，失败不将责任推给别人。

有责任的人做人坚持高标准严要求；有责任的人做事保持主动性、自觉性；有责任的人工作顾及效果；有责任的人处理问题认真精细；有责任的人注重职业道德；有责任的人具有远见卓识；有责任的人珍惜自己的声誉。总之，有责任的人心中有“守土有责”的意识，工作有“守土尽责”的精神，目标有“守土负责”的标准，善始善终做好每一件事情，终身对自己所做的事情负责任。

如果一个人丢掉责任，那将是一种什么结果呢？

如果一个人对社会不负责任，为了一己私利不择手段，出现食品安全、环境污染、拐卖妇女儿童、制毒、贩毒、卖毒等一系列危害公共安全的行为，那就会被社会所抛弃；如果一个人对国家不负责任，吃国家的饭，领国家的薪，不爱国，不感恩，攻击国家，甚至充当国外敌对势力分化、西化、丑化国家的马前卒，那就会被国家所抛弃；如果一个人对工作不负责任，“做啥啥不行，干啥啥不成”，应付差事，吊儿郎当，事故不断，问题常见，错误一个接一个，那他就会被工作所抛弃；如果一个人对家庭不负责任，作为子女不孝敬、不赡养父母，作为父母对子女不抚养、不教育，作为爱人对自己的爱人不忠诚、无爱情，作为兄弟姐妹没有相互扶持、相互帮助，那么他就会被家庭所抛弃；如果一个人对自己不负责任，作为干部胡作为、乱作为，作为党员无党性、损党誉，作为一个普通人无人性、无德性，作为一个公民无公心、尽私心，那么，他就会被人民所抛弃；如果一个人对自己所犯的错误不负责任，犯了错误之后，一是采取不承认主义，二是采取推卸主义，一个劲地找客观原因为自己辩护，那他将会继续犯错误，必将让错误所抛弃。

不负责任的人，或是不讲职业道德的人，或是不讲工作标准的人，或是能力低下的人，或是原则政策打折扣的人，或是自私自利的人……不负责任的人，他们的文凭变成了没有用处的废纸，权利变成了脱缰狂奔的野马，资格变成了影响工作的障碍，称号变成了假冒伪劣的证据，工龄变成了虚度时光的记录……不负责任的人，是不可靠的人，是不可信的人，是不可重用的人，是不可深交的人，是不受欢迎的人……不负责任的人，他们因为丧失责任，必将丧失工作的成绩，丧失事业的成功，丧失光荣的称号，丧失温暖的家庭，丧失应有的人缘，丧失必备的能力，丧失做人的资格……导致最终丧失一切。

这些不负责任的人，应该反问一下自己：自己在这个世界上混来混去，游戏人生有什么意义呢？自己只想吃喝玩乐，不想对社会怎么奉献，这样做能对得起谁呢？自己应付社会，应付工作，应付他人，应付自己，这样活下去还有什么做人的尊严呢？这些不负责任的人应该冷静下来好好总结一下自己以前的情况，好好想一下自己还能在这个世界上活多少年？好好想一下自己还能在工作单位工作多少年？下决心改正自己不负责任的老毛病，做一个负责任的人，抓紧时间，多努力工作，多认真工作，尽量做好自己的工作，切不可争取或者满足于临终之际“朝闻夕死”的结局。

负责任是高尚的人格，优秀的品格，是人的精神世界的核心内容，它是一种良好的习惯，是一种纯朴的情感，是一种诚信的思想，是一种坚定的作风，是一种执着的精神，是一种奉献的自觉。

负责任的人是受欢迎的人，受赞扬的人，责任是立身之本，立事之本，负责任的人是人见人爱的人，走到哪里哪里也受欢迎；负责任的人是人见人要的人，走到哪里哪里也愿接收。他们认真负责做人，做人，人缘好，他们认真负责做事，做事，事成功，他们是受人赞扬的人。

古人曰：“天生我材必有用”。人来到世间，要成为一个有用的人，就应该首先成为一个负责任的人。责任是焕发驱动自我的内在力量——责任可以激发潜能，可以带来勇气，可以增加动力，可以点燃激情，可以铸就顽强，可以让你勤奋，可以促你认真。责任心就是事业心，就是上进心，就是先进心，就是前进心。每一个想在社会上发挥正能量的人，都要牢固树立责任意识，把负责的精神贯穿于自己的工作、学习、生活之中，作为自己为人处事的态度，事事、处处、时时保持自觉承担责任，敢于承担责任，善于承担责任的心态，争取做一个对社会、对国家、对单位、对家庭、对自己负责任的人；争取发挥自己的最大作用，释放自己的最大能量，实现自己的最大价值。

2015 年 7 月 14 日

胡作为者怎么变成不作为者

在政治生态日趋向好，干部作风得以改善，人民对国家前途充满信心的新常态下，我们却看到了一些干部逆流而动，背道而驰——在位不作为，工作不负责，遇事不担当，拿薪不干活的现象，这些干部成了不作为的干部，而且其中有相当一部分来自于原来胡作为的干部。

有的人会感到惊讶，难道这些干部突然变好了，不做坏事了？非也！难道这些干部突然守规矩了，不违纪了？无也！难道这些干部突然进步了，不走邪路了？难也！这些干部在反腐的风暴中，既看不到他们明显干坏事了，也看不到他们干好事了，这成了新形势下他们干坏事的另一种表现形式。胡作为是滥用手中权利为自己牟私利，不作为是放弃自己的职责，失去自己的作用，两者的共同点是不关心人民利益，不为人民服务。

我们看一看这些胡作为的干部当年的表现：有的置党纪国法于脑后，做事不管政策，不要制度，不讲原则，不讲规矩；有的人生目标庸俗，浅近，丑陋，只有物质，没有精神，将升官、发财、美色视为工作目的；有的压制民主，专横跋扈，唯我独尊，将个人置于组织之上；有的拉帮结派，攀附权贵，大搞特权、极权、霸权；有的官商勾结，收取红利，不顾一切，不择手段，牟取各种私利；有的弄虚作假，做官样文章，搞形式主义，干形象工程，搞假文凭，搞假职称，搞假称号；有的丢掉理想，丢掉信仰，丧失党性，丧失人性，无耻之尤，甘愿当叛徒，甘愿当汉奸，甘愿当间谍……他们当年胡作为时有“满腔热情”的态度，“乐此不疲”的精神，“干劲冲天”的劲头，“排除万难”的毅力。可是现在让他们改邪归正，弃旧图新干正事时没有了当年的“态度”，没有了当年的“精神”，没有了当年的“干劲”，没有了当年的“毅力”，而是像泄了气的皮球，霜打了的庄稼，没本事的门外汉，丢了灵魂的病人，为什么他们会发生这么大的变化呢？

其一，来路不正，动机不纯，成了自然的不作为者。胡作为者多是来路不正者，有的来自关系户，有的来自后台户，有的来自买官户，有的来自卖官户，有的来自欺骗户，有的来自捣乱户，有的来自厚黑户……这些人不管来自什么户，他们从第一天当官起，就是为钱财而当官，为自己而当官，从来就没考虑为人民服务，为社会奉献。这些人不是干事业的人，是混世界的人，他们带病提拔，带病工作，本来当官动机不纯，让他们执政为民是异想天开之事。这些人素质低下，胡干时，轻车熟路是内行；正干时，不懂门道是外行。他们对正作为既无兴趣，又无动力，不懂得如何作为，也就没有什么作为，这就是他们的真实表现。在拨乱返正的今天，他们仍处在病态之中，感到无所事事，就成了自然的不作为者。

其二，积非成习，积重难返，成了无能的不作为者。胡作为者，以往不学马列，不学政策，不讲原则，无视道德，无视法纪、党纪、政纪，把错误的当作正确的，把丑恶的当作美好的，把假冒的变成正常的，把潜规则当成正规则，他们已习惯于做荣辱颠倒，是非不分，香臭不辨的事情。多年的胡作为，使胡作为者在思想上产生了定力，要实现从胡干到正干的质的转变，是一件困难的事情，这个困难胡作为者无信心克服，无决心战胜。现在让他们干正确的事情，正常的事情已不习惯了，对新常态下的正确的做法不学习，不懂得，对新常态下正确的政策不满意，不适应，他们在新形势下显得无能为力，不知所措，无法发挥正能量，他们就想了一种自认为既简单又保险的办法——不干工作，这样就成了无能的不作为者。

其三，观念错误，行动错误，成了有意的不作为者。胡作为者错误地分析问题，总结经验，他们把那些被调查，被双开，被判刑的腐败分子腐败的原因归结为是因为工作造成的。所以他们就“吸取教训”来了个“不工作”，说什么“我不干工作就不犯错误，不担风险，不可能再出问题。”但他们不明白，干工作怎么能与腐败事划等号呢？你在工作中不违法乱纪，不损害人民利益，怎么能犯错误呢？你在为人民服务的过程中，在改革创新的过程中出现点错误，出现点失误，那是正常的，人们是会原谅的，这种错误与腐败类的错误不可相提并论。你不干工作才是最大的错误，而且这是用错误的做法改正错误，必然会产生新的错误。这样用错误的观念指导错误的行动，用错误的行动导致错误的结果，他们就成了有意的不作为者。

总而言之，胡作为者的特点是，思想不正素质差，过去热衷胡作为，现在消极不作为，旧错暂停犯新错。

从胡作为者到不作为者的变化，是表面的变化，不是内心的变化，是现象的变化，不是本质的变化，他们是中国现代的变色龙。胡作为者变成不作为者，不是进步了，不是规矩了，不是变好了，而是他们采取了投机的做法，应付的做法，护己的做法。这种做法欲盖弥彰，不但掩盖不了自己胡作为的丑恶灵魂，反而又将丑恶灵魂以新的形式显露出来。他们消极怠工，敷衍了事，虚度时光，该说的不说了，该干的不干了，该管的不管了。一把手失职不作为，导致一个部门，一个单位集体失职，给党和人民的利益带来了极大的危害，成了当前社会上的一大公害。

胡作为者的出路是，改胡作为为正作为，变不作为为有作为，如果无力履行官职，辞官为民最佳选择。

现在中央号召坚决调整干部队伍，强调要将政治上不守规矩，廉洁上不干净、工作上不作为不担当或能力不够、作风上不实在的领导干部尽快调整出干部队伍，及时把那些忠诚、干净、敢于担当的党员干部，想干事、能干事、干成事的干部用起来，切实增强干部队伍活力。这个决策是非常及时的，非常必要的，非常重要的，非常得人心的。广大人民群众坚决拥护将不作为的干部调整出干部队伍，让有作为的干部进入干部队伍发挥更大的作用。

2015 年 8 月 6 日

找问题则无问题　等问题则尽问题

什么是问题？问题就是要求回答或解决的题目，或是要求解决的矛盾。

什么是干部？干部就是担任一定的领导工作或管理工作的人员。

干部与问题是什么关系呢？“干部，干部，就是要‘干’字当头，干部不干工作就不是干部”。干部干什么工作呢？就是要干好自己的领导工作或管理工作，就是要发现和解决好领导工作或管理工作中的一切问题，从某种意义上说，干部就是解决问题的人员。

面对问题，存在着两种不同的干部，一种是主动找问题的干部，一种是被动等问题的干部。干部对待问题的不同态度，得到的结果也是不同的。

一、找问题则无问题

1. 哪些干部是找问题的干部

(1) 工作标准高的干部自觉找问题。工作标准高的干部是高标准寻找问题和解决问题的干部，他们在思想上对问题高度重视，在速度上解决得快，在质量上解决得好，力求上下左右满意，得到各方好评，他们是用高标准自觉找问题，高标准自觉解决问题。

(2) 认真负责任的干部积极找问题。认真负责的干部，他们在工作中坚持爱岗敬业的职业道德，时时、处处、事事严格要求自己做好每一天事情，做好每一件事情，生怕出一点问题，做事考虑对人民负责，对国家负责，经得起实践的考验，时间的考验，责任感促使他们积极找问题，积极解决问题。

(3) 忧患意识强的干部急迫找问题。忧患意识强的干部，他们能坚持居安思危的习惯，他们既能看到解决显性问题的必要性，又能看到不解决隐性问题的危害性。忧患意识催着他们去找问题，去解决问题，把问题尽量消灭在萌芽状态，让工作之路畅通无阻。

（4）进取精神强的干部必然找问题。所谓进取精神强的干部，就是立志有所作为的干部，也就是人们常说的想干一番事业的干部。他们在思想上藐视困难和问题，在工作上重视困难和问题，别人不敢解决的困难他们敢解决，别人不敢解决的问题他们敢解决，不怕困难，敢于战胜困难，进取精神必然使自己找问题，必然使自己解决问题。

（5）向上和向前的干部需要找问题。向上向前的干部，在标准上向第一流的人看齐，他们在看齐的过程中，就要找与第一流人之间的差别，差别就是问题，消灭差别，解决差别，就需要解决问题。向上向前的干部在业绩上向突出的人追赶，他们在追赶过程中，就要解决一个又一个的问题，取得一个又一个的成绩，才能追上赶上成绩突出的人，使自己走在前列，所以他们就需要找问题，需要解决问题。

2. 找问题的干部如何认识和解决问题

（1）找问题的干部，他们有正确的问题意识。他们能认识到干部工作的过程，就是一个发现问题，解决问题的过程。工作中一定会存在这样那样的一些问题，实践发展永无止境，存在的问题也是永无止境的，旧的问题解决了，又会产生新的问题，他们的脑子里经常想着存在的问题，经常想着解决问题的办法，问题意识促使找问题的干部千方百计找问题，不但自己找问题，而且发动群众找问题，还能坚持找问题常态化，使找问题成为自己的工作习惯。

（2）找问题的干部，他们有正确的问题导向。哪里有问题，就把哪里作为解决问题的方向，少做与问题关系不大的事情，不做与问题无关的无用功。他们在解决问题中坚持的原则是“全面抓，无死角，零容忍”。“全面抓”做到既抓业务问题，又抓思想问题；“无死角”做到从细小事情抓起，从人人抓起；“零容忍”做到一有问题就抓紧解决，一解决就解决彻底。没有夹生饭，不留后遗症。他们尽心尽力解决问题，尽职尽责解决问题，就像战士消灭敌人那样，不断消灭问题。

二、等问题则尽问题

1. 哪些干部是等问题的干部

（1）官僚主义的干部等问题。这种干部因为官僚主义思想作怪，不是把自己当作人民的勤务员，而是把自己当作人民的官老爷，不是将人民当做主人，而是将人民视为自己的公仆。他们认为自己是个官，官就不应到群众中找问题，而是群众应该到他们那里反映问题，所以，官僚主义的干部等问题是他们的习惯。

（2）职能不称的干部等问题。这种干部虽然已当上干部，但是他的能力与职务不相称，能力低于职位，能力难以完成职能，提拔那一天挺高兴，提拔以后干起工作来就是一个又一个的苦恼，因为一个又一个的问题解决不了，让群众等来等去等来的是失望，他们幻想问题自然消失，可能吗？不可能！

（3）作风拖拉的干部等问题。这种干部没有学好《今日歌》，他们唱的《明日歌》，凡事总是找各种理由往后推，今天推明天，本月推下月，今年推明年，不断告诉群众“等一等”，这种作风拖拉的干部，非要等到问题不可收拾时才收拾，但又收拾不了；非要等到影响不良时才解决，但不良影响又消除不了，他们等问题是他们拖拉作风的工作表现。

（4）回避矛盾的干部等问题。这种干部当干部却不敢正视问题，解决问题，遇到问题总是采取掩盖的态度，回避的做法，但是矛盾不可能因掩盖而消失，不可能因回避而跑掉，问题不是停止的，而是发展的，这种干部总是等到问题掩盖不了时才解决，等到问题回避不了时才解决，这样解决问题是解决不好的。

（5）腐败思想的干部等问题。这种干部当干部的动机就不纯，当干部不是为了党的事业、国家的事业、人民的事业，而是为了自己受贿、贪污、发财。他们对问题熟视无睹，麻木不仁，他们等问题的目的是奢望问题不要在自己任期内发生，不要在自己任期内爆发，以免影响自己官帽的更新，职位的升迁，这种人等问题就根本没考虑解决问题，这种等问题是腐败干部工作的常态。

2. 等问题的干部如何认识和对待问题

（1）等问题的干部，也有问题意识，不过他们是错误的问题意识。他们或有问题看不到，或有问题不承认，或有问题不解决，只念的一本“等”字经，等来等去失去了解决问题的良好时机，等来等去失去了群众的基本信任，等来等去丢掉了干部的应有权威，错误的问题意识，意识不到问题的存在，意识不到等问题的危害。他们在“山重水复疑无路”时，妄想“柳暗花明又一村”的美景，但是他们因等问题，看不到“又一村”，而是会遇到一个又一个意想不到的问题。

（2）等问题的干部也有问题导向，不过是错误的问题导向。他们不是把问题导向解决问题的方向，而是导向他们的等问题的方向。他们怎么对待问题呢？他们对待问题的做法就是四个字："掩、等、推、拖"，"掩"是掩盖问题，睁眼说瞎话，有问题说没问题；"等"是等问题找自己，等问题逼自己；"推"是推问题，今天推明天，明天推后天，没完没了地推；"拖"是拖问题，你找我推，我找他推，推到不能推时才应付差事地去解决问题。"掩、等、推、拖"只会适得其反，只会使问题越来越多，越来越重，甚至问题此起彼伏，无可奈何，不知所措。

三、坚持找问题，反对等问题

"找问题"与"等问题"，虽然只有一字之差，但却能反映出不同干部的不同的世界观、人生观、价值观；不同的能力、水平、素质；不同的业绩、评价、威信。

找问题，体现的是一个干部的人生理想。找问题的干部将职业当作事业，将干好本职工作当作自己的理想。理想就是目标，不论是党员干部，还是普通干部，有了理想，就要记住目标；记住目标，就要将每天的工作与目标联系起来，心想目标做好每天工作，解决一个一个的问题，为了实现工作目标。

找问题，体现的是一个干部的职业道德。职业道德中最重要的一条就是爱岗敬业，爱岗敬业就要热爱自己的工作，像雷锋同志那样干一行，爱一行，专一行。职业道德要求干部要不断解决知识上的一个一个的问题，业务上的一个一个的问题，工作中的一个一个的问题；职业道德要求他们自己找问题，主动找问题，坚持找问题，自觉解决问题，主动解决问题，坚持解决问题。

找问题，体现的是一个干部必备的能力。从某种意义上讲，干部就是解决问题的干部，干部不会解决问题，那叫什么干部。找问题的干部具备与职位相称的工作能力，他们有本领，有解决问题的能力，古人说"政善治，事善能"。一个干部具备了应有的工作能力，他们就有发现问题的敏锐，直面问题的担当，解决问题的办法，他们不怕问题，瞄着问题去，追着问题走，把解决问题、破解问题作为履职尽责的第一要务，始终坚持守土有责，守土尽责，守土负责。

找问题的干部，对问题采取的是重视、主动、进攻、消灭的态度，这种态度可以使一个干部在自己的工作权限内，工作范围内，职业生涯内做出优异的成绩，使这个干部的工作单位或部门政通人和、平安无事，使这个干部给群众留下名副其实的良好形象、良好印象。所以，作为一个干部，尤其是党员干部，一定要坚持“找问题”的思想作风和工作作风，做一个“三严三实”的好干部。

“等问题”反映的是干部理想的缺失。干部的工作，不仅是干部一个人的工作，还是涉及一个单位的生存和发展的工作。当干部就应树立理想，没有理想，干部就失去了灵魂，失去了方向，失去了原则，就会糊里糊涂过日子，糊里糊涂当干部。工作没有目标，遇到问题不解决，只会等，自己走向哪里，怎么走，脑子一片空白，脑汁如同浆糊。

“等问题”反映的是干部道德的缺失。群众给了你权力，给了你职务，还给了你工资，你当上干部后，却不好好工作，当一天和尚撞一天钟，甚至连钟也不撞一下，罔顾公事，尽干私事，干公事没有公德，干公事不想操心，干公事不想尽力；干不好工作仍满不在乎，心不内疚，面不脸红，这种做法，对不起群众，对不起领导，对不起工资，是一种缺德的表现。

“等问题”反映的是干部能力的缺失。有的等问题的干部，确实存在能力缺失，能力不称，能力低下的问题，因无能力解决问题，他们就怕问题，没信心解决问题，没胆量攻克难题，只好采取等问题的办法。尤其是那些靠关系，靠后台，靠金钱，靠一切不正当手段混入干部队伍的干部，他们只想做官不想做事，既使做点事也只为做官，这些人从内心就没有解决问题的思想。这些人中的相当一部分人，他们只重视关系、后台、金钱，而不重视修身、能力、素质，他们只会混官、混事，玩弄政治，玩弄工作，玩弄群众，他们也是“等问题”的特类，他们不解决问题，还怕出问题，他们等问题，还幻想无问题，可能吗？不可能！

“等问题”的干部，对待问题采取的是轻视、被动、拖延、搁置的态度，他们对待问题没有正确的认识，没有正确的态度，没有正确的方法，对问题常见的做法是掩盖问题，回避问题，推脱问题，这种作风不得人心。“等问题”是一种不作为、慢作为，懒作为的表现，这种表现有失党员身份，有失干部身份，实在不配做一名干部。等问题的做法，会使问题由少变多，由易变难，由小变大，导致干部工作的单位和部门问题成堆，积重难返，最后的结局是干部不消灭问题，问题却消灭了干部，所以作为一个干部一定要反对和克服“等问题”的思想作风和工作作风。

一个干部怎样对待问题？应该像毛泽东同志说的那样：“什么叫工作？工作就是斗争。那些地方有困难、有问题，需要我们去解决。我们是为着解决困难去工作、去斗争的。越是困难的地方，越是要去，这才是好同志。”乐于面对问题，乐于正视问题，敢于主动解决问题，尤其敢于主动解决那些困难的问题，才能成为受人民群众欢迎的好干部！

2016 年 1 月 24 日

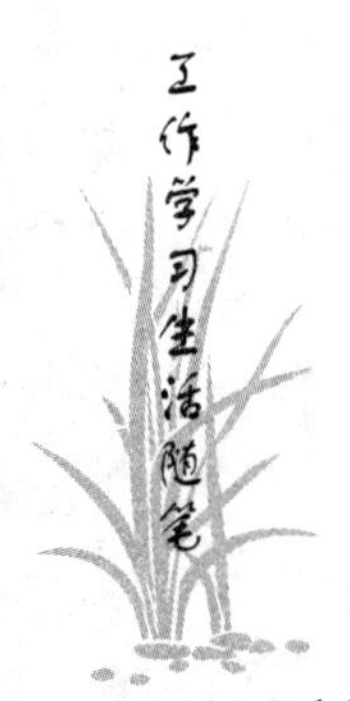

评“过去不是问题 现在成了问题”

时不时会听到这样一种论调：“过去不是问题，现在成了问题”，这种论调是在什么背景下产生的呢？当各种媒体陆续发布各级纪委的违纪问题通报后，有的人在通报中看到：有的干部因受多名案件当事人的请托，为案件审理说情打招呼，收受贿赂，被开除公职；有的干部因大办儿女婚宴收取礼金，受到撤销党内职务处分，被免去行政职务，违纪礼金予以收缴；有的干部因违规购买豪华车辆，受到行政警告处分，超标车辆依据有关规定予以公开拍卖；有的干部因用公款打高尔夫球、公款旅游，受到党内严重警告处分；有的干部因参加公款宴请活动，受到党内严重警告处分，责令退赔应由个人承担的宴请费用等案例，于是就产生了这种论调，发出了这种感叹。这种论调对吗？

违纪问题中的“问题”一词，是属性词，是指非正常的，不符合要求的事情。这些事情为什么是问题？是根据相关的政策法规来定性的，来决定的，来衡量的。对于党员来说，做事违犯党章、党规、党纪的规定就是问题；对于干部来说，做事违犯党和国家对干部的要求、标准、规范就是问题。各级纪委通报的问题，都是客观存在的，不是随意捏造的；是有根有据的，不是强制定性的；是实事求是的，不是空穴来风的；是现实发生的，不是没事找事的。

这里需要思考的一个问题是，这些事情明明是问题，而有些人却认为不是问题。这是因为，有的地方、有的单位、有的部门的领导干部在领导、管理、教育的过程中出现了“四失”。

失之于松：松在忘记工作标准，失职、渎职——应该处分，没有处分。有的领导干部，不按自己的工作职责办事，不按工作标准工作，失职成常事，渎职不在乎，对问题熟视无睹，睁一只眼闭一只眼。为各种违纪违规行为大开方便之门，使各种歪风邪气畅通无阻。

失之于软：软在不能严于律己、自身不硬——胆小怕事，不敢解决。软弱的领导永远带不出优秀的队伍，软弱的管理永远管不出良好的风气。有的领导干部自身不过硬，本身有问题，严重“缺钙”，毫无硬气。对各种违规违纪现象不较真、不碰硬，导致组织纪律涣散，问题不断发生，歪风有增无减。

失之于宽：宽在做事随心所欲，不要原则——宽大无边，放弃处理。对党的各项方针政策、规章制度该传达的不传达，该宣传的不宣传，该执行的不执行、该落实的不落实，随心所欲，办事无规矩，做事无纪律，凡事大事化小，小事化了，对违纪者不是采取“重问题轻处理”的应付之法，就是采取“牛栏关猫”的欺人之法。

失之于懒：懒在工作作风涣散，拖拖拉拉——能推就推，能拖就拖。有的领导干部懒惰成性，四体不勤，坚持的是“懒政”原则。懒得读书学习，懒得思考问题，懒得调查研究，懒得解决问题，他们的工作特点一是推，二是拖。对出现的问题今天推明天，今年拖明年，幻想问题能够推掉、拖掉。

有的领导干部长期坚持“四失”之风，就会造成他所工作范围内的一些人政治敏感性不灵了，政治鉴别力无力了，政治的头脑没有了，出现了“三麻”现象：政治上麻木、思想上麻痹、灵魂上麻醉。这些人对发生的问题无立场、无态度、无办法，麻木不仁，马虎对待，视而不见，听而不闻，视如敝屣，视如草芥。

有的领导干部长期坚持“四失”之风，就会造成他所工作范围内的一些人对发生的问题不重视、不解决，反而感到这些问题领导认为不是问题，就是领导认可了、工作违纪安全了、慢慢习以为常了、犯错也无忌了。一些领导干部的“四失”之风，造成一些干部对问题是非不分、黑白不辨、视力低下、辨力太弱，明明白白的问题看不到，真真切切的问题说不清。

有的领导干部长期坚持“四失”之风，就会在他们领导的地方、单位、部门出现不正常现象。犯错误的人越来越多，受处分的人却越来越少；歪风邪气越来越浓，批评意见却越来越少；相互吹捧越来越多，互相帮助却越来越少。这就是“四失”作风的不作为，在政治生态中造成的“破窗效应”。

“四失”之风是不作为之风，这种作风必将导致政治生态不健康，不健康的政治生态就会出现古人所说的：“久入鲍肆不闻其臭”的现象。

出现“四失”问题的主要原因是“三个责任”落实不到位：

党委工作错位，没有发挥主体责任。凡有“四失”作风的党委，一般来说都是不务正业的党委，他们用业务代替党务，党务干部成了业务干部的副手、助理、参谋，种了别人的田，荒了自己的地。他们对落实党风廉政建设主体责任认识不足、思路不清，工作流于形式，在落实主体责任上不注重跟踪问效，搞官僚不负责，走过场不担责，没有起到纠错警醒的作用。

纪委工作异位，没有发挥监督责任。凡有“四失”作风的纪委，他们思想异化导致工作异位，忘记监督责任，抓正面不抓反面，抓表彰不抓查处，抓宣传不抓行动，抓开头不抓结尾。他们在履行监督职责过程中存在“好人主义”，掩饰追责，敷衍塞责，避重就轻，缺乏战斗力，没有形成强大的震慑力。

政工工作缺位，没有发挥教育责任。凡有“四失”作风的地方、单位、部门，他们的思想政治工作缺位，缺乏主动性、缺乏针对性、缺乏目标性，对出现问题的党员干部没有及时进行思想教育，使有的党员干部离党员标准、干部要求越来越远，问题越来越多，使人们感觉不到思想的伟力和政治的引领，没有发挥政治工作生命线的作用。

出现这些问题更深层次的原因在于，有的领导干部存在“四无”问题：一是无理想，工作无目标，盲目做事情；二是无标准，职责不履行，工作不规范；三是无能力，工作无方法，办事无结果；四是无作为，怕事不敢为，懒政不想为。

党员干部在新的政治常态下，做人做事开始变马虎为认真、变漂浮为务实、变一阵风为持久战，对存在的问题有了正确的认识、正确的态度和正确的做法，在工作中出现了抓早、抓小、抓细、抓实的好作风，在反腐中出现了苍蝇、老虎一起打、严厉打的做法，这一系列的改变，让原本存在的一些问题得到了处理，引起了重视，产生了震动。这样一来，有的人就产生了“过去不是问题，现在成了问题”的想法，这是一种错误的看法，错误的论调。其实，这些问题不是过去不是问题，而一直就是问题，只是现在用新的办法解决一直存在而没有解决的老问题。这是正本清源还社会风清气正的需要，这是共产党员履行自己责任的体现。

如果有人认为这个观点是正确的，那么他们将继续视有问题为无问题，他们的问题会依然存在，迟早还会出问题。他们坚持这一论调，只能说明他们的思想依旧有问题，他们还会幻想虽然一些事情在现在成了问题，也许在将来可能会变得不是问题。他们这样固执己见，一意孤行，就会继续犯错，继续效仿，就可能或者变为腐败的苍蝇，或者成为腐败的老虎。

如果能认识到这个观点是错误的，他们就会视问题为问题，引以为戒，严于律己，消灭自己身上存在问题的存量，防止这些问题出现增量。他们就会讲纪律，守规矩，认真践行“三严三实”，敢于担当责任，勇于直面矛盾，善于解决问题，永远不出问题，做一名忠诚、为民、担当、干净的党员干部。

对政治生态方面存在的问题，抓而不硬等于不抓；抓而不紧等于不抓；抓而不严等于不抓；抓而不长等于不抓。要创造良好的政治生态，只有硬抓才能有效，只有紧抓才可见效，只有严抓才有良效，只有长抓才达长效。

每个党员干部，要学好用好共产党员的“心学”——党性教育，努力提高自身的修养，锤炼自己的党性，不断克服自己思想上和工作中存在的问题，不断提高自己的思想政治觉悟。党员干部既要具备“火眼金睛”，明辨是非，认识对错，分清善恶；又要练就“金刚不坏之身”，使自己成为一个身正之人、心正之人、气正之人，为创造良好的政治生态做出自己应有的贡献。

2016 年 2 月 19 日

“指导”不是“包办”
“民主”绝非“官主”

党的组织原则是民主集中制，包括“民主”和“集中”两个方面，二者密切相关，缺一不可。“民主”是“集中”的基础，没有“民主”就没有“集中”。“集中”离开了“民主”这个前提和基础，就会变成独断专行，形成的决议和决定，必然带有主观主义因素，给工作造成失误，挫伤党内外群众的积极性。“集中”是“民主”的归宿，“民主”的过程就是“集中”的过程。当然，“民主”作为基础和前提，必须决定和制约“集中”，虽通过“集中”来反映自己的存在，而“集中”作为结果，只能服从“民主”，接受“民主”的制约，体现“民主”的要求。“民主”是基础，“民主”发生问题就会使“集中”发生问题。错误的“民主”，必然会导致错误的“集中”。

可是有的党员干部却不能正确认识和处理“民主”与“集中”的关系。只强调“集中”，不强调“民主”。最近在某省一个市级党组织的党代会的换届选举中，就表现的很明显，令人十分吃惊，令人十分不解。

这次换届选举采取分团差额选举、大会等额选举的办法。按会议议程进入到分团酝酿候选人的阶段时，代表们看到了候选人的建议名单，以及每一种候选人的差额人数。在分团团长冠冕堂皇地讲了“选举中要有大局意识、政治意识、纪律意识、看齐意识”等政治名词外，话锋一转，重点讲“要按组织意图、领导意图选举、要对个人负责、对组织负责、要有良心”等话后，又说“我们这个团要组织好选举，保证全部全票（100%的候选人100%的票当选）。”还说“选举既是政治任务，又是技术工作。”我是第一次听说“选举是技术工作。”“技术”何意？在这里成了不正之人在选举中搞不正之风的正词反用的潜台词。这个团长讲完话不长时间，就让几个人按

“上级意图”拟定的各种候选人名单写在小纸条上，并让每个代表传看记录。实现差额选举，候选人数多于应选人数，使代表有了选择的余地，便于代表进行比较，真正按照自己的意愿“好中选优”。在候选人中将谁差额下去，这是代表的权利，是由代表决定的，怎么领导能事先决定。既然领导已经决定了又何必让大家去投票做样子呢？这种做法违背和歪曲了差额选举应有之意，正确之意。这样的宣传、这样的做法是对代表思想的误导，行动的误导。

在第二天正式进行差额选举中，分上下午对四种候选人进行两次差额选举。在上午对两种候选人进行差额选举时，代表团团长讲了一些套话之后，绝大多数人按照上级差额意图进行了投票。这项差额选举是在不同代表团投票，各团投票箱集中后，又对各团票箱分别检票，这样可知各团投票具体情况。同一天下午，又对另两种候选人进行差额选举。在正式选举前，代表团团长讲“上午的选举，我们这个团有废票，有的没有按领导意图投票……”,十分强调“按领导意图投，按组织意图投”。在选举中出现个别废票，出现反对票，这是正常现象，这算什么问题？为什么成了问题，因为这种结果与团长所要达到的“全部全票”不一致，有失望之感。正式投票开始了，在代表们填完选票后，团长打着不要填错选票的旗号，为了实现他的“全部全票”的目标，指使个别人在选举现场一个一个地看代表的选票，如果代表填写的选票与他们拟定的名单不一致时，就说“你是不是填错了”，“你是不是看错行了”，有的填写选票与上级意图不一致的代表，迫于压力，只好说“填错了”。选举具有保密性，可是这时选举现场出现了选票互传，交头接耳，甚至出现工作人员用修正液直接涂改代表选票的现象……这种场面哪像是在选举，倒十分像开卷考试，十分像座谈会，十分像研讨会，哪里有保密可言？真是令人作呕，令人厌恶。在下午差额选举结束后的最后一次分团会议上，团长又再次强调“组织意图”“领导意图”，并且让人人表态，还说什么“谁要是违背了，就是阳奉阴违”“明天大会只要投赞成票就可以了”“你可以选为代表，别人也可以选为代表，既然你当上代表，就要按领导意图办”。对于他们不放心的代表还指使别人在选举时要检查一下选票。由于在分团差额选举中，代表团团长为了实现“全部全票”的目标，只讲“组织意图”“领导意图”，不讲选举办法，不讲代表的民主选举的权利，不断进行误导，不断兜售错误理念，使不少代表的思想发生了变化，产生了

“就按领导意图和上级意图投票算了”的思想。所以，在最后举行的大会选举中，有四五百名代表，满票的候选人竟能达到90%以上，这么多人选举，真正能达到100%选票的人能有几人？90%以上的人获全票，这正常吗？这可能吗？这可信吗？在正常的选举中是不可能的事情，在不正常的选举中又成了正常现象。这样的选举错在哪里呢？

其实，这些候选人按正常的选举办法，绝大多数，甚至100%是可以当选的。可为什么有人要搞不正之风呢？因为有人制订了不正确的“全部全票”的目标，不正确的目标必然要用不正确的方法实现。加之，有的人搞贯了不正之风，积非成习，满脑子邪气，不搞不正之风难受得很，一有机会就要搞不正之风，以显示其歪功邪力，这是他们不正的世界观、人生观、价值观的必然表现。有的搞不正之风的党员干部，在干部队伍中属于来路不正的人，或靠金钱买官，或靠关系当官，来路不正的人进入官场后注定会行路必邪。这是不正之人不正的必然性。

其一，提出“全部全票”的目标是错误观念、错误动机指导下的错误行为。候选人可得多少票是由代表通过投票后才能知道的。作为党员领导干部，首先制订“全部全票”的选举目标是十分错误的，动机错了，方法必然错。为了达到“全部全票”的目标，必然要采取操控选举的错误宣传和错误做法。再说，选票是对候选人的一种无声的评价，候选人能在道德上达到100%完美吗？在才干上能达到100%称职吗？在威信上能达到100%满意吗？假设有个别人能达到，那么多候选人多数能达到吗？完全不可能。平时没有100%考核的严指标高指标，在选举时大面积追求100%的选票，那是一种不真实的体现，那是弄虚作假的表现，那是追求虚荣的表现。第三，各个候选人的表现不同，业绩不同，各个代表对候选人的了解不同，判断不同，怎么能让代表投同样的票呢？怎么能使候选人获得同样的票呢？这种做法反映了有的党员领导干部一不相信候选人的群众威信，二不相信代表们的政治觉悟。所以为了保证“全部全票”的目标，就采取“用权保票”不正当、不正确、不合法的手段。

其二，按照领导意图选举等于剥夺了代表的选举权。我们平常说党员干部应该发扬民主，树立民主作风，养成民主的习惯。选举时，让代表根据个人意愿投票，是发扬民主的一种形式，也是代表行使民主权利的形式，操纵代表按领导意图选举，等于剥夺代表的民主权利，实际是利用代表的手，达到自己的目的，领导意图代替了个人意愿，民主变成了官主，这是一种偷梁换柱、欺骗群众、愚弄代表、欺世盗名的做法，真是太缺乏干部道德了，太缺乏党性意识了，太缺乏法制观念了，太缺乏是非标准了。

其三，错误认识“集中指导下的民主”一句中的“指导”二字的正确含义，将“指导”篡改成了“包办”。“指导”二字的含义是指示教导，指点引导。在选举中的指导，指导的内容是，如何搞好选举工作，如何保证代表的民主权利，如何执行好选举法，指导要讲代表可以投同意、反对、弃权等票，但只能在选举票上填一种意见等要求和建议，而不是误导、诱导代表具体对哪一个人投同意票，具体对哪一个人投反对票或弃权票。这样做就使“指导”变味了，变成了“包办”。指导和包办有何区别？举一个人们常见的例子吧，一个青年到恋爱之时，父母给他讲要找一个思想好，有工作，孝顺老人，知书达理的女青年，这叫“指导”；如果父母让儿子必须找具体的某一个女青年，而且想方设法让儿子与这位女青年成为伴侣，这就叫包办。指导使儿子选择心仪姑娘，包办使儿子捆绑成家，前者皆大欢喜，后者后患无穷，效果截然不同。

其四，胆大妄为，明知故犯，与《八项规定》背道而驰。在中央颁布和执行《八项规定》近四年的今天，竟然有的党员干部不顾中央“反腐倡廉”的精神，不顾中央对党员干部“忠诚、干净、担当”的要求，学规矩不按规矩办，学纪律不按纪律行，阳奉阴违、口是心非，说一套做一套，明一套暗一套。究其原因，一是有的干部是带病进入干部队伍的，任职后，没有治病，有病不治、病情有增无减，仍然带病工作；二是有的干部健康进入干部队伍，任职后染病不疗，病情随职而升，仍然带病工作。他们的病就是腐败之风之病，不正之风之病，歪门邪道之病。他们对歪风邪气十分喜欢，他们搞歪风邪气轻车熟路，还有“创新”。过去在选举中有的人搞的是“用钱拉票”，现在改头换面又以“用权保票”的新形式出现。要想让有病的人以健康人的状态出现是很困难的事情。小人冒充君子，仍是小人；狗尾续接貂尾，仍是狗尾。他们的做法歪曲了党的理论，破坏了选举办法，损害了党的形象。他们是属于理论上不成熟，政治上不成熟，行动上不成熟的糊涂人、迷路人、顽固人。他们属于在职搞腐败，搞歪风的人，如不改邪归正、弃旧图新，必将成为下台的不正之人、腐败分子。

在选举现场，有党委书记，有纪检书记，有组织部长，有上级领导，对于这种不正常的选举，采取的是无语、无疑、无批、心若无事、熟视无睹、置若罔闻、置之度外的态度。这种选举的异常情况，使我想起湖南衡阳贿选案，涉案人员达 523 人，四川南充贿选案，涉案人员达 477 人，辽宁省贿选案涉案人员达 454 人。针对湖南衡阳和四川南充贿选案，习近平总书记曾发出六问：这里的共产党员到哪里去了？市委市政府的领导到哪里去了？当地人大领导班子和领导到哪里去了？当地的纪委到哪里去了？这些人的党纪国法到哪里去了？这些人的良知到哪里去了？这六问问得切中要害，问得人民赞成，问得非常之好。人们对于在歪风邪气面前那么多党员干部犯错误，实在感到是一种可怕的现象，危险的现象。为什么会出现这种现象呢？

其一，失去了党性党纪。一个党员，一个党员干部失去了党性党规，失去了理想信念，就不可能按党员标准要求自己，就不可能按党员理想信念约束自己，他们的思想已脱离了党章党规的要求，他们在思想上已退出了党组织，他们只是组织上的党员，或外红里黑，或外红里白，或外红里灰。这样的党员在实践中就不可能像个党员，就不可能起到党员先锋模范的作用，这样的党员干部在实践中，就不可能像个党员干部，就不可能起到党员干部以身作则的作用。关键时刻，这些人“到哪里去了？”因为他们离开了党的正能量的队伍，他们到了负能量的队伍中去了，他们到了不正之风的队伍中去了，他们到了歪风邪气的队伍中去了，所以在正能量的队伍中就不可能找到他们了。

其二，官熊导致兵多熊。选举的表现，最能反映一个党员领导干部及一个单位的民主意识，民主作风，民主素质，民主水平。一个单位的民主素质，民主水平的高低，在很大程度上取决于这个单位的第一把手。如果第一把手民主意识强，民主素质高，这个单位的民主水平就高，民主状况就优；如果第一把手的民主意识弱，民主素质低，这个单位的民主水平就低，民主状况就劣。俗话说：“兵熊，熊一个，将熊，熊一窝”，熊将必然会带出众多熊兵。一个领导干部的一言一行，对于群众的一言一行往往起到左右、影响、支配的作用。凡在选举中出现大面积涉案卷入其中的，或者大面积对歪风邪气随波逐浪的现象，都是由所在单位的领导采取各种不正当手段导致的结果，所以官熊必然导致兵多熊的局面。

其三，没有原则随大流。现在存在这么一种不好的风气，工作中不崇尚“认真”，而是喜欢“马虎”，这与党的认真负责、坚持原则的光荣传统是格格不入的，这与时代精细精准、敢于担当的标准要求是背道而驰的。党员干部做任何事情必须坚持原则，这个原则就是党和国家的方针政策、法律法规、党章党规。比如在选举中就必须遵守选举法，必须保证代表选举的正当权利，必须排除一切干扰，必须克服各种选举的错误思想。党员干部应成为坚持原则的模范，且不可放弃原则随大流，随不正之风的大流，随负能量的大流。遇到不正之风、歪风邪气，应有识别能力，抵制能力，在歪风邪气的潮流面前应有“人浊我清”的思想，应有反潮流精神，坚定立场，理直气壮地按原则办事。如果党员干部丢掉原则随大流，忘记党性而任性，就必然会出现大面积涉案或大面积违纪的问题。

在全党开展“两学一做”学习教育不断深入的今天，有的领导干部理论脱离实际，党性脱离自己，玩弄政策，玩弄政治，玩弄群众，竟敢在严肃的党内选举中明目张胆地搞不正之风，将民主变成官主，将指导变成包办，扭曲党的民主集中制，破坏党的选举制度，污染党内政治生态，真是一种可悲可耻之事。“两学一做”是每个党员的事情，任何党员不能将自己视为特殊党员置身事外，一定要将自己身入其中，心入其中，都要思考在“两学一做”中怎么学？怎么做？学要真信、真学、真懂、真通、真用，让理论成为自己的行动指南，使自己的政治觉悟真正提高；干要真干、实干、严干、诚干、能干，用实际行动体现共产党员的先锋模范作用。真诚希望那些热衷于搞不正之风的个别党员干部能扪心自问：自己像不像个党员？像不像个党员干部？好好改造自己的思想，不忘入党初心，老老实实做个名副其实的共产党员，真正对得起自己当年的誓言，真正对得起党组织对自己的要求。且不可有点权就忘乎所以，不知天高地厚，忘记党性、任性妄为，或成为今天在职的腐败作风之官，或成为明天下台的腐败分子之官。记住初心方能纯净无邪，从严律己方能防腐保洁，从长计议方能防患未然。

不论是新的党员领导干部，还是老的党员领导干部；不论是有大权的党员领导干部，还是有小权的党员领导干部，都应该有“铁一般的信仰，铁一般的信念，铁一般的纪律，铁一般的担当”。坚持“四铁”精神，你就可以成为让党放心，让人民信任的过硬的党员领导干部。

2016 年 10 月 3 日

"他到哪里 哪里就忙"

——谈一谈忙与事业心的关系

某位干部因工作需要，由原来的工作岗位调到另一工作岗位就职，不久，就听到大家对他这样评价："他走到哪里，哪里就忙!"这句话引起了我的思考，短短几个字，反映出的是这个干部的事业心，是这个干部把工作当事业去做的态度。因为有了事业心，自己的心和事业连在一起，所以他才忙。

什么是事业心？事业心就是努力成就一番事业的奋斗精神和热爱工作、希望取得良好成绩的积极心理状态，是一种高尚的情操。那么，有事业心的人具有哪些思想特点呢？

心有事业。重在一个"有"字。一个心有事业的人，他们熟知自己工作岗位的内容、职责、标准和要求，他们的心里时时想着工作，处处留心工作，走到哪里，都能把所见所闻和自己的工作联系在一起，都能有所感，有所想，有所悟。他们对自己的工作念念不忘，将自己的工作当作自己的事业，将自己的岗位当作实现自己工作理想的平台，当作发挥自己聪明才智的舞台。

心谋事业。重在一个"谋"字。一个心谋事业的人，他们谋的是解决问题的办法，谋的是做好事情的方法。在面对问题时，他们善于调查，善于研究，善于发现问题，善于解决问题，能抓住主要矛盾，主要问题，比别人对问题看得清，看得准；在面对问题时，他们善于动脑筋，善于想办法，善于出主意，善于提建议，他们比别人办法多，办法优。他们干一行，爱一行，干一行，谋一行，谋出了思路，谋出了办法，谋出了效果，谋出了成绩。

心想事成。重在一个"成"字。一个人的事业能否成功，并不是心里想一下就可成功。心想必须与行动联系在一起，心里想着目标，行动围绕目标，思想指导行动，行动实现目标。正如古人所说“知者行之始，行者知之成。”意思是说，认识是行动的开始，行动是认识的完成。一个能够心想事成的人，他们的工作是顾及效果，顾及目标的。将自己每一天的工作都与自己的目标联系在一起，为了实现目标，他们不管遇到什么困难，都会像毛泽东所说那样“下定决心，不怕牺牲，排除万难，去争取胜利”，在他们身上，总是有着面对困难顽强拼搏的韧劲儿和千方百计达到成功的拼劲儿，他们对工作力争善始善终，尽善尽美，总想有一个良好的开端，总想有一个完美的结果。他们洒下汗水，追求收获果实，用自己的实际行动来争取目标的实现，争取工作的成功。

拥有事业心的人，他们的心与嘴的距离最近，想到的能马上说到，嘴与手的距离最近，说到的能马上做到。他们思想解放，求真务实，为了自己的事业，不怕风言风语，不怕讽刺挖苦，不怕嫉妒诽谤，敢想，敢说，敢做。他们思想上的三个特点，促使和保证他们在工作中有突出的表现，具体表现为以下三个方面：

他们不是等着事找人，而是主动人找事。人找事，是及时主动去找问题，就会找到很多问题，及时了解很多问题，事情就比较多，这种做法是在主动发掘工作；事找人，是懒惰消极等问题，事找人的事情与一个干部应该做的事情相比较，在数量上是很少的。干部坐在办公室等工作，是发现不了问题的，等事情找上门来需要解决时，有的问题已经是迫在眉睫或造成损失了，这种做法是在被动等待工作。大多时候，需要我们在工作中主动出击，寻找工作，发现问题，创新工作，解决问题。人找事，事情就会越做越多，问题就会越找越少；事找人则相反，问题越来越多，矛盾越积越深。所以，拥有一颗事业心的人，一定是一个主动找事做的人。

他们不满足于做事情，而是要把事做好。工作内容一样，但不同的人对工作有不同的标准。有的人工作马马虎虎，敷衍塞责，交差了事，满足于有事做，标准低，一般化；有的人却是要做就得做好，做不好就过不了自己这一关，这样的工作态度，体现的是高标准、严要求，对工作精益求精，好上加好，力求正确地做事，做正确的事。所以，拥有一颗事业心的人，一定是一个对工作要求很高的人。

他们不只是好一时，而是好一世。俗话说：“新官上任三把火”，说的是有的干部只是在提拔之时火一阵子，热一阵子，好一阵子，只求一时的好，只求好的开头，不管结果如何，不管结局如何，有好头无好尾。但拥有事业心的人，他们不是烧三把火，而是烧多把火，干一世，烧一世，永远有颗火热的心，有股火热的劲，他们对工作有热心，有热情，不知疲倦地工作，总有使不完的劲头，总有不自满的心态。他们的工作是有规划性的，而不是一时兴起的，他们的工作是从长计议的，而不是一紧二松三拉倒的，他们永远都把工作摆在第一位，不是满足一时好，而是追求一世好。所以，一个拥有事业心的人，一定是一个对工作持之以恒要求尽善尽美的人。

所谓忙，就是指事情多，不得空；急迫不停地，加紧地做。

“忙”字由“心”（竖心）与“亡”二字构成，由于对“忙”字组成结构的不同认识和不同对待，就产生了两种不同类型的“忙”。

第一类，属于“心死则忙”的人。有人认为，一个人心死了才会忙，这种观点十分错误，心死了能忙什么？什么也忙不出来。不是心死则忙，而是心乱则忙，工作中没有正确的思想指导，乱忙变成忙乱，瞎忙变成忙瞎，假忙变成忙假，工作无主次，眉毛胡子一把抓；做事无大小，抓住芝麻丢西瓜；行动无目标，方向不明决心大。这种人属于忙忙碌碌的事务主义者，忙来忙去不见效，忙来忙去无成绩。

第二类属于“用心拼命工作，用心忘我工作”的人。这一类人将竖心之心理解成“用心”，将“亡”字理解成“拼命工作，忘我工作”。这是有事业心的人对待“忙”字的认识和态度。这种人将自己的命运与事业联系在一起，将自己的前途与事业联系在一起，将自己的利益与事业联系在一起，将自己的人生与事业联系在一起；这种人将自己的知识贡献给事业，将自己的本领贡献给事业，将自己的精力贡献给事业，将自己的时间贡献给事业；这种人与事业息息相关，密不可分，联为一体，融为一体，合为一体。事业成了他们的职业伴侣，终生伴侣。

有事业心的人，工作有标准，有计划，有目标，忙于操心，体现了他们的责任；忙于专心，体现了他们的匠心；忙于精心，体现了他们的作风。他们在解决问题中，忙于求甚解——彻底解决，不留死角；忙于求正解——正确解决，不留话柄；忙于求真解——真正解决，不留隐患。他们的工作忙能忙到点子上，忙能忙得有章法，忙能忙得有成效。他们的忙来自于工作的责任，来自于做人的标准，来自于事业的理想，忙是他们责任的展示，标准的体现，理想的表露。

古人说“官不勤则事废”，“勤”与“事成”联系在一起，“懒”与“事废”联系在一起。要想成事、成才、成人，就得勤学、勤思、勤干、勤政。勤与忙是一对孪生兄弟，勤快的人必然是忙碌的人，忙碌的人必然是勤快的人。有事业心的人，他们心忙、耳忙、眼忙、嘴忙、手忙、脚忙——该想的要想到，该听的要听到，该看的要看到，该说的要说到，该动手的要动到，该走的地方要走到，这样进行工作，怎么能不忙呢？总而言之，忙是有事业心的人的特点特质，他们是真忙，会忙，善忙，他们的忙是正确的忙，科学的忙，有效的忙，他们的忙是自觉的忙，快乐的忙，幸福的忙，他们的忙是正能量的忙，有价值的忙，有理想的忙。

你要想在自己的本职工作中干出一番事业，你就早点、快点、实点忙起来吧！

2017 年 2 月 24 日

树立改革理念　提高改革能力

一、党的十八届三中全会关于改革的论述

讲到改革的课题，很有必要重温《中共中央关于全面深化改革若干重大问题的决定》中对改革的论述：

1. “改革开放是党在新的时代条件下带领全国各族人民进行的新的伟大革命，是当代中国最鲜明的特色。”

2. “改革开放是决定当代中国命运的关键抉择，是党和人民事业大踏步赶上时代的重要法宝。”

3. “实践发展永无止境，解放思想永无止境，改革开放永无止境。面对新形势新任务，全面建成小康社会，进而建成富强民主文明和谐的社会主义现代化国家、实现中华民族伟大复兴的中国梦，必须在新的历史起点上全面深化改革，不断增强中国特色社会主义道路自信、理论自信、制度自信。”

二、为什么要将改革进行到底

2017 年 7 月 17 日至 26 日，中央电视台综合频道连续播出了 10 集政论专题片《将改革进行到底》。一看到该片的题目自然就想起毛泽东同志 1948 年 12 月 30 日写的《将革命进行到底》一文，一片一文，前者说的是“改革”，后者说的是“革命”，两词只有一字之差，两者相隔 68 年，标题是何等的相似，主题又是何等的一致。这是为什么呢？

“历史从不等待一切犹豫者、观望者、懈怠者、软弱者。”错失历史机遇，就会错失掉发展的良机，就会错失掉一个时代。有人将《将改革进行到底》与那段壮阔的历史岁月相联系。1949 年新中国成立前夕，中国共产党取得三大战役的压倒性胜利，但是国民党当局仍在负隅顽抗，国际局势也在发生微妙变化，一时中国命运走到了十字路口。一个充满悬念的时代之

问，横亘在关心中国局势的人们心间。就在这时，以毛泽东为代表的中国共产党人，向全中国发出了“将革命进行到底”的号令，最终以摧枯拉朽之势，掀翻了国民党在大陆的反动统治，一个崭新的中国矗立在世界东方。

今天的中国与1949年中国的形势当然已经大不相同，但同样面临着一个艰难的抉择。39年波澜壮阔的改革开放，中国的社会变革广泛而深刻。我们只用30多年时间，就走过了西方发达国家上百年走过的路程，既会面临与其它社会转型类似的共性问题，也会产生属于自己的独特挑战，各种矛盾和问题往往比较集中地凸现出来。面对这样的形势，何去何从，同样是摆在中国人面前的时代课题。“容易的、皆大欢喜的改革已经完成了，好吃的肉都吃掉了，剩下的都是难啃的硬骨头”，全面深化改革触及深刻的利益调整，改革难度势必越来越大。但是，只有将改革进行到底，才能解决这些问题。

三、企业也需要将改革进行到底

国家面临将改革进行到底的问题，企业是国家的细胞，同样面临将改革进行到底的问题。难道企业改制后就完事大吉了吗？就不需要再改革了吗？答案是否定的！难道企业转制以后，就高枕无忧了吗？就不需要再改革了吗？答案又是否定的！无数事实也证明是这样的，比如有的企业改制后又陷入亏损的境地，有的企业转制后又进入破产的行列，有的行业改制后出现大面积亏损或破产。这样的企业满足于一次改革，一时改革，改后采取“一改了之”的态度，没有继续改革，坚持改革，没有改革到底的精神，企业也就难以坚持到底，难以持续发展。企业在改制或转制后，仍需要在人事、分配、政工、经营、管理、服务等方面进行“全面、深入、持久、有效”的改革工作。

改革是什么？改革就是要把事物中旧的不合理的部分改成新的，能适应客观情况的。企业要健康发展，顺利发展，常胜不衰，企业的干部党员就应该树立将改革进行到底的理念。为什么这样说呢？

1. 只有将改革进行到底，企业才能解决新问题。在企业发展的过程中，不可能一帆风顺，不可能平安无事，不可能一路坦途，总会出现这样或那样的新问题，出现问题并不可怕，可怕的是有了问题党员干部不想解决、不会解决、不敢解决。只有通过改革，党员干部才能破除影响和制约发展的旧思想、旧观念，树立大胆创新，敢闯敢试的进取意识，才能促使他们承认新问题，直面新问题，解决新问题。

2. 只有将改革进行到底，企业才能强盛不衰。企业在发展过程中，有时会遇到坚硬的矛盾，难解的问题，虽然次数不会太多，但一旦被这些矛盾和问题所阻挡，所压倒，企业也可能走向衰亡。在这些矛盾和问题面前，旧观念不行，老办法不灵，只有发扬改革创新的精神，只有坚持攻坚克难的精神，才能攻克矛盾，战胜困难。遇上一次攻克一次，遇上一次战胜一次，才能提高企业素质，使企业由弱变强，强盛不衰。

3. 只有将改革进行到底，企业才能可持续发展。企业要追求长远利益，战略利益，不断发展，持续发展，就必须具备将改革进行到底的精神，这个精神贵在“坚持”二字，因为坚持是一种信念，坚持是一种锤炼，坚持是一种精气神。习近平同志指出“只要坚持，梦想总是可以实现的。”人们常说，“坚持就是胜利。”改革应成为企业的伴侣，只有可持续改革，企业才能可持续发展。

四、企业干部需要树立哪些改革素质

1. 改革的理念。思想支配行动，在改革的素质方面，首先要有改革的理念，有了正确的改革理念，就会想改革，谋改革，学改革，干改革；有了正确的改革理念，就能明白改革的必要性、重要性、持久性，就能提高自己改革的自觉性、积极性、创造性，将改革当作自己的事情，自觉的事情，自理的事情。

2. 改革的知识。改革就要懂得改革的知识，没有改革的知识就不知道怎么改革，懂得改革的知识就能识别是真改还是假改，改实还是改名，改表还是改里，改标还是改本，有了改革的知识就为进行名副其实的改革创造了条件，领到了“执照”，就能使改革规范，使改革坚持正确的方向。

3. 改革的能力。有了改革知识，还必须具备改革的能力，能把改革的知识合理运用到改革的实践中去，懂得改革的方法步骤，懂得改革的正确方向，懂得改革的有效措施，善于解决改革中遇到的各种矛盾，各种问题，善于调动群众在改革中的积极性，正确处理改革力度与群众承受度的关系，善于从企业实际出发，既重视改革的共性要求，又突出改革的个性特色，这就是改革的能力的体现。

4. 魄力与胆量。要打破旧的不适时的东西，要打破束缚人们前进的东西，要打破习惯而不利的东西，肯定会有困难，有风险，有阻力。所以改革要有底气、勇气、志气，不能怕困难，不能怕风险，不能有失败思维，不能有无能思维，那样就会出现“出师未捷身先死”的问题。改革要有藐视困难，战胜困难，迎难而上，改革必胜，改革致胜的精神。如果前怕狼后怕虎，贪生怕“死”（这个“死”是指怕失去自己的名和利），没有行动就先考虑万一失败后怎么办，自己思想上考虑的困难多于实践中遇到困难的若干倍，结果就会出现自己被自己吓倒，自己被自己战败的可怜局面，所以，改革必须有魄力，有胆量。

5. 公心与正气。改革需要公心和正气，要为了大家的利益用正确的方法改革，在企业就要为职工的利益改革，不能有私心。有人认为改革就是改私，什么意思呢？其一是改成私有制，其二是为了个人私利，这些认识都是不正确的。同时公心还应体现在当改革触动个人利益时，要服从全局，不能因为个人利益而成了改革的反对派，绊脚石。如果在改革中私迷心窍，就会使改革进入死胡同，这样的改革会把自己改臭，把职工改穷，把企业改垮。

6. 毅力与恒心。改革不是一朝一夕的事，实践无止境，问题无止境，改革也是无止境的，在改革的过程中，要有坚持到底和不达目标绝不罢休的恒心和毅力，因为改革不是改一两件的事情，也不是改一两天的事情，而是长期的事情，在长期改革的过程中才能达到改革的目的，收到改革的效果，使企业强基固本，充满活力，永葆健康，持续发展。

在改革的年代，党员干部应具备改革的素质，既要有坚定不移的改革理念，又要有善于实战的改革能力。只有具备改革理念，才能使自己的能力与工作相称，做到职能相称，适应形势，跟上时代，胜任本职，或成先进，或成优秀；否则，没有具备改革素质，就会使自己的能力与工作不相称，导致职能相背，落后形势，落伍时代，难任本职，或失职，或淘汰。

五、需要克服的几种错误思想

1. 有文凭就会改革。文凭只是证明了学校所学的书本知识，而不能证明改革中的水平，只有文凭就想改革只能是一纸空谈，纸上谈兵，只会成为赵括式的改革者。所以文凭不能代表改革的水平，有文凭也要虚心学习改革知识，有文凭也要重视改革的实践，研究改革的实践，提高改革的实战能力。

2. 有资历就会改革。有工作的资历不等于有改革的能力，资历只证明了你以前的工作历史，而改革是需要与时俱进，适应新形势，跟上新常态。所以，只有资历是不够的，更重要的是要多学习，学习新的知识，新的能力。不学习只靠资历是解决不了问题的，不学习只能成为改革的门外汉，或者成为改革的“大老粗”。

3. 被动进行改革。改革是企业的内在需要，改革是自觉的事情，而不是被动强迫的事情。改革不能等上级布置了才改，不能等别人改完再改，不能等企业危机时而改。主动才能自动，主动才能见效，主动才能持久。要热衷改革，重改革，爱改革，想改革；要积极改革，锐意改革，大胆改革；要自觉改革，自觉敢想敢干，自觉真抓实干。

六、党员应做改革的促进者，实践者，先进者

1. 联系自己改。改革，一定要联系自己的思想。一要改理念，要改正错误的改革理念，改正过时的改革理念，树立正确的改革理念，树立创新的改革理念。二要改私心，克服搞改革怕风险的思想，不能怕改革给自己带来麻烦；克服怕改革触犯个人利益的思想，树立全局理念，坚守个人服从改革的精神，真正将改革当成职业，当成事业去完成，去奋斗，去实现。

2. 针对问题改。要善于把改革的知识，改革的能力，和自己的工作岗位相结合，运用到自己的实际工作中去，针对问题，联系实际，一改到底。改革不能空谈，不能只停留在口头上、会议上、书本上，而要和实践相结合，落实到行动上。何时改，怎样改，如何改到位，要选择好机遇，既不能条件不成熟盲目行动，也不能错过机会丧失改革良机。

3. 围绕目标改。改革总是有目标的，要达到什么目标，应做到心中有数，根据目标确定内容，大目标变成小目标，长目标变成短目标，理论目标变成具体目标，扎扎实实围绕这些目标改革。一步一个脚印，稳扎稳打，不要贪大求全，不要贪快求速，不要贪虚求名，不要贪私求利。

在《将改革进行到底》的政论片第一集《时代之问》中有这么一段解说词：“2014 年中央深改组确定的 80 个重点改革任务基本完成，各方面共出台 370 个改革方案；2015 年，中央深改组确定的 101 个重点改革任务基本完成，各方面共出台 416 个改革方案；2016 年，中央深改组确定的 97 个

重点改革任务基本完成，各方面共出台 419 个改革方案；2017 年上半年，中央深改组已审议 60 多个重点改革文件。”

以完整的年份说，从 2014 年到 2016 年三年之中出台 1204 个改革方案，平均一天要出大于一个的改革方案，可见党中央对深化改革是何等的重视，何等的抓紧，改革效率惊人，改革成绩惊人。我们经常说要树立四个意识，四个意识之一就是看齐意识，企业在改革中要向中央看齐，重视改革，抓紧改革，克服和防止懒改、慢改、假改、盲改的现象，坚持问题导向，抓住主要矛盾，只争朝夕，坚定不移，持之以恒，搞好企业的改革。

2017 年 8 月 18 日

收敛必犯旧病　改错才能归正

2017 年 1 月 6 日，在中国共产党第十八届中央纪律检查委员会第七次全体会议上习近平同志指出：“经过全党共同努力，党的各级组织管党治党主体责任明显增强，中央八项规定精神得到坚决落实，党的纪律建设全面加强，腐败蔓延势头得到有效遏制，反腐败斗争压倒性态势已经形成，不敢腐的目标初步实现，不能腐的制度日益完善，不想腐的堤坝正在构筑，党内政治生活呈现新的气象。”党心民心为之一振，党风政风为之一新。

十八大以来，我们常听到的一个词叫“打虎拍蝇”，腐败分子中有虎也有蝇，腐败行为因程度不同、性质不同，可分为：大腐、中腐、微腐。大腐违法犯罪、刑事处分；中腐违纪犯规、纪律处分；微腐违德犯禁、批评教育。不可否认的是，在反腐败斗争形成压倒性态势下，一些中贪中腐和小贪微腐现象却是屡禁不绝，特别是“小表示”“小便宜”以及“礼”尚往来、见“微”不怪等现象依然存在，积非成是的人情世故，法不责众的侥幸心态，小事化了的护短行为等，助长了“微腐败”滋生繁衍，披着人之常情的外衣，变着花样四处招摇，干着“外光鲜里肮脏”的勾当。

中央纪委党风政风监督室最新发布：2017 年以来，截止 7 月 31 日，全国查处违反中央八项规定精神问题共计 25106 起，处理人数达 35399 人，平均每月查处 3586 起，处理 5057 人！

数量之大、人员之多，不由得让人心生感慨：在零容忍、全覆盖、无死角的高压反腐的政策下，在“大老虎”“大苍蝇”纷纷落马的态势下，众多的“小蚊子”、“小跳蚤”竟敢顶风作案、粉墨登场，他们的腐败行为虽不是惊世骇俗、令人咋舌，但其有着面广、量多、难度大的特点，更让百姓深恶痛绝，心生厌恶，人人喊打！

现在这些受到党纪、政纪、法纪处理的是些什么人呢？

他们或是跑官买官、弄虚作假，混进干部队伍中的“伪劣干部”，或是当官只为自家利益，一心想捞油水得好处的“投机人员”；或是经不住灯红酒绿、陷入泥沼而不自拔的“变异分子”；或是尝了腐败的甜头，不想失去既得利益的“贪心小丑”。他们或大腐不够格，或大腐不敢做，就开始动中腐、微腐的脑筋。比如，有的人以前是胡吃胡喝也胡干，只要能够贪点财，大着胆子什么都干，现在是不吃不喝也不干，留着机会等着看，盼着回潮再胡干。又比如，有的人以前张狂的吃拿卡要不敢做了，取而代之的是拖着你、哄着你、瞒着你的懒作为、慢作为、不作为。还比如，有的人选拔干部，推荐不公开，投票不公开，搞暗箱操作，导致选拔干部很不公平，很不公正，但这些人还要冠冕堂皇说一些糊弄群众的骗人话；再比如有的地方搞差额选举，领导事先内定差额人员，剥夺代表选举的权利，扭曲差额选举的目的，破坏差额选举的工作。他们见机腐败、乘机腐败，花样翻新，别出心裁：或偷偷摸摸搞腐败，或掩耳盗铃搞腐败，或改头换面搞腐败，或阴阳怪气搞腐败，或狗尾续貂搞腐败，或掺假使杂搞腐败，或欺世盗名搞腐败，或投机取巧搞腐败，或欺上瞒下搞腐败，或人模狗样搞腐败，或运用网络搞腐败，或慢拖懒散搞腐败，或明廉实腐搞腐败，或唱着高调搞腐败，或见缝插针搞腐败，或精心包装搞腐败，或拉着大旗搞腐败……这些人搞腐败有“穿马甲”的方法，“狐狸精”的手段，“变色龙”的特点。

在高压反腐的情况下，为什么还有这么多腐败分子顶风违纪、肆意妄为、以身试法呢？

首先，他们反腐消极、阳奉阴违。他们在思想上不是认真对待反腐倡廉，而是把糊涂当差作常态，不是讲求实事求是，而是追求捣鬼作假，正经事没他，搞腐败第一，工作没本事，歪风样样通。没出事时，盼着打虎棒、苍蝇拍落不到自己头上；别人出事时，觉得自己藏得好，装得妙，领导看不见，群众说不着，纪律管不了；没有彻底暴露出来之前，还幻想着能神不知鬼不觉，捞一把是一把，贪一点算一点。

其次，他们心存幻想，腐心不死。他们觉得自己还没有被审查，就是安全的，可以在边缘地带活动，见风使舵、随波逐流，期待着有朝一日，形势一变，土壤一有，机会一冒，只打虎不拍蝇，只抓大不管小，没有人再盯着他们，没有人再监管他们，没有人再举报他们，他们的野心自然就冒出来了，他们的尾巴自然就露出来了，他们的胃口自然就大起来了。总之，他们或是来路不正、行路必邪，或是思想蜕变、初心已丢，或是灵魂熏黑、脸皮很厚，根本原因是不学“马列”学“厚黑”，轻视公利重私利。他们心有腐心，让他们不腐是很难的，用一句俗话叫“狗改不了吃屎。”因为他们的三观已被腐蚀。在他们心目中，认为世界是腐败的世界，人们是腐败的人们，搞腐败属于人之常情、自然之事、正常之事。他们的世界观是腐败的世界观，人生观是腐败的人生观，价值观是腐败的价值观。

在反腐的高压态势下，有腐败思想和行为的人就出现了三种情况；一、彻底改正，属于全觉悟者。知道自己以前的行为是错误的，知道后果是严重的，及时地向组织坦白问题，坚决改正，重新归入好干部的队伍；二、半改半留，属于半觉悟者。碍于形势，就表面的问题、众人知晓的问题、无伤大雅的问题进行整改，对触及切身利益的，能掩着不交待的严重问题三缄其口，给自己留了一块“世外桃园”；三、表改里留，属于假觉悟者。表面上看认真整改，积极主动，其实内心打着自己的“小九九”，口号喊得震天响，却是干打雷不下雨，只做保证不实施，用轰轰烈烈的口头“改”掩盖不为人知的实际“留”。

除了彻底改正的第一种情况，半改半留、表改里留都只能说是腐败思想和腐败行为有所收敛，他们的特点是不离不弃不死心，不改不变不廉洁。在《现代汉语词典》中，收敛的意思是减轻放纵的程度，由此我们要清醒地认识到：收敛不是改正，只是伪装；收敛不是正道，仍是邪路；收敛不会进步，只会伺机反扑；收敛不是好事，包藏更多祸心。在他们这里，什么时间、什么地点、什么事情腐败是偶然的，但不遗余力搞腐败是必然的。在他们心里，收敛是被动的假收，不是主动的真收；收敛是策略的改变，不是本质的改变；收敛是改头换面的假改，不是脱胎换骨的真改；收敛是假心应付的虚改，不是真诚对待的实改；收敛只是停留在口头上的“言”改，不是见诸于实践上的“行”改。

我们要清醒地看到，这些人明知有错仍不悔改，还要在错误的道路上留连忘返的原因，不是他们神智不清，不知道对错；不是他们脑子不够，不知道方法；不是他们身体不便，不知道行动！原因只有一个：他们热爱腐败！对于腐败，他们的态度是欣赏、留恋、渴望、追求，不舍，不达目的誓不罢休，不到黄河绝不死心，不见棺材绝不掉泪！在腐败分子那里，改错是不可能的，不是能力问题，而是意愿问题，不是改不了，而是不想改，不是真心改，而是假意改，不是改到自己好，而是改给别人看。现在囿于党纪国法，碍于规章制度，他们只能暂时压制内心的渴望，被迫放弃到口的肥肉。但他们因为灵魂污染、思想变质、作风异化，根未变枝难改，什么树开什么花已经是注定了。我们绝不能为他们的“有所收敛”而庆幸，也绝不能被他们的“有所收敛”所蒙蔽，更不能被他们的“有所收敛”所欺骗。

那么，这些“苍蝇”“蚊子”“跳蚤”就无药可救了吗？不是的！

从他们自身改正的情况来看，这些有腐败思想和腐败行为的人要想真的改正，重归入队，就要真改、真变、真纠，下决心与过去的不干不净斩断，与曾经的偷鸡摸狗断绝，与以往的吃拿卡要永别。就要遵循改错的四个过程：崇正——崇尚正道，喜正——喜爱正道，纠正——纠错为正，归正——回归正道。就要对错误有正确的认识，要对改错有必胜的决心，要在改错中有积极的行动，要在行动中得到大家的认可，要正确对待监督，主动接受监督，习惯在监督下开展工作，督促自己不再重蹈覆辙。

群力之所举，则无往不胜；众智之所为，则无事不成。群众路线是我们党的生命线和根本工作路线，也是我们党取得革命、建设和改革一个又一个伟大胜利的根本保证。基层“微腐败”易潜水、易隐蔽、易变异，“微腐败”与基层群众联系更直接、更紧密，痛在哪里，群众最有感触；藏在何处，群众最有发言权；只有相信群众、依靠群众，发动群众来纠治，才能最早发现苗头，最快消除隐患，最好达到效果。反对腐败也需要打一场“人民战争”，群起而攻之，人人成为反腐的“探头”，个个成为治腐的“纠察”，让腐败分子淹没在人民战争的汪洋大海之中，使他们无立足之地，无藏身之处，无存在之壤。

从上级监管的角度来看，“扫楼梯效应”告诉我们：只有从上往下扫，才能扫得干净。唯有自己干净过硬，一身正气，才能形成好风尚，如同“兵熊，熊一个，将熊，熊一窝”一样，“兵腐，腐一个，将腐，腐一窝”，要做到以上率下，起好标杆作用。党委要强化主体责任，眼睛向下、重心下沉，常讲常议、常抓常纠，形成坚决反对“中腐败”、纠治“微腐败”的鲜明导向。纪委要对发现的问题不手软、不纵容、不漠视，违规必究、动辄则咎，切实把监督的利器、执纪的戒尺、问责的板子举起来、落下去。党委纪委都要立场坚定，旗帜鲜明，决不能在腐败面前缺少斗争精神、奉行好人主义，当老好人，做腐败分子和腐败行为的“保护伞”和“黑后台”。

蚁穴虽小溃大堤，蝗虫多了吞沃野。“中腐败”，“微腐败”和不正之风具有反复性顽固性，绝非突击式、运动式的暴风骤雨能除根起底，必须严纲纪、强监督、立制度，时时抓、事事抓、处处抓，咬定青山、久久为功，确保疏而不漏、露头即打，才能在神州大地上荡涤起激浊扬清的净化之风，刹住曾被认为难以刹住的歪风邪气，攻克曾被认为司空见惯的顽瘴痼疾。

作为党员干部要头脑清醒，既要看到反腐工作取得的重大成绩，又要看到任重道远的反腐任务，决不能沾沾自喜、盲目乐观，掉以轻心，自我陶醉。正风反腐难在坚持，成在坚持，只有长期坚持，永远在路上，落实落细，才能把腐败问题减少到最低程度，最少人数。最少次数；才能使廉政作风内化为信念，外化为习惯，固化为制度。

2017 年 8 月 26 日

政工人员要树立正确的政治理念

不信、不学、不爱、不行、不讲政治，将失去政工的定力、能力、动力、引力、威力。那么，怎样才能搞好思想政治工作？

只有相信政治，才能对政工产生定力，树立坚定的信念；
只有学习政治，才能为政工储存能力，具备称职的素质；
只有热爱政治，才能使政工形成动力，激发执着的热情；
只有践行政治，才能给政工增加引力，拥有示范的作用；
只有讲好政治，才能让政工发挥威力，达到预想的效果。

2015 年 12 月 15 日

坚持群众路线十要

时刻牢记群众观点——职工是企业的主人；
处处坚持群众路线——一切为了职工利益；
提高群众工作能力——善于解决职工问题；
及时了解群众思想——持之以恒调查研究；
摆正群众利益位置——职工利益放在首位；
事关多数群众问题——千方百计尽快解决；
正确处理干群关系——既善民主又善集中；
尽力发挥群众智慧——虚心学习认真求教；
自觉接受群众监督——有则改之无则加勉；
追求群众满意结果——争取受到职工好评。

2015 年 1 月 23 日

第三部分

如何看待这些服务问题

经营统筹线上线下 服务力戒忽上忽下

我们解放百货大楼创建于 1955 年 5 月 1 日，六十多年来，我们的企业从计划经济到市场经济，从国有企业到股份企业，从自我发展到对外兼并，经历了风云变幻的考验，经历了市场经济的考验，经历了改制转制的考验。战胜一个又一个的困难，排除一个又一个的风险，胜利地走过来了。我们始终坚持“服务第一，顾客至上”的经营理念，曾先后荣获“全国职业道德建设先进单位”“全国商业服务业顾客满意企业”，多次获得国家、省、市级文明和谐单位和各种诚信荣誉称号等，现在仍然在发展的道路上。

面对日新月异的市场发展，在互联网时代的新常态下，无论是线上还是线下，无论你是采取“+互联网”的形式还是“互联网+”的形式，零售行业都在摸索着如何打造自己的新零售模式。作为一个老字号企业，我们不能脱离这个时代，应该保持清醒的头脑，正确的理念，适应形势，与时俱进，搞好经营工作，搞好服务工作，赢得市场的认可，赢得顾客的青睐。在这方面我们始终坚持两点：

第一，经营统筹线上线下

全方位思考——我们企业的经营面积不是最大的，地理位置也不是最优的，但我们的经营思维是全方位的，在时间上，我们做到既总结过去，又把握现在，还规划未来；在工作上，我们做到既抓商品，又抓服务，还抓管理；在管理上，我们做到既管物，又管财，还管人；在环节上，我们做到既抓进货，又抓销售，还抓库存；在服务对象上，我们做到既照顾老顾客，又迎合新顾客，还创造回头客；在环境上，我们做到既思考顺境，又思考难境，还思考逆境；在营销方式上，我们做到既继承传统方式，又优化现有方式，还创造新的方式；在竞争上，我们做到既要考虑战斗，又要考虑战术，还要考虑战略……思路决定出路，思维决定成败，面对复杂的竞争市场，只有全方位思考，多角度经营，才能顺应市场，立足长远。我们不否认网络购物的优势，但我们更要自信实体店天然的长处、可挖的潜力、持续的生命。只要我们扬我所长，避其锋芒，发挥威力，从容应对，就能实现理想的经济效益。

全渠道进货——经营过程中，企业进货的片面性和顾客购物的全面性是一对永恒存在的对立统一体，想要把这一矛盾最小化，我们就要在进货上下功夫。如今，顾客认为只有自己想不到的商品，没有自己买不到的商品，针对顾客消费需求的扩大，我们的进货渠道也要不断扩大，像以前那种仅局限在本市某一处的进货理念将越来越不适应顾客的需求，取而代之的应该是线上线下、市外、省外、国外的全渠道进货方式，这样不仅能更好地满足顾客的购物需求，同时也为我们开辟出更周详的参考空间，更全面的对比空间和更宽阔的进货空间。在新零售模式下，面对着网络购物呈现出的更流行、更时尚、更多样、更便宜的态势，只有全渠道进货，才能进到顾客需要的商品，才能迎合顾客购物全面性的需求。

全顾客需求——市场在变，顾客的需求也在变，在网络信息如此发达的今天，顾客的眼界比原来宽得多，对商品的选择种类也宽得多，由原来的多人喜欢一种商品，发展到一人喜欢一种，再到如今的一人喜欢多种，过去顾客的需求主要是对商品价格和功能的需求，追求性价比、实用性等等，然而，现在顾客除了对商品本身有了更高的要求外，对商品的种类和服务的需求也在不断增加。在践行经济学中的“二八定律”时，我们既要考虑“二”，又要考虑“八”，既要考虑多数顾客的需求，又要考虑少数顾客的需求；既要考虑普通顾客的需求，又要考虑特殊顾客的需求；既要考虑传统顾客的需求，又要考虑时尚顾客的需求；既要考虑低收入顾客的需求，又要考虑高收入顾客的需求；既要考虑农村顾客的需求，又要考虑城市顾客的需求等。总之，我们要围绕顾客需求去搞经营、抓服务、创效益，将顾客个性化、时尚化、多样化的特点全盘考虑，才能真正实现全顾客需求的服务理念。

第二，服务力戒忽上忽下

在消费需求、营销方式、经营业态不断变化的市场竞争中，有些人认为“现在是不见面交易和无现金结算的大趋势，服务不那么重要了。”这是一种十分错误的观点，无论市场形势怎样变，交易手段怎样变，结算方式怎样变，还是要同顾客打交道的，还是离不开服务的。所以，优质的服务宗旨不能变，坚持优质服务要有定力，在这方面我们始终坚持正确处理好三个关系：

企业和顾客的关系。企业无论何时，一定要把顾客摆在第一的位置上，这个位置是永远不能动摇的，不能滑坡的，不能扭曲的，只有这样才能保证经营方向的正确性，经营道路的正确性和经营理念的正确性。我们要把“顾客是上帝”的理念刻印在脑海里，落实到生意上，紧紧围绕顾客需求去想问题，办事情，谋发展，紧紧盯住一切从顾客利益出发这一目标不放松，因为顾客是我们赖以生存的可靠资源，有了顾客才能拥有一切，才能创造一切，没有顾客就没有企业，所以想要发展企业，就必须摆正企业与顾客的位置，最大限度满足顾客要求，获得顾客青睐，才是企业长足发展的根基。

经营和服务的关系。没有服务的经营是枯燥的，是低级的，是简单的，是跟不上时代潮流的，现如今的服务种类多种多样，有知识服务，情感服务，智慧服务，体验服务，引领服务等。服务是服务行业永恒的主题，我们只有靠优质的服务，才能使经营更上一个台阶。以前有句俗语叫“富在深山有远亲，穷在闹市无人理”，套用这句话，我们的企业应该是，“兴旺时优远客来，疲软时优近客多”。得客心者得生意，得客心者得效益。经营和服务犹如一车之两轮，缺一不可，好的经营需要好的服务，好的服务促进好的经营，两者相辅相成。货源决定价格，服务吸引顾客，没有合理的价格，难以吸引顾客；同样，没有优质的服务，更难以吸引顾客。一个企业如果因服务不良而丢失顾客，失去顾客信任，企业就会陷入困境，所以，只有把经营和服务二者搞好，才能赢得更多的顾客，才能保证企业可持续发展。

服务和效益的关系。在市场经济已经成为服务经济的条件下，服务显得尤为重要，服务好效益才能好。作为服务行业的服务人员，尤其需要树立适应服务经济的服务思想，学习适应服务经济的服务知识，掌握服务经济需要的服务本领。我们要经常研究服务动态，总结经验教训，坚持问题导向，改进服务工作，创新服务内容，提高服务水平。服务优则创效益，服务劣则失效益，只有在服务上下功夫，才能创造理想的经济效益。我们在重视效益的时候，要先重视服务，顾客买到的是商品，收获的是服务，体验的是亲情，良好的服务能使顾客在购物的同时体会到超值的享受，从而留住顾客的脚步，拥有更多的顾客，保证企业的发展。要想创造理想的效益，就必须首先创造使顾客满意的服务。

我们解放百货大楼是一家承载着几代人回忆的老字号企业，靠得就是诚信、质量和服务，吸引很多忠实老顾客舍近求远专程来我们这里购物。如今，我们要适应零售新常态，搞好经营，搞好服务，用诚挚的服务感动顾客，用到位的服务满足顾客，用新颖的服务吸引顾客，吸引越来越多的回头客，真正让顾客在解放百货大楼体会到“实体店，实心、实意、实情、实价、购物踏实；老商店，人亲、物亲、事亲、理亲，客至如亲”。

2017 年 4 月 24 日

顾客越是信任　服务越要满意

2015 年 5 月 1 日，太原市解放百货大楼有限公司迎来了六十华诞，为了回馈顾客，公司精心策划了店庆促销活动，短短的三天，全体“解百”职工真切地感受到了“顾客盈门、车水马龙”的热闹场景。这三天里，公司出现了开门前排队，款台前排队，发奖台前排队的情况，有的柜组销售同比增长了五倍，比过年时人多，比明星促销时人多，大楼每天的客流在五万人以上，发放礼品近万份，每日销售 120 多万元。这三天里，很多职工感叹“从来没有接待过这么多顾客、从来没有一天卖过这么多货、从来没有见过每个款台都排着长队，从来没有觉得去卫生间都是一个难事!”有的顾客看到熙熙攘攘、人山人海的景象，不由得感叹：“解放大楼从哪里弄来这么多人呀？这都赶上小长假出去旅游了。”有个职工回到家，看到外地商场的朋友老杨发来的五一促销照片，偌大的商场只有寥寥无几的顾客，她就将自己商场火爆场面的照片发给了老杨，并且送给老杨一句：“吓死你，老杨”，老杨很快回了的信息是，惊讶的表情和一句“太吓人了”。有的顾客没有领到印着大楼店庆字样的购物袋，遗憾地对工作人员说“我就想领个购物袋，因为那上面有大楼六十年的店庆内容，是有历史意义的礼物，我想留着当个纪念。”

这次成功的店庆促销活动，检验了我们的经营管理水平，检验了我们在消费者心中的信任度，检验了我们思想政治工作的效果。是什么原因让大楼的销售如此火爆？是什么原因让顾客蜂拥而来？是什么魅力让老店人气高涨？是什么秘诀让企业越来越强？我们的答案是：这是长期不懈注重诚信教育的结果，这是持之以恒坚持诚信经营的结果，这是职工团结一心共同努力的结果。

在老顾客的信任下，在新顾客的关注中，我们应当做些什么，应当怎样去做才能对得起那些沉甸甸的信任、热忱忱的期待呢？唯有努力努力再努力，诚信诚信再诚信，提高提高再提高！

当前形势下，实体店正在经受网络的冲击，在面对着网络购物呈现出的更流行、更时尚、更多样、更便宜的态势，我们要做好应战的准备，扬长避短，主动适应服务新常态，提高服务技能、丰富服务知识、提升服务水平，创新服务思路，发掘服务亮点，适应服务形势，创高服务业绩，在服务上精益求精，让服务赢得更多的回头客。

一、树立先进理念，拓宽服务思想

我们认识到：服务是未来经济效益的增长点，具有潜在性、社会性和素质性，服务产品的开拓是几何倍增，同样的商品，相似的价格，服务就成了致胜的关键。要树立超前的、细致的、精准的服务思想，不仅要在硬件上下功夫，在商品上做文章，与线上商品敢比价格、敢比质量，还要在服务上有创新，在思想上有提高，与线下商店敢比服务、敢比方便。

因此，我们要教育职工树立“服务好顾客是天职”的理念，服务对于服务行业的职工而言是天职，天职是天经地义的职责，天职是天天履行的职责，职工将服务当天职，就会有爱岗敬业，尽心尽责，认真负责的精神，就会围绕顾客这个中心，时时刻刻替顾客着想，以顾客满意为最高标准，就会想方设法地帮顾客、全心全意地为顾客，把顾客当作自己的家人和朋友；我们要将服务放在首要位置，力求使服务具有凝聚力、吸引力和竞争力，提高服务水平，强化周全性、设法感动人，拓宽服务领域，提升服务质量。

二、秉承诚信服务，继承发扬创新

诚信是企业的立店之本，建店60年来，我们不断地在诚信经营的理念上创新、深化，从50年代响应“人人为我、我为人人”的口号，要求职工“老老实实、认认真真为顾客服务”逐渐发展为如今有规模、系统化的诚信体系，诚信作为一种积淀已经融入于企业的血液中，贯穿于经营活动的每个细节中，正风正气，细细流淌。尤其是从2003年公司推出了“说诚信话、办诚信事、做诚信人”起，我们在诚信上下功夫，一年一个新命题，一年一个新思路，一年一个新台阶，在企业长期的诚信教育下，在不断的诚信实践中，诚信不仅成为了“解百”人的经营理念，并且内化成为了职工的工作、生活习惯，成了每一位“解百”人的做人做事准则。

在如此厚重的企业诚信文化的传承下，我们更要在服务顾客的每一个细节中体现诚信，时刻从“细”处入手，从“小”处着眼，善于处理好细小之事，善于关注到细微之点，善于把握好细节之处，关怀备至，体贴入微，温暖感动顾客；用心发现服务中的小暇疵，想方设法进行改进改善，用心体会顾客的感受，避免过火、过热服务带来的尴尬，做到：招呼诚——真心诚意和顾客打招呼，欢迎顾客到店；介绍诚——对商品介绍要实事求是，不夸大、不隐瞒；推荐诚——向顾客推荐商品要适合，不推违心货、不说违心话；质量诚——对商品质量了如指掌，不说模糊话、不说过头话；承诺诚——承诺必然践诺，做到言出必行，一言九鼎；退换诚——符合退换条件的快速退换、不符合退换条件的，向顾客倾斜；联系诚——对有需要的顾客，要留有联系方式，货到通知，新款通知，调价通知，活动通知，与顾客保持紧密联系。

三、发挥自身优势，展示实体能量

有的人说：网络的力量太强大，网购几乎渗透了大中城市的每个家庭，实体店的优势不再，不仅要面对同行的竞争，还要应对网络的冲击，只怕会越来越难了。这是一种消极悲观的看法，我们不否认网络购物的力量，但我们要正视现实，网络作为一种新型的购物方式，确实力量非凡，貌似铺天盖地，渗透一切，但不可代替一切、推翻一切，“当面售卖”作为长达几千年的售卖形式，仍然有着不可比拟的优势，我们要避其锋芒，扬我所长，知己知彼，发挥优势，冷静分析、从容应对，将实体店的优势发挥到淋漓尽致。

零售店就是实体店，实体店的优势有八条：能体验——商品能体验，服务能体验，全面感知商品，切实得到服务；有实感——相互有交流，客店有感情，杜绝虚拟，摒弃虚假；多方便——购物很方便，退换很方便，免去邮递辛苦，免除退换损失；有享受——购物能享受，消遣能享受，享受营业员的服务，体验购物的乐趣；活广告——人人是广告，天天做广告，消费者的口口相传就是最好的广告；有信誉——质量有保证，服务有保证，避免了商品良莠不齐、避免了服务真假难辨；高灵敏——信息掌握快，应对决策快，及时掌握一手资料，及时做出正确反应；有引力——顾客群体稳，回头顾客多，见面三分情，老店老感情。实体店拥有这么多的优势，作为零售企业职工更应该充满自信，充满希望，充满干劲地迎接属于零售店的春天。

四、倡导体验感动，做到体验周全

体验是触发情感的捷径，实体店的优势在体验，生存在体验，发展在体验。在新的竞争形势下，我们要结合实体店的体验优势更好地服务消费者，以“绝不得罪一个顾客，争取感动每位顾客”为目标，鼓励顾客在店内进行消费体验，在体验过程中，用真情温暖顾客，用诚信赢得顾客，用感动留住顾客，用满意报答顾客。我们要把顾客购物做成享受之旅、体验之旅。努力为顾客提供最贴心的、最适宜的、最舒畅的购物体验。我们提倡“体验感动”，让顾客在消费过程中体验，在体验过程中得到感动，从感动中得到消费的满足。

我们要让职工做到“六要”：在立场上要急顾客所急，想顾客所想，帮顾客所需；在感情上要将顾客视为亲戚朋友，当做一家人；在态度上要尊重、理解、关爱、和蔼、文明、热情；在程序上要招呼——沟通——购物——交款——道别，样样不少；在时间上要百挑不厌、不急不催、百问不烦、耐心解答；在行为上要举止文明、语言文明、称呼文明、动作文明。

让顾客在体验中有六方面的感受：视觉——一切顺眼，印象良好；感觉——宾至如归，温馨舒适；印象——文明得体，一路畅通；认知——尽快信任，放心购物；关系——顿时拉近，一见如故；思维——趋同一致，想到一起。要在体验中，与顾客产生共鸣，打动顾客，吸引顾客，多多形成感性消费。企业职工要多在顾客体验上下功夫，力求在顾客体验上高人一等，超人一步，通过体验提高竞争力。

五、服务不断增值，服务精益求精

营业员在服务中，既要卖商品，又要卖服务，还要卖文化。卖商品是本职，卖服务是附值，卖文化是增值。要千方百计、想方设法给予顾客最多的方便，最贴心的关怀，享受更好的服务。我们要重视服务工作中的便民措施，既要继承传统的管用的老便民措施，又要创造出适应社会发展的、适应顾客需要的新便民措施。我们要打造一流的职工队伍，坚持做到“五要”：处理违纪要及时，退还商品要快速，顶撞顾客要辞退，解决问题要彻底，感动顾客要奖励。

服务是销售的生命，服务是竞争的利器，服务是营业员的必修课，服务是管理的永恒主题，在服务工作中，我们要有“尊重顾客”的一颗诚心，要有“顾客总对”的一颗宽心，要有“服务个性”的一颗细心，要有“客乐我乐”的一颗同心，要努力学习、用心服务、不断总结、不断进步、不断创新、不断提高，把服务工作做到最好。在思想上，把顾客当长辈。我们常说“顾客是我们的衣食父母”，既然是衣食“父母”，我们就要以对待长辈的心态来对待顾客，以对待长辈的态度来对待顾客，以对待长辈的礼节对待顾客；在感情上，把顾客当知己。高山流水遇知音，顾客对我们如此的信赖、如此的信任，我们没有任何理由辜负，只有将满腔的感谢化为体贴顾客、关心顾客，对顾客恭敬有加，才是最好的报答顾客。

在新的服务常态下，我们要不断推陈出新，不断创新突破，用诚挚的服务感动顾客，用到位的服务满足顾客，用新颖的服务吸引顾客，吸引越来越多的回头客。

2015 年 6 月 7 日

要力求规范化服务

规范化服务，又称标准化服务，简而言之，就是要求从事服务工作的人员，必须在规定的时间内按标准进行服务。规范服务是服务的经验，是服务经验的升华，是服务实践的指南。只有坚持规范化服务，才能做到正确地服务，服务得正确，避免重复犯一些低级的、简单的、可笑的错误。下面这个例子就是售货员犯的不该犯的服务错误：

两位家住晋源区某村的农民顾客，乘车 35 公里来我店购买两条裤子，本想高高兴兴回家穿，没想到回家一试才发现两家买得都是两条裤腿不一样长的裤子，她俩想“怎么我们买的两条裤子裤腿都是一长一短？难道这是一种时尚裤子吗？不过再时尚也不适合五六十岁的农村妇女穿吧！”没办法，顾客只能辗转而来再更换，给自己带来了不必要的麻烦。据进货人员说，她做服装生意 29 年，从来没有遇到过裤腿长短不一的质量问题，这次实属例外，实属特别，而且这两条裤子还恰恰都在同一天卖给了同一村庄的两个农民，真是太巧了！但不管怎样，对顾客而言都是一次不开心、不满意的购物经历，虽然经过经销商的积极处理和真诚道歉，为这两位顾客赠送了小礼品，最大限度的弥补了对顾客造成的损失。但这件事反映的是服务不规范的问题，服务不规范，必然出现忽视服务中的细节问题，值得我们认真思考和分析。

售前检查不容忽视

为什么会出现这样的问题呢？原因就在于没有将细节服务贯穿其中。作为顾客，是因为信任我们，才会专程来这里购物，才会放心的把商品拿回家而没有再进行仔细的核对。作为经销人员，首先应该在商品上柜销售前，做好相关的商品检查、核对等工作，将残次商品及时检查出来，避免销售给顾客，如果这位经销商能在销售前将商品进行认真仔细的检查，及时发现这两条参差不齐的裤子，也就没有后来的麻烦了。我们只有将服务细节提前到售前，才能在售中和售后给顾客带来更多的方便。作为经销商，在售前服务环节，有些工作是必须去做的，比如号牌核对、颜色分类、熨烫整理、线头修剪、纽扣查漏、袖口、裤腿对比等，都是必须去做的售前工作环节，不能因为从事销售工作时间长了，或者和哪个供货厂家合作久了，就麻痹大意，对其商品不再一一进行仔细的检查、核对，也许错误就发生在一次微不足道的小举动上，所以，完善的、标准的售前细节服务，要从点滴做起，从细节做起，从认真检查每一件商品做起，这样才能为优质的服务打下基础，做好保障。

售中细节完善到位

作为服务行业的工作人员，我们每天都在讲“服务无止境”“金钱有限、服务无限”等理念，细想起来，所有这些“无限”其实都体现在一些细节上，而在销售过程中，我们把顾客所想做到极致，做到最细最小的方方面面，也正是售中细节服务的魅力所在。像我们上面这个案例，如果为这两位顾客服务的营业员，能够在销售过程中仔细查看商品的细节，在为其打包前将裤子进行认真的整理、叠放，是不难看出裤腿存在长短不一的现象的，就是因为营业员的一时大意，才使顾客多跑了趟冤枉路，也为企业的形象蒙上了一层阴影。举一反三，在销售过程中将残次商品无意卖给顾客的事例还是时有发生的，如扣子脱落、面料瑕疵、两只鞋大小不一甚至一顺鞋，这些事情都是工作中发生过的现象，这些现象就是我们细节服务中不容轻视的服务弊端，所以，在售中服务的细节上，营业员要具备务实精神，实实在在的为顾客检查好每一件准备售出的商品，不能因为顾客决定要买就急于求成，不能因为顾客不检查商品就马虎行事，不能把顾客的信任当成工作疏漏的借口。

售后服务保证善终

细节服务须全程关注。服务没有句号，细节体现在服务的整个过程之中，包括售后的细节服务。在我们的服务当中，存在着“人一走茶就凉”的现象，营业员认为只要将商品卖出去就万事大吉，而对商品售出后顾客是否满意却是漠不关心，这是必须克服的问题。我们要对顾客售后负责，首先，应建立顾客信息簿，及时询问顾客对所购商品的满意度，及时将因商品质量问题而再次返回的顾客问题解决好，给他们一个满意的答复。其次，应对由于我们的疏忽而给顾客带来的损失表示抱歉，这样的态度或许会给顾客的心灵一些安慰。再次，应建立顾客售后基金，这是完善售后服务环节的有效措施，能在顾客因为商品不满意前来退换货时，在解决好商品退换问题后给予顾客额外的一些补偿，比如说为他们赠送一份小礼品、为他们报销一次路费或者为他们办一张购物优惠卡，这样会最大限度的化解顾客因为商品不满意而带来的负面情绪，使顾客被我们真诚的、亲切的、及时的道歉行为所感动。

有标准，才有责任，有责任，才能执行到位。服务工作，应有服务工作的标准，而且这个标准要精，要细，要不断总结，不断创新，使标准更细，更全，更严。规范化服务又可分为规定动作和自选动作两方面，所谓规定动作，就是我们在每一次服务工作中都必须重复去做的标准动作，比如售前必须做哪几项工作？售中必须做哪几项工作？售后必须做哪几项工作？对于一些特殊问题，必须做哪些工作？这些都是规范服务中必须做的规定动作，只要将这些规定的标准动作做好，服务就不会出大问题。而自选动作，就是假如在服务工作中遇到了新的问题，我们要灵活掌握，及时补充的动作，是对规范动作的补充和完善。我们只有把规定动作和自选动作都做好，做到位，才能及时处理好每个服务细节问题，才能使服务工作日益完善，才能让我们的服务之路日臻完美，越走越好。

规范化服务是精细化管理的内容之一。作为服务行业的管理人员，在力求精细化管理的过程中，要下功夫做好规范化服务的工作，使服务工作更加标准化！

2014 年 9 月 10 日

只有新　才能行

——参加第十六届亚太零售商大会之感

2013 年 9 月 23 日至 25 日，本人在土耳其伊斯坦布尔参加了三天第十六届亚太零售商大会。这届大会的主题是“新世界、新零售、新顾客”，以论坛为主要形式，包括主论坛、分论坛、专题会场。会议期间听了数十位代表的发言，这些发言，对于了解信息、掌握方向、学习经验、充实自己、规划未来十分有益。感想之多，启发之多，只谈一点——只有新，才能行。

1. 新世界——从经济角度而论，世界经济已全球化。各国经济之间，你中有我，我中有你，相互联系，相互影响，相互作用。世界经济处于兴旺时，则对各国经济带来有利的作用，世界经济出现危机时，则对各国经济带来不利的作用。作为一个零售企业，决不能将自己看作是一个世外桃源，不受世界经济风云的影响，可以平安无事度春秋。作为一个零售企业，也应了解世界新经济，知晓经济新世界，掌握世界新动向，才能永远保持清醒的头脑，做出相应的、适时的科学决策。明白世界大趋势，零售企业方可因势而谋，应势而动，顺势而为，随势而变。

2. 新零售——零售企业十几年来发生变化最大，从百货店到超市；从综合店到专营店；从单一店到连锁店；从大型商店到购物中心；从实体店到网上店……发生着日新月异的变化。最新的变化是，网上购物突飞猛进的发展，甚至有的人被网上购物冲昏了头脑，说什么“网上购物要取代实体购物，实体店会消失”，这是一种唯心的思想，线上与线下（实体店）将永存下去，变化的只是两者的相对比例，而不是一生一灭，两者将并存并行。实体店要适应新形势，想尽办法努力搞好自己的工作。

同时，人们现在对“商店”一词的理解也在变化，出售商品的场所越来越多，越来越广。加油站有零售，火车站有零售，服务区有零售，途中能购物，家中能购物……处处可见零售，时时可见零售。

3. 新顾客——何谓顾客？商店和服务行业称买东西或要求服务的人。将顾客划分新老顾客，历来有这种做法，也是分析顾客的一种方法。过去，对新老顾客有两种分法：其一，将常光顾商店的顾客称老顾客，新来的顾客称新顾客；其二，将购买常用的传统商品的顾客称老顾客，将购买时髦商品、名优特商品的顾客称新顾客。现在又出现了第三种划分办法，由于科技的发展，新零售的出现，将实体店购物者视为老顾客，将网上购物者视为新顾客。网上购物，手机购物已成一种时尚。甚至有的青年人提出“我的手机我的生命”的口号。现在是买方市场，顾客的控制力越来越强，一定要尊重顾客，认识顾客，管理顾客。比如土耳其一企业，就掌握着1200万顾客的信息。

4. 新服务——新世界带来新零售，新零售带来新顾客，新顾客必须具备新服务，这样才能适应形势的需要，跟上时代的步伐。新服务应该体现在哪些方面呢？A、精准细致的服务——掌握顾客脉搏，进行无微不至的服务；B、重视个性的服务——重视顾客个人特点，满足个性要求的服务；C、一切便利的服务——以顾客为中心，处处方便顾客的服务；D、有求必应的服务——顾客有求要回应，回应一定要满意的服务；E、及时到位的服务——接待顾客要及时，先后顺序很到位的服务；F、无缝无隙的服务——工作高标准，严要求，追求无漏洞、无缺陷的服务；G、遇事快决的服务——顾客遇到不满之事，能用最短的时间快速解决的服务；H、前瞻前行的服务——服务观念先进，服务技术先进的服务；J、与时俱进的服务——体现时代特点，跟上时代步伐的服务；K、快乐满意的服务——服务过程使顾客快乐，服务结果使顾客满意的服务。这样的服务才能体现顾客金钱的价值，时间的价值，距离的价值，才能赢得顾客最大的满意，才能使零售企业可持续发展。

总而言之，只有终生坚持学习，终生接受教育，终生注重创新，才能使自己观念新、知识新、方法新，才能在零售的工作岗位上能力行、行得通、行得好，才能使经营行、管理行、效益行，战胜一切困难，到达理想的彼岸。

2013 年 10 月 7 日

评“购买是朋友，退换是敌人”的错误思想

服务的全过程包括售前服务、售中服务和售后服务三部分，退换商品属于服务的一部分，有销售就必然有退换，退换商品是消费者的权利，是营业员的义务。可是，有的营业员面对购买商品的顾客，笑脸相迎、热情接待；面对退换商品的顾客，冷言冷语、消极懈怠。一个是售前购买，一个是售后退换，为什么有的营业员在服务的过程中不能始终如一，他们总结的所谓经验是“购买是朋友，退换是‘敌人’”，是错误的总结，这是错误的经验。

分析其原因主要有以下四个方面：

1. 自以为是。这类营业员以自我为中心，在还没有了解清楚顾客退换商品的原因时，就想当然的认为来退换商品的顾客都是无理取闹的或者是为了占便宜而来的，受到这种主观判断的影响，她们会对前来退换商品的顾客表现出极度的厌烦与不屑。更有的甚至还武断地认为，自己只要态度不好，故意拖延，就可以让顾客知难不退，从而打消退换商品的念头。

2. 自私自利。这类营业员总把自己的利益放在第一位。由于商品销量的多少会直接关系到个人的工资待遇，因此遇到有退换商品的顾客时，这种自私的营业员就会因个人利益受到损失，而迁怒于顾客，自然不会给前来退换商品的顾客好态度、好脸色，看到退换商品的顾客就像看到抢夺自己利益的“仇人”一般。

3. 影响他人。这类营业员常常认为接待一个退换商品的顾客，不如接待一个挑选商品的顾客。顾客挑选商品，就证明他对商品感兴趣，就有可能会购买，然而来退换商品的顾客，不仅自己要退，反而还会因为他的退换，使得其它正在挑选商品的顾客误以为商品不好或是存在质量问题而放弃购买。

4. 相信迷信。这类营业员有着较强的迷信思想，她们每天在上班前都

要在购物小票上写一些“发”“顺”“开张大吉”等字样，为图吉利，以求得自己当天的销售能开一个好头。然而，在还没有开张的时候就遇到顾客来退换商品，这对于这类营业员来说是一个大忌，认为很不吉利，会影响自己一天的财运。

营业员们的这种“购买是朋友，退换是敌人”的思想在工作中会带来很多危害：

1. 顾客流失。每一个顾客在挑选商品的同时，也在挑选着服务，尤其是退换货的服务。一个好的退换货服务就好比给产品增加了一把保护伞，有了这把大伞的保护，顾客才敢放心地购买商品，如果丢掉了这把大伞的保护，顾客必会选择其他自认为可以放心购买的商家。从某种意义讲，考验一个营业员服务水平高低，主要不在售中服务，而是在售后服务。

2. 形象受损。顾客对于我们商业部门来说，其实就是一个活广告，有时候他们随便的一句话就能胜过媒体上的宣传。当顾客在退换商品时遇到了阻碍，心中必然会产生很多的怨言与不满，这种怨言与不满他们是不会留在自己的心中，而是会释放给周围的亲戚朋友、邻居同事，最后就这样经过彼此间的相互渲染而形成一种负面宣传，这种负面的宣传势必会对我们企业的形象造成很大的影响。对于顾客来说，往往是正面形象决定他们一定购买，负面形象决定他们一定不会购买。

3. 利益减少。企业的利益其实就是我们的利益，企业的发展与前进都与我们每个人息息相关。你冷落一个来退换商品的顾客，我推脱一个来退换商品的顾客，一个又一个，长此以往，我们的企业将会不断地损失顾客，不断地减少利益，在这种局面中，我们同样也不会得到任何的好处。

这种人的服务有个显著的特点：顾客购物时特别热情，不过这种情是其虚情之情，假义之情，虚伪之情，不真之情。顾客退换时特别无情，这种情是其真实之情，无德之情，冷酷之情，绝客之情。

“购买是朋友，退换是敌人”的错误思想与服务经济中服务人员应树立的“顾客至上，顾客满意”的服务理念是背道而驰的，是格格不入的，是倒行逆施的。这种错误思想不克服，就不配做一名市场经济中的服务人员、营业人员。作为我们服务行业的服务人员、营业人员，应该摒弃这种“购买是朋友，退换是敌人”的错误思想。

1. 从思想上摒弃。从表面上看，接待一个退换商品的顾客或许会影响到我们的经济效益，接待一个退换商品的顾客或许会占用我们的宝贵时间，接待一个退换商品的顾客或许会影响到其他购物的顾客，但我们不能当井底之蛙，只看重眼前的那一小片天地，那一小点利益。因为在不久的将来，这位退换商品的顾客一定会因为对我们的服务满意而再次光临，而其他顾客也会因看到我们便利的退换货服务而打消顾虑放心购买。所以，从思想上要对购买和退换的顾客一样尊重。

2. 从态度上摒弃。顾客来退换商品是有很多种原因造成的，我们不能将自己的想法强加于顾客身上，不能戴着一副有色眼镜来看待退换商品的顾客。顾客之所以能找到我们是出于对我们的信赖与信任，认为自己遇到的难题在我们这里可以得到很好的处理和解决。因此，我们要有明确的态度，让顾客看到我们是要诚心的帮助他们，让顾客看到我们是要真心的服务他们。所以，从态度上要对购买和退换的顾客一样热情。

3. 从行动上摒弃。在接待退换商品的顾客时，我们不妨换位思考一下，如果今天来退换商品的是我们自己，我们希望会受到怎样的接待呢？如果来退换商品的是我们的家人、朋友，我们又会怎样去服务呢？所以说面对退换商品的顾客时，我们更应该有贴心温暖的服务，有时候一句话、一杯水、一个亲密的动作，就能很快的消除顾客心中的怒火，这样解决起问题来也就更容易一些。所以，从行动上要对购买和退换的顾客一样接待。

如果将销售叫“进”，退换叫“退”，服务中有进有退是工作需要，是正常现象，要辨证认识进退关系：有进就有退，有退就有进，进的好对企业职工有利，退的好对企业职工也有利。所以，不论从哪个角度看问题，购买的顾客是我们的朋友，退换的顾客也是我们的朋友，都应持友善的态度。

商业服务业，在市场竞争中十分激烈，尤其受网络销售的冲击，经营有压力，服务有压力。在当前形势下，更要重视服务，提高服务水平，增强服务引力，争取服务无瑕疵，力争顾客无丢失，让服务在竞争中大显身手，大展鸿图。

最后，要忠告持“购买是朋友，退换是敌人”这种错误思想的人，请记住，种瓜得瓜，种豆得豆，当你把顾客当作朋友时，顾客也会把你当作朋友，当你把顾客当作敌人时，顾客也会把你当作敌人。

2014 年 8 月 20 日

服务≠赚钱

在零售企业里，有的聘用职工说："我来打工就是为了赚钱的，服务对于我来说就是赚钱"。这种将服务与赚钱划等号的观点对吗？有了如此功利的服务还能会有优质的服务吗？还能会有使顾客惊叹的服务吗？这种观点显然是错误的，那么错在哪里呢？

将服务目的与服务报酬的关系颠倒

服务是指为他人做事，并使他人从中受益的一种有偿或无偿的活动。不以实物形式而以提供劳动的形式满足他人某种特殊需要。

我们细细品味一下服务的含义：服务首先是要考虑满足他人需要，其次是要为他人做事，最后是要使他人从中受益，实现这些服务的目的后，收获报酬是天经地义的，但前提是你要为顾客好好服务。而有的人却这样认为：我的目的就是赚钱。他们的这种观点把因果关系混淆了，将服务目的与服务报酬的关系颠倒了。将服务的报酬当成了服务的目的，只想报酬，怎么会在服务上下功夫？这种错误观点，就如同我们生活、工作需要吃饭，而将吃饭当成了生活和工作的目的的错误一样，如果人人只为吃饭，一切只为吃饭，个个是饭桶，天天当饭桶，家庭怎么发展？社会怎么发展？人类怎么发展？

结论：他们把目的与报酬的关系颠倒了，必然会出现头脚颠倒的错误服务，这样就难免发生只管报酬不管服务的问题。

将顾客第一与金钱第二的关系扭曲

服务行业，顾客永远是第一位的。而将服务与赚钱划等号的一些人，却是将金钱放在了第一位，将顾客放在了第二位。持有"金钱第一"理念的人，他们心里只想金钱，不想顾客，这样的人还能好好地、无私地为顾客服务吗？当然不可能！你不想顾客，顾客还想在你那里购物吗？当然也不可能！顾客是我们服务业的衣食父母，不能将“父母”放在第一位，我们的企业也就岌岌可危了。所以将顾客与金钱的关系扭曲是营业员的大忌，是我们企业的大忌，是服务业的大忌。有的营业员说得好：“在对待顾客的问题上，越想从顾客身上挣钱越挣不上钱；只有想为顾客服务才能挣上钱，千万不能把顾客当作摇钱树、人民币、财神爷。”

结论：他们把顾客与金钱的关系扭曲了，必然会出现前后扭曲的错误服务，这样就难免发生只管挣钱不管顾客的问题。

将公利置上与私利置下的关系摆错

服务行业本来就是为公众服务的行业，为公众服务就要坚持公利置上，私利置下的原则。持有“服务与赚钱划等号”的人却是将私利置上，将公利置下。这种将公利与私利关系摆错了的人，在为公众服务的企业里，必然会出现问题。因为企业的宗旨是为公，而他个人考虑的是为私，如果私心不服从公利，私心必然要同公利发生矛盾，这种思想怎么能搞好服务呢？他们将服务与赚钱划等号，正好说明他们自私自利的思想，已超出了获取正当的个人利益的合理范围。这样的人还能为公众好好服务吗？实际上，这种人不适合在服务企业里工作，或者是不适合做社会工作。

这些人应该明白，凡属为公众服务的单位，服务的宗旨都是公利至上，公众第一。这些单位的性质，不论是公有还是私有，你在这个单位工作，如果没有为公众服务的思想，你的工作是干不好的，你的私利也是难以如愿的。

结论：他们把公利与私利的关系摆错了，必然会出现公私摆错的错误服务，这样就难免发生只管私利不管公利的问题。

将职业道德与职业工作的关系搞乱

一个人问一位富翁：“您是靠卖什么赚的钱？”富翁微微一笑：“我卖的是服务。”可见服务有多么重要。现在有些人只顾赚钱，而忽略了道德。他们觉得与其花费心思提高服务还不如花费时间想想怎么赚钱。他们不懂得以义取利的道理，不懂得义与利的正确关系，他们不明白只有服务好才能赚到钱的道理，将职业道德与职业工作的关系搞乱了，导致职业工作缺少职业道德。服务是销售的灵魂和生命。没有服务，销售就会失去灵魂，销售失去灵魂就要迷失方向，误入歧途；没有服务，销售就会失去生命，销售就成了病态销售、短命销售；迷失方向不会赚钱，短命夭折赚不长钱，这样做，你能达到赚钱的目的吗？那是不可能的。这种错误的观念、错误的做法很可能无形中成为将顾客拒之门外的“顶门杠”。顾客不来，钱从何而来？

结论：他们把道德与工作的关系搞乱了，必然会出现魂不附体的错误服务，这样就难免发生只管工作不管道德的问题。

持这种错误观点的人，他们的错误观点来自于他们把自己当作是企业的“外人”。作为“外人”，他们就不会从企业的整体利益考虑服务，他们常说的一句话是：“我又不是这个企业的正式职工，何必要操那么多心呢？”持这种错误观点的人，他们的错误观点来自于他们把自己当作“临时工”。作为“临时工”他们就不会为企业的长远利益负责，他们爱说的一句话是：“我又不在这里长期干，我考虑那么多责任干啥！”所以聘用职工一定要有“外人不外”的思想，有“临时不临”的思想。

现在企业的职工身份构成，已不是计划经济时期只有“全民”“集体”两种，而是多种身份，最常见的就是聘用制职工，聘用职工有长期的、中期的、短期的，不管是哪一种职工，只有按照企业管理的要求，执行岗位工作的标准，正确认识和处理集体利益与个人利益的关系，才能圆满做好工作，才能得到自己应得的利益。

那么，持有这种错误观点的人，他们在服务中又会有哪些表现呢？

看“人”下菜碟的服务

持这种观点的人，从一个人的长相、衣着、谈吐来判断顾客是否购买，采取的是看人下菜碟的服务，如果判断是购买的顾客，就采取热情的态度，周到的服务；如果判断是不购买的顾客，就采取一副冷淡的态度，置之不理的做法。所以，这种做法必然要丢失一部分顾客。

看“钱”多少的服务

持这种观点的人认为，顾客有钱我就有服务，顾客没钱我就没有服务。这种看“钱”服务的观念，让有的营业员变得越来越势利，她们对顾客不能一视同仁，单凭一个“钱”字来决定服务的好坏，对钱多的顾客百依百顺，十分殷勤；对钱少的顾客冷言冷语，十分无情。让原本简单而淳朴的服务变得世俗、变得功利、变得有了异味。

不愿试用的服务

顾客购买商品要求当场试用本是顾客应有的权利，而营业员产生了只为赚钱的观点，就会反对顾客将商品试来试去，她们觉得顾客这样试来试去，要是不买就等于让自己白忙乎了，不值得。她忘了服务最重要的一条就是：顾客至上。况且你怎知道今天的试客不会成为明天的买客呢？

不愿退换的服务

顾客购买商品后觉得不合适或有质量问题，要求退换是正常的，而商家在商品不影响二次出售，或确实是商品质量问题给顾客退换也是应该的，这是售后服务应该做的工作。而那些把服务与赚钱画了等号的营业员，是不愿意为顾客退换商品的。他们认为顾客退换商品，直接影响她们赚钱，所以对于退换商品的顾客，她们采取能顶就顶，能推就推的做法，完全不顾自己的服务责任，完全无视企业的服务理念。

在市场竞争愈加激烈的今天，有着服务与赚钱划等号的观点的人，是与这个时代的要求不相符的、是与市场竞争的需要不相符的、是与企业的经营理念不相符的。当今企业的竞争已聚焦在服务的竞争上，而服务的竞争却是漫长的、持久的，需要用素质和能力作为基础和保障的。特别是在网络销售的巨大冲击之下，需要用特别好的服务去争夺市场、争夺顾客，已经成为我们企业迫在眉睫的事情。所以，我们应该竭尽全力在服务上下功夫，具备优质服务的真功夫。

在服务过程中，除了要继承“主动、热情、耐心、周到”的优良传统外，还应该做好以下服务：

真诚服务

人与人之间的友好相处靠的就是真实、诚恳的心，那么同样为顾客服务也是需要真诚的心。真诚的态度会首先赢得顾客的好感与信赖，让顾客愿意接受你的服务，进而购买你的商品。所以，我们一定要用自己真诚的微笑、真诚的话语、真诚的行为去服务顾客，让真诚拉近自己与顾客之间的距离，让真诚成为自己与顾客之间的桥梁。

过细服务

人们常说，细节决定成败，在服务工作中，更是如此。服务一定要在过细上下功夫，细上加细，细中注意细节，细中重视细微，细中做到细致，为顾客服务做到细而周到、细而全面、细而友好，使顾客对你的服务无可挑剔，没有遗憾。过细的服务会让顾客放心，放心的购物会成为顾客经常光临的理由。

无缝服务

无缝服务，就是服务无漏洞、无缝隙、无差错。从接待顾客到介绍商品，从购买商品到交纳货款，从包装商品到欢送顾客，服务的每一个环节都能环环紧扣、步步到位。顾客从进店到离店的全过程，都有宾至如归之感。如果我们的服务都能达到无缝服务，我们的回头客一定会越来越多。

感动服务

我们的服务应该感动每一名顾客，怎样才能感动顾客呢？那就需要有过硬的本领、丰富的知识、文明的语言、礼貌的态度、智慧的方法、感人的技巧，时时为顾客考虑，处处为顾客着想，服务超越顾客的期望值。我们不仅不能得罪每一个顾客，而且还要争取感动每一位顾客。其实，感动顾客并不难，只要我们把顾客当作自己的亲戚朋友，不吝笑、不怕苦、不嫌烦，被我们感动的顾客就会越来越多！

在电子商务冲击之下，现在有人称实体店为“试衣间”“体验店”“展示台”。只要我们克服错误的服务理念，真正在服务上下功夫，掌握服务的真功夫，具备与时俱进的服务水平，就可使“试衣间”更有吸引力，让顾客既想试穿又想购买；就可使“体验店”更有凝聚力，让顾客既想体验又想购买；就可使“展示台”更有营销力，让顾客既想观摩又想购买。

将赚钱与服务划等号的观点是错误的，主要错在将服务目的与服务报酬的关系颠倒了，将顾客第一与金钱第二的关系扭曲了，将公利至上与私利置下的关系摆错了，将职业道德与职业工作的关系搞乱了。错误的服务观点必然会带来错误的服务行为。在市场经济的条件下，尤其是在市场经济已经成为服务经济的条件下，服务显得尤为重要，服务行业的服务人员尤其需要树立适应服务经济的服务思想，学习适应服务经济的服务知识，掌握服务经济需要的服务本领，在服务上下功夫，才能创造理想的经济效益。只有把这些工作做好，你所谓的赚钱的目的才能达到。

2014 年 12 月 6 日

赖钱顾客有诡计　机智应对无后患

绝大多数顾客来商场是为了购物，在购物的过程中，他们通情达理、遵纪守法。但也有极个别顾客，他们逛商场的目的不是为了购物，而是为了行骗！他们利用服务人员将其视为“上帝”的身份，想歪点子，出馊主意，捏造点“事实”，编造点“事故”，幻想着用所谓的高明手段来骗点钱。其结果，适得其反，丢人败兴，只好灰溜溜地离开商店。近半年来，我公司就遇到了三位这样的顾客：

一、玩弄花招、乱人耳目的瘦高男

2013 年 12 月 28 日下午 6 点 20 分左右，一位 50 岁左右的戴眼镜的瘦高男子来到服装商场一层半“罗蒙衬衫”柜台，挑选了一件价值 199 元的衬衫后前往收款台准备办理相关手续。据当时款台收银员郭丽红回忆，这位瘦高男子来到款台前，在未交钱的情况下要求郭丽红为其办理开票缴款手续，郭丽红对他说：“你钱还没交，我怎么能为你开票呢？”瘦高男子回答：“钱已经给你放进款台了，刚才刮风刮进你的抽屉里了，怎么没交！”众所周知，营业场所四周都是封闭的，而收款台的四面也是围起来的，哪能有那么大的风呢？随后，商场经理梁宏闻讯赶来询问此事后进行调解，但这名瘦高男子全然不听商场人员的分析和解释，执意辩称自己已交款，并自称以人民教师的身份来担保自己的行为。同时还在商场人员不知情的情况下拨打了 110 报警电话，当民警赶到现场询问此事时，收银员郭丽红主动要求停止收银工作，配合民警对此事进行调查，现场将已收票据和款项进行了盘点，盘点结果显示，票据和款项相符，并没有出现多收顾客 200 元钱而未办理缴款手续的现象，在事实面前，这位瘦高男子无言以对，不得不掏出 200 元钱办理了缴款手续，拿着衬衣灰溜溜地走了……

二、捏造事实、谎称丢款的彪悍女

2014 年 1 月 16 日下午 3 点 40 分左右，一位 40 多岁，身形高胖的女顾客挎着包来到服装商场羽绒服厅挑选服装，在她从“雪中飞”厅转到“红豆”厅试穿完羽绒服拿起包准备离开时，突然说自己包里的钱和金项链不见了，据这位彪悍的高胖女顾客说，她随身携带的包里装有 4000 元现金和一个用卫生纸包着的准备去维修的金项链全部丢失，要求商场给予赔偿。可当时现场人员，商场营业员王秀琴和“红豆”厅联营户赵青林说，这位高胖女顾客试衣期间，周围几乎没有其他顾客来往，而她们二人也一直在这位顾客的视线范围内，并不存在可疑人员接近作案的可能，但这位高胖女顾客却不听商场人员分析，一意孤行，当即拨打了 110 报警电话。民警赶到事发现场，前往公司保卫处查看了从顾客进入大楼后的全部监控图像，在未发现任何可疑现象后，民警提出将顾客带回警局进一步审讯的要求，面对此情此景，想到事情已经败露，这位身形彪悍的高胖女顾客不再理直气壮，谎称自己家中有事，乘机溜走了……

三、自导自演、难圆其说的墨镜人

2014 年 5 月 23 日中午 2 点左右，一位神色淡定的女顾客领着黄河电视台的记者来到服装商场皮装组收款台前，称自己上午 11 点左右在商场购物时丢失现金 46000 元，要求商场给予解决。据目睹此事的商场人员说，这位自称丢钱的女顾客从头到尾一直带着墨镜，不肯以真面目见人，途经羽绒服柜台时，她还对着试衣镜整了整头发，电视台人员与其说话也不理睬，并在给自己姐姐打电话告知丢钱一事时，毫无伤感之情，而姐姐的回答竟然是：“丢就丢了吧”，从她们的言行中根本看不出丢失巨款后惊慌失措的样子。在商场经理苗丽萍的询问中我们得知：顾客称其家住火车站附近，随身携带 46000 元钱准备前往河西医院为其住院的母亲交住院费，先是到服装城购物，后来到本公司想为母亲选购一件衣服拿到医院看母亲，却在离开本公司时发现钱丢失了，就直接去派出所报了案，但派出所民警以证据不足不予受理，随后，她便在中午请来了电视台人员来到商场帮其解决问题。在此期间，电视台人员要求查看监控资料证实事情的真实性时，这位“墨镜”顾客和电视台人员发生了争执，说什么：“我找你们来是让你们帮我要钱的，你们调监控查看我行踪干嘛？”种种反常举动使大家对其所说事情的真实性产生了怀疑，在电视台人员要求进一步核对此事时，这位顾客自知难圆其说，扔下一句：“我走呀”后落慌而去……

这些人捣鬼有“术”，取财无道，他们干坏事还想让警察保护自己，真可谓痴心妄想。“110”只保护正常人的正当利益，不可能保护邪恶人的邪恶行为。作为一名售货员，在全心全意为绝大多数顾客服务的同时，也要提防恶意滋事，心存歹念的个别不良顾客。如果说这些人是狐狸的话，我们应该是猎人，遇到这种情况，一定要提高警惕，机智应对，识破他们的诡计，戳穿他们的花招，决不能上这些赖钱顾客的当，决不能让这些赖钱顾客的阴谋得逞。

2014 年 6 月 25 日

为何有的营业员卖货多却不受欢迎

企业是以经济效益为中心的，经济效益的实现和提高要依靠全体职工的共同奋斗。在零售企业里，为了创造更好的经济效益，特别希望营业员中涌现众多的销售尖子、销售能手、销售明星。这些有突出业绩的营业员，工作能力强，大部分人受到领导的重视，职工的赞扬，威信高，人缘好，受欢迎，成了企业的业务骨干，这是企业的力量所在，希望所在，信心所在。可是，有的营业员卖货多，却不受欢迎，这是因为什么呢？请看三例：

例一：A 某是功高的震主者。她销售有技巧，卖货比别人多，大家公认她的能力不一般。由于业绩突出，就产生了骄傲思想，其他营业员的话听不进去，甚至连聘用她的老板的话也听不进去。呵斥老板，不服从老板的管理，老板感到管理她有困难，最后，只好将 A 某辞退。

A 某是老板聘用的营业员，在行政关系上，作为下级的 A 某应服从上级老板的领导和管理，这是基本常识。A 某能力强，工作业绩优，这是谁也否认不了的事实。但 A 某功高不可震主，不应摆错自己的位置，更不可凌驾于老板之上。关系摆错了，自己认识不到错误，自己没有及时改正错误，就严重影响了老板的正常领导和管理，老板只能采取组织措施辞退 A 某，再选他人。

例二：B 某是居功的打架者。她熟悉商品，介绍商品得心应手，对顾客态度好，销售额处于前茅的水平。可是，就是与同事相处不好，不善于团结同事，因为一点小事就不依不饶，争论不休，甚至发展到与同事动手打架的地步，最终被企业解除劳动合同。

作为营业员，既应该同顾客处理好关系，尊重顾客，理解顾客，更好地为顾客服务，也应该处理好同事的关系，相互之间关心、爱护、帮助、和睦相处，成为好同事、好朋友、好伙伴。切不可从功利出发，只处理好能为自己带来销售业绩的顾客的关系，无视同事关系，恶化同事关系，将同事当作敌人，无理时就用武力征服对方。动武的营业员给别人带来了威胁，给团结带来了麻烦，这样的营业员谁也不欢迎。

例三：C 某是持功的第三者。平时工作比较辛苦，及时到库房提货，商品从不断档，销售也是比较好的。就是有一毛病，与一有妇之夫来往异常，引起对方老婆的不满。一年之前，商场领导得知此事同 C 某谈过话，但仍未彻底了断，还藕断丝连，对方老婆不断举报，最终企业只好让 C 某离开商店，离开了自己心爱的工作。

C 某的问题是属于充当第三者的问题。所谓第三者，是指插足他人家庭，跟夫妇中的一方有不正当的男女关系的人。第三者挖墙脚，破坏别人的家庭，所以，第三者的行为属于不道德的行为，第三者的角色属于不光彩的角色，第三者的行为后果是不堪设想的后果。这个问题处理不好，不能迷途知返、一刀两断、痛改前非，必将给自己的工作带来害处，给自己的家庭带来害处，给别人的家庭带来害处，一举三害。充当第三者有违道德，而且还有危险性，轻则挨骂、挨打，重则伤身丢命。C 某经商场教育不改，遭致对方妻子在 C 某离店之际还电话举报六七次，扬言如果不解决就要到商店闹事，制造事端，干扰 C 某工作。鉴于这种情况，企业只好令其离开工作岗位。

A、B、C 三人在销售工作中业绩都比较出色，可为什么他们不受欢迎呢？

其一，不能正确对待做人与做事的关系。我们常说，做人与做事是密不可分的，只有做好人，才能做好事。能做好人的人，他们在做事上都能体现出做人的道德来。做好人与做好事，哪方面更受人欢迎？当然是做好人更受人欢迎。可是 A、B、C 三人，只重视做事，不重视做人，甚至将做事等同于做人，认为做好了事就等于做好了人，这两者是不能划等号的。他们重视做事，不重视做人，所以不受人欢迎。

其二，不能正确对待品德与才干的关系。品德和才干都是受人欢迎的条件之一，两者相比，品德好更受人欢迎，如果一个人有才干，品德不好，他的才干也就不受人欢迎了。一个营业员销售好，卖货多，这属于才干的事情。有才干不等于品德好，有才干但总做违德、违法、违纪、违规的事情，怎么能受人欢迎？品德好，才干就能发挥更好的、更大的作用，品德不好，才干的发挥要受到限制，甚至丢掉发挥才干的岗位和机会，或者使才干发挥反作用!

其三，不能正确对待功绩与过错的关系。每个人都要一分为二看待自己，既要看到自己“功”的一面，又要看到自己“过”的一面，功就是功，过就是过，且不可将功过混为一谈。要正视自己，扩大自己的功，缩小自己的过。这不是自然形成的，是要靠改造思想，加强修养来实现的。有功者，有绩者，一不可将自己视为只有功没有过的人，盲目骄傲，目中无人；二不可以功掩过，用自己的功劳掩盖自己的错误，否定自己的错误。居功自傲、目无一切的人是不可能受人欢迎的。

从A、B、C三人犯错的教训中，我们应该得到这样的启示：做好事，更要做好人，才能受人欢迎；有才干，更要品德好，才能受人欢迎；有功劳，更要克服自己的过错，才能受人欢迎。所以，每个人都要在“为人处事”上下功夫，“为人”要做个受人欢迎的人，“处事”要做个让人敬佩的人。

2015年12月29日

这样的个性要不得

A 某，2007 年 9 月来到一家零售企业服装商场当营业员，由于能力强、肯吃苦，2008 年 11 月被提拔为柜组长，2013 年加入中国共产党，曾被评为商场服务明星、公司优秀营业员。

2015 年底，服装商场做出经营调整，由 B 柜组经营 A 某柜组部分羽绒服，扩大销售。刚开始合作，还算愉快，两个柜组互帮互助，完成了销售任务。12 月 23 日，A 某在点货时发现少了一件羽绒服，问了 B 柜组 4 次后，她们才拿出多出的一件，此事在 A 某心中结下了疙瘩。

2016 年 1 月 19 日上午一开门，有一位女顾客来到 B 柜组，她说前几天来过商场，看上了一款男式长款羽绒服，今天特意来买，要 170 码的。营业员 C 某一听很高兴：这款羽绒服售价是 799 元啊！她马上给顾客找货，柜台上没有 170 码的，就问 A 某那里有没有，A 某说没有，让 C 某去库房找找。C 某和另一名同柜组营业员俩人轮流去库房找了一遍，也没有找到。C 某又问 A 某，A 某说："那你打电话问厂家吧。"C 某给厂家负责人打电话，厂家负责人说："有货。"C 某感到特别纳闷：厂家说有，可柜台、库房都没有，这 170 码的到底在哪里？这时，顾客说："不用找了，我不买了，以后再说吧。"事后，C 某向商场经理反映了这一情况，商场经理决定调查，看到底有没有 170 码的，是哪个环节出了问题。在调查中，A 某对商场经理说："170 码的有货，是我不给她们。"商场经理非常气愤，当即批评了 A 某，责令她做出检查。

在这件事情上，A 某错在了哪里？

1. 违背职业道德。职业道德中，既有"诚实守信"的内容，又有"服务群众"的内容。A 某柜台有货却告诉同事没货，是不诚信的表现；服务同事也是服务群众的内容之一，A 某是这个品牌羽绒服的柜组长，理应帮助同事找货，促成销售，可却没有，这也是违背职业道德的表现。

2. 缺乏全局观念。经济效益是企业的中心工作，每个人都要围绕这个中心来工作。A 某因与 B 柜组有误会、有矛盾，不顾柜组的销售，不顾商场的效益，因一时之气，而使商场丢失一笔生意。

3. 忘记自己身份。A 某虽是外聘职工，企业从没有把她当作外人，发展她入了党。她本应牢记自己是一名共产党员的身份，在职工中发挥先锋模范作用。A 某在事情发生时，只想着与 B 柜组以前的纠葛，而忘记了自己的身份。

这样做的后果是：

1. 顾客不满意。顾客本来是带着希望而来，却带着失望而去，在寒冷的冬天，最需要的时候没有买到自己中意的羽绒服，顾客的需求没有得到满足，心中自然有遗憾，感觉这个商场的货不全，还需要到别的商场看看。对顾客来说，损失了时间，少了信任。

2. 同事不满意。一开门来了一笔生意，C 某满心欢喜，左找货右找货，就是想着能做成这笔生意。不曾想，因为同事压着货不给，丢掉一笔生意，心里觉得憋屈。对同事来说，损失了收入，伤了感情。

3. 商场不满意。眼下生意难做，销售不理想。商场想了各种办法促销，就是为了占有市场份额，能有更多的客源。今天这位专门找上门来购物的顾客，却因为 A 某的行为而走了，对商场来说，损失了客源，丢了效益。

4. 组织不满意。A 某作为共产党员，应时刻记住自己的身份，严格按共产党员的标准要求自己，处处发挥榜样作用，用行动带动身边人，产生正能量。A 某的行为辜负了组织的培养和教育，对组织来说，损失了形象，拖了后腿。

事情发生后，大家都说：A 某原来表现挺好的，为什么会发生这样的事情呢？有人说，是因为 A 某的个性。那么应该如何正确认识个性呢？

所谓个性，就是在一定的社会条件和教育影响下形成一个人比较固定的特征。

1. 人的个性有好坏之分

个性是一个人长时期逐渐养成的行为倾向和思维定势，影响着一个人的思想和行为，决定着一个人的性格和命运。但是，人的个性有好坏之分，有优良个性，有不良个性；有积极的个性，有消极的个性；有创造性的个性，有破坏性的个性。比如，大公无私，一心为民，正直谦虚，思想解放，勇于创新等，这是优良个性的表现；以权谋私，贪污受贿，官僚主义，独断专行，粗暴虚荣等，这是不良个性的反映。

对于人的个性不可一概而论，要具体情况具体分析，因为人的个性是各不相同，即使是同一个人，既有好的个性，又有坏的个性，有时表现的是好的个性，有时表现的是坏的个性。有的人好的个性是主流，有的人坏的个性是主流。

2. 道德是优良个性的集中体现

个性有好坏之分，那么道德与个性是什么关系呢？道德是个性中优良个性的集中体现，是优良个性在社会生活中的升华。道德离不开个性，个性依赖于道德，道德是与个性相一致、相统一、相作用的，道德以优良个性为基础，优良个性以道德为界限，两者相辅相成，互为依存。千千万万人民以不同的优良个性之魂、之光、之美构成了中国特色的鲜明的社会公德、职业道德、家庭美德，千千万万的人民又以这些美德赋予的责任使命为国家为人民去工作、去奋进、去开拓、去创造祖国的今天和明天。一个人道德修养从根本决定着个性的好坏，两者密切联系，相互影响。道德是魂，个性是形，道德决定个性，个性体现道德。

一个人当个性与道德一致时，说明个性源于道德，道德强于个性，道德在指导个性，个性在道德之下运行；一个人当个性与道德对立时，应以道德为重、为先、为本，把个性置于道德之下，为增强道德自重、自省、自警、自励。作为党员，要正确处理党性与个性的关系。让党性统帅个性，指导个性，让个性服从党性，体现党性。

3. 用道德修正不良个性

优良个性助人成功、催人奋进，是良好道德品质的外在表现，让人受益终生。而不良个性则使人的品质打折扣，严重的还会导致人的毁灭，现实生活中因不良个性铸成大错或受囹圄之苦的大有人在。优良的个性要继承、发扬、创新，不良的个性应改造、修养、校正。所以，我们绝不能放纵个性，特别是不良的个性，这就需要用道德来修正个性。

用道德修正个性，指的是修正不良个性。道德修养进一步，个性魅力就大一分；道德修养退一步，个性魅力就小一分。每个人无论职务高低，年龄大小，都应该把个性置于道德之下，经常打扫自己思想的灰尘，反省自己错误的行为，坚持道德大于一切、重于一切、先于一切，用道德指导自己，鞭策自己，激励自己。

用道德修正个性，关键在修养，重点在改造。每一个人，应使自己的不良个性受规范、受约束、受克制、受限度，通过克服不良个性，涵养优良个性，用道德管住个性，使个性服从道德，以个性展现道德，以道德塑造个性。最终使自己在政治、思想、道德、品质等方面得到自我改造和自我提高，让不良个性越来越少，优良个性越来越多。

不良个性要不得，要纠正，要克服；优良个性多有益，要坚持，要发扬！

2016 年 1 月 25 日

愚人经商——宰一客失百客

“为顾客服务，让顾客满意”是与时俱进的现代服务理念。经营者具备了这种理念，他们就会在货源、价格、服务上下功夫，千方百计吸引顾客，想尽办法分得市场的一杯羹。然而，却有个别经营者倒行逆施，发出了这样的声音：“现在生意不好做，宰一个算一个。”大有只做一次性生意，只做一锤子买卖的意思。

翻开现代汉语词典，“宰”的解释为：杀（牲畜、家禽等）；也比喻向买东西或接受服务的人索取高价。一个“宰”字，里面满满的霸道、无情、冷默、自私！“宰一个算一个”的经营者把企业当成了“黑店”，把柜组当成了“屠宰场”，把自己当成了“刽子手”，把价格与服务当成了“屠宰刀”，来这里购物的顾客就成了“待宰的羔羊”，随时会成为经营者下手的对象。“宰”成为了这些经营者牟取利润的手段，也成为了顾客上当受骗的圈套。

我们试想一下：顾客满心欢喜地在这样的柜组购买了商品，回家后却发现上当受骗，或价格高的离谱，或质量差的没样，或被忽悠的晕头转向，或被欺骗的不知所云……当顾客得知真相，当顾客冷静下来，他们会做出怎样的反应呢？或者顾客以后再不来这个柜组购买商品了，再不来这个商店购买商品了，甚至告诉自己的亲朋好友不要到这个柜组购买商品，不要到这个商店购买商品了……

从结果不难看出，不仅这个柜组失去了一个或多个顾客，甚至这个商店也失去了一个或多个顾客。美国著名推销员乔·吉拉德认为，每一位顾客背后，大体有 250 名亲朋好友，如果赢得了一位顾客，就意味着赢得了 250 个人的好感，反之，如果得罪了一位顾客，也就意味着得罪了 250 位顾客，这就是著名的“250 定律”。在我国的生意经中也有类似的话，比如“一客丢了信，百客不登门”“骗人一分利，定招万人嫌”。在市场竞争激烈的今天，一个不懂得“250定律”和生意经的经营者，却要背道而驰，坚持“宰一个算一个”的做法，真可谓大错特错。

宰客错在哪里

错在关系变了。经营者与顾客的关系应该是服务与被服务的关系，是凡人与上帝的关系，但是有“宰客”思想的经营者却把顾客当成了“奴隶”，当成了剥削对象，他们对顾客明里笑脸相迎，暗里却似“磨刀霍霍向猪羊”，恨不得将顾客的“油水”都刮光，他们与顾客的关系变成了剥削与被剥削的关系。这种“上帝位”变“奴隶位”的关系，使顾客寒心，令顾客失望。

错在目的变了。经营的目的是为顾客服务，满足顾客需求，让顾客满意，获取正当利润。经营者应该想着怎么为顾客提供质优价廉的商品，提供完善诚信的服务。但有“宰客”思想的经营者的目的却是以利为先，利欲熏心，想着怎么让顾客掉进自己的圈套里，怎么把顾客的钱放进自己的腰包里，让顾客为自己的利益服务，这种“为顾客”变“宰顾客”的目的，侵顾客之权益，失交易之公平。

错在手段变了。提高销售，留住顾客的方法有很多种，但是宰客的经营者却选择了在顾客身上“动刀”，采取不正当的竞争手段，或在商品质量上以假乱真、以次充好，或在商品价格上虚假打折、明降暗升，或在销售过程中花言巧语、坑客蒙客，悄悄地将顾客宰个痛快。这种“服务多”变“盘剥多”的手段，丢顾客之信任，失自己之诚信。

当“宰”成为了经营者牟取利润的唯一手段，“宰”顾客的同时也把断头的刀架在了自己的脖子上！有宰客思想的经营者，时时透露出来的“精明”，其实是愚不可及。

宰客愚在哪里

愚在想让客来客不来。没有顾客会喜欢那些满脑子都在算计自己口袋里钱的经营者。顾客来购物是一种消遣，是一种享受，但是在交易前，经营者对顾客承诺的天花乱坠，交易后服务却大打折扣，顾客来购物变成了花钱买罪受，买气受，试问顾客还会傻傻地排着队来你的柜组等着“挨宰”吗？答案显而易见，得到的结果只能是“丢了客”。

愚在想让财来财不来。俗话说："君子爱财，取之有道"，顾客花钱购物，经营者提供服务本无可厚非，但是个别经营者在服务过程中私自抬高价格，任意吹嘘质量，他们被金钱蒙蔽了双眼，熏黑了良心，违背了通过正确途径来赚钱的规则，违反了市场发展的客观规律，宰客对于他们来说无疑是自绝后路，自断财源，得到的结果只能是"丢了财"。

愚在想让富来富不来。宰客的经营者经营的目的不光是让腰包鼓起来，更重要的是他们想成为所谓的"富人"，他们想用一笔笔坑人的交易，一次次不正的买卖为自己累积财富，将自己打造成生活中的"富人"。而其实他们欺骗顾客，违法经营，背信弃义，敛取不义之财的行为已经将他们与真正的"富人"画上了不等号，他们精神匮乏，道德沦丧，人品打折，与真正的财富擦肩而过，得到的结果只能是"丢了富"。

经营者"宰一个算一个"的做法，得到的结果只能是"宰一客失百客"，这种行为不仅侵害了顾客的权益，影响了自己的销售，还败坏了企业的声誉，可以说是有百害而无一利。他们的思想愚昧，做法愚蠢，损人而不利己、得不偿失、失大于得，是标准的愚商。

愚商为何愚昧

丢失诚信法宝。明清时期，晋商以资产雄厚、善于经营而享誉海内外，雄居十大商帮之首，他们创造辉煌业绩的秘诀就是坚持诚信经商。诚信是做人之本，也是经商之本，是经商的法宝。在销售过程中，经营者应该实事求是地介绍商品，实实在在地明码标价，真心实意地服务顾客，对于承诺顾客的事情要说到做到，这样才能赢得信任，赢得信誉。"愚昧"的经营者在销售中却把顾客当幼稚儿、当木偶人、当冤大头，什么好听说什么，什么管用说什么，管它真不真，管它对不对，花言巧语、巧言令色、颠倒黑白，把功夫都下在了哄骗上，把力气都用在了吹嘘上，这种不诚信的做法不仅失去了顾客，更失去了自己的信誉。经商丢了经商之宝，只会欲速不达，这是地地道道的愚昧行为。

颠倒义利关系。《晋商家训》中就有"以义制利"的思想。经营者做生意挣钱可以，但一定要以义制利，依法经营，依德经营。"以义制利"的含义，就是义在先，利在后，通过义而获得利。这句话引用到我们零售企业，用现在的话来说，就是要树立正确经营的义利观，通过合理合法和有德有情的办法，实现自己的利润目标。“愚昧”的经营者颠倒和割裂了义与利两者的关系，选择了利益而抛弃道义，一有机会，就产生宰客的念头；一见顾客，就动了欺诈的想法；一做生意，就思谋坑蒙的手段，他们走得是歪门邪道，求的是不义之财，天平逐渐向“利”的一边倾斜，把“义”全部抛到了九霄云外，这种不讲“义”的做法不仅失去了商机，更失去了长久的利益。山西祁县乔家著名商人乔致庸曾将经商活动总结为三点：第一是讲信，第二是讲义，第三是讲利。经商颠倒义利关系，只会适得其反，这是彻头彻尾的愚昧行为。

不懂经商之道。经商之道既包括人道，又包括商道。经营者既要懂商道，更要懂人道。人道包括人品、人气、人缘、人脉，商道包括商德、财气、财源、钱脉。人道与商道息息相关，人道决定了商道的成功，人品不高必然商德低劣，人气不旺必然财气暗淡，人缘不佳必然财源有限，人脉衰弱必然钱脉枯竭。而“愚昧”的经营者缺乏知识，不明事理，遇事不想办法，做事不计后果，觉得自己最聪明，自己是行家，他们身在商海既不知人道，也不知商道，更不知人道与商道的关系，不懂经商规则之道，任意妄为搞歪门邪道，走不正之道。经商不懂经商之道，只会弄巧成拙，这是名副其实的愚昧行为。

聪明的经营者是靠产品闯天下，靠服务得人心，靠管理出效益。现在的生意不好做，可以从调整商品上下功夫，可以从完善服务上下功夫，可以从对比价格上下功夫，可以从营销技巧上下功夫。但绝不能像愚人经商那样，拿顾客“开刀”，“宰一个算一个”，这是经商中的作弊行为，这种作弊只会导致自己走上自毙之路，自己葬送自己的前途，自己毁掉自己的命运，自作自受，自讨苦吃，自尝苦果！

2017 年 1 月 19 日

出售假货等于自绝后路

最近公司发生这样一件事情，一位老年顾客兴高采烈地在 A 某柜组买了件羊毛衫，当她在大年初一穿这件羊毛衫时，家人发现衣角处缝着一个约一厘米见方的小布块，上面写着一个陌生人的姓名，当时，老人的全家一致认为毛衣是别人穿过并送干洗店洗后的旧衣服。在顾客看来，只有干洗店洗过的衣服才会缝上顾客的名字。气愤之余，老人的儿子给公司打了电话要求退货，毛衣在大年初一得以顺利的退掉了，但这件毛衣的真实身份才刚刚拉开序幕。经过详细调查，A 某所售这件毛衣上缝的名字并不是干洗店顾客的姓名，毛衣也不是二手货，而是加工这件毛衣时，生产厂家的工作人员留下的姓名。先从表面看，顾客只穿了短短一上午的时间，毛衣表面就起满了球，乍看就像穿了一个月的衣服；再看标签，毛衣的商标和成分标识只是拿普通的白色棉线轻轻的缝在上面，做工粗糙；最后看吊牌，有两个吊牌，写着两种成分含量，一个显示 100%貂绒，一个显示是精品羊绒，分别挂着一个商厦的两个地址，这两个地址都不是毛衣生产厂址，一个是批发商的地址，一个是零售商的地址……这是一件纯粹的假冒伪劣商品，一般人都能识别出来，作为一个老售货员怎么能不知假货？是利欲熏心还是利令智昏？是知识问题，还是道德问题？A 某的这种做法给人留下了专门卖假货的嫌疑，为什么 A 某要出售假冒伪劣商品呢？

理由之一："卖得好！"

——卖得好也不能卖假货，卖得越好错误越多！

假货卖得好，是只顾眼前利益，而不顾长远利益的做法，也是急功近利、饮鸩止渴的做法。卖假货的经营者往往只考虑到一时卖了货，挣了钱，而不考虑卖出去的货会有什么样的后果，这样的行为是违背商业道德，违反经营思想的行为，也是自绝后路的行为。所谓的"卖得好"，其实是一种暂时的假象，从长远利益来看，顾客买回去假冒伪劣商品，还会再来购买吗？这样的一锤子买卖，只能坑蒙顾客一时，不可能哄骗顾客一世，当下卖得好，以后必然越卖越不好。总而言之，卖得好绝不能卖假货，假货卖得越多错误越大，卖假货的下场只能是自取灭亡。

理由之二："就一次！"

——有些错误一次也不能犯，犯一次就前功尽弃！

"就这一次，我就卖了这一次"。这个理由不成立，假货一次也不能卖，殊不知，这一次可能就是使自己经营破产的一次，可能就是把自己推向绝境的一次。例如：南京知名食品企业"冠生园"被中央电视台揭露用陈馅做月饼事件，就是一次致命的典型案例。作为一向有着良好品牌形象的老字号企业，因为这一次陈馅做月饼事件，最终导致"冠生园"这个有着 70 多年历史的企业葬身商海。又如有着 500 年历史，鼎鼎大名的日本奶制品生产厂家"雪印乳业"。因在一次质量抽检中发现其生产的低脂肪牛奶、酸奶等牛奶制品中含有金黄色葡萄球菌毒素，造成 1.5 万名消费者中毒，所有产品被迫全部召回，导致良好的知名品牌销声匿迹。所以，有些错误是一次也不能犯，它不会给你再犯一次的机会，它所带来的后果是你无法挽回的，所谓"一失足成千古恨""一着不慎，满盘皆输"说的就是这个道理。

理由之三："帮别人！"

——这样的帮助等于同流合污，助纣为虐！

有的经营者认为同进货商关系好，不好意思拒绝对方，就把对方不便出售的假冒伪劣商品拿来替他销售，还美其名曰："帮助他！"帮别人卖假货，只能叫一丘之貉，同流合污，沆瀣一气，助纣为虐。合伙卖假货欺骗顾客，损害顾客利益，损害企业声誉，最后只能是自己给自己抹黑，自己给自己断路。帮助别人卖假货，等于帮助别人犯错误，等于自己给自己增加错误，这种做法是丢掉原则，丧失理智的做法，是自取灭亡，自毁前程的做法。

A 某的所作所为，与她的年龄、工龄、文化是十分不相符的，给人们留下的印象是职业道德贫乏，商品知识缺乏，素质太低，水平太差，服务太劣，是一个不合格，不称职，不受欢迎的经营者。

从 A 某出售假货的三个理由的背后，我们可以发现深层次的三个问题。

1. 不懂得正确竞争——摆不正竞争的手段与目的的关系

竞争是市场经济的内容，也是市场经济的方法，怎样竞争，是摆在每一位经营者面前的问题，在市场竞争中，应该坚持用正确的竞争手段去实现正确的竞争目的。采取正确的手段竞争，则会越争顾客越多，越争口碑越好，像A某这样出售假冒伪劣商品，就是采取错误的手段竞争，这样的竞争是没有任何竞争力的，必然会屡战屡败。我们说，好的商品，优的服务，是赢得顾客最有力的武器，我们要利用好手中的武器，用高质量的商品，优良的服务来赢得顾客的认可，获得顾客更广泛的青睐，才能成为商海中的常胜将军。所以，必须坚持正确的竞争手段，而不是乱用歪门邪道的手段来谋取利益。A某出售假货，说明她身在市场经济，但不懂得如何进行市场竞争，是市场竞争中的丑陋者和失败者。

作为一名经营者，只要在市场经济条件下从事经济工作，就必须懂得竞争规则，正确处理竞争的手段与目的的关系，有定力做到遵守道德，坚持规则，切不可忘记道德，忘记规则。否则，就会适得其反，自讨苦吃。

2. 不懂得工作规矩——摆不正自己与企业的关系

A某所在的企业，是一个多年被省市授予文明单位的优秀企业，在消费者心目中有着良好的形象和口碑。A某作为企业的一员，就应该记住企业这个组织，具备组织观念；就应该按照企业的规章制度约束自己，按照企业的文明规范要求自己，自己的言行不能脱离企业的规矩。而A某作为企业的一员，却做出了与企业形象格格不入的事情，这样的行为说明他的思想与企业的要求不在同一轨道上，只考虑个人的一点蝇头小利，而不顾及企业的整体利益；只考虑自己的眼前利益，而不顾及到企业的长远利益；只考虑自己能当下赚钱，而不顾及以后的效果如何。这样的做法，是没有大局意识的做法，是没有远见的做法，是鼠目寸光的做法；这样的态度，是不受顾客欢迎，不受企业欢迎，是难以在商业竞争中立足的。所以，摆不正自己与企业的关系，必然会遭到顾客的抵触，职工的反对，企业的淘汰。

作为一名企业职工，只要在企业工作一天，就必须遵守企业的规章制度，就必须有组织观念，正确处理个人与企业的关系，有定力做到不忘初心，严于律己，切不可忘记组织，忘记规章。否则，就会违规违纪，受到惩处。

3. 不懂得尊重顾客——摆不正自己与顾客的关系

态度决定一切，有什么样的态度，就会产生什么样的结果。作为商业服务人员，必须首先解决对顾客的态度问题，尊重顾客，诚信服务，这是很重要的一条。A某作为一名从事销售工作多年的服务人员，却不懂得尊重顾客，不懂得以诚待客，以信取利的道理，拿虚假的商品，虚伪的态度来骗取顾客的短时信任，获取自己的暂时利润，这样的素质太可怜，这样的做法太可耻，这是自欺欺人的做法，是自绝后路的做法，是害人害己的做法。我们常说“顾客是我们的衣食父母”，那么欺骗顾客就如同欺骗你的父母，你的朋友，你的亲人，终究会丢掉声誉，丢掉信任，丢掉一切。所以，将顾客摆在重要的位置，去尊重，去爱护，去维护，才能处理好自己与顾客的关系，才能拥有越来越多的顾客。

作为一名营业员，只要从事商业服务工作，就必须尊重顾客，关爱顾客，正确处理自己与顾客的关系，有定力做到态度和蔼，服务周到。否则，就会丢掉顾客，失去财源。

在市场经济条件下从事经济工作，在市场竞争环境中从事服务工作，我们一定要始终保持清醒的头脑，切不可做饮鸩止渴的傻事，要学好“生意经”“道德经”，真正认识优质的商品和优良的服务才是企业发展的硬道理和生命线，才是企业的核心竞争力和永恒竞争力，自觉在市场竞争中坚持正确的竞争思想，采取正确的竞争手段，才能达到正确的竞争目的，在市场竞争中立于不败之地。

2017年2月18日

第四部分

如何抓好这些管理问题

诚信是赢得顾客的法宝

解放百货大楼创建于 1955 年 5 月 1 日，六十年来，经历了风云变幻的考验，经历了市场经济的考验，经历了改制转制的考验。企业从计划经济到市场经济，从国有企业到股份企业，从自我发展到对外兼并，战胜一个又一个困难，排除一个又一个风险，胜利地走过来了，现在仍然行进在发展的道路上。

在绝大多数老百货破产、倒闭、关门的情况下，一个零售企业能够数十年保持活力健康发展的原因有多条，其中一条重要的原因就是要坚持诚信经营的理念，不断赢得顾客的信赖，不断吸引顾客光顾。

古谚说："诚招天下客，誉从信中来"，这条谚语讲的是"诚"与"客"的关系，"信"与"誉"的关系，告诉生意人，诚则顾客众，信则有美誉。以诚就能致信，以信就能取胜，这是一条很重要的生意经。这条生意经，自然经济时需要，商品经济时需要，计划经济时需要，市场经济也需要。我们现在是在社会主义的市场经济条件下从事零售工作，不能将市场经济只理解为挣钱经济、利益经济、竞争经济，不能认为只考虑挣钱就行了，而不需诚信理念了，而是更应该将市场经济理解为法制经济、道德经济、信用经济，要认识经济效益与诚实守信的一致性，更需要树立诚信的理念，将诚信视为企业之根、企业之魂、企业之基、企业之本。

我们在企业职工教育中，经常让大家思考三个问题：商店为谁而建立？企业为谁而服务？怎样使顾客满意？第一问，第二问的答案是顾客，第三问的答案是诚信，让职工明白，经营需要诚信，诚信才能赢得顾客，企业要将诚信当作赢得顾客的法宝。基于这种认识，多年来，为了让一茬又一茬的职工懂得诚信的重要性，提高践行诚信的自觉性，企业一直坚持诚信教育的活动：1987 年以来，坚持抓以"重合同、守信用"为内容的教育活动；1994 年我店向社会公开承诺的"十分钟退换鞋"的做法，由新华社播发，被中国气象出版社编入《回头客》一书，上海的《新民晚报》等报转发；1995年开展了以“诚信、公平、情义、服务”为内容的教育活动；2000年开展了以“服务不满意下岗，商品不满意退换”为内容的教育活动；2001年开展了学习落实以《公民道德建设实施纲要》为内容的教育活动；2002年开展了以“人人是形象，人人树形象，人人讲诚信，诚信兴企业”为内容的教育活动；2003年开展了以“说诚信话，办诚信事，做诚信人”为内容的教育活动；2004年开展了以“创建诚信企业”为内容的教育活动；2005年开展了以“细节、细微、细心”为内容的三细教育活动；2006年开展了以“社会主义荣辱观”为内容的百日教育活动；2010年开展了以“如何提高顾客忠诚度”为内容的学习教育活动，2014年开展了以“如何使服务令顾客惊叹”为内容的学习教育活动。同时，我们还制订了《职工诚信守则》《职工诚信行为规范》以及《职工诚信、失信奖惩规定》，通过思想教育，打牢职工的诚信思想，通过制度建设，保证职工的诚信行为。常抓诚信建设，巩固了诚信成果，树立了诚信理念，形成了诚信习惯，提高了诚信素质，塑造了诚信形象。我们承诺的“明码标价、明码实价、明码一价、明码平价”的价格，一直在坚持；我们承诺的“商品不满意退换，一次解决不超过30分钟”的措施，一直在执行；我们承诺的“服务不满意下岗、免费饮水”的做法，一直在行动……诚信的教育，诚信的行动，使我们的企业尝到了甜头，诚信给予我们信心，给予我们勇气，给予我们力量。面对经济危机，我们敢于应战，靠诚信化危为机，转危为安；面对困难之事，我们敢于攻坚，靠诚信化难为易，迎难而上；面对网络冲击，我们敢于搏击，靠诚信转逆为顺，与时逐利。近30年来，我们坚持“服务、价格、质量”三诚信，曾65次获得国家、省、市级各种诚信荣誉称号。

社会主义市场经济已进入服务经济的阶段，在服务经济阶段，更需要服务人员具有时代特色的诚信理念，首先是诚信做人，其次是诚信做事。每个职工要在落实“顾客至上，诚信服务，爱企敬业，认真负责，追求卓越”的企业核心价值观的行动中，将诚信与自己的本职工作结合起来，将诚信贯穿于经营管理活动的全过程，让诚信在经营管理活动中发挥正能量，让诚信成为获得理想的经济效益和事业成功的第一要诀，在服务经济的实践中处处体现“真情、诚信、感动、满意”的服务精神。

顾客是衣食父母，是利润来源，是企业资源，是企业的靠山。对顾客诚信是理所当然的事情，是必须坚持的铁律。要想在服务的实践中自觉遵守诚信的理念，必须解决三个问题：第一个问题是对待顾客的立场问题。在立场问题上，企业的职工必须同顾客站在同一立场上，急顾客所急，想顾客所想，帮顾客所需，要坚定对顾客诚信的立场；第二个问题是对待顾客的感情问题。在感情问题上，企业的职工应将顾客视为自己的亲戚朋友，当作一家人，要有亲朋好友之情，要有一见如故之感，要有宾至如归之礼，要坚定对顾客诚信的感情；第三个问题是对待顾客的态度问题。在态度问题上，企业职工要尊重顾客、理解顾客、关爱顾客，让顾客感到态度和蔼、语言文明、接待热情、感动满意，要坚定对顾客诚信的态度。学习践行党的群众路线，在零售企业，对"群众"二字要有新的理解，群众不仅包括职工，还包括顾客，解决好这三个问题，也是零售企业执行党的群众路线的具体表现。

有人一说到生意人，总要与"无商不奸"一词联系在一起。"无商不奸"的说法是封建等级社会重农抑商思想的产物，这一说法既是对商业的全面否定，又是对商人的全面否定，历史证明，这一论断毫无道理，事实证明，这一论断毫无根据，既不公正，又不科学。商界中的奸商，如同社会中的坏人一样，只是少数，而不是多数，更不是全部。我们作为 25 年的文明和谐单位，决不做奸商，而是努力做好德商，用诚信的实际行动证明"无商不奸"是一句流传久远的十分荒谬的错误论断，用诚信的实际行动消除"无商不奸"这句强加于生意人身上的歪理邪说的影响。

诚信二字，"诚"是对自身修养的要求，做人要做老实之人，真实之人，务实之人；"信"是对人际关系的要求，处事要言而有信，言而有行，言而有果。诚是因，信是果，既没有无诚之信，又没有无信之诚，两者互为依存，相辅相成。资金是企业的血液和生命，诚信同样是企业的血液和生命，诚信是一种力量、一种文化、一种精神、一种文明，我们要保持，要巩固；诚信是竞争力、凝聚力、感召力、软实力，我们要拥有，要增强；诚信可立企，可树德，可育人，可感人，我们要坚持，要发扬。崇尚诚信，践行诚信，就能不断获得顾客信任，不断赢得顾客满意，不断增加回头客，不断扩大忠诚客。

经商有道，要有诚信之道，竞争有德，要有诚信之德。我们的企业职工愿永远做顾客诚信之朋友，诚信之参谋，诚信之助手，让诚信在我们企业开出灿烂之花，让诚信在我们企业结出丰硕之果。今已甲子，又盼甲子，心想百年，力超百年！让我们的企业在诚信中长盛不衰，长命百岁！

值此公司店庆60周年之际，我携全体职工向所有顾客道一声感谢：感谢您们见证企业的风雨历程，感谢您们支持企业的健康发展，感谢您们助力企业的改革创新。展望未来，我们将继续以诚信为桥梁，创建安心购物、放心消费、舒心退换的服务环境，以新的面貌，新的姿态，新的步伐，续写明日的辉煌。

2015年1月18日

面对网络冲击　我们敢于搏击

最近，在调研中听到这么一件事情：柜组长A某说：一位顾客要买一款她所出售的衣服，当时已无库存，就与厂家联系给这位顾客进了一件这种款式的衣服，而且让厂家直接寄到顾客家中。可是过了几天，这位顾客说，寄来的衣服与原先手机拍照的款式不一样，要求退掉。当时A某很纳闷："明明就是顾客要的款式，为什么顾客却说不是，我对顾客态度这么好，还垫付了快递费用，为什么顾客还要退呢?"我说："是不是你的商品价格与网上价格差别大呢?"A某说："不知道。"我马上从网上查找A某所售这款商品的价格，上网一查，答案出来了，网上价格274元，A某售价398元，差价124元。A某这时恍然大悟："怪不得顾客要退货呢！怪不得我的这种款式的衣服销得很慢呢!"我问A某："你会不会用电脑?"她说："会用。"我又问A某："你平时有没有将你的商品价格与网上价格进行比较?"A某说："没有，以后我要经常关注网上价格。"

A某在经营中因电子商务产生纳闷的问题，她的同事们在电子商务的冲击下，也有不理解的现象：有的顾客看一看，比一比，就是不买；挑一挑，试一试，还是不买；买回去，左研究，右研究，坚持要退；态度好，服务周，仍不买帐。他们说："电子商务把我们的实体店变成了它们的'试衣间''体验室''试用店''展示台'。"

当实体店的经营者讨论影响经济效益的原因时，一般要说四大理由：网购冲击、经济放缓、成本提高、业态多元，而且总是将网络冲击放在第一位，视作影响经济效益的第一因素。可是，有的经营者在实践中又不关注电子商务的动态，又不将自己所售商品同网上价格进行比较，将自己的生意场所视为脱离互联网的世外桃园，这真是一种奇怪的现象，这样的做法怎能使自己的思想与时俱进？怎能使自己的生意与时逐利？

习近平总书记在致首届互联网大会的贺词中指出：互联网真正让世界变

成了地球村，让国际社会越来越成为你中有我，我中有你的命运共同体。科技日新月异，网络互联载具愈来愈精致精巧，人与人、物与物、人与物之间的互联愈来愈方便，不但连结了全世界，也改变了全球的生活模式和商业形态，出现了商品全球化，顾客全球化的新局面。

面对互联网催生的新技术、新产品、新业态、新模式的趋势，而且这个趋势是大势所趋，势不可挡，是发展之必然。可是有的经营者却对互联网中的电子商务存在这样或那样一些不正确的想法，主要有五种：

其一，反对的态度。他们的口号是："打死网官，消灭网络"，或者是："让网络从人们生活中脱离出去"。这是"灭网""禁网"的想法，面对已成为影响人类社会文明进程，驱动经济发展先导的互联网，反对是背道而驰的，反对是愚蠢无知的，反对是无理的，反对是无效的。

其二，躲避的态度。躲避者认为，网络势力大，它们是大鱼，我们是虾米，我惹不起，还躲不起？离它远一点是上策。在网络时代，网络如同空气，到处存在，你躲得了今天，躲不过明天，躲得了这里，躲不了那里，躲是躲不开的，躲避是一种消极无能的做法。

其三，害怕的态度。害怕者视网络与实体店势不两立，他们认为不是"（线）上活（线）下死"就是"（线）上死（线）下活"，视网络为洪水猛兽，暴风骤雨，"实体店危机到了，末日来了"。这种人被互联网吓破了胆，吓退了勇气，在互联网面前焦躁不安，不知所措，失去了市场竞争中应有的勇气和斗志。

其四，麻痹的态度。麻痹者或无视网络的存在，一心一意做生意，两耳不闻网络事；或自我解嘲，说什么"我们经营中老年商品，这一部分顾客网上购物少，对我们影响不大"，身在网络世界，对电子商务采取麻痹态度，必然会失去经营的预见性和主动性。

其五，拒学的态度。拒学者坚持"我不懂、我不学"的立场，天真地认为自己不学网络知识，不利用网络，网络就不影响自己的工作。经商做生意需要知识，需要智慧，拒学哪来知识？拒学哪来智慧？拒学哪来进步？拒学哪来提高？所以，拒学没有出路，拒学无法应对复杂的市场形势。

面对互联网的冲击，实体店经营者的正确态度和正确做法是：解放思想、认清形势、知己知彼、敢于搏击。具体而言，应该从五方面进行努力：

1. 克服错误思想，树立网络思维。面对网络冲击，要勇于搏击。首先，要解放思想，克服各种错误思想，在错误思想中，主要克服对互联网的错误认识，树立互联网思维，在互联网时代，应有“互联互通，共享共赢”的理念，使自己成为互联网中的关心者、参与者、优秀者。同时，还应克服因循守旧、不爱动脑、经验主义、随波逐流等错误思想及做法，丢掉思想包袱，轻装上阵搏击。

2. 刻苦学习新知，尽快掌握新知。互联网是一门新技术、新知识。怎么掌握新技术、新知识，唯一的、可行的、有效的办法就是学习。不论是年轻人，还是老年人，不论是过去有经验的人，还是没有经验的人，不论是过去有成绩的人，还是没有成绩的人，都要虚心学习新技术，学习新知识。这是必修课，必须学，而且要有计划、有目的地学，要有毅力、有决心地学。将新技术、新知识学习好，自己就能跟上时代的步伐，自己就能在市场竞争中具备搏击的知识和搏击的资格。

3. 分析各自优劣，既知己又知彼。每当一个新事物出现时，有的人总爱将新事物说的天花乱坠、十全十美，将旧事物说的一无是处、千疮百孔，用一种事物否定另一种事物，用一种倾向掩盖另一种倾向，这是一种唯心的、错误的思维方法，我们要用辩证唯物的态度，分析电子商务与实体店各自的相比较的优劣势，作为实体店，既要扬长避短，又要变短为长，发扬自己的优势，知己知彼，做头脑清醒的搏击者。

4. 增强经营能力，沉着应对冲击。在有电子商务的背景下，面对网络冲击，经营者如何搞好自己的“购、销、运、存”这些经营的基本工作？这是摆在经营者面前的新课题，在这个新课题面前能否取得优秀的成绩，这就要看你在网络冲击下还有无适应新形势的新的经营能力，或者说经营本事。所以，面对网络冲击，经营者应反思自己，反思自己的经营能力有哪些不足？还应从哪些方面提高经营能力？反思在网络冲击下如何搞好商品管理和顾客服务，创造具有自己特色的O2O（线上与线下的结合）经营战略，使实体店变成消费者交易、交流、体验、享受的载体，做得心应手的搏击者。

5. 辨别真假好坏，不断改变策略。电子商务领域也不是一片净土，有的网络是规范的，有的网络是不规范的；有的网络是负责的，有的网络是不负责的；有的网络是保证质量的，有的网络是不管质量的，作为经营者一定要善于分析电子商务中的现实状况，既要知道电子商务中有益、有利的一面，又要知道电子商务中有害、不利的一面。在经营中要十分重视自己进货的策略，时而采取“网无我有，我有网无”的策略，时而采取“网高我高，网低我低”的策略……不断改变策略，保证自己在搏击中立于不败之地。

我们面对网络冲击的新形势，身在电子商务的新业态之中，只有树立新心态，解决新课题，跟形势创新，随市场转型，为顾客着想，创造新常态，才能从焦虑走向自信，从畏惧走向勇敢，从躲避走向搏击；才能与时俱进，提高竞争能力，增强经营活力，保证经济效益。希望每一位经营者、售货员，在网络冲击的市场经济中勇敢地、沉着地、智慧地搏击吧！争当搏击市场的胜利者。

2015 年 3 月 25 日

这是永恒的竞争力 这是核心的竞争力

俗语说："得人心者得天下"。将这句话运用到服务行业，就应该是"得客心者得市场"。只有最大限度地满足顾客的需求，最大限度地服务好顾客，才能最大限度地赢得顾客，最大限度地赢得市场。满足顾客的需要，追求顾客的满意，就是我们零售企业奋斗的目标。先来看下面几个成功赢得顾客进而创造出效益的小故事：

故事一：进货为顾客，才能赢得顾客

李艳军是服装商场的经营户，她的柜组地理位置不占优势，但连续三年的销售业绩都在商场名列前茅。说到经营体会时，她感到进货特别重要，她重点讲了进货的"三字经"：全、新、勤。

"全"。不论淡季旺季，李艳军进货的时候，都会用心去选货，将货品备全，以便顾客挑选，有人劝她：淡季少进点货，减少风险。李艳军说："货少了，顾客的选择范围就小了，这对顾客来说不公平。"所以即使卖得不是很好，李艳军也保证货源充足。

"新"。李艳军进货务必求新。她说："将心比心，顾客肯定喜欢新款商品，如果一味拿老款商品来销售，虽然价格偏低，但也入不了顾客的眼，不能满足顾客的需要。"所以李艳军的货品常常以新颖吸引顾客。

"勤"。顾客来选商品，如果不巧正好没有了顾客喜欢的商品，李艳军不管在忙什么，都会马上放下手里的活，骑着电动车跑去给顾客进货。有人对她说："一件衣服又挣不了几个钱，没有必要那么远专门跑一趟。"李艳军却不这么想，她说："顾客好不容易有喜欢的商品，我怎么能因为挣钱少就不去满足顾客呢？"

按语：李艳军的经营秘诀是以货引客。俗话说"货叫人，不请自到，人叫人，千声不应"。做生意就是经营商品，你进的商品顾客不满意，你的生意就无法如意。正如人们常说“巧妇难为无米之炊”。在市场经济条件下，经营者必须当“巧妇善为有米之炊”，一定要在找米上下功夫，在进货上做文章。零售企业三道关“进货、销售和库存”，进货不过关，销售、库存必然出问题。现在媒体经常讲“供给侧”，在零售企业抓好进货，抓好货的质量，就是贯彻供给侧结构性改革精神的体现，经营者必须根据顾客需求进货，你关心顾客需求，顾客当然光顾你的生意。

故事二：友善待顾客，才能赢得顾客

中国人常说“顾客是我们的衣食父母”，西方人常说：“顾客是上帝”。那又有多少人能真正把顾客当作“父母”对待？当作“上帝”对待？服装商场经营户高秀云却做到了。每次顾客来选购商品，她经常蹲在地上，帮顾客脱鞋、穿裤子、提裤子、挽裤边。在炎热的夏季，常常起身就已经满头大汗，但脸上的笑容丝毫不减。顾客买完商品，她都要把顾客送到楼梯口，遇到腿脚不方便或者年龄大的顾客，她会搀扶着顾客，把顾客送到营业大厅外。

有一次，一位顾客来选裤子，高秀云帮着试了六七条，都没有顾客满意的，高秀云依旧微笑着对顾客说：“没关系，您再到别家看看，不买咱们也是朋友。”这位顾客特别感动，后来成了高秀云的忠诚客。

每当淡季的时候，高秀云为了满足顾客的需要，总会进一些特价商品，实实在在地回馈给顾客，有的顾客会因为特价商品的吸引，反而会将价格高的商品也一并买上，这样一来，高秀云的销售不减反增。她说：“生意有三宝：人好、货好、信誉好。我做生意这么多年，始终牢记这个道理，把顾客当成我的‘父母’来善待，你说还会有不照顾孩子生意的父母吗？”

按语：高秀云的经营秘诀是以情引客。也可以称之为情感营销。同类的商品、同样的价位，有的顾客就愿意一次又一次地到某一个柜组购买商品，这就是营业员“以情引客”的结果。这个柜组的营业员在高秀云的领导下“心中有爱、脸上有笑、手中有活、口中有词”，拉近了与顾客的距离，建立了与顾客的信任，顾客就会心甘情愿地在她那里购买商品，这就是情感带来的力量，也是顾客忠诚于你的理由。所以，你能对顾客有情，顾客必然就会对你有义。

故事三：主动帮顾客，才能赢得顾客

一天，商场的销售员柳跃芳看见两位顾客手里拎着一个个大大小小的袋子，特别费劲。柳跃芳赶忙上去帮着拎了几个，边拎边说："买了这么多东西啊？来，我给你们找个大袋子，都装一块儿，你们也好拿。"说着便找出来一个大塑料袋帮着顾客把东西都放了进去。两位顾客特别感动，执意在柳跃芳柜组买了一条皮带。

鞋帽商场也有这样一个故事。一位顾客拎着袋子刚从楼梯走上来，忽然，手里的袋子断了，里面的菜散落一地，顾客气急败坏地埋怨袋子不结实，正在这时，销售员陈秋英赶忙拿了一个袋子就跑过去，帮顾客将地上的菜一一捡到袋子里。顾客特别感谢陈秋英的帮助，第二天带着朋友来到陈秋英的柜组，一下买了好几双鞋。就这样，这位顾客成了陈秋英的忠诚客。

按语：柳、陈二人的经营秘诀是以事引客。生意在哪里？生意常在生意之内，有时也在生意之外。两人不经营塑料袋，但塑料袋却给她俩带来了生意，这就是生意之外产生的生意。一个小小的塑料袋，对营业员来说本是分外之事，对顾客来说是意外之事。正是营业员的分外之举，解了顾客的燃眉之急，感动了顾客，给自己带来了意外的生意。顾客的需求是企业效益的源泉，我们的服务不能只停留在顾客对货物的需求上，还要在自己力所能及的范围内根据顾客其它需求提供帮助、提供方便。顾客感动于营业员的行动，同时也为营业员创造了效益。营业员感动顾客一次，顾客既可能记忆一生，又可能与这个商店交往一生。所以，你服务感动顾客，顾客自然就会感恩企业。

从她们的服务中应该明白哪些道理？

1. 要明白经商为什么？何谓商品？商品是用来交换的劳动产品，何为经商？经商就是要经营好商品。商品是别人需要的，是为别人使用的。经营者的一切活动都要围绕顾客的需要，满足顾客的需要，尤其第一环节的进货，更是要精准地掌握顾客需求，进回顾客需要的商品。为顾客进货这是正确的经营思想，这是经商之初心，这是经商的朴素之心。经商者盈利只是经商目的的副产品，如果将经商的目的与结果颠倒，将盈利放在第一，顾客需要放在第二，就改变了经商的初心，改变了经商的朴素之心。

2. 要明白怎样待顾客？经商必然与顾客联系在一起，世上没有无经营的服务，同样也没有无服务的经营。但因营业员的素质不同，导致服务水平大不一样。认识服务的重要性，才能重视服务，搞好服务。在商界不论干部还是职工，经常可听到“和气生财”“买卖不成仁义在”等经商古训，也可听到“顾客至上，服务至上”的时代要求，这些都是对待顾客的初心，对待顾客的朴素之心。坚持这个初心，这个朴素之心，顾客就能成为回头客、忠诚客，否则，营业员就成了“顶门杠”“丧门星”。作为商业服务人员，应坚持“和为贵”的原则，力求做到对顾客有和蔼的态度，和气的语言，和谐的沟通，和睦的相处，和人的印象。

3. 要明白怎样做好人？《三字经》里的第一句话是“人之初，性本善”。意思是说，人在降生的时候，天性都是善良的，这就是人的初心，人的朴素之心。每个人都要明白什么是好人，怎样做好人。作为商业工作者，要明白什么是好商人，怎样当好商人，好商人就应有人意、人情、人缘、人气、人望。友善对待顾客，将顾客视为自己的亲朋好友。每个经营者都要记住，好的人品是最硬的底牌。《三字经》里第二句话是“性相近，习相远”，意思是说，善良的天性本来都是差不多的，但因各人的学习和环境不一样，就逐步产生了好与坏的区别。所以个人不努力改造自己，离开了初心，离开了朴素之心，就做不好人，经不好商。

《华严经》中有一句话叫“不忘初心，方得始终”，意思是对初心坚定不移，持之以恒，保持定力，就能善始善终。用我们现代人的话来讲就是：“坚持就是胜利”。“初心”是什么心？是善良之心，真诚之心，无邪之心，进取之心，没有污染，贵在纯真。人与人之间最小的差距是智商，最大的差距是坚持。一件事情，只要坚持到底就能取得成绩，就能达到目标。当有人问英国首相丘吉尔成功的秘诀时，他的回答是“决不放弃，决不，决不放弃，决不，决不，决不放弃”。一种好的方法，一种好的思想，一种好的事情坚持、坚持、再坚持，就一定能获得丰硕成果，一定能超过别人。

《庄子·天道》有言：“素朴而天下莫能与之争美”。意思是说，朴素之心是本色之心，是天下没有什么能与之来争美的，因而是最美的。朴素之心纯洁、实在、自然、醇厚，不尚奢华，贵在朴素。朴素之人，会使别人感到可爱又可敬，得人心，受人赞；朴素的感情与人“素交”，更能表现出友谊的骨髓，能使这种感情恒久不衰；朴素的作风有力量，不怕困难，敢于和善于战胜困难；朴素之心有真情，有立场，对人情真意切，立场坚定不移。

我们在市场经济的竞争中，有了经商的初心和朴素之心，有了待客的初心和朴素之心，有了做人的初心和朴素之心，就有了永恒的竞争力，有了核心的竞争力，有了强大的竞争力。这些竞争力是我们经商的基因，是相对真理中的绝对真理，这是常识，这是知识，这是诀窍，这是生意经。这是与人竞争的硬素质，这个素质，不是一日之功，而是厚积薄发，别人难以快速仿造复制；这是与人竞争的软实力，这个实力，它是厚重之力，柔和而又刚强，别人难以与之抗衡对决。这个硬素质，这个软实力不可小看，不可忽视，弃之有大害，用之有大利，有了这样的竞争力，就不怕网络的冲击，不怕客观的困难，不怕竞争的对手，稳坐钓鱼台，年年效益好。

我国的市场经济已进入服务经济阶段，竞争会更加激烈，困难免不了，难题少不了，冲击停不了，干扰断不了。所以处在服务经济中的服务行业的人员必须重视服务工作，研究服务工作，学习服务知识，增强服务技能，完善服务素质，提高服务水平，不忘初心，强化素心，用心做好服务工作，用力做好服务工作，与顾客的交往有温度，有情感，先得人，后得利，就会不断涌现出感动顾客的典型人物，不断谱写出自己服务工作的新篇章，真正让服务成为核心竞争力、永恒竞争力。

2016 年 12 月 25 日

只有坚持价格“四明”才能赢得顾客信任

人们常说，诚信是立企之本、立人之本。用诚信立企立人，是企业诚信建设的目标。作为商业服务企业的价格诚信建设，既是企业诚信建设的重要组成部分，又是企业诚信建设的重要内容之一。一个企业的价格诚信应体现在哪些方面呢？简而言之，就要坚持做到价格“四明”——明码标价、明码实价、明码一价、明码平价。

一、明码标价

1. 明码标价体现的是诚信的思想

明码不明码，标价不标价，不是由价格来决定的，而是由人来决定的。诚信者明码标价，失信者无码无价。价格与人格相联系，是否明码标价的背后，起作用的是经营者的思想，价格反映人格，经营者思想诚信，就必然会做到明码标价，就自觉能坚持明码标价。

2. 明码标价体现的是公开的价格

价格是顾客购物时十分注意的问题，如果顾客购物时看不到商品上的价格标签，会感到茫然，会感到可疑，可能会产生放弃购物的念头。他们会想“为什么出售商品不标价？”“不标价是否想搞鬼”。商品是面向广大顾客的，商品是公开的，价格也应随之公开，这是常识的需要，这是诚信的需要。

3. 明码标价可使顾客感受到真诚

顾客是我们的上帝，我们要尊重顾客，坚持顾客至上的经营理念。顾客的需要就是我们的工作，明码标价就是顾客的要求，因此，明码标价就是尊重顾客的表现，隐瞒价格就是不尊重顾客的表现。明码标价是在价格上尊重顾客的标志，明码标价才能赢得顾客的信任，让顾客感到他们是企业的客人，企业是对他们真诚相待的。

二、明码实价

1. 价格实要在价格与价值合理的范围内

价格是价值的反映，但一般来说，在市场上价格高于价值。一种商品有成本价、出厂价、批发价、零售价，这些价格一个比一个高，但高要高得合理，高要高得有理，不可使价格与价值背离得太远了，太离谱了，一定要在合理的科学的加价范围内。

2. 价格实要在顾客接受的满意的范围内

一种商品加多少价，是经营者的权利，认可不认可这种价格是顾客的权利。经营者对商品的加价，一定要考虑顾客的感受，一定要在顾客认可或接受的范围内，不可只考虑供求关系，供小于求时随意加价；不可因自己商店的建筑设备高档而随意加价，将一般商品按奢侈品的价格出售；不可因自己的利润欲望无限加价，或加 10 倍，或加 30 倍，或加 50 倍……疯狂加价。

3. 价格实才能给顾客留下合理实在的印象

我们经常说，要文明经商，文明经商不仅要体现在语言上，更要体现在价格上。明码实价是顾客的所求所盼，价格要实在，不能有虚假之价，暴利之价，欺人之价，不能有奸商之风，不能有奸商之行，在追求利益最大化时追求价格最高化。合理实在的价格才能给顾客留下合理实在的印象。

三、明码一价

1. 明码一价可以体现出稳定可靠的价格

如果今天一个价，明天又是一个价；标的一个价，卖的又是一个价；标的原价一个价，实际原价又是一个价；标的进价一个价，实际进价又是一个价，混乱的价格使顾客眼花缭乱，不知所措。稳定可靠的一价，可以带来稳定的顾客，忠诚的顾客。

2. 明码一价可以消除混乱的价格现象

一价，就是一种价格没有二种价格，一价就是不搞价的价格，如果今天搞什么打折价；明天搞什么跳楼价；后天搞什么“清仓价”“一元价”“惊暴价”……必然导致顾客讨价、砍价、搞价，结果是会买的不如会卖的，麻烦很多，还容易上当受骗。

3. 一价可以给顾客带来诸多方便

企业推行“唯一不二”的“一价”经营方法，一则可以省去顾客搞价的诸多麻烦，二则货真价实，可以使顾客放心购物，无后顾之忧。明码一价是企业对顾客言行一致的体现，这样就给顾客购物节约了大量的时间，消除了心中的忧虑，不论男女老少都可放心购物，真正在价格上方便顾客，赢得顾客。

四、明码平价

1. 平价实行的是薄利多销的经营策略

明码标价，若标得高价不得人心；明码实价，若实卖虚价不得人心；明码一价，若一天一价不得人心。“四明”中的前“三明”——明码标价、明码实价、明码一价，都是为了第四明——明码平价，这就是四者之间的正确关系。平价说明加价合理，但又低于多数同行的价格。

2. 平价实行的是能使顾客受惠的价格

平价肯定低于其它企业的价格，顾客购买商品时会从中得实惠。比如在同一城市，平价商店一件皮衣卖 1800 元，有的商店却卖 6800 元；平价商店一件貂皮大衣卖 16000 元，有的商店却卖 58000 元。价格差距如此之大，你说顾客得到实惠有多大，顾客当然愿到平价商店购物。

3. 平价可赢得顾客信任获得顾客支持

企业实行平价经营策略时，既要考虑企业利益，又要考虑顾客利益。在社会主义市场经济条件下，企业只考虑自己的利益是错误的，企业要履行好社会责任，要围绕顾客利益转，一定要考虑顾客的利益，让顾客花比较少的、比较合理的钱购买自己满意的商品，这样才能赢得顾客的信任，得到顾客的支持，创造更多的顾客，保证企业赢得更多的回头客和忠诚客。

树立诚信经营理念，加强价格诚信建设，持之以恒坚持“四明”，就能铸造诚信价格品牌。诚信价格体现的是道德能量，这种道德能量，能使企业具备以德经营的心态，养成承诺践诺的习惯；这种道德能量，能使职工充实自己的素质，坚定不移地做言而有信的人；这种道德能量，能使顾客放心，增强吸引顾客的凝聚力；这种道德能量，更是一种正能量，能穿越时空，穿越历史，穿越困难，是使企业可持续、可健康发展，保持竞争力、前进力的动力和助力。

2013 年 11 月 10 日

“无商不奸”是一个流传久远的谬论

有的人对商业服务人员有意见时，通常会甩出一句“无商不奸”，好像这句话是一发重型炮弹，能给商业服务人员致命的打击！到底“无商不奸”是什么？

何谓商人？商人是指贩卖商品从中获取利润的人。古人称商人为商贾（gǔ）。商人产生于奴隶社会的商朝，商人这个阶层一出生在社会中的地位就不高，处于被压迫的底层。

历史发展到封建社会，封建社会是等级社会，等级的序列是士、农、工、商。读书做官的人叫做“士”，为一等人；开辟土地种谷物的人叫做“农”，为二等人；凭手艺技巧制造产品的人叫做“工”，属于三等人；互通有无出卖货物的人叫做“商”，属于四等人，商人的地位在理论上、法律上、实践中都定位于最低层。我国是个农业国，在封建社会各个朝代都推行“重农抑商”的政策。比如在春秋战国时期，是重农抑商理论的形成阶段，这时，一些思想家的言论对商人和商业的态度是很苛刻的，荀子说：“工商重，则国贫”，主张“省工贾，众农夫”；韩非子把商工之民列为“五蠹”（dù）之一，也就是五种危害集体的坏人之一。从秦、汉代至隋唐时期，进入了重农抑商理论法律化阶段，形成了贱商、抑商的政策和法律，或宣扬“商业害国论”，或贬低商人地位，或经济上抑商，对商人加重税赋。从唐代至明朝末年，重农抑商政策反复调整，推行了“贱而不抑”的政策。到了清代，重农抑商传统观念化，理念化，在清代最主要的政策是对商业性农业发展的压制和对海外贸易的限制。长期的等级社会，长期重农抑商，商人便成为长期的“贱商”，视为“贱民”，贱者也就成了地位低下之人，良民之外之人。重农轻商，崇本抑末乃是两千年来中国封建社会的国策，中国商贾从来没有执掌过政权，从来没有成为过统治阶级。

中国的商人是在儒家思想笼罩下成长起来的。商人经营的目的是为了获利，在义与利的面前，人们向以商人是见利忘义、唯利是图。因此，以仁义为重，重义轻利的儒家轻卑商贾，以为士与商难容，《战国策·赵策》言："所贵于天下之士者，为人排患释难、解纷乱而无所取者。即有所取者，是商贾之人。"儒家认为，无所取者的士为贵人，而有所取者的商贾为贱人。儒家认为商贾之人是属于缺少仁义的贱人，缺少道德的贱人。

一方面是国家层面的重农抑商思想，将商人视为贱民；一方面是儒家倡导的重义轻利思想，将商人视为是"贱人"。贱民也好，贱人也好，统统属于卑鄙、卑贱之人。这两者都会产生出"无商不贱""无商不奸"的谬论。"无商不奸"既是"重农抑商"的产物，又是"重义轻利"的产物。"无商不奸"的论调是对商业的全面否定，是对商人的全面否定，这是毫无根据的歪理邪说，这是毫无事实的荒谬结论，这是强加于商人身上数千年的不适之词，不真之辞，应该推翻其谬论，应该批判其错误，应该肃清其流毒。历史事实也证明，商贾并非都是奸伪巧诈之人，其中不乏忠厚老实与道德高尚之人，比如"陶四翁烧紫草"的故事，"茶商还金"的故事，"弦高爱国"的故事……都是最好的例证。

其实古人也不赞成"无商不奸"的错误观点，他们也不是对商业和商人采取一概否定的态度。古代的商贾向有"良贾"与"贪贾"之分，所谓良贾就是进行正当的商品交换，"以其所有，易其所无"，"易功易事"者。所谓贪贾，就是"罔市利"，以投机取巧，垄断市场，囤积居奇，哄抬物价，牟取暴利者。这就是说中国商贾之道，古来就有善恶之分，良贪之辨。人们传颂义商良贾，鄙视恶商贪贾。这里说的贪贾，就是以不正当手段牟取暴利的奸商。

商人中有奸商，历代都有，这是不可否认的事实。但是，商界中的奸商，如同社会上的坏人一样，只是少数，不是多数，更不是全部。对商人否定一切是错误的，肯定一切也是错误的，应持辩证唯物的态度，正确认识商人，正确对待商人。在社会主义国家里，工农商学兵，人人是平等的，没有贵贱之分，只有分工不同。尤其在社会主义市场经济中商业服务业的作用越来越大，人们视商业服务业是拉动社会经济的引擎，不能因为商业服务业中有个别奸商，就轻意、随意、任意给商人扣个"无商不奸"或"无奸不商"的帽子，这是多么落后的思想，这是多么愚昧的事情，这是多么荒唐的事情。

每个行业中，都有一些不讲道德，不讲原则，唯利是图，追求个人利益，损害集体利益的人。如果说发生在商业服务部门，就叫“无商不奸”，那么发生在其它部门呢？按照这一逻辑推理，就可能有N个的“无某不奸”，比如“无官不奸”“无医不奸”“无师不奸”……那样就会得出无数个错误的结论，无数个烦人的论调，无数个讨厌的帽子，必然会造成思想混乱，互相猜疑，人人受害。

“无商不奸”是一句流传久远的谬论，不应让它有立足之地，不应让它有崇拜粉丝，不应让它有一点市场，应将这一谬论，或送入火葬场，或埋入坟墓中，或抛于大海里。

注：商贾——商人的总称。行曰商，坐曰贾，古人有行商坐贾的说法。

2015年5月4日

不可将商业机密庸俗化

某公司在例行统计年后各商场销售数据时，A 商场工作人员却拒绝告知春节期间的销售情况，并声称这些数据属于商业机密，大有一副神秘莫测之相，摆出一种自作聪明之态，不禁令众人捧腹。

多年来，该公司一直进行节日销售统计，纵向对比年度变化幅度，横向对比各商场经营状况，所收集的数据用于企业内部对比、交流，以分析市场变化，研究公司整体情况，提出经营建议，指明经营方向。数据收集是公司整体管理的需要，是对各商场进行服务指导和监督的需要，而在 A 商场工作人员那里，这一常规性的数字提供却成了商业机密，岂不是滑天下之大稽，好心当成驴肝肺，真是为该工作人员的无知、无识、无情而感慨，感慨之余不免生出可怜、可叹、可悲之感。

什么是商业机密呢？我国《反不正当竞争法》第十条中规定："商业机密是指不为公众所知悉、能为权利人带来经济利益、具有实用性并经权利人采取保密措施的技术信息和经营信息。"秘密性、价值性、实用性、管理性这四个法律特征，是商业秘密缺一不可的构成要件。由此可见，被商场工作人员称为机密的销售数据在企业内部根本就不能算作商业机密，不能当作商业机密来保守，更不能当成商业机密来隐瞒。

商业机密的特性之一是内外有别，对外不对内。对外，保守商业秘密是一种自我保护，因为面对的是商业竞争对手，经营情况的透露会造成不利影响，保密是正常的、必要的、应该的。而对内，一问三不说，内部共享的信息就被当作了个人的私有物品，不利于长远，不利于团结，不利于发展。保守商业机密，对外的原则不能对内，对外的态度不能对内，对外的要求不能对内。拿对外的态度对内就是一种不团结的表现、一种不合作的表现、一种不信任的表现。这种行为也是离心离德不一心，"身在曹营心在汉"的表现。

那么为什么有人要妄言商业机密?

有的人想挑拨上下关系。企业与各商场是承包租赁关系，是一荣俱荣、一损俱损的命运共同体，有的商场工作人员不是站在大局的立场上想问题、看关系，而是从狭隘的“小我”上去胡乱猜测企业与商场的关系，把企业与商场当成了对立的两个单位，把企业和商场当成了相互竞争的两个个体，转动自己的脑袋离间双方的友好关系，其实是在给经营者添堵，给经营者挖坑，在经营者正常承包经营上设置不必要的障碍。

有的人想成“独立王国”之人。我们是商业零售企业，并不是保密局，在企业内部没有这样或是那样的信息、数据需要保密，该工作人员把本不是商业机密的销售数据当成商业机密，把本该上报的数字当成不能上报的机密数字，把本应公开的信息当成不能公开的机密信息，急于剥离该商场与企业间的关系，就是妄想脱离企业的宏观管理，拒绝企业的领导管理，就是想独自为政，成为企业内的“独立王国”，成为“独立王国”的独立之人，搞小圈子、搞小动作、搞小聪明。

有的人想用小动作献媚取宠。企业与各承包租赁者在管理上是全局和局部的关系，是上级和下级的关系。为了企业正常运行，良性循环，秩序井然，持续发展。企业在与承包租赁者签订的合同中明确规定，承包租赁者要服从企业的领导管理，遵守企业的规章制度。有的商场的承包租赁者聘用的工作人员，耍小聪明，搞小动作，为了所谓的个人利益，不惜得罪企业，讨好承租者，实在是一种愚蠢的做法。企业对这一问题早有专门的制度，对于这种献媚取宠者若不改正错误，企业有权终止其劳动关系。

商业机密庸俗化的害处有哪些?

属于商业机密按商业机密对待，不属于商业机密也按商业机密对待，就属于将商业机密庸俗化。所谓庸俗，就是平庸鄙俗，不高尚。如果“庸俗”二字再加一个“化”字，变成“庸俗化”，就会出现滥用、乱用、瞎用商业机密的问题，必然会带来意想不到的害处。如果再将“个人机密”（隐私）也庸俗化，到处乱用，动不动就说这也是机密，那也是机密，将自己自封为机密之人，害处就更大了。

导致离心离德。这种与企业貌合神离的人，把自己的位置摆在了企业的对立面，既不把自己当作企业之人，也不把企业当成自己之企，把自己当作了企业中的异己分子，他们不仅对企业没有感情，没有感恩，更是把企业当成了防范的对象，当成了可怕的对手，他们只会在企业有利可图时抢取一杯羹，只会在企业繁花似锦时添得一缕香，一旦需要他们的帮助，马上就会露出真面目，与企业泾渭分明、划清界线。这样的异己之人没把自己摆在正确的位置。

导致背道而驰。有的商场虽然是中标者管理的商场，但这类商场仍然是企业统一领导管理的商场，企业的繁荣才能吸引到商场的青睐，企业的兴盛才能为商场发展提供优质的平台，商场的配合是企业更好发展的保证，也是企业全面谋篇布局的基础。有的人看不到其中的奥妙，愚蠢地以为，商场要的是会讨好的“良将”、会卖乖的“忠臣”，殊不知，正是他的行为让商场多了不必要的烦恼，多了不应有的麻烦，对这样只知卖乖卖好、巧言令色、投机取巧、有头无脑、看似忠诚、实则自私的人员，管理者怎会信任，怎会器重？

导致脱节脱轨。企业需要忠诚，需要我们有一颗真心、诚心、热心和爱心服务企业。这种不正确、不恰当的保密行为在家庭中出现，必将导致家庭破裂，妻离子散；这种不正确、不恰当的保密行为在企业中出现，必将导致政令不畅，一盘散沙。

导致渐行渐远。这种动不动就妄言有机密的人，是故弄玄虚的人，是有异于常人的人，他们异常看重自己，觉得自己举足轻重。像这种自以为是的人，封闭自己的人，就不该与人打交道，不该与人有来往，应该把自己包裹得严严实实，当个不说不笑的泥塑木雕。这样的人不亲近他人，同样也得不到他人的友善；这样的人不相信他人，同样也得不到他人的信任。这样的人要问问自己：究竟是要保守商业机密还是思想深处存在动机诡秘？

这些问题反映的是人与人之间的关系问题、人与组织之间的关系问题。人与人怎样相处？人与组织怎样相处？需要用社会主义核心价值观来引领，需要用中华民族的传统美德来滋养。人与人相处，人与组织相处，关键是需要有“真情”二字，不要在距离中割断真情，不要在忙碌中忘了真情，不要在拼搏中忽略真情。真情是不虚、不私、不妄之情。真情不虚就是要忠诚老实、诚恳待人；真情不私就是要砥砺品德、刚正无私；真情不妄就是要光明磊落、坦坦荡荡。

在《这是我们的船》一书中，开篇这样写道：“只要我们上了船，我们就和船捆绑在一起了。这条船就是我们的船了。船的前途就决定着我们的前途，船的命运就决定着我们的命运。船翻了，我们就会葬身大海。船已与我们生死攸关了。”商场与企业、个人与集体就是我们与船的关系，只有大船平稳了、远航了，我们才能顺利完成任务，到达理想的彼岸。在这条船上，我们是不可分割的整体；在这条船上，我们是同心协力的战友；在这条船上，我们是同生共死的一家。我们要服从于企业的统一管理，遵循企业的整体布局，不妄言、不妄行，关心企业、热爱企业，把自己的聪明才智、忠诚担当奉献给企业这艘扬帆远航的大船。

2017 年 2 月 20 日

执行力与服从力

何谓执行力——就是按质按量地完成工作任务的能力。

何谓服从力——就是遵从和听从领导和管理的能力。

一个单位要想搞好管理工作，既要提高执行力，又要提高服从力。执行与服从相辅相成，执行促进服从，服从促进执行，没有执行力就没有服从力，没有服从力就没有执行力。

现在有一种倾向，谈执行只谈中层，好像执行只是中层的事，与其它层次关系不大，这是一种误区。

执行与各个层次都有关系，负责一个单位执行的关键在上层，尤其是第一把手。如果上层或一把手，对自己制订的规章制度不执行、不服从，甚至还要破坏自己制订的规章制度。上层在执行力和服从力方面，随心所欲，想执行就执行，不想执行就不执行，想服从就服从，不想服从就不服从，这样的上层就不可能使这个单位有执行力和服从力。

在执行力和服从力方面，作为上层领导必须有强烈的责任意识和进取精神，必须以身作则。上层领导或一把手，应将规章制度当作自己的领导，要自觉坚决执行和服从，给中层做出榜样，这样就会树立领导权威，因为上级有权威，下级才会认真服从，这样就能提高中层和基层执行和服从的自觉性，当上层在执行和服从方面做到以身作则后，就敢于对中层不执行、不服从的问题，及时进行教育、纠正、惩罚，及时消除中层梗塞的问题，使管理工作畅通无阻，一帆风顺，欲速而达。对于中层干部梗塞的问题，不能只停留在说服教育上，说服教育无效时，要敢于及时采取组织措施，或发生重大问题时果断罢免，或犯有错误时纪律处分，或合同到期时不再聘任等。对中层干部，应坚持“能干和一致”的原则，能干不一致不能用，一致不能干也不能用。这里的“一致和能干”，必须是正气的、正派的，发挥正能量的“一致和能干”，而不是同流合污的、沆瀣一气的，产生负能量的“一致和能干”。

如果说中层干部在执行和服从方面重要，只是从中层发挥承上启下的作用讲的。好的中层干部，既能领会上级意图，又能坚决执行制度，还能管理好基层。所以，作为上层抓好中层这一环是很重要的工作，因为抓好了中层，就抓好了基层。

中层执行力和服从力，与基层的执行力和服从力息息相关，中层执行力和服从力强，就为基层执行力和服从力作出了榜样，起到了示范作用，自然就会提高基层的执行力和服从力。好的中层干部，敢于处理基层在执行力和服从力方面的问题，奖惩严明，使优者再进一步提高执行力和服从力，使劣者能实现从不执行到执行，不服从到服从的转变。

在执行力和服从力方面，关键问题在上层，大量工作在中层，执行好坏看基层，上中下都提高执行力和服从力，就能心往一处想，劲往一处使，形成强大的合力，形成强大的竞争力，形成强大的前进力。

2013 年 8 月 4 日

冷中创热

从 2013 年 11 月 23 日以来，服装商场已进行了三场明星促销活动，一次比一次效果好，实践促使他们还将进行第四场明星促销活动，进一步让冷落的市场兴旺起来，延续下去。现特写一诗以示鼓励。

冬季本是严寒日，天气不冷生意冷；
明星促销连四场，人定胜天旺销生；
局部促使全局动，商场个个效益升；
环顾周边诸商店，市况这边独有神；
服装商场再攀高，兄弟商场向前奔；
只要大家多创新，企业定有好前程。

三场明星促销活动：

第一场：在 2013 年 11 月 21 日～11 月 27 日鸭鸭股份公司邀请明星潘美辰举行了“鸭鸭温暖心”的促销活动；

第二场：在 2013 年 12 月 5 日～12 月 11 日波司登贸易公司邀请明星千百惠举行了“星光温暖行”的促销活动；

第三场：在 2013 年 12 月 19 日～12 月 25 日雅鹿股份公司邀请明星金海心举行了“雅鹿星温暖”的促销活动。

2013 年 12 月 24 日

看赢字　说赢字

2015 年 12 月 6 日，《人民日报》广告版刊登了华泰保险集团的一则广告，广告内容中有一个大大的“赢”字，并在旁边写有几行小字：

赢　五字组成
亡　风险意识
口　诚实守信
月　日积月累
贝　取财有道
凡　平凡心态

五字皆备
赢则必然

看了这则广告，特作如下评说：

这个赢字拆解好，人人都应真识赢；
欲赢之心人皆有，究竟怎样才能赢？
取财有道讲诚信，平凡岗位累积赢；
赢中难免有风险，务必持久拼搏赢；
践行赢字五要素，善用合力能稳赢；
工作学习年年赢，从长计议人生赢。

2015 年 12 月 7 日

工作须有“工匠精神”

自2016年的《政府工作报告》中首次提出：“鼓励企业开展个性化定制，柔性化生产，培育精益求精的工匠精神，增品种、提品质、创品牌”以来，“工匠精神”成了新闻媒体使用频率较高的一词。这是一个信号，这是一个导向，它将成为各行各业的衡量标准和追求目标，它将成为干部群众崇尚的工作态度和工作作为，它标志着我国进入到了一个以质取胜的崭新时代。

什么是“工匠精神”？“工匠精神”是指工匠对自己的产品精雕细琢、精益求精的精神理念。现在国家提倡培育“工匠精神”正当其时，意义重大，具有很强的现实针对性和必要性。这不仅是“中国制造”的需要，也是参与国际市场竞争的需要；这不仅是履行职业道德的需要，也是实践社会主义核心价值观的需要；这不仅是展示“中国形象”“中国实力”的需要，也是实现“中国梦”的需要。

要培育、学习、树立“工匠精神”，首先应该明白在自己的行业中，在自己的单位中，在自己的干部群众中，有哪些缺失工匠精神的表现，弄清问题才便于解决问题。就零售企业而言，缺失“工匠精神”的常见表现有：

1. 售货员不注重学习商品知识，如卖皮鞋的不懂得皮与革的关系，不知道什么是真皮，什么是人造革，将革都视为人造革；卖黄金首饰多年，不知1K的含金量是多少？

2. 不懂顾客心理，只为自己的经济效益考虑，介绍商品尽量先介绍价格高的，无奈时才介绍价格低的；顾客要退商品，她却反顾客之道而行，千方百计不让顾客退货，想方设法让顾客换货。

3. 有的售货员不会因人而言，对不同的顾客说不同的话，她只会说一种套话，不论接待什么顾客，就是会说那么简单的几句教条的不合顾客心意的话。

4. 有的商品调价后，售货员既不知价格，又不知库存，一次又一次给顾客介绍商品，顾客同意购买后，结果库房无货，导致出现难堪的局面。

5. 有的干部在同一个问题上第一次出现失误，还会出现第二、第三次的失误；有的干部解决问题失败后，不是攻坚克难、千方百计想办法解决，而是或者自己失败而停止，或者推给别人解决。

6. 有的干部对自己的工作不动脑、不研究、不思考、不分析，总是处在似懂非懂，似清非清的迷糊状态，或一问三不知，或知其然不知其所以然。

7. 有的干部不是主动解决问题，能推就推，能拖就拖，领导告时动一动，领导不告停一停，不是人找事，而是让事找人，使自己的工作范围或者问题成堆，或者难题依旧存在。

8. 有的干部对读书兴趣不高，只是被动地学习单位发的书，自己不买一本书，只是在单位学一点，回家一点也不学。对自己的专业只懂得皮毛类的表面知识，没有向“肌肉、骨头、骨髓”方面深度学。

9. 有的人认为当了干部，就成了合格干部，任职后不努力，不用功，不按标准要求自己，一年不熟悉，两年不适应，三年不合格，总处在徒工阶段，总停留在一年级水平。

10. 有的干部缺少理想，在思想上没有明确自己的工作目标，当一天和尚撞一天钟，在人生的目标中没有“挑战不可能”的雄心壮志，而是存在“可能做到而不去应战”的懒汉懦夫思想。

11. 有的政工人员，对政治理论学得少，记得少，用得少，闲话一套又一套，专业话不会说不善说，说话没油淡水，群众不愿听，不会写常见的应用文，不会组织职工学习教育活动。

12. 有的管理人员，尤其是一些联营租赁者，身为管理人员，不学管理理论，不懂管理知识，缺少管理方法，在管理中仍存在“家庭妇女管理”或“外行随意管理”的“粗、浅、低、劣”的问题。

13. 有的保安人员，多年从事保安工作，不认真学习相关法律法规，不懂得相关法律法规，遇事不能独立自觉运用法律法规解答问题，不能从始至终按程序全过程圆满解决问题。

14. 在管理中，只从物质文明考虑，一切活动只为完成经济效益，只给职工讲“做好事”的问题，而忽略精神文明建设，不重视人的培育，不讲

"怎样做好人"的问题，使管理成了畸形的管理。

15. 有的中层干部缺乏独立学习、独立思考、独立判断、独立解决问题的能力，遇到问题拿不定主意，拿不出办法，不知所措，不知咋办，或依靠分管领导解决，或推给分管领导解决。

16. 有的具有大学文凭的职工，重文凭不重水平，满足于文凭，不在水平上下功夫，结果导致文凭与水平不一致。比如，学过法学却不敢上法庭打官司，学过管理却管理不了职工，学过写作却写不好文章……

17. 有的干部在管理中，好人主义严重，生怕得罪人，顾虑重重。对发现的问题，或者视而不见、久拖不决，或者不疼不痒地处理，使问题依然存在，使自己的工作水平一般化，工作成绩一般化。

凡此种种，还可以列举很多，这里就不必一一列举。这些现象与"工匠精神"是背道而驰的，是格格不入的。"工匠精神"提倡的是精益求精，而这些现象反映的是马马虎虎，这些现象的产生，有哪些原因呢?

1. 心浮气躁，急功近利。只求工作数量，不求工作质量，只求眼前利益，不求长远利益，或者妄想一夜暴富，一举成名，一鸣惊人，不脚踏实地地工作，不老老实实地工作。

2. 做人标准，唯低唯后。在做人标准上不向先进学习，不向优秀看齐，不向一流迈进，而是自己给自己规定低标准，与落后的人比落后，随随便便，轻轻松松做个落后人。

3. 工作马虎，干事敷衍。这种人因做人标准低，做事标准就不可能高，工作只为混饭吃，缺乏事业心，他们的座右铭就是"差不多"，工作作风是"应付差事""敷衍了事"。

4. 崇尚糊涂，拒绝认真。这些人曲解郑板桥"难得糊涂"的真实含义，而是认为糊涂可贵，将这四个字的字牌挂在胸前，放弃认真负责的作风，对问题睁一眼闭一眼，糊里糊涂混世界。

5. 缺乏主动，作风懒惰。这种人做事缺乏主动做事、自我驱动的精神，不能自觉做好自己的本职工作，不能主动做好自己的本职工作，"多一事不如少一事，干与不干一个样"就是这种人的心态写照。

6. 满足一般，不求精细。"工匠精神"的核心要求是精益求精，做事不断打磨，好上求好，把简单的事情做到精细，把平凡事做成不平凡。这种人却是采取"做事何必较真，不要活得太累"的工作态度。

7. 只顾眼前，不顾长远。这种人缺乏追求卓越，做出精品的长远愿景。“工匠精神”不仅是自我激励的产物，也是坚持坚守的结果，更是立足长远的创新境界。而这种人得过且过，只求过得去，不求过得好，只求眼前亮，不求长远明。

8. 上级马虎，下级马虎。俗话说“兵熊，熊一个，将熊，熊一窝”。一个马虎的领导，会左右、支配、影响、干扰下级的工作作风，马虎的领导不会带出认真的下级干部，只会带出马虎的下级干部。

这些原因背离了“工匠精神”，导致了马虎的工作作风，马虎的工作作风，又会产生好多怪胎，生下了“马大哈”“草包”“绣花枕头”“万金油”“二百五”“小混混”“平不沓”“水上漂”“油花花”“嘴皮子”等不肖之儿，无能之孙。

要正确理解“工匠精神”，必须正确认识“工”、“匠”二字：

“工匠精神”的第一个字是“工”。有位才能有为，成为一名劳动者是工匠精神的必须。“工匠精神”虽说是一种工作态度与工作作风，但最终还是要通过岗位去实现，不论在哪一个平凡的岗位上，都可以做出不平凡的工作，这是塑造工匠精神的出发点和落脚点。

“工匠精神”的第二个字是“匠”。从“工”到“匠”不是简单的跨越，而是一种质的飞跃突破。工匠精神所倡导的是一种工作态度，这是一种职业工作的负责态度，这是一种提高工作效率的工作作风。一个“匠”字启迪我们，做平凡简单的工作也要有水滴石穿、久久为功的作为，才能做出不简单、不平凡的工作成就，成为一个真正的“匠”。

工匠精神体现的是爱岗敬业，爱岗敬业是工匠精神的基本要求，工匠精神是爱岗敬业的升华提高。爱岗就是热爱自己的工作岗位，热爱本职工作；敬业就是用一种恭敬严肃的态度对待自己的工作，对自己的工作专心、认真、负责任。岗位把“工匠精神”和爱岗敬业联系起来。没有岗位，工匠精神和爱岗敬业就成了无源之水，无本之木。岗位是劳动最基本的单位，帮助我们创造物质和精神财富；敬业把“工匠精神”和爱岗敬业串联起来。没有敬业，“工匠精神”和爱岗敬业就无异于一盘散沙，失去灵魂，做任何工作都不能长期做好，都不可持续发展。

怎样才能树立“工匠精神”呢？

1. 在职业道德上——必须爱岗敬业。首先，要有正确的职业观，职业只有分工不同，没有高低贵贱之分，要以正确的态度对待自己的工作，尽力发挥自己的光和热；其次，要热爱自己的本职工作，只有干一行，爱一行，钻一行，才能专心致志搞好工作，出成绩，出效益；再次，要做好自己的本职工作，应该一丝不苟地将自己的全部精力、全部知识、全部智慧都用在自己的工作中；最后，爱岗敬业要贯穿工作的每一天，只要在岗一天，就应当认真负责地工作，就应该勤勤恳恳，尽职尽责。

2. 在工作标准上——必须精益求精。做人标准必然体现在做事标准上，做人标准高的人，也是做事标准高的人。做事标准低的人，必然是做人标准低的人。在做人做事上应坚持高标准、严要求。高标准就要向一流的英模人才看齐，向一流的工作水平看齐；严要求就要对工作精益求精，精雕细琢，追求完美，一次不成，再干一次，二次不成，三次再干，不满足于“一般化”“刚及格”，应对自己的工作专心致志、迷恋至深，要追求一流、过硬、精致、极致。

3. 在理想目标上——必须不断进步。每一个参加工作的人，都应该有自己的理想，自己的目标，没有理想的人是没有灵魂的人，没有目标的人是没有方向的人。一个人树立理想，就应该确立自己的工作目标，一生的理想应有一生的目标，一年的理想应有一年的目标，应该将大目标化成小目标，最好能落实到每月每周每日的工作上。自己每天的工作要与自己的目标联系起来，实践小目标，胸怀大目标，当一个一个小目标实现时，也就一步一步迈近了大目标。比如要想成为工匠，就要努力先成为小组的能人，然后再成为部门的能人，接着成为单位的能人……不断进步，不断提高，最终才能成为真正的工匠。

4. 在知识技能上——必须好好学习。在知识爆炸的时代，在信息层出不穷的时代，如果满足于自己在学校学的一点书本知识，满足于自己实践掌握的一点直接经验，满足于自己工作不出问题的小算盘，满足于自己工作还能领到一定工资的小欲望，必然会成为社会上落后的人，单位里落后的人。现在的时代要求工作人员应好好学习，成为学习型工作人员。每天坚持学习，向书本学习，向别人学习，向实践学习。每天学习等于每天向人求学、求知、求教，每天学习等于每天有人向你传道、授业、解惑，要将“知识决定命运，学习成就未来”成为自己的座右铭，刻苦学习，坚持学习，活到老，学到老。

5. 在毅力意志上——必须坚定不移。所谓意志，是指决定达到某种目的而产生的心理状态；所谓毅力，是指坚强持久的意志，往往由语言和行动表现出来。一个人有了理想目标，还必须靠坚强的意志和持久的毅力来支撑和保证。俗话说“有志者立长志，无志者常立志”。有理想有目标的人应该是立长志的人，应该是有意志有毅力的人。他们不会经常改变自己的理想，改变自己的目标，他们不怕困难，不怕挫折；他们不怕嘲讽，不怕嫉妒。他们有一辈子做好一件事的意志，他们有坚持到底的毅力，他们坚信，坚持就有成绩，坚持就能胜利，坚持就会成功。

提倡“工匠精神”，不仅限于工业企业，还包括其它企业，不仅限于物质生产领域，还包括精神生产领域，各行各业，各类人员都需要有“工匠精神”。提倡“工匠精神”的目的是为了树立爱岗敬业、精益求精、注重工作质量的工作态度，最后达到“增品种、提品质、创品牌”的效果。“工匠精神”，需要一切劳动者严于律己，严于修身，对自己进行精细化管理，具备高素质、高境界、高水平，对自己的工作高度专注、深度思考、长期积累、艰苦奋斗、持之以恒。

一个人想不想树立“工匠精神”，是一个人有无正确的人生观、价值观的体现，是一个人有无正确的工作态度和工作作风的体现，是一个人有无道德向善本领向上的体现。作为一名共产党员，作为一名干部，作为一名青年，作为一名群众，应将“工匠精神”作为自己的气质、风格、追求，做好本职工作，实现最大价值，争做优秀之人、能干之人、受群众欢迎之人。希望我们的企业里不断有人从“工”的队伍进入“匠”的队伍，多出“经营匠人”“服务匠人”“管理匠人”“政工匠人”；多创“经营品牌”“服务品牌”“管理品牌”“政工品牌”。

2016 年 5 月 15 日

从严管已有定力　从严治已葆本色

第一部分　如何理解“全面从严治党”

一、“全面”的含义是什么

1. “全面”就是全方位、全覆盖、全过程，就是管全党、治全党，面向全体党员、所有党组织，覆盖党的建设各个领域、各个方面、各个部门，重点是抓住“关键少数”。

2. “全面”既体现为“治党”内容的全方位、全覆盖、全过程，同时还体现为“治党”目标、手段、方法的全方位、全覆盖、全过程。全面从严治党要靠全党、管全党、治全党。

（1）就“治党”对象来说，就是党的各级组织、各级领导干部和全体党员都对全面从严治党负有责任，既是主体，也是客体；既是监督者，也是被监督者；既是依靠对象，也是“管”“治”对象。

（2）就“治党”内容来说，包括思想建设、组织建设、作风建设、反腐倡廉建设、制度建设等各方面的建设。

（3）就“治党”目标来说，既治标又治本，既抓大又抓小，既立足当前又着眼长远。

（4）就“治党”手段来说，既继承又创新，既注重体制又注重机制。

（5）就“治党”方法来说，既惩戒又激励，既靠教育又靠制度；既有党内监督又有党外监督，既实施横向监督又实施纵向监督。

二、“从严”的含义是什么

1. “严”就是真管真严、敢管敢严、长管长严。

2. 世间事，作于细，成于严。从严是我们做好一切工作的重要保障。

3. 我们共产党人最讲认真，讲认真就是要严字当头，做事不能应付，做人不能对付，而是要把讲认真贯彻到一切工作中去。

4. 就是要把“严”贯穿到管党治党的各方面，贯穿到党的建设的全过程。

5. 要思想教育从严，干部管理从严，党内政治生活从严，纪律约束从严，作风要求从严，反腐倡廉从严，制度建设从严，把党的建设的各项任务落深、落细、落小、落实。

三、党员如何从严全面管己治己

1.《党章》“党员”共九条，条条应该记心间；

2. 起码条件须铭记，基本条件视指南；

3. “八项义务”履行严，“八项权利”行使坚；

4. 条条管束要自觉，坚持标准贵永远；

5. 全面坚持理应当，全面发展定保先；

6. 顾此失彼害处多，选择执行难向善；

7.《准则》内心要尊崇；《条例》律己需求全；

8. 教育活动乐参加，与时俱进要向前；

9. “创先”要成己思维，“争优”长久成习惯；

10. “四讲”理念树得牢；“四有”行动受人赞；

11. 严己律己一生事，志做合格好党员。

第二部分　严能保证先进性　严能保证纯洁性

第一，为什么必须严

1. 党性需要严 严才能与党性同

从严才能使党员既在组织上入党，又在思想上入党，时时用党性约束自己，处处让自己靠近党性，让党性刻印于脑海之中，付诸于言行之中。

2. 理想需要严 严才能实现理想

从严才能使党员具有坚定的理想、坚定的信念、坚定的信仰，视理想信念为党员的第一基因、第一素质、第一条件，要永远不缺精神之钙，永远不失政治灵魂。

3. 宗旨需要严 严才能全心全意

从严才能使党员的宗旨意识内化于思想，外化于行动，固化于习惯，将自己成为人民利益的代表者，服务人民的勤务员，全心全意为人民服务。

4. 问题需要严 严才能克服问题

从严才能使党员严于律己、严于他律。有了缺点自己主动找，主动改；有了错误别人主动指，主动纠；有了问题组织主动教，主动帮。

第二，怎样保证严管严治

1. 牢记党章 不忘标准

《中国共产党章程》是党员必须遵守的章程，必须遵守的规矩，党章要学习一生，遵循一生。党章中明确规定了党员的标准，党员要经常对标，保证使自己成为党标之党员，防止成了非标之党员。

2. 追求高线 廉洁清正

《中国共产党廉洁自律准则》是党员应有的标准，必须的标准，这是言行的高线，这个高线应该成为党员做人的标准，做事的标准，保证自己廉洁清正的形象。

3. 远离底线 不犯错误

《中国共产党纪律处分条例》是党员不能触碰的底线，不能触碰的高压线。作为党员要认识底线，远离底线，与底线绝缘，不要犯错误，不要损害自己的政治生命。

4. 遵循准则 规范言行

《关于新形势下党内政治生活的若干准则》，既然是政治生活准则，就是党员言行所依据的原则。我们常说要有原则性，要坚持原则，这十二条准则就是我们党员要坚持的原则，坚持这些原则就说明有原则性。

5. 执行条例 接受监督

《中国共产党党内监督条例》，这是实现党内“自我净化、自我完善、自我革新、自我提高”的条例。作为党员要正确认识监督，自觉接受监督，有权者不接受监督必然要腐败，无权者不接受监督必然要变质。不论党员领导干部，还是普通党员，都要习惯在监督下工作、学习、生活。

第三，平时如何做到严

1. 参加组织生活——要追求增强党性

组织生活是党内政治生活的重要内容，是党组织对党员进行教育管理监督的重要形式。作为党员要重视参加组织生活，从某种意义上讲，党员离开了组织生活就等于自己离开了党组织，就等于自己的思想离开了党性。在组织生活中要追求实效，增强党性。我们在日常生活中注意食品的营养，吸收食品的营养，作为党员，在政治生活中，要注重政治的营养，吸收政治的营养。

2. 参加政治教育——要自觉接受教育

每个党员，在正常情况下都要参加政治教育，但是，同样是参加政治教育，有的人进步了，有的人落后了，原因在于对待政治教育的态度不一样，前者采取“接受”的态度，教育产生应有的效果；后者采取“无视”的态度，没有得到应有的收获。

3. 学习政治理论——要理论联系实际

学习政治理论，贵在理论联系实际，理论不联系实际，学习一万年也无用。党员学习政治理论，要将政治理论当作自己的行动指南，将理论贯穿于自己的工作、学习、生活的全过程，切切实实在自己身上体现出指导思想。

4. 听到批评意见——要决心改正错误

批评和自我批评是党的三大作风之一。一个党员能否做个合格的、优秀的党员，与能否正确对待批评和自我批评有很大关系，党员要将别人对自己的批评当作是对自己的关心、爱护、帮助，一要虚心听取批评，二要下决心改正自己的缺点。

5. 身在工作岗位——要发挥模范作用

党员这个称号不是空的，是实的。人们都认为党员是光荣的称号，但这个光荣的称号要有光荣的行动作基础。党员在自己的工作岗位上要爱岗敬业，发挥先锋模范作用，严格要求自己，追求一流工作、一流业绩，才能对得起光荣称号。

第四，克服严中的错误观念

1. 严不能怕嫉妒——同好人主义作斗争，理直气壮敢先进

党员是个先进称号，这是党性的要求，党员时时、处处、事事应该干在先，走在先。可是有的人当先进还怕别人嫉妒，其实先进被人嫉妒这是社会规律。作为党员要同好人主义作斗争，理直气壮当先进，宁肯让人嫉妒，决不让人小看。

2. 严不能怕困难——同享乐主义作斗争，艰苦奋斗创先进

党的理想是伟大的，党的事业是伟大的。但是，实现伟大的理想，完成伟大的事业，需要艰苦奋斗的精神，需要不怕牺牲的精神。作为党员不能怕困难，要克服享乐主义思想，在工作中就应有藐视困难、迎难而上，具有敢

打必胜的信心，具有一不怕苦，二不怕死的战斗精神。

重吃不重其他，这是低级动物的特点，重玩不重其他，是低龄幼儿的特点。如果一个人重吃不重其他，重玩不重其他，就把自己的水平降低到动物或幼儿的水平，共产党员要用人的标准，好人的标准，更要用党员的标准严格要求自己。人生的价值在于奉献，而不是在于享乐。

3. 严不能怕吃亏——同个人主义作斗争，大公无私保先进

党员应该是最能正确处理公与私矛盾的人，应该成为大公无私、公而忘私、公私分明的人。党员不能怕吃亏，党员应该有“吃亏是便宜的思想，奉献是本份的精神，多劳是应有的作风”，克服个人主义思想，树立集体主义思想。

4. 严不能怕批评——同虚荣主义作斗争，改正缺点达先进

批评和自我批评是党员应有的作风之一，党员应具有这种作风，心胸宽广、襟怀坦白，正确对待批评，虚心接受批评，决心改正错误，切不可有虚荣主义，保了面子丢了里子；切不可小肚鸡肠、心胸狭窄，视批评如大敌，视朋友为仇人，自己害自己。

5. 严不能怕联己——同例外主义作斗争，联系自己争先进

有的人说到严的时候，总爱说：“严是高级干部的事，严是领导干部的事，与自己关系不大”的话。全面从严治党的“全面”指的是“靠全党、管全党、治全党”，怎么能把自己划在“全”字之外呢？怎么能使自己成为“从严”例外之人呢？要紧联自己，争当先进。

第五，牢记名言警句，自我鞭策激励

1. 马克思说——

● 我们现在必须完全保持党的纪律，否则一切都会陷入淤泥中。

《致恩格斯》（一八五九年五月），《马克思恩格斯通信集》第二卷，一九五七年三联版第 453 页。

2. 恩格斯说——

● 判断一个人当然不是看他的声明，而是看他的行为；不是看他自称如何如何，而是看他做些什么和实际是怎样的一个人。

《德国的革命和反革命》（一八五一年八月至一八五二年九月），《马克思恩格斯全集》第八卷第 94~95 页。

3. 列宁说——

● 徒有其名的党员，就是白给，我们也不要。

《工人国家和征收党员周》(一九一九年十月)，《列宁全集》第三十卷第 45 页。

● 只有以先进理论为指南的党，才能实现先进战士的作用。

《怎么办?》(一九〇一年秋至一九〇二年二月)，《列宁全集》第五卷第 337 页。

4. 斯大林说——

● 我们共产党人是具有特殊性格的人。我们是由特殊材料制成……并不是任何人都能做这个党的党员。(“特殊性格”“特殊材料”是指辨证唯物论这个马克思列宁主义的世界观)

《悼列宁》(一九二四年一月)，《斯大林全集》第六卷第 42 页。

5. 毛泽东说——

● 务必使同志们继续保持谦虚、谨慎、不骄、不躁的作风；务必使同志们继续地保持艰苦奋斗的作风。

《毛泽东选集》第四卷人民出版社，《在中国共产党第七届中央委员会第二次全体会议上的报告》，第 1438-1439 页。

● 没有正确的政治观点，就等于没有灵魂。

《关于正确处理人民内部矛盾的问题》，人民出版社，一九五七年版，第 23 页。

6. 周恩来说——

● 活到老，学到老，改造到老。

《活到老，学到老，改造到老》(1957 年 5 月 26 日)，《周恩来统一战线文选》第 360 页。

● 适当的发扬自己的长处，具体的纠正自己的短处。

《我的修养要则》(一九四三年三月十八日)，《周恩来选集（上卷）》第 125 页。

7. 习近平说——

● 牢记第一身份是党员，第一职责是为党工作。

《习近平关于全面从严治党论述摘编》第 101 页，中共中央文献研究室编。

● 对马克思主义的信仰，对社会主义和共产主义的信念，是共产党人的政治灵魂，是共产党人经受住任何考验的精神支柱。

《习近平关于全面从严治党论述摘编》第 57 页，中共中央文献研究室编。

8. 菲德尔·卡斯特罗说——

● 成为共产党人不是一种荣誉称号，也不是世袭称号，而是一种面对生活的态度。从开始成为共产党人到生命结束的那一刻，这种态度必须是始终如一的。

1962 年 3 月 26 日在向人民通报革命统一组织运转情况时的讲话，《讲话文选》，革命指导学院全国领导委员会，哈瓦那，1963，第 266 页。

● 一种觉悟，一种共产主义精神，一种革命志向和意志，这些要比金钱强大上千倍。过去如此，现在如此，永远如此。

1986 年 12 月 2 日在古共第三次代表大会闭幕式上的讲话，《社会主义古巴》，古共中央，哈瓦那，1987，第 41 页；1986 年 12 月 5 日《格拉玛报》特刊第 8 版。

只有党内政治生活健康，政治生态就会向善向正，
党的政治肌体才有活力，党的政治生命才能长寿。

2016 年 12 月 10 日

评“不怕制度怕老婆”

某公司有一个这样的保安，文化属小学水平，平时要求自己不严，对公司的规章制度不学、不理、不懂。2015 年 11 月，在工作中因随意张口骂女职工，又随意动手打女职工，导致自己到了被解除劳动合同的地步。这件事情发生后，这位保安说的最多的是“我老婆骂我了”“我老婆不理我了”“我老婆要搬出去住了”“我老婆不给我做饭了”……从他的口中听到的内容，给人留下十分怕老婆的印象；这件事发生后他也做了一点粗浅的检查，说“我错了，我很后悔”。当告诉他应按制度怎么处理他时，他就激动起来了，还说了很多不负责任的话，甚至明目张胆威胁单位不要处理他。这个保安的言行暴露出他思想最显著的特点是——不怕制度怕老婆。

为什么会有这种思想呢？

其一，因有法盲心——无视制度。现在我国是法治社会，法治社会要依法治国，依法治国又要求国家的上下左右各部分都要有法治观念。作为国家的细胞之一的企业也必须依法治店，用规章制度对企业进行管理。这就要求企业要适时制订一些既符合国家政策，又有利企业管理的规章制度，要将这些规章制度落实到每一个职工，成为职工不可越逾的底线。可是这位保安，既不重视规章制度，也不学习规章制度，甚至将人手一册的规章制度弃之不用，使自己成了不懂规章，不懂纪律的无法无天的法盲。又因无法无天，摆错了自己的位置，不受制度约束，随心所欲，导致自己成了不怕制度无视制度的职工。

其二，因有守旧心——抵制制度。改革开放已三十多年了，各单位基本上打破了“铁饭碗”“铁工资”“铁交椅”，实现了职工能进能出、工资能高能低、干部能上能下的新的企业机制。可是像这位保安一类极少数的职工，脑子里仍然顽固地保留着“三铁”的旧思想、旧观念。本来自己已经犯了错误，到了需要解除劳动合同的地步，自己已经打破了在一个单位工作的饭碗，可本人还坚持认为应该再给自己一次机会，再给分配一次工作。你自己的错误导致失去了机会，不能留在原单位工作，怎么还能再要求安排工作？如果企业再给他安排工作，制度有什么用？职工怎么看待领导？企业秩序怎么正常进行？守旧的思想守旧的观念使这位保安不怕制度，抵制制度。

其三，因有无耻心——蔑视制度。俗话说“有理走遍天下，无理寸步难行”。这里说的有理，就是要有“公理”“正理”“真理”。在我们社会主义国家里，这些理体现在党的方针、路线、政策之中，体现在国家法律、法令、法规之中，体现在社会公德、职业道德、家庭美德、个人品德之中，体现在企业的规章制度之中。一个人在社会上学习这些“理”，掌握这些“理”，有了这些“理”，践行这些“理”，就能做好人，做好事，就能正确处理为人处世中的各种矛盾，就能有理走遍天下行得通。否则，只讲私理、歪理、独理，那就会无理寸步难行行不通。这位保安对公理罔顾一切、不顾一切、一窍不通、一概不管，犯了错误还要气粗，还要蛮横，还要胡言，自己的誓言不执行，言而无信不脸红；他自己的打架错误，破坏了企业 20 多年无人打架的历史，损害了企业精神文明的声誉，给企业抹了黑、添了丑，还拒绝处理不羞愧；将自己打破饭碗说成领导打破饭碗，颠倒是非不觉耻，欺骗了企业仍然理直气壮无愧疚。他将自己凌驾于企业之上，想让企业屈服于他，有这样无耻辱心的人就完全可能做出不怕制度，蔑视制度的事情。但是这样的人不可能达到自己痴心妄想的目的。

其四，因有自私心——害怕老婆。这位保安犯打架错误后受到老婆的批评责骂，这说明他老婆有正义感。他怕老婆是从私利考虑的，怕的是老婆对他采取不利的行动。他有惧内之心也不是什么坏事，对他来说家里有人约束他是一件好事。他对老婆的一举一动很重视，很在乎，完全是从他自私心考虑的、权衡的，因为他老婆的态度涉及到他每天的利益，每月的利益，每年的利益，一生的命运。可他对企业又是什么态度呢？企业安排了他的工作，每月按时发放工资，还给他福利补助，但他对企业不关心、不爱护、不尽力，对企业的规章制度不重视、不学习、不执行，只要工资不要其他。他遇到困难企业帮助了他，他没有一点感恩之心，对给他带来工作、带来技能、带来福利的企业如此冷漠，如此无情。这名保安应该想一想企业与家庭的关系，你没有一颗爱企之心，对你有什么好处，对你的家庭有什么好处？你在企业这个“大家”干得不好，对你在那个自己的“小家”有什么好处？你在企业受到处理，你的老婆能对你更好吗？怕老婆对他本人来说是应该的，但也应该怕制度，应该做自觉遵守制度的人，且不可在家里老老实实，在单位张牙舞爪。在怕制度与怕老婆二者之间，怎样摆正两者的位置呢？应该坚持“怕制度第一，怕老婆第二”的态度，只有怕制度，才能做个“畏法度者最快活”的人，使自己成为在工作学习生活中真正快乐的人。

这位保安已结婚，作为家庭的一员，在家里做错事，老婆批评帮助，用家里的办法处理他是必然的、应该的事情，但这位保安作为企业的一员，犯错误以后，企业用制度处理他也是必然的、应该的事情。“不怕制度怕老婆”是一种自私自利的表现，是一种只爱小家不爱大家的表现。应该认识这种错误的思想，改正这种错误的思想。只有两者兼而顾之，才能一切顺利，一生平安！

2015 年 11 月 24 日

你不管制度　制度就要管你

对于企业的规章制度，绝大多数职工是重视的、执行的，只有极个别职工是无视的、不管的。这里就给大家讲一件罔顾制度"三女打架"的事情：

2015 年 12 月 18 日下午 1 时许，公司针纺商场上午班的营业员 A 某下班时，与下午班的营业员 B 某相遇时蹭了一下，继而发生口角，B 某上前打了 A 某胸脯一下，随后两人撕打在一起，旁边的两营业员见状拉架，这时在同一楼层工作的 B 某的姐姐 C 某，也从柜台跑出来冲上去打 A 某，最后在众人的劝说下，三人到了商场的办公室，A 某当时感到身体不适，商场经理拨打 120 电话，让救护车送到某医院就诊。

三女打架的事情，职工们得知后感到不解，感到气愤。不解的是，同事之间相处几年，难道就一点感情也没有，怎么能忍心动手呢？气愤的是，企业是省市文明单位，他们不讲道德，给企业抹灰添黑，实在可耻！争强好胜的精神，应该用在工作、学习上，而用在打架斗殴上，就用错了地方，用在打架上，强也是弱（心理承受能力太弱），胜也是败（打架犯错受处分是失败）。

企业历年来对打架之事的处理都是放在严厉的档次上，按制度办事，靠制度管人。在执行 1982 年国务院颁布的《企业职工奖惩条例》时，该条例的处分分为警告、记过、记大过、降级、降职、留用察看、开除共七个档次。只要有人打架，企业就按第六档"留用察看"处分；在执行 1986 年国务院颁布的《国营企业辞退违纪职工暂行规定》时，打架者一律采取辞退的办法处理；在执行 2007 年国务院颁布的《劳动合同法》后，企业规定，打架者要解除劳动合同，并给予一次性罚款。企业为什么要严厉处理打架的问题呢？其一是为创建和巩固精神文明和谐单位的成果，既然要建设精神文明单位，就必须消灭打架这种野蛮的行为；其二是为了构建团结互助的和谐企业，让职工安全工作、学习、生活，就必须消灭职工中打架的问题；其三是为了让顾客有个安全放心的购物环境，就必须消灭打顾客的问题。坚持对于打架问题的严厉处理，使企业二十多年没有发生打架的问题，保证了安全的工作环境，保证了安全的购物环境，保证了企业连续多年被评为省市的精神文明和谐单位。然而就是在这么严格的制度之下，还是有人抱着侥幸心理，对制度不学不用，对制度不管不顾，不惜以身试法，知错犯错，知法犯法。

为什么又出现了打架的问题？因人员流动性较大，加之个别商场和科室的教育、管理、学习粗而不细，华而不实，行而不准，为而不恒，导致最近又冒出了打架的问题，这些都是外因。主要原因是打架的职工缺少组织纪律观念，思想上不重视制度，不牢记制度内容，不按制度约束自己，这是内因，也是根本的原因。打架问题看似是三人之间的冲突，与他人无关，但是却碰触了企业制度的临界点，商场属于公共场合，每个人的任何行为都直接影响着企业的形象以及其他营业员对于管理制度的看法。

打架是一种野蛮行为，是一种不讲理的行为，打架者想用武力战胜对方，用无理战胜有理，这种暴力行为，于理不容，于情不容，于法不容。打架的行为是落伍时代精神的落后行为，是有悖法治社会的无耻行为，不得人心，不得好报。针对打架这个问题的沉渣泛起，绝不能听之任之，绝不能姑息迁就，绝不能包庇纵容，更不能让打架者破坏企业的规章制度！必须继续加强对职工的法治教育，必须继续坚持严厉处理打架问题的原则，必须打击这种野蛮行为，必须消灭这种野蛮现象。

2014 年 10 月，党的十八届四中全会通过的《中共中央关于全面推进依法治国若干重大问题的决定》，这是一个纲领性文件，依法治国的总目标是建设中国特色社会主义法治体系，建设社会主义法治中国。学习贯彻党的十八届四中全会精神，就是要弘扬社会主义法治精神，建设社会主义法治文化，增强人们厉行法治的积极性和主动性，形成守法光荣，违法可耻的社会氛围，树立法治意识，让人们自觉学法遵法，自觉守法用法，养成遇到事情要找法，解决问题要靠法的习惯，争做法治的忠实崇尚者、自觉遵守者、坚定捍卫者。

企业的规章制度，是贯彻落实国家相关法律法规在企业的具体体现，是规范企业职工行为的准则，它为大家提供一种企业运行的标准，给你一个警示，让你了解什么事情能做，什么事情不能做，做了以后会有什么样的后果。是否重视企业的规章制度，是否执行企业的规章制度，是衡量一个职工是否有法治观念、是否有纪律观念的标志。一个人有法治观念，必然遵纪守法；一个人没有法治观念，必然违法乱纪。我们的企业也一直秉承着：“规章制度必须守，违法乱纪不可为”的原则。可是有的人还是会说，在企业工作哪能遇到什么法的问题？这是一种无知的想法，糊涂的观念。现在是法治社会，在企业工作，不论是干部，还是职工，人人与法息息相关，法与人人处处相伴。比如，缺斤短两就违犯了《消费者权益保护法》；以次充好就违犯了《质量法》；价格搞鬼就违犯了《价格法》；打架斗殴就违犯了《劳动合同法》；男职工打了女职工又违犯了《妇女权益保障法》……你说你的工作、生活能脱离了法吗？有的人在企业里只想一个“钱”字，其他什么都不管，不管其他行得通吗？我们的企业属商业服务行业，经商要讲“取财有道”，这个“道”就是法，就是规，你不守法，你不遵规，你怎么能挣下钱，不但挣不下钱，还可能将自己的饭碗丢掉。打架的人必将被企业解除劳动合同，丢掉挣钱的岗位，失去吃饭的饭碗。打架者可以不管企业的制度，但是企业的制度一定要管打架者。任何人的任何行为超越底线都要受到处罚。你不管制度，违犯了制度，制度就要解除你的劳动合同。这是第一个损失。打架的职工应该知道只管挣钱，不管制度的害处了。可是，害处不只这些，还有呢。你打了人，被解除劳动合同，如何向家人交代？如何向朋友解释？在他们心目中能留下好印象吗？不可能，这是第二个损失，这是人格的损失。如果你平时重视制度，遇事想到制度，认识到制度既是保证职工挣钱的制度，也是保证职工安全工作的制度，也就不会出现打人的问题。所以，在企业工作，既要考虑挣钱，更要考虑严格遵守制度，千万不要抓住芝麻丢了西瓜！制度与职工的关系就是这样的：平素之日，自己自觉按制度约束自己，制度可保你平安无事；违犯制度，组织必然按制度处分你，制度要让你承担责任。你不管制度，制度就要管你，这是企业管理的正当行为、正常现象，是企业管理的责任所在、使命所在；这是企业对你的关心、爱护和帮助，这是你的幸福；你不管制度，制度也不管你，你就会变成野蛮之人，企业就会成为野蛮企业，野蛮企业的规章就成了无效的形式，制度就成了无用的废纸，前途就成了泡影，寿命就成了短命。如果企业没有制度，甚至有制度也不执行，就会导致无政府主义、自由主义、个人主义盛行，甚至破坏企业的发展，危及企业的生命。制度是铁的，坚持好制度，必须有铁的心肠；执行好制度，必须有铁的手腕；长期执行好制度，必须有铁的恒心。

当今社会把“遵纪守法”作为社会公德的内容之一，遵纪守法者受人称赞，违法乱纪者遭人谴责。为什么有的人遵纪守法，有的人违法乱纪，原因在于个人的道德修养水平不一样。那么，法律与道德有什么关系呢？一个人的法治观念，与一个人的道德修养密不可分。凡是道德修养好的人，他们的法治观念就强，遵纪守法的自觉性就高；凡是道德修养差的人，他们的法治观念就差，违法乱纪就满不在乎。法律是成文的道德，道德是内心的法律，法律和道德，一个是硬约束，一个是软约束，一个是外在的他律，一个是内心的自律。二者具有内在的一致性，法律是准绳，任何时候都不能违背，道德是基石，任何时候都不可忽视。国家倡导从法治国和以德治国相结合。作为一个社会公民，也应该坚持以法治己和以德治己相结合，在以法治己方面做到，让法律进头脑、进岗位、进行动，做一个懂法、守法之人；在以德治己方面做到，崇尚美德，改造自己，善辨是非，坚守正气。通过自身的法治和德治的实践，就会让法治使自己成为遵纪守法的模范，让德治使自己成为文明礼貌的模范，让法治观念和高尚道德永远充满自己的头脑，永远贯穿于自己的言行之中！

2015 年 12 月 21 日

“合同”二字解

合同，就是两方或几方在办理某事时，为了确定各自的权利和义务而订立的共同遵守的条文。也可这样说，合同是订立合同双方或几方无条件服从的“领导”和执行的“准则”。把“合同”二字拆开来看，是由“人、一、口、冂（jiōng）”四字构成。现将“合同”二字进行拆解合读。

第一个字“人”

合同的起草、产生、签署、执行都离不开人，是人们共同办事的产物，没有人就没有合同，没有事也没有合同，人是合同的主人，所以人是首要条件。这里所指的人是头脑正常，有行为能力的人；是有法律意识的人，是愿意自觉、严格、全面执行合同的人；同时这个人还是诚信合作，从长计议，善始善终执行合同的人。

第二个字“一”

“一”要求合同方应统一、专一、同一、划一、一心、一意、一致、一样，或合二为一，或合三为一，或合心为一，或合行为一……

从一而终——从一开始就认真执行合同，月月如此，年年如此，遇到困难共同克服，遇到问题磋商解决，力求一帆风顺，直到合同圆满结束。

一如既往——在合同执行期间不仅在思想认识上，而且在贯彻落实上都要与合同内容保持一致，做到今年好，明年好，后年仍然好。

一成不变——签订合同是一件具有法律效力的事情，所以从合同生效的那一刻起，执行人就要坚持一经形成，自觉遵守的原则。

一诺千金——就是应允别人的话，一定要言而有信，信而有行，说到做到，严守信用。不可一变再变，一反常态，一意孤行，背叛合同，破坏合同。

第三个字“口”

这里的“口”，是指说话的嘴。执行好合同，离不开口，口是用来交流信息、沟通思想和解决问题的工具，这个工具要用的及时，用的正确。合同方办事时，说话要以和为贵，尊重对方，尊重事实，尊重关系，采取讲道理、摆事实的办法，共同协商解决好遇到的新问题，力争通过“口”达到“长相知，不相疑”的互信状态，这样做既有助于解决好新问题，保持口径一致，又有助于增进双方友谊，与日俱增，使双方保持团结、和谐的关系。

口在执行合同中起关键作用，如果说话不注意方式方法，信口开河，口无遮拦，就会适得其反，欲速不达，甚至导致伤害对方，破坏合同的局面。

第四个字“冂”（jiōng）

“冂”字是“扃”的古字，意为自外关闭门户用的门闩、门环等。这个字意味着合同就像门闩一样，将双方或者多方联系在了一起。

首先“冂”使双方或多方的利益连在了一起，捆在了一起，双方形成了利益共同体。受一个合同约束，为共同的利益而努力。

其次“冂”使双方或多方成了合作共同体。一纸合同把双方联系在一起，为了达成共同的目标，要相互合作，相互信任。

再次“冂”使双方或多方成了共赢共同体。合同方有各自的利益，为了实现各自的目的而签署合同，按合同规定办事，就能达到各自的目的，实现共赢。

第五个字“合”

合，就是要结合，把合同方当事人都结合在一起，跟“分”相对，反对分裂，克服分政的意思。所以，合同双方要心往一处想，劲往一处使，不能只讲独理，不能各唱各调，只想自己的一面。相互要多看对方的长处，多帮对方的难处，多想对方的好处，相互包容、宽容、相容，就会在“合”中多一种祥和，多一份快乐，多一片天地。

合，就是要全，要全合，不可选择性合作，要按合同规定内容合作，不能挑选部分内容合作，只合作一部分。既要执行硬性条款，又要执行软性条款，既要执行经济条款，又要执行精神条款。合，就是要双方或多方都要有全局意识，要合力，要合谋，要合心，要合作，合要有定力，一方遇到困难，要服从全局，坚定地合下去，这样才能将合同的合字做好，才能真正履行好合同的内容。

第六个字“同”

同，就是要有相同、共同、齐步、同步的道德和责任。

同，就是要同步，步调一致。一方遵守合同，信守承诺，一方出尔反尔，随私所欲，步调不一致就不能达成合同的要求。

同，就是要同道，有共同的道德观、价值观，做一个互信互利的高尚的人，始终走在合同这一条道上。

同，就是要同心，要有对合同同样重视、同样遵守、同样认真执行的心，才能实现共同的目标，才能得到预期的收获。

第七“合与同”二字

“一”字与“口”字是“合同”二字的相同部分，核心部分，说明“合同”二字的“心”是一样的，意在一口同声，口心一致。

“合”是手段，“同”是目的，只有把“合”做好，在“合”中统一思想，在“合”中信守承诺，在“合”中增加信任，在“合”中从一而终，才能创造同心同德，同谋共赢的良好局面。

合为同，同需合，“合”是为了更好的同，“同”则需要在合中下功夫，先把合做好，同才能做好，合做不好，同也不会好。

长时合，长时同。合同，合同，只有长时合，才有长时同，只有打好“合”的基础，才能使“同”稳固扎根，在合中同，在同中合，达到长期合作，实现共赢的目的，留下良好的印象，留下良好的口碑。留下永久的关系，留下永久的友谊。

合同检验能力，合同检验道德，签订好合同，执行好合同，专业能力重要，职业道德更重要。两者相比，道德第一，能力第二，无数事实证明了一个结论：品德好，执行合同则好；品德差，执行合同则差。

2016 年 3 月 23 日

退休不是退党　违纪必须绳纪

2017 年 3 月 24 日公司党委召开党员大会，对退休党员中无正当理由连续六个月以上不参加党的组织生活的 10 名党员作出了处分的决定后，在党员中引起了很大的震动，不论对退休党员，还是对在职党员都起到了很大的教育作用、警示作用、挽救作用。

有的退休党员一年不过组织生活，既不当面请假，又懒得电话请假，已触犯党的纪律的底线，但仍不在意，仍不在乎。他们还口口声声说什么“忘记了”“放松了”等，这是正当理由吗？不是！这能算了吗？不能！这能放过去吗？不行！

在从严治党的政治大背景下，在党委组织党员学习《中国共产党廉洁自律准则》《中国共产党纪律处分条例》《关于新形势下党内政治生活的若干准则》《中国共产党党内监督条例》等四个文件的情况下，发生这样的脱党问题，可见有的党员政治麻痹到何等程度，觉悟降低到何等程度，党性丢失到何等程度，值得深思。

一、忘记了什么

他们不仅仅是忘记了过组织生活，而且忘记了很多——

忘记了党员身份。一个人从他（她）加入党组织那天起，他的第一身份就是党员，党员就要参加组织生活，接受组织的教育、管理。这些违纪党员不过组织生活，就是将自己置身于组织之外，成为无组织之人。这不是忘记党员身份又是什么？

忘记了党的纪律。党章第一章第八条明确要求：“每个党员，无论职务高低，都必须编入党的一个支部、小组或其他特定组织，参加党的组织生活，接受党内外群众的监督”。这些违纪党员不过组织生活，将党的纪律抛之脑后成为特殊党员。这不是忘记党的纪律又是什么？

忘记了组织教育、管理、监督。党员是先锋战士，是先进之人，优秀之人，在加入党组织后要受组织的教育、管理、监督，使自己在工作中成为群众的榜样。这些违纪党员不过组织生活就是不接受组织的教育、管理、监督，离党员标准越来越远。这不是忘记党组织的教育、管理、监督又是什么？

忘记了入党初心。入党时每个党员的初心就是想成为合格党员、优秀党员，更好地为人民服务，为社会服务。他们曾面对党旗做出庄严宣誓，现在他们不过组织生活就是忘记了入党誓词，违背了自己的初衷。这不是忘记入党初心又是什么？

每季的学习时间都是固定的，怎么能忘记？如果说忘记，怎么能季季忘记？如果说忘记，怎么能不设法补课呢？如果说忘记，是不是也忘记了对党组织应有的感情，忘记了对企业应有的感情？

党的组织生活是党内政治生活的重要内容，是党组织对党员进行教育、管理、监督的重要形式。党员不参加组织生活，等于拒绝接受党组织对自己的教育、管理、监督。作为一名真正的共产党员，应该设法参加，不可想方逃避，应该积极靠近组织参加组织生活，不可消极远离组织远离组织生活。

“忘了”“记不住”成了他们不参加组织生活的借口。人们不禁要问，难道他们脑子有问题吗？没有。他们不是脑子出了问题，而是思想出了问题，思想上丢掉了组织观念、党性观念、纪律观念，这些观念一丢，组织生活的事也就自然忘掉了，必然丢掉了，当然丢掉了。谁也不相信一个无视、忽视、轻视组织生活，而且忘记过组织生活的党员能发挥党员的先锋模范作用。

二、“放松了”还是放弃了

“放松”是违纪党员的自我评价，是轻描淡写自己所犯的错误。

一年不过组织生活，既不当面请假，还懒得打个电话请假，这不是放松的表现，这是放弃的表现，这是触及底线，冲破底线的表现，怎么能说放松呢？连党员最起码的条件都达不到，怎么能发挥党员作用呢？说到底是自己不把过组织生活当回事，自己不把自己当作党员对待，拿着肉包当菜包。

这种现象，只能叫组织上入党了，思想上没入党，或者说思想上原先入党了，现在思想上又退党了。挂名党员有何用，空有其名作用空，这是一种思想上退党的表现，政治上变质的表现。

党章第九条规定："党员如果没有正当理由，连续六个月不参加党的组织生活，或不交党费，或不做党所分配的工作，就被认为是自行脱党。支部大会应当决定把这样的党员除名……"这一条在入党时就已学过，这是党员标准中最起码的条件，这一条是铁的纪律，不能一退休就忘得一干二净，不能一退休就不要党纪约束。

"放松"的情况或者是八条标准中只执行了三条四条，或者是每条标准打了点折扣，或者是时执行时不执行，或者是时严时松。你现在连最低的最简单的最容易的参加组织生活都无理由不参加，这怎么能用"放松"二字呢？准确地说应叫放弃，放弃了党员标准，放弃了理想信念，放弃了组织纪律，放弃了思想改造，将自己跌落到了底线之下。

人们常说入党不是一阵子的事情，而是一辈子的事情。准确地说入党是从批准入党之日起到停止呼吸为止的事情。这段时间，在正常情况下就是一个人应有的党龄时间。一个真正的共产党员应该生命不息、党性不息、生命尚存、党性尚存，不能将入党的事情理解为在职工作时的事情，一退休就退掉了党员的本色，退休时间成了思想上退党的时间，退休成了自己一生由优转劣的分界线。

党组织劝这些犯错误的党员退党，他们中没有一人同意，既然不愿退党，为什么又不按党员的标准要求自己呢？这是一种什么行为呢？这是一种虚荣的行为，这是一种入党动机不纯的行为。这种行为说明他们只满足于组织上入党，而不要求自己思想上入党；只满足于当个挂名的党员，而不要求自己是个发挥先锋作用的党员；只满足于自己过百姓日常生活，而不要求自己过党的组织生活。

三、从正作用到副作用

这些违纪退休党员中，原任中层干部竟占60%，居然占多数，这让人们有点不可思议。原先是教育管理别人的人，现在怎么成了不如教育管理对象的人了，怎么自己矮化了自己？

当年的中层干部，肯定是因为有能力、表现好才提拔的，经过一段中层干部实践的锻炼，觉悟应有所提高。而且这个觉悟应该有定力，退休之后也应保持中层干部党员的觉悟水平、党性水平，不能一退休，这个觉悟就退到十万八千里之外，就抛到九霄云外，觉悟迅速滑坡，党性急速消失。

做人的标准，做党员的标准，不能退休前一个样，退休后一个样，不能口头一个样，行动又一个样。

人们会这样思考：当年他们以先进面目出现，现在变成这样，是不是当年因为职务的需要而伪装的呢？是不是他们现在的表现才是真实的表现呢？当年他们在工作中表现好有成绩入了党，现在又表现的如此落后，说明他们入党的动机不纯。

从正作用到副作用的评价变化，损失的是自己的声誉、人格、党性，损失太大了，损失太多了，损失太重了。真可谓一失足而成千古恨。

这些中层党员应反思一下，自己当年担任中层干部时以身作则，自己当年作为中层干部党员时表现优秀，你领导的职工对你投以羡慕、敬佩、高看的眼光。可你现在在党内的表现还不如普通党员，不如你的下级党员。你的表现由先进变成落后，由落后发展到犯错误的地步，在职时从来没有写过检查，现在要写检查，在职时从来没有受过处分，现在受到处分。你的下级党员对你的评价和看法会因你的变化而变化，他们现在对你是投以鄙视、轻蔑、小看的眼光。应反思自己在别人眼中的看法为什么会发生变化，这种变化的原因是什么，是谁造成的呢？扪心自问，是该清醒清醒了。

在党的纪律面前，人人是平等的，不论是党员领导干部，还是普通党员；不论是老党员，还是新党员；不论是在职党员，还是退休党员，都应按同样的纪律同样对待，力争一视同仁、平等待人。党的纪律对在职党员和退休党员是一致的，一样的。没有任何文件规定，退休党员犯了错误可以免于处分、减轻处分，同样要受到与错误相应的处分，应做到罚要当错，力戒小错大罚，或大错小罚。这些犯错误的退休党员之所以犯错误，是因为他们头脑里存在“我已退休，党组织能把我怎么样，我存在问题，难道还会给我处分”的错误观念导致的。错误的观念导致了错误的行为，错误的行为导致了错误的结果。

违纪必须绳之以纪，这是常识。一个党员犯了错误，党组织对其不进行处分，那是不履行主体责任、监督责任的表现，那是失职的表现，渎职的表现，那等于党组织在包庇党员的错误，助长党员的错误，是有损党员和党组织先进性和纯洁性的行为。一个党员犯了错误不处分，这个党员会认为自己没有错误，会导致党员是非不分，正错不辨，习非成是，错误越来越多，不利于党员改错归正。

有的退休违纪党员得知自己要受到处分时，不是考虑如何改正错误，做一个合格的共产党员，而只是从个人利益考虑“处分入不入档案”，处分哪有不入档案的道理？处分入档案是常识，如果犯了错误后，仍让个人利益左右自己的思想，不但不会改正自己已有的错误，还会犯下新的错误。

犯错误而受到处分的党员应认真回顾总结一下自己入党以来走过的历程，想一想当年为什么要入党？自己的入党申请书怎么写的？自己的志愿书怎么填的？入党时的初心，现在有了哪些变化？从自身多找原因，从自身多下功夫。《弟子规》中说：“过能改，归于无。”意思是过错只要改了就不存在了。猛醒猛改猛下功，知错改错不算错，一定要加强自律，慎独慎微，常照党章纯党性，知敬畏，知担当，正言行，加强党性修养，陶冶道德情操，自觉把党章作为信仰之炬高举，作为准绳规矩恪守，仍可以成为让党组织和其他党员信任的好党员，受大家欢迎的好党员！

2017 年 3 月 5 日

党员请假与组织观念

有的党员在找党组织的领导请假办私事时，经常会发现这样的问题：下午要回老家探亲，上午才请假。当问为什么要这样请假时，得到的是这样的回答："我已与家里人决定了。"明天要远处旅游，今天才请假。当问为什么要这样请假时，得到的是这样的回答："我与朋友商量好明天动身。"星期一刚上班就请假。当问为什么刚休完又要请假时，得到的是这样的回答："我已经买好了到某地的飞机票"……

这样的请假正常吗？这样请假还能看到党员的组织观念吗？既然自己已经决定了，还叫什么请假，这种做法或者叫通知党组织，或者叫先斩后奏。这样的请假，一旦得不到批准，他们不说自己缺乏组织观念，而是会说"领导和自己过不去""领导不关心个人利益""领导不重视个人意见"几天闷闷不乐，愁眉苦脸，有的甚至长时间耿耿于怀。这样的做法像个党员的做法吗？显然不像。

这里首先要弄清两个问题：一个是什么叫请假？一个是什么叫党员的组织观念？

何谓请假？请假是指因病或因事请求准许在一定的时期不做工作或不学习。请假就可能有两种情况，一种是准假，一种是不准假，请假者不能只想可能准假，不想可能不准假。

何谓党员的组织观念？党员的组织观念是共产党员对党组织的正确态度，要体现在拥护党的纲领，遵守党的章程，履行党员的义务，执行党的决定，严守党的纪律，积极工作，正确处理个人与组织的关系等。组织观念是衡量党员党性修养高低的主要依据之一。

作为一名共产党员，既然志愿加入党的组织，就应具有组织观念，按组织的章程要求自己，按党员的义务干好工作，按组织的纪律约束自己，正确处理个人与组织的关系，正确处理公与私的矛盾，将自己的一言一行与党组织联系在一起，争取做一名名符其实的合格党员，不断为党增光添彩。作为一名共产党员，决不能时时处处将自己与党组织割离开来，言不顾党，行不顾党，有我无党，甚至将个人利益置于组织利益之上，不断给党丢人败兴，抹灰添黑。有的党员犯了错误，竟然能说出“这与党员有什么关系”的十分糊涂的话，当你加入党组织时，你就与党组织有了关系，同时党组织也就与你有了关系，而且关系是多方面的，怎么能说你的错误与党员没有关系呢？这个关系就是：你干的好，党组织要奖励你，表彰你；你干的不好，党组织就要批评你，处分你。如果你丧失理想，丢掉宗旨，牟取私利，失去党性，犯了错误，失去了共产党员应有的先锋模范作用，这个关系就是党组织应该处分你，让你离开党组织。

党员是有组织的人，是党的人，就应该懂得党的纪律，懂得党内规矩。一名党员请假时，不能只考虑个人利益，而不考虑组织利益；不能先考虑个人利益，而后考虑组织利益。有的事情，从个人角度看是可以办的，但从组织角度看又是不可以办的。作为党组织的领导，既要考虑党员个人利益，更要考虑组织利益，组织利益应永远是第一位的。当党员利益与组织利益发生矛盾时，党组织的领导自然会让党员的个人利益服从组织利益，而且还要教育党员无条件服从决定。比如党员请假，作为党组织的负责人，要全面通盘考虑，既要考虑这个党员可否暂时离开他的这项工作？又要考虑这个党员所在部门的人员情况可否让其暂时离开工作岗位？既要考虑单位的中心工作可否让其暂时离开工作岗位？又要考虑单位执行的重要任务可否让其暂时离开工作岗位等因素。一个党员在请假之前自己已决定请假之事，而后软磨硬缠逼组织准假，这是将个人置于组织之上的一种表现，这是在请假过程中第一次缺乏组织观念的表现。当本人请假一旦得不到批准，反而仅从个人利益考虑，简单地认为“领导和自己过不去”“缺乏人性化”，说各种各样的怪话，发各种各样的牢骚，这是在请假过程中第二次缺乏组织观念的表现。当一名党员请假得不到批准时，应该自然想到党内关于“党员个人服从党的组织……”“如有不同意见，在坚决执行的前提下，可以声明保留……”等要求，并且用这些要求约束自己的错误思想，克服自己的错误行为。有的人会说：“我的情况特殊。”如果属于真正的、公认的特殊情况，作为领导也会特殊对待的，也会作出通情达理的决定的。

请假中出现的缺乏党的组织观念的表现，原因何在？一般有两种原因：

其一是缺乏党的知识，平时学习党内知识不够，不懂得党内规矩，所以就出现党的组织观念无知的表现；其二是个人主义思想作怪，不能摆正个人与组织的关系，不能正确处理公私矛盾。能否正确处理公私矛盾，是检验党员党性强弱的重要内容之一。对于缺乏组织观念的党员，一定要严于律己，严以修身，强化党的组织观念：第一，认真、全面学习党的知识，真正了解党的知识，不做“无知党员”，要做学习型党员，要做有组织观念的党员；第二，要加强党性修养，加强党性锻炼，用共产党员标准严格要求自己，自觉改造世界观，树立共产党员应有的世界观、人生观和价值观，一点一滴地加强修养，使自己的党性得到由点到面的提高，一面一面地加强党性修养，使自己的党性得到由一面到全面的提高，让党的组织观念在自己思想上牢牢扎根。

从严治党既是党组织的事情，又是党员个人的事情，对党员个人而言，就是要把严于律己、严以修身当作自己的座右铭。严于律己，严以修身，贵在自觉，自觉才能做到防微杜渐，从点滴抓起，从小事抓起；贵在消缺，消缺才能注重思想改造，主动寻找自己的缺点，主动消除自己的缺点；贵在规范，规范才能按党员标准为人处事，为人要做最好之人，要做最优之人，处事要正确地做事，要做正确的事；贵在持久，持久才能持之以恒，长期坚持，一贯坚持，坚持到底。

作为党员就必须树立组织观念，这是基本常识，基本要求，基本标准。一个党员如果没有组织观念，就等于从思想上退出了党的组织，就等于自己是个假冒伪劣的党员。其实，作为一个共产党员应该有两个组织观念，一个是党内的组织观念，一个是行政的组织观念，比如请假一事，属于党内的事情，向党组织的领导请假；属于行政的事情，向行政的领导请假；两者都相关的事情，向两方面的相关领导请假。一个真正的合格的共产党员，就必须树立牢固的组织观念，让组织观念陪伴你的一生，让组织观念在你的思想上开花，让组织观念在你的行动中不断结果，结出先进之果、先锋之果、模范之果！

2015 年 8 月 2 日

企业安全八要

安全理念要入脑，时时处处须牢记；
安全知识要勤学，应知应会无难事；
安全工作要实干，精细精准求精益；
安全小事要重视，萌芽状态早灭失；
安全应急要快速，速战速决善处理；
安全企业要群力，人人尽心多出力；
安全年年要全安，持之以恒不松驰；
安全目标要实现，平安享福又获利。

2017 年 3 月 15 日

努力做到“四安”　确保平安无事

每个企业都希望自己的人员平安，财金平安，物品平安；今天平安，明天平安，后天平安；工作平安，学习平安，生活平安，成为一个名符其实的平安单位。怎样才能成为平安单位呢？要想成为平安单位就应做到“四安”——安全意识牢，安全知识多，安全工作实，安全目标高。只有力争做到“四安”，才能保证平安无事。

一、牢固树立安全意识

1. 安全意识至关重要。所谓安全意识，就是人们头脑中建立起来的工作必须安全的观念，也就是人们在工作中各种各样有可能对自己或他人造成伤害的外在环境条件的一种戒备和警觉的心理状态。人们常说行动受思想支配，思想决定一切。在安全工作中，安全意识决定安全工作的一切，安全意识决定人们安全认识是否正确，安全工作是否积极，安全知识是否学习，安全素质是否具备，安全习惯是否养成，安全目标是否达到，安全前途是否光明……安全意识至关重要，任何单位抓安全工作，首先要狠抓安全意识，特别要重视安全意识。

2. 自觉树立安全意识。作为一名职工，应该树立哪些安全意识呢？树立“安全第一”的意识，这是做好一切工作的试金石，是落实以人为本的根本措施；树立“预防为主”的意识，是实现安全第一的前提条件，也是重要手段和方法；树立“遵纪守法”的意识，是安全工作的基本要求和根本保证；树立“自我保护”的意识，安全是自己的，也是大家的，不可因自己的失误伤人伤己；树立“群众集体”的意识，有了这种意识，遇事则会相互帮助，相互保护，相互协作，密切配合，这是保障安全的重要条件。

3. 重视教育强化意识。人们的安全意识不会自发产生，不会自然树立，不会自动强化，唯一的办法是靠教育，通过教育克服非安全意识，解决各种错误思想，克服各种错误行为。强化安全意识，教育应持之以恒，强化要永不停步。比如经常可能遇到的不重视安全工作的思想有："混沌型"——认为安全水平过得去，浑浑噩噩地工作，思想深处存在"死生由命"的想法；"自恃型"——自恃自己工作熟悉，技术熟练，久经沙场，经验丰富，工作中无所顾忌，麻痹大意，他们发生事故的可能性很大；"应付型"——在安全工作中采取应付的态度，或搞形式主义，或做表面文章，不做扎实工作，一味应付上级领导。在安全教育工作中，既要针对常见问题进行教育，又要联系新的问题、特殊问题进行教育。通过教育，人们有了牢固的安全意识之后就能做到三个一样：考核不考核都一样，有人管没人管都一样，有没有监控都一样。

二、多多掌握安全知识

1. 重视学习安全知识。是否重视学习安全知识，也是能否搞好安全工作的一项重要内容，因为安全知识关系到安全工作的能力、水平、效果。如果只有安全意识，没有安全知识，就会出现心有余而力不足的现象，欲速而不达，干着急没办法。但是，安全知识不是生而知之的，只能靠学而知之。现在的职工有高中生，有中专生，有本科生，在校或没专门学习安全知识，或只学一点安全知识。走上工作岗位以后需要补这一课，补安全知识课，应像在学校学习专业知识那样认真学习，真正学好安全知识。

2. 掌握各种安全知识。说到学习安全知识，首先要学习消防知识。比如企业里经常教育职工要掌握"四懂四会"的知识："四懂"——懂本岗位生产经营过程中的火灾危险性；懂本岗位生产经营过程中的防火措施；懂本岗位生产经营过程中的灭火措施；懂组织疏散逃生办法。"四会"——会报警；会使用消防器材；会扑灭火灾；会自救逃生。这是基本的消防知识。除了掌握消防知识外，还要学习交通安全知识，使用电器知识，地震知识，网络安全知识，意外伤害自救自护等知识。学习掌握安全知识多多益善，一旦遇到安全问题就可尽显本领，大显身手。

3. 坚持学习安全知识。随着时间的推移，科技的发展，新问题的出现，新的消防技术需要学习，新的消防器材的使用需要学习，新的安全知识需要学习，新产品安全使用知识需要学习……摆在我们面前需要学习的安全知识很多，我们既要学习常识性的传统的安全知识，又要学习高难的新有的安全知识。安全知识丰富多彩，刻苦多学，才能学到；安全知识推陈出新，坚持学习，才能学好。学习安全知识应该有持之以恒，与时俱进，永不懈怠，长期坚持的习惯。多学本领多，长学受益长，应该有活到老，学到老的精神，在工作岗位要坚持学习安全知识，退休以后也应自觉学习安全知识，让学到的安全知识伴随一生，不断使你得到好处，安全一生，一生平安。

三、扎实做好安全工作

安全意识存在于思维之中，安全知识储存于脑海里面，二者属于隐性的安全工作。具体的见得到的安全工作属于显性的安全工作，显性的安全工作和隐性的安全工作，二者是相互影响的，相互渗透的，是相辅相成的关系。隐性的安全工作做好了，必然对显性的安全工作起到促进作用，推动作用，有利作用。

扎扎实实的安全工作应该从哪些方面做起呢？

1. 人员要选配好。一个单位的安全工作固然要靠大家的努力，但专门机构的安全人员在这中间起着很大的作用。安全部门的人员一定要选好。尤其是安全部门的负责人，一定要有能力，有责任，有事业心，选好这一人，不但可以调动部门人员搞好安全工作，更可以保证抓好单位的安全工作。

2. 制度要落实好。这里的“落实”有两方面的内容，其一是要有健全的安全制度，并能结合新形势、新要求及时制订管用的新制度，这些安全制度应该是像铁一样强硬的制度；其二是要认真严格执行制度，认真要一丝不苟、点滴不漏；严格要不打折扣、不留情面，原原本本按制度办事，按制度做好安全工作，执行安全制度应有铁一样的心肠，铁一样的手段。

3. 工作要敢攻坚。安全工作，可能遇到这样那样难办的人，难办的事，但一定要有攻坚克难的精神，不怕得罪人，多动脑想办法，想尽办法，采取措施，让难办的人办好事，把难办的事克服掉，解决一个又一个问题，攻克一个又一个难点，就能使安全工作创出平坦之路。

4. 责任感要强烈。责任是安全之魂，安全工作关系人人，人人有责。人人应牢记责任，具备强烈的责任感，时时尽责，事事负责。在安全工作上，要树立“责任重于泰山”和“安全无小事”的理念，思想上，精益求精，没有“差不多”的思想；工作上，遵规守章，没有“打折扣”的念头；作风上，严谨严密，能警惕“一不留神”放过问题的马虎行为；对自己，严格要求，十分注意及时克服自己“一点点”的疏忽、错误和坏习惯。对安全工作中的问题，宁可信其有，不可信其无，要有吹毛求疵的办法，精细思考，精细工作，人人有安全责任的思想，个个有履行责任的行动，大家高度负责，才能保证企业平安。

5. 安全要求长效。安全工作只有求长效，才能达到安全的目的。如果上级检查就抓一抓，不检查就不抓了；有问题时抓一抓，解决问题后就不抓了；安全月时抓一抓，安全月后就不抓了，那就抓不好安全工作，只会适得其反，按下葫芦浮起瓢，不断发生问题。追求长效性，必须做到三常：A. 常念安全经。安全教育要结合实际经常进行，保证安全教育常态化，促进职工安全的弦常绷紧；B. 常抓安全事。要做到天天重视，天天检查，不留死角，发现问题及时解决，及时消除。C. 常治安全病。安全工作要有居安思危的思想，对安全工作存在的隐患，一定要想办法早日解决，彻底解决。

四、坚决实现安全目标

何谓目标？就是想要达到的境地和标准。安全工作目标，就是安全工作要达到的境地和标准。目标就是工作的方向，就是工作的理想，就是工作的要求，就是工作的重点。没有目标就会盲目工作，工作不到点子上，工作不出好成绩。

1. 制订目标，牢记目标。制订目标一定要明白上级的要求，一定要了解单位的实际，上情与下情结合，从实际出发，在原有的基础上前进一步，提高一步，制订一个敢于进取的目标。目标制订后，要在工作中牢记目标，围绕目标工作。且不可在工作中忘记目标，抛弃目标。

2. 安排计划，计划行事。目标确定之后，要围绕目标安排一年的工作，一年内要做哪些方面的工作？每一方面要做哪些工作？哪些工作属常规工作？哪些工作属重点工作？一定要制订一个周密可行的工作计划。有了工作计划后，就要按照计划的事情，计划行事。如遇到计划外的特殊之事，特殊处理即可，计划外的变化之事，要有应急处理办法。

3. 经常对标，严查严办。工作过程中要坚持“对标”的行动，定期对照目标，找出差距，找出问题，采取缩短差距，解决问题的办法。在解决问题的过程中，一定要坚持高标准，严要求，严查严办，不能采取马虎的态度，应付的作风，糊弄的措施，一定要追求良好的结果，满意的结果。

4. 实现目标，辩证办事。在实现目标的行动中要辩证处理好三种关系：A. 人与事的关系。在解决安全工作中的问题时，要把解决人的思想问题放在第一位，先抓人，后抓事，可以达到事半功倍的效果；B. 安与全的关系。安全工作从某种意义上讲，只有全才能安，安全工作要从全员抓起，全过程抓起，全面抓起，才能达到“由全致安”的目的；C. 平与安的关系。安全工作中，思想要平静，不可或冷或热；作风要平实，不可或松或紧；工作要平顺，不可胡思胡干，坚持“三平”，就可取得“由平保安”的效果。

安全是什么？对于一个人，安全意味着健康；对于一个家庭，安全意味着和睦；对于一个企业，安全意味着发展。所以，安全工作十分重要，安全责任重于泰山。重要的工作要重视，责大的事情须负责。在安全工作中，没有安全意识则等于零，没有安全知识则无能力，没有扎实工作是穷应付，没有正确目标必盲目干。

2013 年 11 月 17 日

不怕有困难　就怕没办法

2016年我们企业遇到的困难，除了人们常说的“经济放缓、网络冲击、费用增大、竞争激烈”的四大困难外，又增加一条特有的困难：“大路建地铁、小路搞改造、多处封路口、顾客不便来。”在这种客观条件不利的形势下，搪百和服装两商场的干部不怕困难，多想办法，在营销方式上下功夫，为提高经济效益而努力工作，取得了可喜的成绩。

搪百商场今年共组织大型促销活动7次，形式包括折后送、满额送、返代金券、购物送礼、购物抽奖等多种内容。各柜组也积极申请促销活动，举办小型促销活动19次。在常规促销活动的基础上，搪百商场创新促销方法，通过微信平台增加了时下流行的点赞送礼、积赞换购、以旧换新、季末特惠、网购比价等形式，更大程度、更广范围地满足了顾客的需求，截至8月底，搪百商场销售额同比增长8.98%，创历史新高。

服装商场以节日为契机，共组织大型促销活动10次，几乎月月有活动，周周有惊喜。从活动前与厂家争取最大的折扣力度到活动中每天与营业员共同完成销售任务；从活动前精心选购商品、赠品到活动中加大广告宣传力度；从活动前进行市场调研到活动后不断总结经验，服装商场的干部始终奋战在销售第一线，虽然截至8月份商场同比销售有所下滑，但是每次促销活动都能在他们的努力下超额完成销售任务。

两个商场促销方式不同，服务形式不同，但都使商场销售有所起色，究其原因，他们有一个共同的特点：就是在企业面临困难时，他们都能够“不因困难找借口，只为克难想办法”。这是干部对待困难的应有态度、正确态度和良好态度。应有态度是在困难面前不怕困难，藐视困难，有压倒困难的精神状态，有克服困难的心理准备；正确态度是在困难面前，有克服困难的决心，有攻克困难的办法，想尽办法战胜困难，消灭困难；良好态度是在困难面前有坚强的意志，将攻难克艰当作自己的使命，满怀信心战胜一个又一个困难。搪百商场和服装商场的干部对待困难的态度值得肯定、值得表扬、值得点赞。

现在的经济，既可称市场经济、竞争经济，也可称动脑经济、思考经济。在当今，经济问题经常出现，经济困难经常遇到，从事经济工作的人不动脑筋、不想办法是搞不好经济工作的。企业是从事经济工作的单位，企业干部要想胜任本职工作就一定要克服“能力不足不能为，动力不足不想为，魄力不足不敢为”的问题。

但在工作中我们也发现，一些干部遇到困难时，往往会以“我不会、我不行、我不能”作为自己无法战胜困难的回答，这其实是他们给自己不愿动脑筋、想办法找的借口。面对困难，他们表现的是不正确的态度和行为：有的干部害怕困难，绕开困难，或者摆出一大堆困难，总想再等一等，看一看，或者左右为难，这也怕那也怕，唯恐给自己带来麻烦；有的干部不管困难，推卸责任，他们一遇到困难不是想办法解决问题，而是喜欢找各种客观理由推卸责任，把责任推得干干净净，把自己撇得清清白白，这种干部就像战争年代的逃兵一样，不是想办法战胜敌人，而是想办法逃跑，或想办法举白旗；有的干部不求创新，固步自封，他们习惯于用老观念看待问题，用老思想分析问题，用老办法解决问题，不愿学习新知识，不想尝试新方法，结果是已有的能力难以应对新的困难。

这些干部思想上懒惰，态度上消极，行动上懈怠。他们把困难当成了自己不努力工作的借口，当成了自己不处理问题的托辞，当成了自己工作落后的理由。工作中最怕的不是遇到困难，而是缺少解决困难的能力。一个干部能不能把工作做好，能不能把困难解决掉，主要看其是否敢于面对，是否勇于担责，是否善于创新。那么困难与干部之间到底有什么关系呢？

害怕困难就必然当不好干部。困难什么时候都有，只要你工作，工作中就会遇到这样或者那样的困难，幻想工作无困难，那是唯心主义的想法。但如何面对不利因素，体现着能力，展现着担当。困难面前，考验着每个干部的工作劲头，是“排除万难去争取胜利”还是“垂头丧气让机遇错失”，反映着干部不同的世界观，体现着不同的精气神。干部的职责就是解决困难，不但要解决小困难，而且要解决大困难，干部不解决困难，还叫什么干部？毛泽东说过：“什么是工作，工作就是斗争。那些地方有困难、有问题，需要我们去解决。我们是为着解决困难去工作、去斗争的。越是困难的地方越是要去，这才是好同志。”那些遇到困难绕着走，碰到矛盾踢皮球，面对歪风向后退的干部不是好干部，只有那些面对复杂矛盾敢抓敢管，敢于碰硬；面对存在风险，敢作敢为，敢于承担的干部才是好干部。干部害怕困难，就等于自己无能为力；干部害怕困难，就等于害怕承担责任；干部害怕困难，就必然当不好干部。

没有办法就没有资格当干部。一个干部在工作中要认识到面对困难，解决困难不是麻烦，而是减少麻烦、克服麻烦、消灭麻烦。困难是检验干部工作能力强弱的机会，是学习工作方法的机会，是提高干部素质的机会，平时的日常工作能检验出干部工作能力的大小，解决困难的问题更能检验出干部能力的大小。但是，解决困难要靠办法，办法是工作的前提，是一个干部知识、能力、素质、责任的综合表现；办法是能力的体现，干部遇到困难就要想办法，就要有办法，而且要有办法解决自己工作中的一切困难。当干部把可能变成可为，这是本职；把可能变成不可能，这是失职；把不可能变成可能，这是本事。这就要求干部在工作中需要从多个方面找方法，从多个角度找出路，自己给自己找工作，自己给自己施压力，多动脑筋，多想办法，多找出路，不断提高自己的工作能力。作为一名干部缺少工作能力，困难面前无办法，不但工作做不好，导致问题成堆积重难返，同时还会失去自己的威信，得不到群众的支持和拥护。干部不战胜困难，困难将淘汰干部。所以，干部在困难面前不想办法，没有办法，是一种耻辱，那样的话，就会失去当干部的资格。

要有办法就必须坚持多学习。干部的办法不是天生的，办法是一个人善于动脑，勤于思考，刻苦学习的结果。一个干部并不是一被提拔，就自然而然有了解决问题的办法；也不是以前有办法就会一直有办法；今天有办法不代表明天有办法；今天干部的能力与工作相称，不等于明天还能相称。有的干部在面临困难时有想法没办法，面对新生事物时有胆识没知识，筹划未来发展时有理想没理论，最终导致工作局面处处捉襟见肘，无法开展。那么干部的办法来自于哪里呢？办法来自于学习，干部只有发挥主观的能动性，自觉地学习关于工作方法的理论知识；自觉地学习关于工作方法的实践经验；自觉地学习善于和敢于解决困难的先进典型，了解事物的客观规律，掌握事物的发展逻辑，才能够找到问题的症结，想出解决的对策。足智才能多谋，干部要想有办法，唯一的办法是多学习、再学习。不学习必将是无能的干部，不学习必将是落后的干部，不学习必将是淘汰的干部。

无路可走的人总是那些不下功夫想办法，不下功夫找出路的人，而成功者都会善于发现问题，分析问题并妥善解决问题。在工作中不怕有困难，就怕没办法；不怕没能力，就怕没责任。

作为一名干部，既要有能力，遇事有办法，面对困难不是有一种办法，而是有多种办法，一计不成又生一计，一招不成再来一招，他们的办法总是多于困难，他们的办法总能战胜困难。

作为一名干部，又要有责任，遇事敢担当，敢于担当是干部必须具备的基本素质，身为干部必须坚持原则，认真负责，面对大是大非敢于亮剑，面对矛盾敢于迎难而上，面对危机敢于挺身而出，面对失误敢于承担责任，面对歪风邪气敢于坚决斗争。

作为一名干部，有能力，有责任，正视困难不回避，直面矛盾不上交，承担责任不推诿，才能干好自己的工作，才能履行自己的职责，才能成就自己的事业。

2016 年 9 月 14 日

第五部分

如何面对这些学习问题

学德决定学风　学力　学效

何谓学德——泛指学习者在学习实践过程中应当遵守的学习准则和学习规范的总和，也是判断学习者的学习意识及行为是否正确、是否符合社会道德要求的标准。学德是一种品质，是一种通过学习而提高自我的过程；学德就是感悟学习、忠于学习、热爱学习。

学德的内容包括勤勉好学、学以致用、坚持正义、尊重知识、成人成才、修德立行、懂得礼仪等内容。任何学习都涉及学德的问题，这里想谈谈党员在政治理论学习中的学德问题。在党员的政治理论学习中，有的同志学得不好，人们只从学风上评价，可是只从学风上分析原因总引不起注意。这些人好像认为学风问题不是什么问题，或者是小小不言的问题，学风问题总不解决，学习问题总难解决。只从学风评价，还不能从根本上解决这些人的学习问题。学风问题深层次的原因是学德，学德决定学风，学风反映学德。党员的学德是党员的党性、党德、党风在学习上的体现，请看这些现象有无学德的问题：

其一，在学的方面——

只在单位学习，不在家中学习；只读单位发的书，自己从不购买一本书；布置时学习，不布置不学习；学习不领会精神，一问三不知；考试记内容，不考不记忆；有的内容学习数次，仍如第一次学习；学习计划空洞，难见具体内容；没把学习变成第一需要，而当成可有可无的事；“预备”之时学得多，“转正”之后停止学；重学短文语录，轻学《选集》《文选》，这样的“学法”能称得上真信真学吗？这样的“学法”不违背学德吗？

其二，在用的方面——

学习与思想脱节，学习之后觉悟没有提高；学习与工作脱节，学习之后工作没有长进；进行教育与接受教育脱节，参加教育无所收获；进行批评与改正错误脱节，听到批评表态改正，错误依然如故；学习党规党法与遵纪守法脱节，知道规矩，但常有违纪；参加政治生活与提高政治水平脱节，身在组织生活，心在政治生活之外……这样的“用法”能称得上真懂真用吗？这样的“用法”不违背学德吗？

其三，在改查方面——

每次需要制定整改措施时，总会将学习作为整改措施之一，而且总会放在重要的第一条，写上“努力学习”“认真学习”“积极学习”等词，学习的具体内容看不到，学习的具体时间看不到。每次进行自我检查，或进行自我批评，又把自己的学习放在首位进行检查，自我批评，说什么“自己学习不够重视，没有主动学，学得不深不透，联系实际不紧……”为什么这样的套话要循环地、重复地、不厌其烦地说了一次又一次，这样的套话有多少用处？有多少益处？这样的“改查”能称得上真改真查吗？这样的“改查”不违背学德吗？

从三方面都可看出学德方面存在的问题。学风连着学德，学德连着党员对党的忠诚，学德好，忠诚度就高；学德差，忠诚度就低。

对党忠诚，是党章对每个党员的要求，是每个共产党员的庄严誓词。只有做到在任何时候、任何方面、任何情况下都对党绝对忠诚，才够得上一个合格而纯粹的共产党员。忠诚是每个共产党员必须具备的政治品格，是党员政治生命中不可缺少的重要元素。

对党忠诚不是抽象的，而是具体的，不是有条件的，而是无条件的。忠诚应体现在哪些方面？忠诚必须体现到对党的信仰的忠诚上，必须体现到对党组织的忠诚上，必须体现到对党的理论和路线方针政策的忠诚上。学习党的政治理论就是要解决对党的理论和路线方针政策的忠诚问题。党的政治理论是党的灵魂、方向、指南，只有学习好党的政治理论，才能了解党的路线方针政策，才能执行好党的路线方针政策；只有学习好党的政治理论，才能凝心聚魂，用理想信念固本培元、补钙壮骨，才能自觉增强对中国特色社会主义道路自信、理论自信、制度自信和文化自信；只有学好党的政治理论，才能强根固本、掌握体系、领会要义，心中明亮、是非清楚，才能具有政治意识、核心意识、大局意识和看齐意识；只有学好党的政治理论，才能使党员与时俱进，思想上永远入党，才能永葆共产党员的坚定性、纯洁性和先进性。通过学习政治理论解决了党员对党的理论和路线方针政策的忠诚，才能保证党员对党的信仰和党组织的忠诚。

党的政治理论是党的压舱石，是党的定海神针，党离开了自己的政治理论，党就难以立足，难以生存，难以发展。一个党员既然加入了党组织就必须热爱党的政治理论，学习党的政治理论，践行党的政治理论，对党的政治理论要特别感兴趣，特别爱学习，特别愿实践。在学习中要尽力学习——用尽力量学习，要尽心学习——费尽心思学习；切实坚持学知一致，言行一致，知行一致，做到真学、真懂、真信、真用。要学出正确的世界观、人生观、价值观，学出对党的创新理论的坚定信仰，学出理想信念，学出坚强党性，学出牢固的宗旨意识。理论上的认同和思想上的追随是一致的，没有理论上的认同，哪有思想上的追随，一个党员不学政治理论，很难说这个党员对党忠诚，很难说这个党员思想上真正入党，很难说这个党员是合格党员。党员学习政治理论的深度，决定着政治敏感的程度、思维视野的广度和思想境界的高度。

在学习政治理论方面，如果说忠诚理论是“1”，那么其余的则是“1”后面的“0”。党员有学德就是对党的政治理论忠诚的表现，学德决定着学风、学力、学效。学德好就会使学风正、学力强、学效优；学德劣就会使学风歪、学力弱、学效差。有了学德，就会有好学风、真忠诚；失去学德，就会有坏学风、假忠诚。一定要争取做既学得很好，又做得很好的党之宝，千万不可做学得既很差，做得又很恶的党之妖。

学德是道德的内容之一，缺乏学德是道德上的一种缺陷，尤其是共产党员道德上的一种缺陷。作为共产党员具备学德是必须的事情，是应该的事情。那么，怎样才能具备学德呢？首先要认识学德对于党员永葆纯洁性和先进性的必要性和重要性，认识学德对于党员保持无产阶级正确的立场、观点与方法的必要性和重要性，认识学德对于党员坚持党员标准，履行党员义务的必要性和重要性，认识学德对于党员追求完美道德、高尚道德的必要性和重要性，把学德作为党员一种必备的品德，一种重要的品德，一种可贵的品德。其次要自加压力，自订计划，每年有每年的学习任务，每月有每月的学习任务，自己强迫自己完成学习任务。再次要强迫自己将学习的政治理论与自己的思想工作相联系，让政治理论成为自己的行动指南。与此同时，要加强学德修养，用学德的标准检查自己，分析自己，改正学德方面的问题，养成良好的学德。坚持数年，坚持不懈，就会使学习从不自觉到自觉，从“要我学”变成“我要学”，逐步习惯成自然，学德也就会逐渐树立起来，逐渐坚定起来。解决学德问题是从世界观上解决党员为何学，为谁学，怎样学，怎样行的问题，达到的目的是——爱好学习，善于思考，注重实践，提高觉悟，从世界观这个总开关解决了学习中最大的学德问题，就会使学习达到一通百通、一灵百灵的效果。

学德是学习之德，学得是学习所得。德与得相通相关，“德”的修炼就是“得”的修炼，小德小得，大德大得。有“大德”的人才能“大得”。“德”是根本，“得”是“德”的副产品。政治理论的学德，必然带来政治理论的学得，使政治理论学有所得、学有所获、学有所用。

指导思想科学，理论武装先行，是我们党的优良传统和特有优势。作为一名共产党员，一定要忠诚于党的政治理论，加强学德的修养，具备良好的学德，党叫学什么就学什么，党叫学好什么就学好什么，规定科目坚决学好，自选科目自觉学好。要主动而不是被动地学习，自觉而不是强制地学习，认真而不是应付地学习，系统而不是零碎地学习，就一定能学出党员应有的政治觉悟，应有的理论水平，应有的工作表现，就能成为学习型党员，成为学习的先锋。

2017 年 2 月 2 日

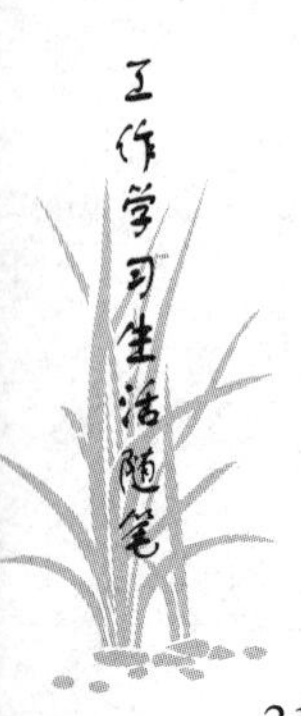

商而优则学

最近阅读《晋商五百年》丛书（十四册），尤其在《崇儒重教》一册中，讲了许多“身在商海，情系读书”的故事，深受古人启发，深感学习重要。

这里选择几例供大家欣赏：

著名祁县商人乔致庸，身在商海，却酷爱读书，一生手不释卷，在村民眼中，“俨然是一老书生”。乔家客厅的对联上这样写道：“幸有两眼明广交善友，苦无十年暇熟读奇书”，传递着主人在商海却求儒的一种心境。

永济商人沈邦良，弃儒服贾以后，仍酷爱读书，他在外出经商的过程中，常常随身携带小学、通鉴一类书籍，每有空闲便习诵之，遇事往往引经据典，除此之外，他还工于楷书，长于近体诗，铭曰“儒行商名”。

洪洞商人敏庵公，天性孝友，重义轻财，幼年进入学校读书，后因家事繁剧，不得不放弃学业，但是他未尝废书，暇则手一编，凡经史子集无不浏览，所以，于古今得失之材，皆能指其窾（kuǎn，空隙，空虚）要焉……

太谷商人温忠善，因为家业中落而被迫经商，在经商筹划的同时，他“不以顷刻废学”，不但自己坚持学习，还为后人读书受教育创造条件。

榆次常家代代恪守“学而优则贾”的家训，源源将优秀文化人才输送到商界，将儒家思想和伦理道德完美地体现在经济意识和经营活动中，实现了经济理性和道德理性的统一，逐步成为清代驰名中外的儒商望族。

这些晋商的事迹告诉我们，一边经商，一边读书，不但对经营管理有好处，而且对道德修养有益处，光经商不读书，经商处于感性而低级的阶段，既经商又读书，经商则处于理性而高级的阶段，学而优不一定要商，但商而优一定要学。

党的十六大就提出了“全民学习，终身学习”的倡议，报刊杂志经常宣传“全民学习，终身学习”的意义，各行各业都提出了要创造学习型的组织，要创造学习型的个人。学习是一种责任，学习是一种追求，学习是一种习惯，学习是工作的态度，学习是生活的态度，学习是人生的态度，已成了一种社会共识。这个共识是时代的强音，时代的方向，时代的目标。

处在知识层出不穷的今天，处在信息瞬息万变的今天，处在市场竞争激烈的今天，不学习能适应形势吗？显然不能！不学习能耳聪目明吗？显然不能！不学习能得心应手吗？显然不能！不学习能胜任本职吗？显然不能！可是在这种形势下，有的人仍不能有计划，有目标，有任务地自觉读书。最近，我对两个商场老板的读书情况作了调查，A 商场 30 个老板，年平均读书 0. 83 本，B 商场 55 个老板，年平均读书 0. 33 本，很少看与本职工作相关的专业报刊。A、B 商场老板读书的数量，真是少的可怜，少的可惜，少的可悲，可怜知识太少，可惜时间乱用，可悲素质不高。一个老板告诉我，他将近十年没有完整地读过一本书。我国国民年人均阅读图书 4. 5 本左右，A、B 商场老板读书分别为国民年平均读书量的五分之一、十四分之一，差距太大了。与日本年人均读书 42 本、韩国年人均读书 11 本、法国年人均读书 20 本、以色列年人均读书 60 本相比差距就更大了。以色列人多是犹太人，人们都说犹太人聪明，聪明在哪里呢？就聪明在读书学习上。

为什么有的人不爱学习呢？常见理由如下：

理由之一，“我有文凭，不需要再学习了。”一个人，在学校学到的知识，只占一生所需知识的 10%。如果只满足于文凭，不再学习，那么你一生中 90%的时间将不适应社会，不适应人生。不学习行吗？不行！

理由之二，“我能挣下钱，不需要再学习了。”有的人在市场兴旺时能挣点钱，在市场疲软时就挣不下钱了。为什么呢？没有学到市场竞争的能力。有的人虽然挣下钱了，但钱挣得越多，人越做越小、越丑、越恶，为什么呢？只学挣钱本领，不学做人知识。不学习行吗？不行！

理由之三，“我想轻松，不愿意苦读书。”市场在变化，竞争在变化，经营在变化，你不学习新知识、新方法、新能力，你能适应形势，你能应对有方吗？外界不断的“动”，与你懒惰的“静”不一致，你将成为淘汰的对象。不学习行吗？不行！

理由之四，“看手机也是学习，不需要读书学习。”这是一种流行的看法，也是一种不良的习惯，这种所谓的学习，有人称碎片化学习，使信息、思维、思想碎片化，使一些人成了碎片之人——知而不深、知而不专、知而不全、知而不真，说起来是个万事通，做起来是个二百五。不系统读书行吗？不行！

商而优则学，学什么内容？当然，首先应学习与经商有关的知识，比如商品知识、经营知识、管理知识、调研知识、财务知识、传统经商知识、现代经商知识，学习分析市场的能力，学习经营决策的能力等知识。还要学习党的方针、政策、路线等知识。有人会说，我只要搞好经营就行了，不需要学政治知识了，这是一种十分错误的观点，经济与政治密不可分，政府制订的方针、政策、路线，对商人的经营活动有着很大的影响。因此，商人不能不关心政治，因为政治要关心商人，这是古今中外概莫能外的道理，不关心政治的商人，必然是糊涂的商人。

商而优则学，学多长时间？有人说在农耕时代，一个人读几年书，就可以用一辈子；在工业经济时代，一个人读十几年书，才能用一辈子；到了知识经济时代，一个人必须学习一辈子，才能跟上时代前进的步伐。作为一名生意人，最低的要求是经商一天，就要学习一天，经商一年就要学习一年，经商多少年就要学习多少年，进而发展到活一辈子就要学习一辈子，活到老，学到老。只有坚持学习，才能树立适应形势的新理念，才能掌握与时俱进的新知识，才能具备足智多谋的新本领。否则，就会出现本领恐慌、力不从心、欲速不达的问题。生意人要依靠学习加快知识更新，优化知识结构，拓宽眼界视野，赢得优势，赢得未来，使自己有个光明的前途。

商而优则学，怎么进行学？首先是学与用相结合。学习不是为了学习而学习，也不是为了面子而学习，一要用在做人上，学习怎样做人？学习怎样做个优秀的人？学习做人的人品、人德、人性、人格、人情等；二要用在做事上，学习怎样做事？怎样把事情做好？学习做事的知识、本领、技巧、方法、能力等。其次要学与思相结合。古人说，“学而不思则罔，思而不学则殆”，意思是说，只读书而不思考，就会迷惘，无所得；只有空想而不读书，就会感到有难以克服的困难，因而完全失掉信心。学习要与思考相结合，学而不思则学不懂、弄不通，学来学去是个不及格的学生，无能力的学生；思而不学则胡思乱想，思来思去还是思不出好方法，好主意。学习一定要有“博学之、审问之、慎思之、明辨之、笃行之”的精神。

商而优则学，时间哪里来？有的人抱怨自己没时间学习。有的人不知自己的时间到了哪里？别人有时间学习，自己为什么没时间学习？自己的时间自己掌握，怎么能不知到了哪里？时间对每个人都是公平合理的，每人每天都是 24 小时，没有一个人多占一分钟，没有一个人少占一分钟。每个正常的人，都是忙碌工作、生活的人，但你只要对时间采取“挤”的态度，“钻”的态度，就能挤出时间，钻出时间。比如，当售货员，他们的作息时间是上下午倒班制，几乎是半天工作，半天休息，怎么能没有时间学习？又比如老板的工作生活时间几乎是自己给自己安排的，怎么能没有时间学习？只要你重视学习，你就会给学习安排时间。有的人能每天用 3 小时看电视，用 2 小时看手机，怎么就不能给学习安排一小时的时间呢？不是没时间学习，而是缺乏对学习重要性的认识和态度。有了对学习的正确认识和正确态度，学习的时间自然就会有了，而且还会挤出更多的时间学习，学而不厌，学而不倦，学而不止。

商而优则学，怎样定任务？学习不能停留在口头上，不能停留在浮光掠影上，不能停留在浅尝辄止上。比如，有的人口头上说学习马列主义，可是连马列主义的书一本也没有读过。有的人口头上说学习中国特色社会主义理论，可是没系统读过《邓小平文选》及《习近平谈治国理政》等书。学习一定要“有目标牵引，有标准对照，有进度把控”。比如，每年读什么书，读几本书要自己给自己定目标，定任务。一年的任务要细分到每个月、每一天。比如，一个月要读一本 600 页的书，一个月读完的话，每天是 20 页，可是每个月可能要遇到些特殊情况。比如，患病不能读了，过度疲劳不能读了，要把这些特殊情况剔除几天。比如五天，按每月保证读书 25 天，600 页除以 25 天，等于每天 24 页，25 天每天读 24 页，600 页的这本书就能保证一个月读完，这样做就保证了读书的时间和数量，进而保证读书的质量和速度。

俗话说：“好学如智，不学如痴”。你要想成为一个有知识、有智慧的人，就应该好好学习，坚持学习，终身学习。如果你不喜欢学习，不愿意读书，就可能成为现代白痴，现代文盲。

商而优则学，学习贵有恒，恒要体现在永远保持学习的动力、能力和定力上。作为一个商业服务工作者，坚持读书大有益，只要坚持一边经商，一边读书，使商与学有机结合，就可使你在经商与做人方面取得双丰收，就可以使你在守业和创业方面保证都顺利，就可以使你在商优和人优方面达到全面优。

2016 年 1 月 17 日

动物 教育 人格

人们将不守规矩、不懂礼貌、不讲道理、不务正业、是非不分、荣辱不辨、自私自利、胡搅蛮缠的年轻人视为少家失教之人。何谓少家失教呢？就是指从小失去父母，没有得到过应有的正确的家庭教育。

可是，现在有的人，既不属于“少家”之人，也不属于“失教”之人，但是其表现却与少家失教之人大同小异，或一模一样，或同属一族。这里就给大家讲一下A某的为人处世：

上学时，A某不爱学数学，上课不好好听课，但数学老师没有放弃她，上课时不断地向她提问，督促她好好学习。对老师心怀不满的她开始琢磨怎么整老师，让老师在学生面前出丑。于是她在数学课前，把教室门开了一条小缝，将一盆水放在了门上边，数学老师一推门，一盆水从天而降，把老师淋成了“落汤鸡”。

成家后，过年时，A某回到丈夫的姥姥家，姥姥把一年才用一次的新碗拿出来让他们使用。饭后，姨姨让A某去洗碗，她却“一失手”把碗全部打碎了。她似乎受到惊吓，蹲在了地上。丈夫提出要带她去医院看看，走出老家的大门，A某大笑着说：“我是不想洗碗，是故意把碗打碎的，看谁还敢让我洗碗！”

在街上，A某骑电动车带着儿子走在路上，只见前方不远处一位骑车男子上衣口袋里的钱快要掉出来了，她放慢速度跟在后面，等着钱掉出来。终于从那个男子的口袋里掉出来七八十元时，她迅速赶上去，一脚踩在钱上，低头弯腰把钱捡起来装进了自己的口袋，儿子惊叹道：“妈妈，你这是海底捞月啊！”

在单位，一天，一位售货员着急地找到了后勤处室，请她们带话，让A某赶快把所拿的商品或还回或交款。这时，处室人员才知道她拿了柜台上的商品三天了，既不说要，也不说不要；既不退回，也不交钱，拿了商品连面也不见了。当处长问她：知不知道不可以随意拿取商品？她却理直气壮地说“我又跑不了！”

A某的行为属于丑陋行为，她不以为耻，反以为荣，还向别人进行宣扬，好像是在宣扬自己的“能耐”。殊不知，这不是能耐，这是耻辱，这不是给自己争光，这是给自己抹黑。这种丑陋的灵魂、丑陋的行为能干好工作吗？不可能！能教育好自己的孩子吗？不可能！这种丑陋行为一害自己，二害家庭，三害公事。

A某在家里接受过父母的教育，在学校接受过老师的教育，在社会接受过众多的教育，在单位接受过领导的教育，各种教育都接受过，为什么表现的与少家失教之人一样呢？

从社会科学知识思考人的属性，人的属性包括两个方面：一是人的生物学生命实体属性，也就是动物性；二是人的社会活动实体属性，也就是社会性。

人的动物性表现为自保、自爱、自私、生存竞争、饮食满足、冲动……这些都属于人的生命有机体求生存本能的自然倾向，是人的本能属性。

人的社会性表现为有思维，有意识，有理性，有人格，能劳作，有感情，有爱心……这些都属于人参加社会活动具有社会意义的倾向，是人作为高级动物的属性，是人之所以成为人的主要属性。

马克思指出：“人的本质并不是单个人所固有的抽象物，在其现实性上，它是一切社会关系的总和。”人是处在一定的社会关系中的现实的人，无论哪一个人，都生活在一定的历史阶段的多种社会关系的总和中，也就是说都生活在一定的经济关系、政治关系、民族关系、阶级关系、文化关系、师徒关系、朋友关系、家庭关系等各种社会关系的整体运动过程中，都要受到社会关系的影响和制约。因此，人之为人的根本特征——本质，必然由社会关系决定。关系是社会的内容，社会是关系的形式，当人们将自己与动物界相比较，一目了然的区别就是人有社会性，动物没有社会性。

人类的进化，个人的成长，就是减少兽性，增多人性，减少动物性，增加社会性。由依靠力气进而变成依靠智力；由爱小我的自私进而变成爱大我的为公；由傍老靠老，进而变成自食其力；由享用和利用已成之物，进而变成创造更多之物供人享用；由现实世界进而变成追求更理想的世界。一个人不能认为自己会走路、会穿衣、会吃饭、会说话、会结婚、会生孩子等就是合格的人。从人的动物性角度衡量只能算是一个正常的人，但从人的社会性角度看，这还不能算是一个合格的人，因为一个合格的人主要是从人的社会性角度衡量的。一个人要成为有社会性的人，必须学习很多社会需要的做人的道德知识，自觉长期加强道德修养，能够坚持扬善抑恶，讲道德，讲人格；必须学习很多社会需要的做事的专业知识，精益求精钻业务，爱岗敬业做工作，有才干，有作为。只有这样做才能完成从动物性到社会性的升华，作为主体改造客观世界有本事，作为客体改造主观世界有修养。

人是什么？第一是主体，是认识和实践，社会和历史的主体。人作为主体，要利用自然规律，并按照自己的意图改造自然、控制自然，为自己而创造，为自己而劳动，这是实现人的物质需要。第二是客体，是自我认识、自我改造和自我确立的客体。人作为客体，应该控制自己，改造自己，创造自己，发展自己，这是实现人的精神需要。一个人不能只把自己当作主体，而不把自己当作客体。如果不把自己当作客体，就会放弃思想改造，放弃道德修养，放弃做人标准。

一个人从幼儿园、小学、中学、大学直到参加工作，这二十年左右的成长过程，就是从动物性向社会性转化的过程，就是克服兽性树立人性的过程。在这个过程中，不同时期接受着不同的教育。通过教育使人们在思想上克服了动物性，增强了社会性；参加工作后又是通过与时俱进的教育使人们巩固和发展了社会性。人的动物性和社会性不是一成不变的，在一定的条件下是相互转化的。接受教育就会由动物性向社会性转化，拒绝教育就会由社会性向动物性转化。比如有的人有了权，有了钱，有了名，就放弃了自我控制、自我改造，就会由社会性向动物性转化。

有人会提出疑问：“A某也接受过各种教育，为什么她还缺少社会性，缺少道德，难以成为合格的社会公民呢？”对A某而言，还不能说她是“接受教育”，只能说她是参加过教育，只能说她身参加了教育，心没有参加教育。参加教育与接受教育是两回事，参加教育不等于接受教育。两者的区别就在于对教育的态度上。如果参加教育，对教育的内容不认可，持反对态度，不学习，不实践，当作耳旁风，视为别人事，这只能叫拒绝教育；如果对教育的内容认可，持赞成态度，乐于学习，乐于实践，这样才能叫接受教育。

同样的家庭教育，有的孩子成了好孩子，有的孩子成了坏孩子，原因是前者接受了教育，后者拒绝了教育；同样的学校教育，有的学生成了好学生，有的学生成了坏学生，原因是前者接受了教育，后者拒绝了教育；同样的社会教育，有的公民成了好公民，有的公民成了坏公民，原因是前者接受了教育，后者拒绝了教育；同样的企业教育，有的职工成了好职工，有的职工成了坏职工，原因是前者接受了教育，后者拒绝了教育。A 某缺少社会性，缺少人性，令人生厌，成为不受欢迎的职工，就是因为她拒绝教育，拒绝改造，思想觉悟、为人处世还停留在是非不分的蒙昧阶段，还停留在不懂人事的小孩子阶段。这里套用《三字经》中“性相近，习相远”这句话，完全可以这样评价同样的教育，不同的结果是“教相近，效相远”。

一个人在成长过程中，会参加各个时期不同部门或不同人进行的各种教育。作为一个人，你要想进步，首先要对教育有个正确的态度：第一要积极参加，认真参加，第二要自觉接受，尤其要在“接”和“受”二字上下功夫。在“接”字上要做到三点：第一要认可教育内容的必要性，思想上懂得教育内容的正确性和科学性，感到进行教育十分必要，正当其时；第二要认识教育内容的有效性和重要性，感到这种教育对自己的思想进步，对自己的工作改进很有意义，很有作用；第三要有接过来的积极性，你认为这种教育好，你就应持“接”的态度，而不能采取“拒”的态度，要接收，要容纳。在“受”上也要做到三点：第一，要接收为自己学习的内容，接收下这些内容，好好学习，好好理解，真正弄懂弄通；第二，要理论联系实际，要将接收到的内容与自己的思想联系，与自己的工作挂钩，注意在改上用力气，在改上下功夫；第三，要注重效果，教育的目的在于运用，教育的目的在于改变，教育的目的在于提高，注重效果，才能收到效果。

人是社会的人，人在社会上，就应受到国家法律法规、道德规范、单位规章制度、职业操守的影响和约束，这样才能适应社会，与社会合拍。否则，身在社会不懂社会规则，不懂社会道德，随心所欲，任性妄为，目无法纪，无视道德，就会使自己从人类社会加入到动物世界。每个人都应在人生的道路上思考怎样做人？怎样改造思想？怎样完善自己？否则就会出现穿着打扮挺时髦，像个现代人，可所作所为，说话办事挺落后，倒像个原始人，身有“灵长类脑”，行为却属于“爬虫类脑”作用的爬虫类行为，这个差距太大了，一差就是一亿五千万年，真可悲！人们一般都不愿意让别人把自己看成是动物，看成是低级动物。可是有的人的所作所为、一言一行，都与动物，与低级动物的自私自利十分相似，甚至超过了动物。比如有的人有知识而无文化，有资历而无道德，有才干而无品行，有美貌而无素质……这种人不让别人以动物来评价他们是十分困难的事情。人们将他们视为动物是理所当然之事，你要想让人们以人的标准对待你，你只有用人的标准要求自己，这是唯一正确的办法。

组织进行教育不能搞形式主义，作为个人参加教育也不能搞形式主义，不能听一听课了事，不能记一记笔记了事，不能谈一谈体会了事，不能写一写感想了事，那样会一了百了，不了了之。参加教育是接受教育的前提，接受教育是参加教育的目的。为了达到这个目的，既要把自己当作改造客观世界的主体，又要把自己当作改造主观世界的客体，永远接受教育，永远改造自己，活到老，学到老，改造到老，这样才能使一个人永远保持和巩固社会性，永远保持和巩固高尚的人格，做一个有益人民的人，做一个受人欢迎的人。

2017 年 4 月 7 日

学习态度决定学习深度

习近平在兰考调研指导党的群众路线教育实践活动时指出，要在“深学、细照、笃行”上下功夫。怎么深学？怎么学深？每个党员干部都应好好思考一番。

学习是党的群众路线教育实践活动第一阶段“学习教育听取意见”的重要内容，学习的好坏，决定教育的好坏，学习的好坏，决定实践的好坏。学习如果走了过场，第一阶段就走了过场，第一阶段走了过场就可能导致第二、第三阶段也走过场。学习是首要任务，我们每个党员干部都要思考如何完成好学习任务，如何打好第一仗？

学风与作风、党风相联系；学风与组织观念、党性观念相联系。

十八大提出，党员应成为“学习型、服务型、创新型”的党员，党员应将学习当作责任，当作习惯，当作任务，当作工作。平时应这样，现在搞党的群众路线教育实践活动，因有时间要求，更应以十足的劲头、十足的热情、十足的动力学习，学习要有学习的样子，学习的劲头，学习的热情。要有高中生迎接高考的那种学习精神，能加班加点学，能起早贪黑学，能争分夺秒学，能见缝插针学，不懂则问，不懂则思，不懂则攻。

有的人认为，工作忙，没有时间，跟不上学习速度；

有的人认为，理论水平低，对理论知识学习起来有困难；

有的人认为，自己不是这次活动的重点，不必下功夫；

有的人认为，学习的内容理论性强，兴趣不大；

有的人认为，学习是工作时间内的事情，只在上班时间学，下班后不学习；

有的人表面上在学习，但心不在焉，而是想其他事情。

凡此种种，都属于学习态度的问题。

我们常说“态度决定一切”。在群众路线教育实践活动中，完全可以这

样说，学习态度决定学习深度，学习态度决定教育深度。只有正确的学习态度，才能保证真正的学习深度，才能保证真正的教育深度。

学习态度反映的是学风问题，但也反映作风问题、党风问题，还反映党员的组织观念问题、党性观念问题。

学习在第一阶段，但第一阶段的时间不全是学习，还有其他内容。学习的内容有《论群众路线》《厉行节约反对浪费》《学习文件选编》三本书，还有中央、省、市领导讲话及文件。可以说学习是时间紧，任务重，没有正确的态度是不行的，学习阶段走了过场，就会导致所有阶段走过场，因为学习好是实践好的前提条件，基础条件。要不走过场，就应该真正学得紧，真正学得实，真正学得严，真正学得深，就必须有正确的学习态度。

第一，态度是学习深度的前提

我们应该树立怎样的学习态度呢?

1. 愿学、乐学、爱学的学习态度
2. 积极、主动、自觉的学习态度
3. 认真、踏实、持久的学习态度
4. 挤劲、钻劲、苦劲的学习态度

第二，学习深度包括两个方面

学习中要善于发现问题，勇于面对问题，乐于研究问题，着力解决问题。

一、学习的“深度”

只有克服错误的思想和错误的方法才能达到学习的深度。

1. 不可只为考题，学习为应付；要端正动机，脚踏实地，学有所得。
2. 不可舍本求末，学不到真经；要读好原著，既知真经，又知真道。
3. 不可随波逐流，学而无己见；要自己琢磨，自己理解，自有认识。
4. 不可只学不思，学而不明意；要学思结合，斟字酌句，融会贯通。
5. 不可蜻蜓点水，学点放弃面；要全面学习，一篇不落，一句不少。
6. 不可囫囵吞枣，学而不知味；要细钻细研，细嚼烂咽，学知其味。
7. 不可畏惧困难，学而不攻难；要攻坚克难，迎难而上，战胜困难。
8. 不可慢慢腾腾，学习当尾巴；要紧跟进度，一步不落，适度超前。
9. 不可置身度外，学习成外人；要视为己事，参与其中，积极行动。

10. 不可前学后忘，学习变空壳；要强迫记忆，手脑并用，学点记点。

11. 不可求奇求异，学习搞花架；要真学实学，围绕主题，求真务实。

12. 不可弄虚作假，学习装门面；要用心用功，表里如一，心到功到。

13. 不可只重形式，学而无收获；要珍惜时间，注重实效，力求提高。

要领会精神，掌握要领，抓准实质，明白含义，学习好，理解透，认识高，达到深刻思考，深刻领会，深刻理解，深刻认识的目的。

党员干部对待学习，应像党章规定的执行党的决议那样，坚决执行学习决议；应像党章规定的完成组织任务那样，圆满完成学习任务。

学习的内容是党的基本理论。党的基本理论是党员做人的灵魂，行动的指南，看家的本领，克难的武器，前进的明灯。

学深才能明白群众路线教育实践活动的总体要求、实践载体、重点对象、指导原则、特点规律。

学深才能懂得为什么要坚持群众路线？怎样坚持群众路线？党的群众路线与党的宗旨的关系？党的群众路线与中国梦的关系？党的群众路线与党的最终目标的关系……

二、实践的深度

学习是实践的准备，实践是学习的深入。学习是前提条件，实践是学习结果。要学以致用，用以促学，学用相长。

（一）四种标准

1. 只满足于解决几个实际问题，这是“浅”度标准。这是流行的，但需要防止的“倒推”的做法和“应付”的做法。这种做法实际上是最低的临时的标准，活动过后会旧病复发，依然如故。

2. 只满足解决作风问题，这是“中”度标准。

3. 满足于解决提高群众工作的能力，这是“深”度标准。

4. 追求解决“总开关”的问题，这是“最深度”标准，最根本的标准。

（二）怎样达到应有的标准

1. 注重知识上的增加，认识上的提高，思想上的收获。

2. 切实解决理想信念，群众观点，思想方法，工作能力，精神状态等五个问题。

3. 真正从根本上解决党员干部的世界观、人生观、价值观，这个“总开关”问题。

第三，学习深度带动实践深度

1. 自己要主动联系工作和思想实际，把自己摆进去。
2. 真正找准自己的问题，既找工作问题，又找思想问题。
3. 既解决个人工作问题，又解决思想问题。
4. 既解决容易问题，又解决困难问题。
5. 要敢于解决，善于解决，追求实效良效。

学而不紧等于不学，学而不实等于空学，学而不深等于虚学，学而不改等于假学，学而不果等于白学。我们应认认真真地学，踏踏实实地学，原原本本地学，学到新知识，学到新水平，学到新能力，学到新觉悟，力争达到预期的理想的学习效果！

2014 年 4 月 4 日

新常态需要有新思想新作风

新常态是新理想、新标准、新办法，是与时俱进之常态、是科学发展之常态、是深得民心之常态。但要想破除旧常态，适应新常态，就必须学习新理论，改造旧思想；追求新精神，转变旧作风；树立新思想，摒弃旧观念。否则，就会出现“身在新常态，心在旧常态，是非分不清，犯错不知错”的落伍现象。

思想方面

从是非混淆向是非分明转变；从人妖颠倒向优劣厘清转变；从言而无信向有言必行转变；从人心涣散向凝心聚力转变。

经济方面

从速度第一向质量第一转变；从粗放增长向集约增长转变；从传统增长向新增长点转变；从增量扩能向调存优增转变。

法治方面

从法律不全向有法可依转变；从有法不依向有法必依转变；从执法不严向执法必严转变；从违法不究向违法必究转变。

党员方面

从降低标准向严格标准转变；从理想缺失向树立理想转变；从信念动摇向坚定信念转变；从宗旨淡薄向强化宗旨转变。

党建方面

从管党不实向管党精细转变；从治党不严向治党真严转变；从反腐无力向零度容忍转变；从一紧二松向一抓到底转变。

政治方面

从有令不行向令行禁止转变；从应对政策向执行政策转变；从大打折扣向不折不扣转变；从阳奉阴违向表里如一转变。

作风方面

从官僚主义向依靠群众转变；从形式主义向注重实效转变；从享乐主义向艰苦奋斗转变；从奢靡作风向勤俭节约转变。

干部方面

从崇尚特权向严于律己转变；从随意用权向依法用权转变；从假公济私向执政为民转变；从官无官样向以身作则转变。

2015 年 1 月 24 日

“囫囵吞枣　食而无味”怎能学好？

在“两学一做”学习活动中，党组织对合格党员的第一条标准——“讲政治，有信念”这一问题展开了讨论。但在讨论过程中，发现有的党员存在理论不清、概念混淆、囫囵吞枣、食而无味的问题：

当问及什么叫政治时，有的人回答：“一个政党对自己的约束、要求。”有的人回答：“思想上与中央高度一致。”还有的人回答：“有立场，有方向。”

当问及讲政治包括哪些内容时，有的人回答：“有理想，有信念。”有的人回答：“办事情有一定的原则性。”还有的人回答：“有自己的思想。”

当问及什么是信念时，有的人回答：“自己的一种追求。”有的人回答：“一种精神寄托。”还有的人回答：“有了一定立场，思想上考虑维护立场。”

当问及有信念应体现在哪里时，有的人回答：“无私奉献。”有的人回答：“有党的信念。”还有的人回答：“为人民服务。”

当问及讲政治与有信念的关系时，有的人回答：“有党性。”有的人回答：“弄不清。”还有的人回答：“政治是根本，信念要维护政治。”

答案众说纷纭，却都是错误的。对于一名共产党员来说，难道上面的问题是他们第一次接触吗？不是！入党多年的他们何止接触过一次；难道上面的问题是他们第一年接触吗？不是！入党多年的他们何止接触过一年。那么多次接触的内容、多年接触的内容为什么答不上来呢？分析其原因，主要有以下四个方面：

1. 大事当小事，思想不重视。对政治学习的态度不够端正，对政治学习的内容不够重视，把政治学习当作是一件可有可无的小事来对待，把政治学习当作是一件无关痛痒的小事来对待。认为政治学习在自己的工作或是生活中没有用武之地，有学习政治的时间还不如多学习一些专业知识来的实际一些、有用一些。思想不重视，怎么能学好政治理论呢？

2. 一生考一次，只为入党学。每个党员在入党时一般都要进行一段时间培训，培训结束时要进行一次理论考试。为了使自己在考试中能够顺利通过，大家都会认真的去学、努力的去背。因为这一次考试不及格，入党就成了问题了。有的党员就这么认真学习过一次，就这么下功夫记忆过一次。入党以后就不再去卖力学习了，不再去费心记忆了。学习动机不纯，怎么能学好政治理论呢？

3. 只重视行动，不重视指导。有的党员认为，只要工作表现好就行，学不学习理论知识都无所谓。党的政治理论是党员行动的指导思想，党员的行动脱离指导思想，就会导致党员在行动中没有正确的方向、没有坚定的立场、没有明确的目标。就可能出现盲目的行动，错误的行为。知行关系不明白，怎么能学好政治理论呢？

4. 学习经常有，责任没尽到。有的党组织在组织党员学习政治理论时，重形式多，重效果少，没有将学习当作一种政治责任去履行，当作一种政治任务去完成，上级考核自己松，自己考核下级松，没有将政治学习与评先、选拔、奖惩联系起来，所以就出现了学与不学一个样，学多学少一个样、学好学坏一个样的没有效果的学习，党组织组织党员学习，没有尽到党组织的政治责任。一个党组织只重形式，不重效果，怎么能学好政治理论呢？

这些错误的因素让党员们对政治学习产生了“囫囵吞枣，食而无味”的问题，这里必须弄明白一个问题：党员为什么要学习政治理论呢？

1. 因为加入政治组织，必须学习政治理论。入党意味着自己加入的是一个政治组织，而身在这个政治组织就应当学习这个政治组织的政治理论。不学党的政治理论，就不懂得党的政治规矩。每个党员无论党龄长短，无论职位高低，都必须学习党的政治理论，脱离政治理论是一种脱离党的表现。

2. 因为履行党员义务，必须学习政治理论。人们一说到党员的标准，首先提到的是《党章》中党员的八项义务，八项义务中的第一项就是学习，可见学习对党员来说是何等的重要。是否学习是履行党员义务的重要标志之一，也是一名党员能否符合党员标准的重要标志之一。作为一名入党动机正确的共产党员就应该重视学习，坚持学习，学以致用，不学习怎么能像个共产党员的样子呢？不学习怎么能符合党员的标准呢？

3. 因为需要修好心学，必须学习政治理论。党性教育是共产党人的“心学”，是党员正心修身的必修课。这个必修课不是修一时，而是要修一世，是每个共产党员一生的必修课，要修的内容有很多，最重要的是要修好理想之课、信念之课、宗旨之课，只有把这些课修好，才能在“心学”这个政治专业取得合格的毕业证，所以，这门必修课要求党员必须学习政治理论，要活到老，学到老。

4. 因为时代发展需要，必须学习政治理论。党中央要求党员要成为“三型党员”，学习型首当其冲，这足以让我们看到了学习的重要性。时代在发展，党也在发展，新的时代，新的形势，对党员在政治上、工作上都提出了新的要求，党员只有学习才能与时俱进，成为政治上的优秀分子，工作中的先进分子，否则，就会成为政治上的落后分子，工作中的落后分子。

5. 因为学习事关党性，必须学习政治理论。毛泽东曾在《改造我们的学习》一文中将学风提高到了党性的高度。一个党员是否学习政治理论，能否学好政治理论，不是工作方法问题，而是党性问题。有的党员不把学习政治理论当作重要的问题，这是可怜、可悲、可怕的学习态度，这不是小问题，而是党性的大问题。一个共产党员要保持党性就必须学习政治理论，学好政治理论。

作为一名共产党员，明白了为什么要学习政治理论后，还要明白怎样学习政治理论。党员应将学习政治理论当作政治责任来学，当作政治任务来学，当作一种习惯来坚持，当作一种追求来坚持，在学习政治理论方面应做到四性：“自觉性、实践性、长期性、先进性”。

自觉性——这是我们学习中应该有的态度。有的党员在学习中只学单位里发放的书籍，从来没有自己主动的去买过一本书；有的党员只在单位里学习，从来不肯利用自己的业余时间去学习。这种学习称不上有自觉性。身为一名共产党员，学习中就应该养成自觉学习、主动学习、乐意学习政治理论的习惯，自觉购买政治书籍，自觉安排业余时间学习，尤其是八小时以外的自学，自觉思考问题，自觉理解问题，自觉记忆学习内容，既自觉主动学，又能自觉坚持学。津津有味地学习、兴致勃勃地学习、如饥似渴地学习。这里要特别说一下学习中应该加强记忆的问题。古人说；“记有成”，“记”是读书的一种传统，不记等于白学，自学一定要在“记”上下功夫，既要心记，又要笔记；既要脑勤，又要手勤；既要记录，又要记取。

作为党员个人，要不断为学习的自觉性注入内力和定力；作为党组织，要为党员个人学习的自觉性不断增加外力和压力，每年应对党员最少进行一次政治理论的“学、考、评、议、奖、惩”活动，让党员保持“赶考”的状态，坚持学习，每年交出优异的答卷！

实践性——这是我们学习中应该有的行动。在学习中要做到理论与实践相统一，“理论”是指所学到的知识，“行动”是指工作的实践。我们既不能用“理论”来代替“行动”，认为有了理论就有用实践了；也不能用“行动”来代替“理论”，认为只要有实践就不用再去学习理论了。要知道理论是行动的指南，只有理论上正确了，思维上才能正确，只有思维上正确了，行动上才能正确。

长期性——这是我们学习中应该有的时间。这个时间的长期性不是一年两年，不是十年八年，而是从入党到生命的停止，这是一个很长的时间，党员要通过每年的学习为自己积累学分。就如同我们在上大学时，每一门的功课都需要修学分，政治学习同样也是党员在修学分，但与其不同的是大学里的学分有时间期限，而党员所修的学分却是终身的，是从我们加入中国共产党的那天开始，一直到自己生命的结束。如果按一年一分来算，一个人 20 岁入党，80 岁逝世，那么他的学分就是 60 分，获得了 60 分，就可算得上一名合格的党员。党员对政治理论，应有“生命不息，学习不止”的精神。

先进性——这是我们学习中应该有的目标。党员学习政治理论，不是为学习而学习，学习是有目标的，目标就是使自己保持先进性。党员的先进性，不是与生俱来的，而是在不断地学习、不断地实践、提高自己的思想觉悟、思想境界的过程中形成的。也就是说，只有通过努力学习、不断学习，才能用先进的理论知识武装自己的头脑；才能具有防腐拒变的能力，永远保持共产党员的“先进性”与“纯洁性”。

有的党员认为政治理论枯燥无味，对学习产生不了兴趣，理论对他没有吸引力。那么如何才能做到“对政治理论最感兴趣、最爱学习、最愿实践”呢？只有在学习政治理论中坚持“四性”，才能产生感情，才能出现兴趣，才能学出味道，才能得到益处。就像我们做饭一样，将“酸、甜、苦、辣、咸”这“五味”调进去，让枯燥乏味的政治理论拥有不同的口感、不同的味道；让枯燥乏味的政治理论变成一道美味、一道珍馐。

1. 学出“理想之味”。“理想之味”可以形象的比作“五味”里的“咸”。咸味入肾，它有调节人体细胞和血液的渗透压平衡及正常的水钠钾代谢功能。而理想是人们对未来社会和自身发展的向往与追求，当我们的人生理想越高时，我们的精神就会越充实、情操就会越高尚，由此可见“理想之味”可以当作是“咸味”，它不仅是我们每天必须摄入的，还具有调节我们对人生追求的作用。

2. 学出“信念之味”。“信念之味”可以形象的比作“五味”里的“酸”。酸味入肝，有健脾开胃之功，还有增强肝脏功能的作用，并能提高钙、磷等元素的吸收。信念就是共产党人精神上的“钙”，一旦我们信念缺失，就会在精神上“缺钙”，就会得“软骨病”，因此“信念之味”可以当作是“酸味”，它指导我们要拥有马克思主义信仰，要确立正确的人生观和价值标准。

3. 学出“宗旨之味”。“宗旨之味”可以形象的比作“五味”里的“甜”。甜味入脾，是人体热量的主要来源，具有补养气血、补充热量、解除肌肉疲劳、解除毒素等作用。全心全意为人民服务是我们党的根本宗旨，当我们紧紧地和人民群众依靠在一起时，人民群众就是促使我们党前进的力量来源，同时，当我们诚心诚意地为人民谋取利益时，人民群众所遇到的困难与问题我们又会帮其一一解除。所以说“宗旨之味”可以当作是“甜味”。

4. 学出“规矩之味”。“规矩之味”可以形象的比作“五味”里的“辣”。辣味入肺，可发散、行气、活血，能够刺激胃肠蠕动，增加消化液的分泌，还能促进血液循环和肌体代谢。在这里“规矩之味”可以当作是“辣味”，因为，在它的不断约束、不断警示下，促使我们知荣辱、辨是非，明白哪些该说，哪些不该说；哪些该做，哪些不该做；哪些该大力提倡，哪些该坚决反对，从而代谢掉我们不好的思想、不好的举止。

5. 学出“奉献之味”。“奉献之味”可以形象的比作“五味”里的“苦”。苦味入心，具有解除燥湿、清热解毒、泻火通便、益肾利尿等作用。奉献就是要有牺牲精神，就是要有吃苦精神，就是要有苦战精神。“奉献之味”可以当作是“苦味”，为了党的事业健康发展，为了群众的安危冷暖，不少共产党人奉献出了毕生精力乃至生命，共产党人要用自己吃苦耐劳的精神为人民群众谋取幸福，要用自己艰苦奋斗的精神让群众真切地感受到党的温暖，要用自己苦战苦斗的精神带领人民不断前进。

由此可见，“酸、甜、苦、辣、咸”每一味都与我们的身体健康有着密切的联系，每一味都不能缺少。同样，学习中的“理想、信念、宗旨、规矩、奉献”这“五味”我们也一味都不能少，只有将这“五味”集齐、将这“五味”品出，才能体会到有滋有味的那种愉悦快乐，才能让我们的理论学习更健康、更有益。我们要将政治理论学习当作我们的精神食粮、文化大餐、美味佳肴，细细地品尝、慢慢地消化，苦学、细学、深学、久学，只有这样才能防止囫囵吞枣，食而无味；只有这样才能越学越有动力，越学越有兴趣，学会党员应有的理论知识，学到党员应有的理论水平，学出党员应有的政治觉悟。

2016 年 7 月 15 日

这句名言不可信　不可行

“没有永远的朋友，只有永远的利益”是资产阶级拜金论的产物。可是当下被某些利欲熏心的人当成了参与商战的经典名言；被某些自私自利的人当成了为人处世的标准原则；被某些思想糊涂的人当成了世界通用的“普世价值”。这是一种很不正常的现象，这是一种值得警惕的问题，这是一种需要纠正的思想。

这句话是谁说的呢？最早是十九世纪英国首相帕麦斯顿（1784-1865）说的，也成为了英国外交的立国之本。二次世界大战中的英国首相丘吉尔（1874-1965）也引用过这句话，作为英国对外关系的准则。

这种思想绝不是科学的理论

这句话出自资产阶级政治人物之口，当然就代表的是资产阶级的立场、观点，代表的是资产阶级的人生观、价值观。人们一说到资产阶级的核心价值观总会提到六个字“平等、民主、人权”，但六个字的内核是个人主义，个人主义就是资本主义核心价值观的核心。在资本主义社会里，人们在处理人与人之间的关系时，一切以个人利益至上，不考虑他人的利益。在资本主义的政治人物那里，这个核心价值观体现在处理国与国的关系时，就成了一切以本国利益至上，不考虑他国利益的具体表现形式，或者典型代表语言。这句话是资本主义社会里处理人与人之间关系的准则，也是资产阶级政治人物处理国际关系的准则。这句话在资产阶级那里、在资本主义社会那里是他们的真理；在无产阶级这里、在社会主义这里，这句话就不是真理，更不是资产阶级所宣传和吹嘘的所谓“普世价值”。从理论上讲，从实践中看，这句话既不科学，也不合理。社会主义核心价值观的核心是为人民服务，以集体主义为原则。这句话与我们社会主义核心价值观是格格不入的，是方枘圆凿的。在阶级和有阶级的世界上，资产阶级将自己阶级的生产关系所产生的

"社会意识"视为"普世价值"，是骗人的话。马克思恩格斯早在《共产党宣言》中就回答了这个问题："这些意识形式，只有当阶级对立完全消失的时候才会完全消失。"（《马克思恩格斯文集》（人民出版社 2009 年版）第二卷第 51–52 页）现在世界上还存在阶级对立，根本就不存在适合世界上所有阶级的"普世价值"，宣传"普世价值"等于宣传歪理邪说。相信这句话是中毒的表现，宣传这句话是放毒的表现，自行这句话是害己的表现，外行这句话是害人的表现。

按这种思想为人处世的害处

1. 以利相交，利尽友驰。他们与人交往完全是建立在利益的基础上，利益多，交往的机会就多，利益少，交往的机会就少；利益长，交往的时间就长，利益短，交往的时间就短；有利益就交往，无利益就不来往。他们将利益和交友牢牢地绑在一起，时时、处处、事事只考虑个人利益，在有利益时将你视为知音、挚友，在无利益时则将你视为路人、生人。他们为人时总是会自问：别人对我有多少利益？他们处世时总是自思：朋友只是利益之朋友。他们以利事他人，利尽而友驰。这种人属于人与人交往中的"势利眼"。

2. 利益至上，人情冷漠。他们只愿与自己有直接关系的"有利之人"打交道，不愿与自己有间接关系的"无利之人"打交道？试想一下，在与人交往中，和你有直接利益的人有多少？和你有直接利益的人又能和你维持多长时间的利益关系？和你有直接利益的人不可能天天有利益关系、月月有利益关系、年年有利益关系，与你保持长期利益关系的人则是少数人中的少数。他们不接触、不交往大多数的"无利之人"，而只想着少之又少的"有利之人"，这样就形成了一种不正常的空档关系，长此以往就注定会变成孤家寡人，他们信任的人能有几人？又能有几人信任他们？他们惟利处他人，利微而情无。这种人属于人与人交往中的"独脚蟹"。

3. 见利忘义，唯利是图。他们为了利益不讲道德、重利轻德。在他们的脑子里充满了利益，只有利益的位置，却不给道德留一点位置。他们有才无德、用才无德、交友无德、做事无德。他们用虚伪的谎言获取利益；他们用欺骗的手段牟取利益。他们以假乱真、以次充好，为了利益他们说尽了骗人的话，为了利益做尽了卑鄙的"丑事"。他们不仅见利忘义，更是见利忘友，只考虑利益，不在乎德行，为了自我利益，损害他人利益。他们情止于利衰，友失于利尽。这种人属于人与人交往中的“缺德鬼”。

4. 自私自利，瞒心昧己。他们忘恩负义，不知感恩，不是滴水之恩涌泉相报，而是涌泉之恩滴水不报。当别人对他们有利时，他们表现得阿谀奉承；当别人对他们无利时，他们表现得爱搭不理；当别人对他们批评时，他们表现得气急败坏；当别人对他们消除不当利益时，他们表现得咬牙切齿。他们只考虑别人关心他们的利益，却从不考虑他们关心别人的利益，他们只求私利，不求公利，只讲独理，不讲公理，在触犯他们的利益时，他们对曾经给他们利益的人采取否定一切、怀疑一切、诽谤一切、造谣一切的态度和做法。他们有利则为友，无利不认友。这种人属于人与人交往中的“白眼狼”。

总而言之，奉行这种思想的人，只爱利益，不爱朋友；只重利益，不重朋友；只要利益，不要朋友；只有利益，没有朋友。他们的言行会导致思想变私，灵魂变黑，形象变丑，人缘变零。他们既没有永远的朋友，也没有短期的朋友，更没有一个真正的朋友。

这种思想必须反对必须克服

“没有永远的朋友，只有永远的利益”，这句话是资产阶级核心价值观的体现，反映出的是为人处世无德、无法、无情，我们不能被资本主义所谓的“普世价值”所迷惑、麻痹、欺骗。这句话与社会主义核心价值观是水火不容的，是背道而驰的，我们要以正确的认识、鲜明的态度、坚定的立场，学习和践行社会主义核心价值观，以正确的思想反对这种错误的思想、克服这种错误的思想。

1. 为人处世应诚信，要讲德。诚信是社会主义核心价值观内容之一，诚信是立人之本、立业之本，为人处世要讲诚信之德。不能为了个人利益不讲德，不能利中无道、利中无德，一个无道无德的人就会缺少人格，我们要坚持利中有德、利中重德的思想，讲德就能得人心，得到意想不到的甜头。谁愿意和一个品行不端的人打交道、交朋友？“得道多助，失道寡助”，我们要以真诚之心，行仁义之事，只有这样才能为好人，处好世，有更多的朋友。

2. 为人处世应守法，要讲法。法治是社会主义核心价值观内容之一，为人处世也要有法律意识、法治观念。我们不能为了个人利益不讲法，不能利中无法、利中无度，一个无法无度的人就会缺少人性，我们要坚持利中有法、利中重法的思想，讲法就能服人心，得到意想不到的作用。谁愿意和一个违法乱纪的人打交道、交朋友？“随心所欲不逾矩”，我们要做人不出规，做事不越矩，只有这样才能为好人，处好世，有更多的朋友。

3. 为人处世应友善，要讲情。友善是社会主义核心价值观内容之一，为人处世要坚持友善的态度。我们不能为了个人利益不讲情，不能利中无情、利中无义，一个无情无义的人就会缺少人味，我们要坚持利中有情、利中重情的思想，讲情就能暖人心，得到意想不到的效果。谁愿意和一个绝情寡义的人打交道、交朋友？“同声自相应，同心自相知”，我们要常怀友善之心，常持友善之情，常伸友善之手，常做友善之举，只有这样才能为好人，处好世，有更多的朋友。

“没有永远的朋友，只有永远的利益”，这样的带有铜臭味的理论，不该在我们的头脑里占一席之地。在这个思想多元化的时代，一定要有一个清醒的头脑、明亮的眼睛、辨别是非的能力，扬清抑浊、扬正抑邪，坚持真理、坚持正义、坚持正道，在为人处世中做一个讲德、讲法、讲情的人。

2016 年 8 月 9 日

读书要有计划　有目标

2013 年 7 月 22 日，在当天的《参考消息》报上读到一则消息：一名美国俄亥俄州尚佩恩县图书馆的管理员收到一本 41 年前被一名读者借走的书，这名读者在道歉信中说自己是一个读书很慢的人，用 41 年读完了一本名为《蛇的真实世界》的书籍。这位管理员表示，如果读者借书不还，按照滞纳天数计算，罚款可能高达 28 万美元，这也许正是这位读者决定匿名还书的原因。

我不知道这本书有多少字，假如这是一本 10 万字的书，那么他一天仅阅读 6 个字；假如这是一本 20 万字的书，那么他一天仅阅读 13 个字；假如这是一本 40 万字的书，那么他一天仅阅读 26 个字，如此推算，此人的阅读速度实在让人觉得可笑。

这样的读书效率可称之为文盲的读书，无用的读书，没有价值的读书。

当今社会，是知识经济的时代，更是学习型的时代。一个成年人应该养成每天至少阅读一小时的良好习惯，这一个小时，就能读一万字左右，如果是坚持两小时、三小时，会读到更多的内容。如果我们都像此人的阅读速度，一份大报纸一个版面是 8000 字左右，四个版面就是 32000 字左右，读上一份报纸也要花 7 年之久，真是一件不可思议的事情，又怎么能达到从书里获取知识，增长智慧的目的呢？这样的人只能停留在学习历史知识的阶段，根本没有时间学习现代知识，或者把现代知识也学成了历史知识。

美国学习型组织的倡导者彼得·圣吉说："学习的速度小于变化的速度等于死亡"。这话可能有点夸张，但观点十分鲜明，学习的速度必须在社会变化的速度之上，至少应该等于社会变化的速度，如果小于社会变化的速度，就要落伍，就要被淘汰。这里说的学习速度，并不是仅指读一本书的速度，也不是仅指学一门技术的速度，而是指整个人生在学习问题上需要把握的速度。

斯大林简朴的房间里摆满了各种书籍，桌子上放了许多书刊，一次，一位军官见到斯大林时询问“您有时间读这些书吗”斯大林笑着说：“我也许还是这样忙，但是，无论如何，我每天一定要读一百页……这是我的定额。”一位日理万机的世界伟人都要为自己制定严格的读书计划，可见读书的重要性。

书籍是人类的朋友，是人类智慧发展的重要标志，更是我们提高个人素质的主要途径，要想使我们的头脑不断充实，知识水平不断提高，本职工作得心应手，就必须有速度、有目标、有定额、有效率的多读书、读好书，而不是拖拖拉拉，缺少章法，没有时间限制的随意读书，盲目读书。我们要有古人“三日不学，面目可憎”的忧患意识，让学习变成一种自发的行为，自觉的习惯，自愿的责任。

2013 年 7 月 26 日

党的宗旨与党的群众路线

党的宗旨是“全心全意为人民服务”；党的群众路线是“一切为了群众，一切依靠群众，从群众中来，到群众中去，把党的正确主张变为群众的自觉行动。”在党的群众路线教育实践活动学习阶段中，有的党员经常提出这样的问题：党的宗旨与党的群众路线，两者是否有联系，两者是怎样的关系呢？

基本立场一致。两者都是党章规定的内容，都是由党的性质决定的。如果说，党的性质是树根的话，那么，党的宗旨就是树干，党的群众路线就是树的枝叶。他们都是一脉相承的，都统一于党的基本理论。两者的基本立场是坚定地站在人民群众的立场上，坚持全心全意为人民服务的立场，这里体现的是党员的人生观。

基本观点一致。马克思主义的唯物史观认为，人民群众是创造历史的主体，是历史进步的根本推动力量，人民群众不但是物质财富的创造者，也是精神财富的创造者。党的宗旨和党的群众路线都是中国共产党坚持马克思主义唯物史观的内在要求和必然要求。所以，坚持党的宗旨，坚持党的群众路线，都必然会坚持历史唯物主义观点。这里体现的是党员的世界观。

基本价值一致。价值观是衡量一切事物价值大小的根本尺度。“为了谁”的问题，实质上是价值观的问题。一个党员干部坚持党的宗旨的价值，坚持群众路线的价值，都要体现在是否摆正个人利益与人民利益的位置，是否把人民的利益放在高于一切的位置，是否为人民群众谋利益，是否全心全意为人民服务。为人民做好事，多做事，贡献大，价值就必然大。这里体现的是党员的价值观。

基本要求一致。坚持党的宗旨和党的群众路线的基本要求，都是要求坚持“立党为公，执政为民”的理念，对党员个人而言，应该说坚持“入党为公，工作为民”的理念，把为民作为一切工作的出发点和落脚点；都是要求根据人民愿望，跟上时代步伐，带领人民群众聚精会神干工作，一心一意谋事业；都是要求党员干部拒腐防变，始终保持清正廉洁本色，清清白白做人民的勤务员。只有做到这些基本要求，才能更好地坚持党的宗旨，坚持党的群众路线。这里体现的是党员的工作观。

基本标准一致。党的宗旨坚持得好不好？党的群众路线坚持得好不好？由谁来评价？都是由人民群众来评价的。评价的标准是什么？都要看你的言论行为是否符合人民群众的最大利益，是否把人民群众的拥护当作最高标准。你的言论行动人民拥护，赞成，高兴，答应，就说明坚持党的宗旨好，坚持党的群众路线好。这里体现的是党员的标准观。

党的宗旨和党的群众路线如同连体兄弟，息息相关，密不可分，是相互依存，相辅相成的关系。坚持党的宗旨，就必须坚持党的群众路线，坚持党的群众路线，就必须牢记党的宗旨。当前开展党的群众路线教育实践活动，就是要在教育实践活动中进一步强化宗旨意识，牢固树立为人民服务的思想，就是要在教育实践活动中强化群众意识，坚持群众路线，为人民多谋利益，多做贡献，用党的优良传统作风祛掉官僚主义、形式主义、享乐主义和奢靡之风，促使党员和党员干部保持共产党员的先进性和纯洁性，争做受人民群众拥护和欢迎的共产党员，不断增强党的创造力、凝聚力和战斗力。

2014 年 4 月 13 日

不学习必然落后　不改错继续落后

2014年4月16日，公司下发了由党工部汇编的《怎样使服务令顾客惊叹》一书，经过四个多月的学习，于2014年8月25日至8月30日举行了为期六天、共计十一场的闭卷考试，共有来自各商场、处室近700名职工参加。这是近几年来规模最大、考程最长的一次考试。

作为一种检验学习成果的方法，这次考试的目的也只是为了促进职工认真学习书本，领会书本精髓，为学以致用打下理论基础。因此在充分考虑到职工的文化、年龄等综合因素后，将考试范围一缩再缩，考题难度一降再降，但最终还是有24名职工不及格，占到了参考人数的3%；80分以下的高达239人，占到了参考人数的34%！在考试中暴露出了种种问题：

1. 基本字词不会写，错字连篇。在试卷中，我们看到有些职工复杂的字不会写，简单的字写不对，按照自己的想法编字、组字、造字，搪百商场的搪字就被写成了“唐”“糖”“塘”；“通过”两字被生生地写成了合体字，两个字共用一个“辶”；“达到……目的”写成了“打到……目的”；连我们每天说的“诚信”也被写成了“成信”……

2. 组织语言能力差，不知所云。在一些需要论述的题目中，职工对语言的组织能力更是让人哭笑不得：本来是“如何为顾客提供服务”，有的人却写着“如何为顾客制造难题”；让写“通过学习《怎样使服务令顾客惊叹》一书，你有什么样的收获?”有的人干脆把书中的前言抄写了下来，索性连脑子也不动了，照抄照搬，拿来就用。

3. 考试期间太紧张，无法下笔。有的职工估计是从学校毕业后就再也没有参加过考试，在考场上，坐也不是，趴也不是，额头冒汗，明显地能看到她们拿卷子的手在颤抖，一个字也写不出来。面对监考人员的询问，她们真是满腹委屈“背了好久，背得也挺好，怎么拿起卷子就一片空白了?”

4. 为保面子搞作弊，费尽心机。不好好学习，还想取得有面子的成绩，他们只好采取作弊手段：有的职工把答案抄写在小条上；有的职工把答案写在超大橡皮上；有的职工把答案写在桌子上；有的职工将考试内容打印成小如米粒的字；有的职工干脆将答案写在手心里、胳膊上，结果一出汗，蓝色、黑色的字迹便浸染出来；更有甚者将答案写在大腿上，偷看时将裙子掀起来……作弊只能说明既学习不好，又思想不诚。

为什么会出现这些情况呢？职工们是这样说的："我年龄大了，记什么也记不住；最近家里事多，总是忙这忙那，没有时间记这些考试内容；家里有三岁的孩子，回了家根本没有精力看书学习……"

这些貌似"合理"的理由能站得住脚吗？在一些得高分的职工中我们看到的却是另一番情景：有的职工已经五十出头了，看书写字都离不开老花镜；有的职工在医院陪护病人刚上了两天班；有的参加商场的外卖活动接连加班；有的职工家里还有没断奶的孩子……但是，这些根本没有成为他们不学习的理由，根本没有影响他们考取好的成绩！那么根本原因是什么呢？对学习不重视、对学习不抓紧、对学习不坚持。

1. 对学习不重视，能混就混。有的职工早就放弃了学习，把学习当作是学生的事，别人的事，在思想中也根本没把单位组织的学习当回事，没将考试当回事，单位组织集体学习，就听一耳朵，回了家一说学习就有事，一到看书就犯困，看电视的时间充足，逛街聊天的时间过剩，就是没有看书的时间，没有背诵的时间，从心里就没有引起重视，觉得无关紧要。

2. 对学习不抓紧，能放就放。学习时间是挤出来的，你只要在学习上有挤劲，就能挤出大量的学习时间。如果你对学习不抓紧，借口工作忙没时间，家务多没时间，孩子小没时间，那你在学习上必然是能放下就放下，能放弃就放弃，放掉了学习时间，也就放掉了学习机会。

3. 对学习不坚持，能拖就拖。对于学习没有主动性，常常是单位要求学就学一会儿，领导组织学就学一篇，从来没有自己自发的学习。不坚持学习，不热爱学习，就会把学习当作一种负担，当成一种额外的任务，导致"东一榔头西一棒槌"，这样的结果就是单位组织的学习活动结束了，个人的学习任务就完成了，书本就被束之高阁了。

学习是文明传承之途，人生成长之梯，既能益智，又能益德。在当代，学习应成为每个人的一种责任、一种追求、一种工作、一种习惯；在当代，不学习是一种错误，一种做人之错误，一种做事之错误，一种人生之错误。

错在哪里呢——

错在“自己与时代脱节”，学习跟不上时代的发展速度，成为滞留在时代后面的人，导致社会上人看不起。现在是知识爆炸的时代，新知识层出不穷，不断涌现，你不学习，就会陷入少知而迷、不知而盲、无知而乱的困境，问啥啥不会，说啥啥不懂，“西装革履腹中空，花枝招展没本事”，就会自觉不自觉成为现代“傻子”，现代“文盲”，现代“草包”，自己的知识大大落后于时代，别人怎么能看得起你？

错在“工作与知识脱节”，工作能力不适应工作要求，成为不胜任本职工作的人，导致单位同事看不起。工作需要知识，工作能力需要学习能力，工作中不但需要懂得传统的业务知识，还要懂得现代的业务知识。你不学习，只满足于吃喝方面追求生活上的吃货，而不追求在工作上做得好的干将，本领不足、本领恐慌、本领落后，年龄大而无知，工龄长而外行，有职务而无能，同事怎么能看起你？

错在“文凭与学习脱节”，水平与文凭间拉大了差距，成为只有文凭没有水平的人，导致老师同学看不起。一个人的文凭是不会变化的，取得文凭之后，由于对学习态度不同，水平是会变化的。无数事实告诉我们：不学习必然落后，不改错继续落后。面对存在的学习问题，我们该怎么办呢？办法也只有一个——学习、学习、再学习！

要想学习好，就必须实现十个转变：1. 从被动的“要我学”转变为主动的“我要学”；2. 从只在 8 小时内学转变为 8 小时以外同样学；3. 从单位发书学转变为自己购书学；4. 从应付考试学转变为为了工作学；5. 从消极躲避的学习转变为积极踊跃的学习；6. 从找理由不学转变为找时间多学；7. 从只在学校刻苦学转变为到社会上坚持继续学；8. 从为了职称学转变为为了提高素质学；9. 从装潢门面的假心假意的假学转变为埋头钻研的真心真意的真学；10. 从“竹篮打水一场空”的学而不思、学而不记的学习转变为“一分耕耘一分收获”的学有所思、学有所记的学习。

希望每个职工在学习上，既要有决心，又要有恒心，坚持天天学习、月月学习、年年学习，活到老，学到老，让学习使生活更充实，使前途更理想，使事业更光彩，使未来更光明，使人生更美好！

同时，忠告那些考试作弊者，应该老老实实承认自己在学习上的错误，明白作弊的危害，认认真真在学习上多下苦功，别在歪门邪道上搞小动作，还是在学习上发扬自己当年做小学生时的精神，每天学习一点点，好好读书学习吧！

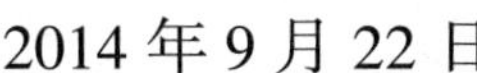
2014 年 9 月 22 日

不学习不修身　优点就会变缺点

习近平总书记提出的“严以修身、严以用权、严以律己，谋事要实、创业要实、做人要实”的“三严三实”中，“严以修身”是基础，是起点。人们常说，基础不牢，地动山摇。思想有问题，迟早出问题。孔子讲“修身、齐家、治国、平天下”，这四件事中，修身排在第一位。何谓修身？修身是指努力提高自己的品德修养。对党员来说，修身是成长进步之基，是工作事业之本，修身解决的是世界观、人生观、价值观这个总开关的问题。

2015 年 9 月 11 日，在中共中央政治局第 26 次集体学习时，习近平又强调，三严三实是我们天天要面对的事情，要求我们“时刻铭记、事事坚持、处处上心”，提出了四个要求，其中之一是“修枝剪叶，自觉改造提高”，这是他对“严以修身”提出的更进一步、更加具体的要求。

提到严以修身，我总会想起《论语》中孔子和仲由的一段对话：“子曰：“由也！女闻六言六蔽矣乎？”对曰：“未也。”“居，吾语女。好仁不好学，其蔽也愚；好知不好学，其蔽也荡；好信不好学，其蔽也贼；好直不好学，其蔽也绞；好勇不好学，其蔽也乱；好刚不好学，其蔽也狂。”（阳货·第十七）翻译成现在的白话文就是：孔子说：“仲由啊！你听说过六种品德和六种弊病吗？”仲由回答说：“没有。”孔子说：“坐下来！我告诉你。爱好仁德不爱好学习，它的弊病是愚蠢；爱好智慧不爱好学习，它的弊病是浪荡；爱好诚实不爱好学习，它的弊病是损害；爱好正直不爱好学习，它的弊病是偏激；爱好勇敢不爱好学习，它的弊病是作乱；爱好刚强不爱好学习，它的弊病是狂妄。”

在孔子和仲由的对话中，孔子谈六种美德变成六种弊端的原因时用了六个“不爱好学习”，我们从中看到，一个人不爱好学习就会使他的优点变成了缺点。《三字经》中说：“人之初，性本善，性相近，习相远”，人刚生下来时，本性非常善良，纯洁的像一张白纸，仁、智、信、直、勇、刚，就是他们孩提时代最初的朴素的美德，但随着人的长大，由于生活环境和主观努力的不同，人们在智力和品格等方面就有了智愚、好坏的区别，这说明后天的教育和学习是多么重要。人与人之间最后成败得失相差很大，是发挥美好本性不一样造成的，因此，孟子认为：人人都有向善、为善的可能，关键是要将人的善性发扬光大。

朴素的美德，一旦和学习结合起来，就能挖掘到更深的层次，并在人际交往中出落得恰到好处，无异锦上添花。否则，不爱好学习，美德只能是处于原始阶段而未琢磨的美德，只能让美德停留在一知半解，无知盲目的状态。古人的话告诉我们，学习对于修身立德，完善德行是多么重要。

学习不是“看一看”就了事，“读一读”就放弃，“听一听”就永别的事情，在今天，学习应该是一种追求，一种习惯，一种工作。学习要有任务意识——带着解决问题的任务学习；学习要有责任意识——带着对自己、对工作负责的精神学习；学习要有价值意识——学习要成为有作用、有价值的学习，千万不能浪费时间、浪费精力、浪费生命，白学、瞎学、乱学。其实“学习”二字，有两层含义：其一是“学”，其二是“习”，“学”主要是掌握理论知识，“习”主要是实践理论知识。“学”重要，“习”更重要，只“学”不“习”不是真学，不是实学。在修身方面的学习，主要是学习道德学习法律，应将道德、法律当作自己的行动指南，绝不能当作无用的教条。对于道德法律方面的学习，应该做到几个必须。

必须学懂——明白事理，把握实质。比如“仁”是美德，但是不学习，盲目对待“仁”就会变成不分善恶的“仁”，对好人也“仁”，对坏人也“仁”，这种人可能就会变成愚蠢的人，与坏人同流合污，沆瀣一气，甚至成了坏人的帮凶，“仁”也就不“仁”了，也就由爱变成了恨，走到“仁”的反面去了。

必须联系——联系自己，联系思想。在修身方面，不论是学习有关美德的理论文章，还是学习有关美德的先进人物，都必须联系自己，不联系自己，学的再多也无用，学的再长也无效，学习中的联系是修身的关键，学习中的联系是修身的前提，学习中的联系是修身的保证。

必须消缺——寻找缺点，克服缺点。“人非圣贤、孰能无过”，“金无足赤、人无完人”。人的成长就像一棵果树成长一样，要想长得好，结出好果子，就要修枝剪叶，人怎么对自己修枝剪叶呢？就是要寻找自己的缺点，克服自己的缺点，扫掉思想灰尘，祛掉不良习气，只有改造思想，纠正错误言行，才能提高自己。

必须严格——严在标准，严在律己。不论是学习还是修身，严则有效，严则有进，严则过硬；严要心中有目标，坚持高标准、严要求，经常对标，靠近标准；严在学习上，要坚持学习美德的理论、规范、人物，坚持理论联系思想，指导思想，见贤思齐，遇邪抵制；严在修身上，要心存敬畏，手握戒尺，慎独慎微，勤于律己，力求自重、自省、自警、自励，不骄横，不放纵，不越轨。

必须坚持——持之以恒，一以贯之。环境在变化，任务在变化，人也在变化。过去合格不能说明现在合格，更不等于永远合格。我们要有“活到老，学到老，改造到老”的精神，不断寻找自己的毛病，不断攻克自己的缺点，不断防止思想上的病菌一类的微生物的毒害，不断改造自己的思想，树立“改造提高永无止境”的理念，使自己的修身永远处在进行时。

修身洁行与人人有关，谁也不能例外，修身才能立德，不修身就会失德。有的人认为“有权就有一切”，权力不代表自己修身，有权不等于有美德；有的人认为“有钱就有一切”，有钱不代表自己修身，有钱不等于有美德；有的人认为“有名就有一切”，有名不代表自己修身，有名不等于有美德。权利、金钱、名誉不能与修身划等号，不能与美德划等号，只有老老实实修身养性，改造自己的思想，改正自己的毛病，日积月累，积德行善，久久为功，有权、有钱、有名的人才能成为有道德的人，有修养的人，受人欢迎的人。否则，仗势权力、金钱、名利，不加修身，放纵私欲，任性妄为，就可能成为千夫所指的缺德之人，腐败之人，唾弃之人。

坚持学习，严以修身，需要下很大的决心。我们应该学习鲁迅“我的确时时解剖别人，然而更多的是更无情面的解剖自己”（《写在“坟”后面》1926 年 1 月）的精神。作为一名党员，要坚持用党员的理想信念，党的宗旨，党的政治纪律和政治规矩来修身修养。要坚持用好批评和自我批评的武器，即要敢于自我批评，也要欢迎别人批评，做到自律与他律的统一。严以修身，就是要把自己身上的问题清单转化为整改清单，坚持真理，修正错误，用自己的实际行动书写党和人民满意的“三严三实”答卷，争取做一名具有明显党性修养的党员。

总而言之，一个人不好好学习，不认真修身，就会使自己少年时朴素的美德，在校时学到的美德，逐步减少，逐步趋零趋负，就会使自己在社会上沾染坏习惯，坏毛病，缺点逐步增多，逐步增大，使自己由量变到质变，由思想健康的人变成思想患病的人。甚至有的人，患上了思想上政治上不治之症的癌症，使自己陷入无力自拔，无可救药的泥潭之中。修身不分前后，这些人只要迷途知返，加强修身，奋起直追，就可以弃恶从善，改邪归正，哪怕是朝闻夕死，也算不枉对自己的人生。

2015 年 9 月 21 日

学习别人的经验　提高自己的水平

2017 年 3 月 10 日下午 3 点，公司在七楼会议室召开了“认清形势，创新经营，提升能力”座谈会，由各商场选出的 10 位联营租赁者围绕主题进行了发言，他们的好思想、好办法、好经验，值得宣传，值得推广，值得学习。以下是对 10 位发言者的重点内容的点评摘要，供大家学习、借鉴。

张伟业（经营服装）发言的题目是“服务是实体店生存的根本”。他发言中有三点值得学习，其一是合理解决进退的关系。要主动、认真、负责的解决顾客退换货的问题，解决好“退”字，有利于“进”字，可促进销售。其二是承租者要与营业员思想一致。两者要共同学习，共同提高服务水平。其三是要有把自己当顾客的思想。进货、销售、退换等都要从顾客需求出发。

郑招妹（经营服装）发言的题目是“众人划桨开大船。”她发言中有两点值得学习，其一是保持定期上新率。新思路，新产品，才能带来新发展，作为经营者，每年要有 20%～30%的商品是新的，这样才能跟上顾客的需求，跟上时代的步伐。其二是怀旧不可成守旧。在保持每年上新率的同时，要将顾客认可的，购买力强的商品继续销售下去，要坚持“旧+新”的思维方式，如果怀旧变成守旧，就不利于自己的销售工作。

杜建设（经营床品）发言的题目是“传统生意不能传统做”。他在发言中有三点值得大家学习：其一是提升商品档次。随着顾客消费水平的提高，人们对高档商品的购买力逐步加大，在不断引进名优品牌的同时，做好市场调研，力争做到不但比网上便宜，还要比外国也便宜，通过提高品牌的终端形象和高的性价比，吸引顾客光顾。其二是重视职工培训。在提升营业员综合素质上下功夫，聘请专业的床上用品导师来进行专业培训，使营业员具备了更全、更高的服务技能，为顾客提供了更多的服务价值。其三是坚持数据分析。在经营过程中，过一段时间要分析总结一次，分析销售，分析库存，分析顾客，根据不同的变化及时调整货源，调整库存，调整商品结构，提升自我的竞争实力。

王永生（经营染发用品）发言的题目是“顾客是生命之源”。他在发言中有三点值得学习，其一是服务、质量是销售的重中之重。好的商品质量是稳定的销售基础，是优质的服务前提，而好的服务是赢得顾客的关键，是销售的保障，所以，好的商品质量和完善的服务是销售的重中之重，商品质量和服务质量都要重视。其二是货源与价格。货源决定价格，价格吸引顾客，服务满足顾客，三者相辅相成。其三是坚持薄利多销。舍小利，得大利，舍得为顾客付出，舍得为顾客服务，舍的多，才能得的多。

叶丽（经营毛衣）发言的题目是“不断学习，不断前行”。她的发言有两点值得学习，其一是身在其中发现问题。经营者只有身在其中，身临其境的去体验，去感受，去探索，才能在实践中发现问题，寻找方法，不断提高，不断进步。其二是管理好营业员。建立有效的奖励机制，用相互比赛销售成绩的方法对营业员进行奖励，多劳多得，调动起营业员的销售积极性。

李艳军（经营服装）发言的题目是“小生意和大买卖”。她的发言中有两点值得学习，其一是勤上加勤。进货看市场离不开勤，日常经营离不开勤，优质服务离不开勤，要腿勤，不怕累；要眼勤，善观察；要嘴勤，及时纠正，要做到对自己的“事业”了如指掌，就是“勤”。为了满足顾客需要，她曾一天去服装城三次进货。其二是尊重、提高。对待营业员要尊重和关心并重，帮助和提高同行，不随便淘汰营业员，善于友好相处，用真诚打动他们，让他们感受到温暖，感受到工作的乐趣。

张保森（经营内衣）发言的题目是“经营中的感想”。他的发言中有三点值得学习，其一是选好厂家。好的厂家才有好的商品，商品好其他才能好，俗话说“巧妇难为无米之炊”，好的商品是经营的基础，有了质量过硬的商品，才利于把服务、销售搞上去。其二是备货充足。“供给侧”相对的是“需求侧”，作为零售企业，我们的供给侧就是进货，要在货源组织上做到未雨绸缪，备货充足，这样才能及时顺应市场需求，满足顾客需要。张保森经营的适令商品都是坚持提前三个月准备货源。其三是遵守企业制度。企业好了经营者才能好，他们每做一件事，都要从企业的整体形象出发，不做有损企业形象的事，要为企业多争光，多添彩，才能实现共赢。

高瑞习（经营珠宝）发言的题目是“尽我所能做销售”。他的发言中有两点值得学习：其一是顾客满意是最好的广告。为顾客提供更多的超值服务，留心顾客询问的每一个细节，开设多种免费服务项目，做到你无我有，你有我优，给顾客留下良好印象，顾客自然愿意再来光顾商店。其二是适时促销，增加竞争力。对购买力度较强的顾客实行会员卡制度，随时享受各种优惠服务，同时开展各类新颖的促销方式，如：微信集赞免费兑换礼品等，增强了竞争力。高瑞习经营的柜组成为了商场2016年业绩增幅最大的佼佼者。

王文林（经营服装）发言的题目是“逆向思维，正派经营”。他的发言中有三点值得学习，其一是不抱怨外因，树立正确经营观。在经营过程中，面对国家经济发展增幅的减缓，面对周边环境的改造，我们不能因势而低迷，要学会逆向思维，在困境中勤于思考，获得启发，市场越冷淡，我们越要热情，顾客购买力越小，我们越要搞促销，以此来刺激消费，寻求突破。其二是把好质量、服务、售后三关。时刻坚守正派经营的信念，不能在经营环境不好的情况下宰顾客，宰一客就会丢百客，不能只顾眼前利益而不考虑长远利益，不能因为一时疏忽而失去最可贵的信誉。其三是不轻易裁员，彼此信任。在对待营业员的管理中，始终坚持“稳定的销售团队是保证销售成绩的重要因素”这一理念，信任营业员，让她们自己结算工资，四舍五入多给她们工资待遇，让她们真正体会到团队带给她们的温暖。这三点是王文林同志多年来稳扎稳打，稳步前进的法宝。

宋有仙（经营化妆品）发言的题目是“用心经营是根本”。她的发言中有两点值得学习：其一是自我“体验”。每一件上柜的产品，自己先试用，感觉好再卖给顾客，从而更直接地了解商品的特点，真正把好的商品推荐给顾客。零售企业十分需要的是与销售紧密联系的顾客良好的亲身体验和营业员为顾客的预先体验。其二是不断学习。通过销售过程中顾客反馈的问题，及时进行学习，不但自己要学，柜台营业员都要学，要细化地学，专业地学，与时俱进地学，只有这样才能在学习中提高自己的业务水平，才能满足时代的需求，顾客的需要。

一个人的经验是有限的，大家的经验是无限的。怎样把有限的经验变成无限的经验，唯一的办法就是要学习，要集思广益地学，要博采众长地学，要取长补短地学，在学中有所收获，有所提高，有所进步。希望业绩好的销售员们戒骄戒躁，继续努力，再创造新的经验；希望业绩不突出的销售员们都能从他们的经验中受到启发，开拓思路，把他们的经验变成自己的做法，从而创造出自己的经验。

2017年3月16日

第六部分

如何处理这些生活问题

怎样做个好家人

什么是家人？

有的人说：家人是，当你生了病放下一切，一心一意、细心周到照顾你的人；有的人说：家人是，就算全世界都不相信你了，还是一直支持你的人；有的人说：家人是，你遭到所有人的否定，还可以帮助你找出优点的人；有的人说：家人是，外出一再强调不用带礼物，害怕你路上累着，但看到礼物又异常激动的人；有的人说：家人是，受不了你的批评，但是无论如何却可以接受并改正的人……

每个人都来自家庭，每个人都是家庭中的家人。家庭以婚姻和血缘关系为基础，包括父母、子女和其他共同生活的亲属在内。家庭中的每个人，都是家人，都是一家之人。要做一个好家人，就要从小做起，就要持之以恒。幼时是听话的好孩子，大了是孝顺的好儿女，成家后是合格的好丈夫或好妻子，有了孩子后是合格的好父亲或好母亲，有了子孙后是合格的好爷爷或好奶奶。做一个好家人，是长期的事情，是一生的课题。

有的人生了孩子，只让自己的母亲做饭看孩子，不让婆婆做饭看孩子，理由是习惯不一样，婆婆不如母亲，累得母亲晕头转向，闲得婆婆无事可干；有的人关系颠倒，将自己的儿子、女儿、孙子、外孙置于自己的父母之上，只顾小的，不顾老的，或者将自己变成儿女的“儿女”，儿女变成自己的“父母”；有的人疏上优下，对自己的父母十分吝啬，对自己的孙子外孙十分优待，花大钱而乐意高兴；有的人忘恩负义，父母培养儿女二十多年不嫌烦，父母衰老需要儿女照料时，有的儿女竟然能说出“我没有时间”，而这些人有时间到处旅游，吃喝玩乐；有的人一生有怨，小时对父母不满，长大成人身为党员，身为干部，不顾身份，六七十岁了还对八九十岁的父母不满，父母去世后还要说坏话。

有的人冷热不一，对自己的父母关怀备至、体贴入微、热情有加，对爱人的父母却是冷若冰霜、视同路人、如同敌人；有的人表现不一，父母健康时一套，父母患病时一套；当面一套，背后一套；生前不孝，死后乱叫，两副嘴脸，两种表现；有的人不尽其责，生了孩子却不抚养孩子，扔给父母了事，把父母当作无偿廉价的保姆，只生不养，只生不教，只生不管；有的人因为继承财产问题对父母产生“深仇大恨”，否定和忘记父母的一切养育之恩，与父母恩断义绝，断绝关系，生不来往，死不吊唁；有的人靠老啃老，整天无所事事，游手好闲，不挣钱，不养家，依靠老人养活，过着寄生虫式的生活，可是还不满足，有时还要发点牢骚，生点怨言。

有的人贪图享乐，一切为了自己安逸，把自己当作外人、客人、动物，把家庭当成旅馆，当作窝棚，不做家务，不理家事，只是困了回来睡一觉；有的人当个芝麻官，就看不起自己的穷父母，与自己的父母保持很远的距离，如同生在两个世界，经济上一点也不关心、不帮助，甚至导致父母沿街乞讨；有的人不懂得如何做丈夫，如何当妻子，或者与爱人结婚数十年，争吵数十年；或者爱人患有重病，一点也不关心，仍然忙于挣钱做生意；或者小题大作，无情无义，闹分居、闹分家、闹分裂；有的人在单位有纪律约束，装模作样，时而还获得先进称号，时而还得到奖励奖金，在家里却随心所欲，胡言乱语成家常便饭，驴性盗气已习以为常；有的人不考虑父母的期望，上学时不好好上学，经常惹父母生气；有的人不考虑父母的要求，工作时不好好工作，经常把父母气病；有的人不考虑父母望子成龙的心愿，当了干部又成了腐败分子，导致父母早衰早亡……

这些表现不好的家人，还为自己错误的言行辩解：

说什么：“父母没有给我房子，不尽孝是有理由的。”父母没给房子和我们尽不尽孝是没有关系的，孝顺父母应该是无条件的，无要求的，就像父母养育孩子一样，不求回报，是心甘情愿的；孝顺父母，是为人的标准、是人性必须做的事情。

说什么：“父母没有给我看孩子，不尽孝是应该的。”父母的任务是只管一代，子女的下一代，应由子女管理，父母对第三代管理是干份外之事，不管理也没有什么错误，这怎能成不孝之根据呢？

说什么：“父母打骂过我，我不愿意尽孝。”父母的文化水平不等，教育孩子的方式方法也是不同的，但无论哪一种，出发点都是好的，父母的打是亲，父母的骂是爱，都是为了制止孩子的不良行为，而不是为了打你，骂臭你，所以，不能因为小时候父母打骂过你，你就和父母记仇而不尽孝，为什么不反思自己的错误言行呢?

说什么：“父母有缺点，不尽孝。”人无完人，金无足赤，每个人都有缺点，父母是给予我们生命的人，我们对待父母要多一份包容，多一些体贴，不能因为父母有缺点就不孝顺父母，这样说只是在为自己不尽孝找借口。父母的缺点与父母的恩情相比，是“一毛”与“九牛”的关系，父母恩重如山，父母之恩不是滴水之恩，而是涌泉之恩，是永远相报，也难以报尽之恩。怎么能因父母的缺点而不尽孝呢?

说什么：“父母对我要求苛刻，让我吃了不少苦，所以我现在不愿尽孝。”父母对子女有所要求，有所约束是教育孩子的一种方法，是对孩子负责任的一种态度，不能因为父母对自己要求严格就对父母产生看法，甚至不去尽孝，要知道“严是爱，松是害”的道理。

说什么：“家里不平等，一切父母说了算，我没有什么权利，所以不尽孝。”每个孩子都是父母所生，都是和父母有血缘关系的骨肉亲情，父母对孩子的爱是不分远近高低的。家有千口，主事一人，父母与孩子在政治上是平等的，在管理上是不平等的，平等了这个家就乱了，这是不懂家庭管理的糊涂认识，这不是不尽孝的理由，而是托词。

说什么：“我工作忙，抽不出时间尽孝。”俗话说：子欲养而亲不待，自己再忙也要抽出时间去孝顺父母，忙不忙和尽不尽孝是两回事，和愿不愿意尽孝是一回事，如果心里有父母，再忙也能抽出时间去关心他们，陪伴他们，如果心里没有父母，就是不忙，也会找理由不管他们，不理他们，所以，忙只是不尽孝的人为自己找的借口。

说什么：“我条件差、负担重，没法尽孝。”父母养育孩子，无论多苦多难，都会把孩子养大，只剩一个馒头，父母留给孩子吃，只剩一口清水，父母留给孩子喝，作为子女，条件再差，负担再重都不能阻碍自己孝敬父母的脚步，其实父母对孩子的要求很简单，他们不需要更多物质的给予，他们不会奢望自己的生活水平高于子女的生活水平。有时一句问候，一阵陪伴，他们就已心满意足，条件差也要尽心而为，尽力而为，条件差不是不尽孝的理由。

说什么：“我连自己的父母也没有伺候过，能给婆婆做饭就不错了。”不是不错，而是大错，不伺候自己的父母不是光荣之事，而是耻辱之事，

‘孝’字的核心是爱，如果不敬重婆婆，只做点饭怎么能算孝顺，你仍是不懂孝、不尽孝的儿媳妇。

说什么：“我没有沾过父母的光，不尽孝也说得过去。”父母有光沾，就孝顺，父母无光沾，就不孝顺。这不是把父母当作父母，而是把父母当作生意人，是在与父母作交易。有这种交易思想的人，怎能孝顺父母？这种人还是算错了账，父母培养我们二十多年，怎么能说没有沾光呢？这笔生育之账怎么算？

说什么：“我又不是婆婆生的，皮不亲，肉不亲，总是亲不起来。”感情一方面来自血缘，更重要的一方面是来自相处，儿媳和婆婆不亲，但是也不能割断婆婆与孙子的关系。有一个成语叫爱屋及乌，当你爱你的丈夫时，也应该爱丈夫的家人。自己折磨婆婆就等于折磨自己的丈夫。

说什么：“我又不是家庭妇女，我就不干家务。”现在的社会里有几个纯粹的家庭妇女，城市女子多是职业女性，农村女子多是劳动妇女。是家庭成员不干家务，只等别人伺候自己，从不考虑关心照护别人，这种人只能算家中的“外人”，如果家中人人都是这种思想，家务谁来干？家人就应该干家务，在家里不论男女都应有家庭观念，都应有家庭妇女的本领，都应做家庭妇女的工作，这才是家庭正道。在家干家务不会降低身份，只会增加美德。

说什么：“我就看不起我的爱人，就不愿意和他在一起，各过各的挺好的。”长期内战，既不和好也不离婚。这种残缺的、病态的生活有什么好呢？这样做既折磨自己又折磨别人，这是愚蠢人的愚蠢做法。

父母是我们无法选择的，有人的父母是“虎爸虎妈”，有人的父母是“猫爸猫妈”，这都是我们无法选择的。作为儿女，不能只要求父母必须有多大能力，而对自己没有任何要求，父母给了我们生命，把最无私的、最伟大的爱给了我们，对于这一份不可复制的爱，作为儿女一定要心存感激，努力回报，尽心报恩，而不是嫌弃父母、抱怨父母、谩骂父母、指责父母……

夫妻是不能随意离婚的，有了婚姻就有了责任，有了婚姻就有了信任，有了婚姻就有了彼此的付出和关爱，要不忘初心，白头偕老，不能只做能同甘不能共苦的夫妻，不能只做能挣钱不能关照的夫妻，不能只做能欣赏对方优点不能包容对方缺点的夫妻，好的夫妻要在爱人有病痛时悉心照料，要在爱人有困难时分忧解愁，要在爱人年老时陪伴。

做不好家人的原因，基本有四条：

其一，不知不行。在家不知道该做什么，不知道自己的责任。比如，有个婆婆饭后让新媳妇洗碗，结果媳妇只洗碗不洗锅，洗碗的意思是要洗一切餐具，怎么能理解成只洗碗不洗锅呢？又比如，有的人只对自己的父母好，对爱人的父母不好，或者只对爱人的父母好，而对自己的父母不好，对两者界线分明，区别对待，这也是不知孝、不懂孝的表现。只对自己的父母好，一是因为坚持的是"只孝顺生我的人"的原则，二是怕别人说"怎么连自己的父母都不孝顺"，为了保护自己的面子。只对爱人的父母好，一般是因为讨好爱人，惧怕爱人。前者是狭隘的、偏心的、小气的孝，后者是虚伪的、变味的、异化的孝，这两种行为都属异常行为，都属自私行为。孝顺是爱心，孝顺是美德，孝顺是人格，应该一视同仁、一个标准、实心实意。在孝顺中掺进了私心，就不会有真正的孝，真诚的孝，真实的孝，而只会使孝变成虚伪的孝，表面的孝，应付的孝。

其二，知而不行。有的人也知道在家应该干家务，就是懒得动手动脚，成了家里只吃喝而不干家务的人，这样的人怎能成为好的家人呢？比如，有的人知道干家务，就是不干家务，还说什么"我工作一天很累，没有精力干家务"，可是谁不工作呢？这不是不干家务的理由，只是"懒"！

其三，私而不行。有的私心过重，对父母也是斤斤计较，寸利必争，不愿多给父母出一分钱，不愿多给父母办一件事，生怕影响自己小家庭的利益。比如，有的家里兄弟姐妹轮流照护年迈的父母，因为大小月，差一天两天而争论不休，到当月的最后一天，父母必须离开，或者不顾下一家有特殊情况，仍然刻不容缓，父母必须离开。这里绝对没有孝心，因为这种人把尽孝不是当成义务，而是当成任务，不是当作责任，而是当作负担。这种人对自己的父母不好，能对别人好吗？又比如，有的男女青年一结婚，男的作为儿子对媳妇言听计从，对父母冷眼相待，人们戏称这种现象是"娶了媳妇忘了娘"；媳妇对公公婆婆不敬不孝，常吵常闹，儿子无能为力，束手无策，人们戏称这种现象是"娶了媳妇等于死了儿，娶回媳妇等于娶回敌人"，"花钱买敌人，买下敌人作斗争。"

其四，后而不行。这些人向后看齐，向社会上落后的人看齐，向兄弟姐妹中落后的人看齐，不愿能者多劳，能者多孝，向后看不先行，向后看无行动。比如，有的职工在相互议论中说"某某从来不干家务，某某从来不管孩子”。这就是一种向落后看齐的行为。羡慕落后的家人，追求落后家人的做法，那是做不好家人的。

那么，怎样才能做个好家人呢？

学习——解决“知”的问题

好家人不是生而知之的，也不是自然形成的，有的人小时候不知道怎样做个好孩子，长大了不知道怎样做个好儿女，结了婚也不知道怎样做个好媳妇或好女婿，他们不知道自己行为的错误，认识不到自己的问题。为什么会这样？因为他们不学习。想要解决这个问题，就要通过不断的学习。要学习家规、家风、家训等传统治家规范，并且要接受好家庭的教育；要学习《三字经》《千字文》《小儿诗》《小儿话》《女儿经》《弟子规》《弟子职》《孝经》《治家格言》等中华启蒙经典，去其糟粕，取其精华。同时，作为社会主义国家的公民，还要学习《公民道德建设实施纲要》和《社会主义核心价值观》等公民的文明行为准则。只有通过学习，才能懂得处理家人关系的孝道、悌道、慈道、老人道、父母道、夫妻道、婆媳道等，为做一个好家人打下基础。

有的人会说，有人没有学过什么理论，照样能做个好家人。但是，请不要忘记，这些人有个明显的特点是以好人为榜样，榜样是看得见的哲理。他们照着好人的样子去做，跟着好人的步子去走，用好人的标准要求自己，争取做这样的好人，这也是一种学习，这种学习同样可以做个好家人。他们贵在同“样”，好在学“样”，力戒变“样”，争取这“样”。正像人们所说，有榜样的人生能出彩。

实践——解决“行”的问题

要认识实践的重要性。实践是学习的检验和目的。学习了做好家人的理论，就要用理论指导自己做好家人的行动，实践是做好家人关键的一步，重要的一点。一个立志做好家人的人要重视实践，言而有行，做到从自己做起，从小事做起，从具体做起，比如小到洗碗做饭、洗衣扫地、收拾房间的家务活，大到帮助父母分忧解愁、解决急难、病重伺候之事。这些事情大部分要利用业余时间进行，有的需要请假停止工作进行。在家也要有公仆精神，佣人之能，尽力而为，全力以赴，为成为一个好家人迈出重要一步；要具有实践的自觉性。为家人服务的出发点就是一个“爱”字，有了爱，为家人做什么都是自觉自愿的，而不是受利益驱使的，也不是被别人强迫的，所以，对家庭的“爱”是自觉成为一个好家人的原动力，有个广告词说得好“有房不是家，有爱才是家”；要注重实践的效果。效果好说明实践是有效的，效果不好，证明实践需要及时纠正。实践的效果如何，不是根据自我感觉判定，不是根据自我吹嘘判定，而是要根据家人的评价确定，要听取家人的意见，纠正自己在实践中的不当做法，从家人的角度去想问题办事情，对待长辈要以他们的心愿为出发点，对待兄妹要以他们的利益为出发点，对待晚辈要以他们的成长为出发点，这样才能达到预期的实践效果，才能成为一个受欢迎的好家人。比如一个媳妇孝顺不孝顺公公婆婆，不是由媳妇说了算，不是由媳妇下结论。公公婆婆和其他家人说媳妇孝顺，说明这个媳妇就是孝顺媳妇，公公婆婆说媳妇不孝顺，说明这个媳妇就是不孝顺的媳妇，就是一个不合格的媳妇。

实践要力求言必行，行必果。荀子说：“口言善，身行恶，国妖也。”在家中说得好听，做得很差，对父母不但不孝，还要伤害父母，这种人应该属于家中妖怪。实践要注意效果，注意长的效果。现在孝顺自己的父母，给孩子做好样子，将来儿女也会孝顺你的。如果你不孝顺父母，给孩子做坏样子，妄想将来你的孩子孝顺你是很困难的事情，请记住“种瓜得瓜，种豆得豆”的道理，在实践中撒下不孝的种子，将来必然收获不孝的恶果。

责任——解决“好”的问题

好家人必须尽责任，尽责任才能做好家人，责任是解决如何做“好”家人的问题。一个人在家里责任心强，必然是个好家人，一个人在家里缺乏责任心，必然是个不合格的家人。

要履行好家庭责任，先要摆正“自我修养与个人品德，个人品德与家庭美德，履行责任与做好家人”三者的关系。自我修养与个人品德的关系：自我修养是个人品德的条件。个人品德的标准是“爱国奉献、明礼守法、厚德仁爱、正直善良、勤劳勇敢”。要具备个人品德就必须重视自我修养，加强思想改造，不断克服自己身上的一个又一个的缺点，一个又一个的毛病，改造好自己，才能具备良好的个人品德，在个人品德方面要力求具备光明正大、仁慈淳厚、博大宽广的君子人格；个人品德与家庭美德的关系：个人品德是家庭美德的基础。只有个人品德好，才能弘扬好家庭美德，做到尊老爱幼、男女平等、夫妻和睦、勤俭持家、邻里团结。家庭美德是做好家人的标准。个人品德好的人，重视家庭美德，践行家庭美德，在家庭中也一定是一个好家人，因为他们是非分明，孝老敬亲，在处理家庭关系中，凡事孝当先，把孝顺长辈摆在最重要的位置，他们用自己的言行来孝敬长辈，感染同辈，教育后辈。履行责任与做好家人的关系：履行责任是做好家人的保证。人生的价值在于奉献，好家人的价值也是在于奉献。一个人在家庭中就要有家庭责任，就要实实在在做履行家庭责任的工作。否则，不履行责任，你就是一个不合格的、不受欢迎的家人。在家只享受不尽责，只吃饭不干活，只让人人为自己，自己从不想人人，自己从不为人人，这是一种不体面、不光彩的人，这是一种不懂人生价值的人，不懂人生意义的人。在一个家庭中，无论你是长辈还是晚辈，无论你是子女还是父母，都要尽到自己的责任，这样才能维系好家庭成员之间的关系。有人说家事有什么，无非就是柴米油盐酱醋茶，哪有什么责任而言。其实不然，责任就体现在你对家庭一点一滴的付出中，责任就体现在你对家人一丝一毫的关爱里，责任就体现在你做的一件一桩的小事上，在家主动干家务活就是履行家庭责任的体现，在家主动问候父母就是履行家庭责任的体现，在家主动教育晚辈就是履行家庭责任的体现。不要轻视、忽视和无视家里的琐事、小事，家里的事大部分是琐事、小事，正是这些琐事、小事才能反映出你是否有责任，正是这些责任才能保证你做好家人。

有句成语叫“父慈子孝”，说明家庭和睦是两代人共同的事情，作为儿女应该孝敬父母，作为父母应该如何对待儿女呢？人们常说：“父母是儿女的第一任老师。”既然是老师，就应该对自己有标准，有要求。首先要以身作则，要做儿女道德的示范者，要做儿女知识的启蒙者，要做儿女言行的引导者，言传身教，做好榜样。在家庭管理中，要做到对下一代政治上关心，思想上帮助，生活上照顾，教育上指导。要做民主的父母，慈祥的父母，关爱的父母，文明的父母，善于同他们交流沟通，有事愿同他们商量，虚心听取他们的意见，对儿女、女婿、儿媳要视如己出，平等对待，形成父母关爱儿女，儿女敬重父母，人人争做好家人的和谐氛围。

我们说，家是最小国，国是最大家，家国相通。习近平同志说：“家庭是社会的基本细胞，是人生的第一所学校。不论时代发生多大变化，不论生活格局发生多大变化，我们都要重视家庭建设，注重家庭，注重家教，注重家风……使千千万万个家庭成为国家发展、民族进步、社会和谐的重要基点。”家庭是人生的第一所学校，一个人只有在家庭这个第一所“小学校”毕业了成了好家人，将来才能在社会这个第二所“大学校”当个好公民。所以，只有做好家人，才能当好国人。在家庭中扮演好家庭的角色，才能在社会中扮演好不同的角色。在家庭中，要上对得起父母，让父母放心，令父母骄傲，下对得起子女，勇于承担责任，成为子女的榜样。在社会中，要上对得起国家人民，不辜负国家的培养、人民的期望，在社会事务中尽自己的力量，下对得起家族亲朋，成为他们喜欢的家人。好家人是好家风的实践者、建设者、维护者、传承者。要做一个好家人，就应该从点滴做起，从关爱家人做起，从无私奉献做起，从助人为乐做起，默默无闻、吃苦耐劳、任劳任怨，做一个受家人欢迎，受众人敬佩的好人。

2017 年 4 月 28 日

孝 与 祭

“孝”的意思是孝顺、尽孝；“祭”的意思是祭祀、祭奠。孝是儿女对父母等前辈生前的行为，祭是儿女对父母等前辈死后的行为。孝是祭的前身，祭是孝的后续，祭也是孝，孝是一个包括生前和死后的全过程。

关于祭也是孝的内容，孔子早有论述：“孝子之事亲也，居则致其敬。养则致其乐，病则致其忧，丧则致其哀，祭则致其严。五者备矣，然后能事亲。”翻译成现在的话就是：“孝子敬奉他的父母，平常居家之时应该全心全意地恭敬父母亲；奉养饮食之时应该想尽办法让双亲高兴愉快；在父母生病的时候，又要尽力担心、忧虑，去细心照顾；如果父母去世，要用哀伤、痛苦无比的心情去处理后事；在祭祀的时候，要端庄严肃尽心致祭，只有这五个方面都做得非常周全、周到了，才算得上是对父母尽了孝道之心。”孔子关于孝子对父母五个方面所做的事情，三个方面属于孝，两个方面属于祭，但孝和祭都是尽孝道之心，都是孝的体现。

“孝”与“悌”两个词常连在一起，两者是什么关系呢？“孝”乃孝敬父母，“悌”乃友爱兄弟。悌道的核心是谦让，悌道是孝道的延续，也是孝道的内容。孝与悌的关系在《三字经》中讲得很明白：“兄道友，弟道恭，兄弟睦，孝在中。”用现在的话来说就是“当哥哥姐姐的要友爱弟妹，作弟弟妹妹的要懂得恭敬兄姐，兄弟姐妹能和睦相处，一家人和乐融融，父母自然欢喜，孝道就在其中了。”一个对父母孝顺的人，也应该对兄弟姐妹尊重、关心、帮助，友好相处。

一个人从呱呱落地，经婴儿、幼儿、小学、中学、大学，有的甚至读研究生、博士，直到参加工作、成家立业，这期间的每一步、每一年都凝结着父母哺育、抚养、养育的心血汗水，这期间多长？有的十八九年，有的二十三四年，有的二十七八年，父母可谓劳苦功高，这是无法用金钱来计算的。

作为儿女孝敬父母，这是做人的应该之事，正确之事，感恩之事，报答之事；这是做人的人性之事，人品之事，人德之事，人格之事。孝是人间第一情，孝是天地第一义。一个人如果连自己的父母都不孝敬，要让他去真爱别人，那是根本不可能的事情，即使他做出了敬爱上司或朋友的举动，也是虚伪不可信的，即便是他的爱人也难以得到真正的爱。对于已婚者而言，对岳父岳母的孝，对公公婆婆的孝，应与对自己父母的孝有同一个标准，一视同仁，一样孝敬。《孝经·圣治》中说："不爱其亲而爱他人者，谓之悖德；不敬其亲而敬他人者，谓之悖礼。"意思是，不敬爱自己的父母却去爱敬别人的行为，叫做违背道德；不尊敬自己的父母而尊敬别人的行为，叫做违背礼法。

俗话说："百善孝为先，孝为德之本。"这其中有"善、孝、德"三字，这句俗话告诉人们，一个人只有具备善良的心、道德的心，才能保证有一颗孝敬的心。怎么有孝？怎么尽孝？怎么孝好？简而言之就是要做到"八孝"。

其一，孝心。做人就应懂孝道，守孝道。孝道是奉养父母的准则。孝道犹如天上日月星辰的运行，地上万物的自然生长，是一个人必须具备的品行。儿女有孝心就应将尽孝作为自己义不容辞的责任，当作自己不可推卸的义务。自觉尽孝，主动尽孝，及时尽孝，坚持尽孝，孝伴终身。

其二，孝敬。儿女一定要认识父母日常中的爱心，平凡中的伟大，对父母要有真情、深情和长情，敬重、敬佩、敬仰他们，有了敬意才会自然产生孝意。没有真正的敬，就没有真正的孝，否则，孝无质量，孝无保证。儿女应该时刻摆正自己的位置，不论钱多钱少，不论权大权小，不论顺境逆境，不论时长时短，永远是父母为大，自己为小，父母为上，自己为下。

其三，孝顺。孝顺要在"顺"字上下功夫，对父母正确的要求、指导、管教一定要顺从，让父母顺心、顺眼、顺耳、顺气。对于父母不正确的思想和事情，要讲究方法，委婉相劝，设法沟通，耐心疏导，巧妙化解。

其四，孝养。儿女对父母的衣食住行，吃喝玩乐，生老病死，一定要格外重视，格外关心，格外支持，格外解决。要想方设法满足，及时快速满足他们生活中的应有需求，让父母感到生活无忧无虑，无愁无难，而不让他们有一丝一毫的难处、委屈。

其五，孝力。儿女要尽自己力量孝敬父母，这个力量既包括心力、体力，又包括财力，毫不犹豫、毫不吝啬地帮助父母，资助父母。在父母身上花钱要大方，要大气，向优秀者学习，争做优秀者，不搞平均主义，能者自愿多出力。

其六，孝法。儿女孝敬父母，不可用主观臆想的办法，办法一定要从父母的心理状况、身体状况、生活习惯等实际出发。因人制宜，因时制宜，切记父母需要的就是最好的，从父母的实际需要出发，采取相应好方法孝敬父母。

其七，孝笑。这是儿女对父母的日常态度，在父母面前要和颜悦色、和蔼热情，不可在父母面前拉着脸、瞪着眼，更不可与父母吵架，责骂父母。儿女只有笑脸相待，父母才能对儿女的孝心有感觉。儿女应该通过自己的笑脸，给父母带来笑容、高兴、快乐。

其八，孝果。儿女孝敬父母要注重尽孝的效果，尽孝的效果是尽孝的目的。儿女要时刻牢记尽孝的目的，让父母生活愉快，生活幸福，安度晚年，乐度晚年。一切做法要有利于父母养生、养心。要及时总结，纠正不妥当的做法，采用新的好办法，顾及效果，追求良效。

在父母生前能做到这“八孝”，儿女就算尽到自己的孝心和孝行了，儿女即可成为当之无愧的孝子孝女了。

父母在世，儿女尽孝，父母离世，儿女祭祀。对于已故父母的祭祀在太原市郊有这样的习惯：在逝世后的三年内，刚去世后要进行“过七”的祭奠，从第二年开始正月初二要祭奠，清明节要祭奠，一周年、二周年、三周年要祭奠；三年内的春节期间不贴红色对联，或贴其它颜色的对联。三年过后，新坟就成为老坟，只是清明节去坟地祭奠一次。这些祭奠中，主要是到坟地的祭奠。在祭奠时，儿女及亲戚朋友带着祭品来到坟地或烧香，或摆祭品，或烧纸，或哭诉，或跪拜……大约需要一个半小时左右。有的人虽然参加祭祀，但不明白祭祀的目的，只认为是一种形式而已，随大流去参加，完成任务了事。祭祀同其它任何事物一样，有形式，有内容，光有形式，光用形式，光走形式，不知内容，就成了祭祀中的形式主义，失去了祭祀的意义。祭祀要有形式，这个形式有传统的做法，也有现代文明环保的做法，不管哪种形式，形式中的主要内容应该是“怀念、铭记、传承”这六个字：

怀念——就是要永远记住生养自己、朝夕相处、频繁交往、关系密切数十年的父母等亲人，记住他们对自己的恩情、感情、亲情、情义、情分、情缘，真正做到慎终追远、至死怀念、念念不忘。

铭记——就是要记住父母的优点，记住父母在家庭建设中的功劳，记住父母培养儿女的艰辛，记住父母教育儿女的过程和方法，记住家风、家教和家训，能记的要多记，能记的要牢记，永远刻印在自己的脑海中。

传承——这是作为儿女对前辈祭祀的主要责任。这个责任就是要将父母为人处世的故事永远讲下去，将父母优秀的品德永远学下去，将良好的家风永远传下去，使自己起到承上启下的作用，这样才能家风代代传颂，美德代代继承。

每逢清明时节，人们很容易从媒体中见到“慎终追远”这个成语。这个成语的意思是，要慎重地办理父母的丧事，追祭远代的祖先。慎终追远，这个“远”是往上追，通过祭祀可以追到父亲母亲、爷爷奶奶等很远的先辈，知道自己从哪里来；这个“远”字也可以理解为往下追，追到祭祀先辈后代的子子孙孙，通过祭祀，让后人永远不忘本，不忘恩。晚辈对已故先辈到坟地的祭祀活动的次数是有限的，但心中的祭祀可以变成无限的。作为祭祀先辈的晚辈，应将有数有形的祭祀与无数无形的祭祀结合起来，永远对已故亲人抱着虔诚崇敬的心情，既尽孝道，又尽悌道。在祭祀中永远记住“怀念、铭记、传承”六个字，做到怀念不忘情、情意长，铭记不忘本、保本色，传承不走样、有发展！

有的人对已故老人的祭祀活动存在糊涂认识，说什么祭祀活动是“哄死人，让活人看”的活动。这是糊涂人的糊涂看法。这种人不明白祭祀的意义，对祭祀存在糊涂的认识，采取消极的做法。一年一度的清明节，国家还有专门的假日，有的人也懒得去坟地为父母等先辈去祭奠，真是无知的做人头脑，可怜的做人觉悟。清明节一年一次，如果都不去祭奠一次，一年不去，两年不去，三年不去……时间长了，就会把父母等先辈忘得一干二净，忘得无情无义。难道你的良心不感到内疚吗？难道这样做人你的后代会对你孝敬吗？这种人应扪心自问，改邪归正，按做人标准去做事，正确认识祭祀，自觉进行祭祀，在祭祀中学习父母等先辈的美德，继承父母等先辈的美德，做一个既不辜负先辈期望，而又受到晚辈敬重的人。

2017 年 3 月 17 日

今日不尽孝　来日难得孝

在公司2017年5月26日开展的“解百好人”访谈活动中，营业员赵丽霞孝敬公婆的事迹令在场的每一位职工感动不已，为之动容。她是一位孝顺的好媳妇，把生病的婆婆接到家中照顾，她始终无怨无悔，不离不弃，细致照顾，婆婆病重卧床一年半没生褥疮。婆婆去世后，公公又患了老年痴呆症，她做饭喂饭，擦抹身体，照顾老人的生活起居。赵丽霞不仅对公婆孝顺，对父母孝顺，对邻居、对顾客、对同事都能做到友好相处。

赵丽霞孝行的背后，是爱心作基础的。这个爱心是真诚无私的爱，至诚无伪的爱，爱心支配孝行，孝行体现爱心。有了爱心，就会不分你我，不分内外，不计得失，不讲价钱，就会体现出“老吾老以及人之老”的思想境界和高尚行动。完全可以这样说，孝心就是爱心、公心、正心、良心。孝心是不以血缘为前提条件的，孝心体现的是美德、责任和人格。

例如：熊春香同志是湖南省邵阳市绥宁县苗族侗族乡的一位农村党员，十几年如一日照顾一位非亲非故双目失明的老人，为老人无偿看病、买药，伺候生活起居无怨言，只因她心中常怀一颗爱心；李献利同志是山东临沂市的一位退伍老兵，二十多年来照顾战友养父养母，把他们当成自己的亲爹娘，接到自己身边日夜侍奉直到老人去世，只因对战友生前的一句诺言；热孜艳木·米吉提是新疆沙雅县古勒巴格乡的一位大学生村官，照顾孤寡老人数年，直至老人辞世，邻居才知道这位年轻人与老人并无血缘关系，只因他有一颗善良、纯朴的心。这些人待人不是亲人胜似亲人，他们的事例反映出的就是人们的爱心，这种爱是一种大爱，是一种孝心的升华，是一个人从心底由内而外流露出的人性最善良、最仁爱的感情真谛，是人性最美的表现。

人们说到孝的时候，常用“孝敬、孝顺、孝养”这三个词，三者有精神之孝、有言行之孝、有物质之孝，相辅相成，缺一不可。但是三者之中，最重要的就是孝敬，没有孝敬，就难有真正的孝顺和孝养。孝敬是孝顺的最高标准，最好表现，最优评价。就像孔子在《论语》中所说："今之孝者，是谓能养，至于犬马，皆能有养，不敬，何以别乎？"意思是说："现在所谓的孝，认为能够供养父母就行了。照这样，连狗和马也有人喂养着。如果不存在孝敬之心，供养父母与喂养狗和马有什么区别？"所以，要做到孝而有敬，就要在赡养老人的过程中，始终保持一颗孝敬之心，思想上做到能敬重、敬仰、敬爱，体现孝的本质——"仁"，行动上做到有礼貌、礼待、礼数，体现孝的核心——"礼"。这种敬是内心之敬，自觉之敬，长期之敬，这种敬是用真情、深情、长情对至亲骨肉、罔极之恩的敬，坚持对父母和颜悦色才是真正的孝。

可是现在有些人却在孝行方面存在不少问题：孝内不孝外；孝母不孝婆；孝岳不孝母；孝下不孝上；孝官不孝民；孝顺不孝敬；孝养不孝敬；孝富不孝穷；穷孝富不孝；康孝病不孝；短孝长不孝；言孝行不孝；虚孝实不孝；给钱则尽孝，花钱则不孝；有用愿意孝，无用懒得孝……这些都是扭曲的孝，自私的孝，狭隘的孝，虚伪的孝，总之是让人耻笑的孝，正如孟子所说"不得乎亲，不可以为人"。意思是说，"不孝顺父母的人，就失去了起码的做人资格。"

"人""仁""孝"三字是什么意思？三字之间是怎样的关系呢？"人"字是指能制造工具并使用工具进行劳动的高等动物；"仁"字是指仁爱，就是同情、爱护、帮助人的思想感情；"孝"字是指孝顺，就是尽心奉养父母，顺从父母的意志。"人"和"仁"是什么关系？"仁"和"孝"是什么关系？"人"与"仁"早先同义。《释名》《中庸》和《孟子·尽心下》都说"人，仁也"。《国语·晋语》说"爱亲之谓仁"，《中庸》还说"仁者，人也，亲亲为大"。这些经典古语说明"人""仁""孝"三字保持千丝万缕的关系，是互融互通互等的关系。在中国古代人眼里，是人就应该有孝心，尽孝道，是人就应该行仁，爱人。孝是仁道的根源和起点，孝心是爱心的实际开端，亲子之爱是爱人之心的必然基础，孝与仁一体圆融，孝是仁的本始，仁是孝的扩展延伸。总而言之，孝是做人之根，做人之基，做人之本，做人就应有孝心，有爱心。这是人性的体现，人格的体现，人德的体现。《孝经·三才》中说："夫孝，天之经也，地之义也，民之行也。"意思是，孝道犹如天上日月星辰的运行，地上万物的自然生长，是一个人必须具备的道德。羊有跪乳之恩，鸦有反哺之义。孝敬老人是一种永不磨灭的幸福和感动。你今天孝顺老人，一方面给子女树立榜样，教育他们养成尊老习惯，另一方面是行善积德、行孝积孝，为自己将来得孝而积分，积分达到社会标准，你就能得到儿女的孝心和孝行。从这个意义上说，孝敬老人实际上就是孝敬我们自己。

汉语“教”字，左边是个“孝”字，右边是个反文，这个“教”字的构成说明，孝道的文化是教育的起点知识和基础内容，这个“教”字也告诉我们，第一是孝道，第二是文化，第一是道德，第二是才干。家庭教育，学校教育，社会教育，孝是教人育人的内容和目的之一，旨在让人们从小到大知孝、懂孝，行孝，做一个孝顺之人。

那么不孝顺的人是些什么人呢？

他们是做人标准的盲目者。在他们的思想上，从来没有考虑怎么做人，怎么做一个好人，弄不清什么是好人，什么是坏人，有时自己成了坏人还自以为是个好人；

他们是人生道路的糊涂者。人生的价值在于奉献，孝顺就是一种奉献精神，在家里不孝顺老人，就是一个没有价值的人，没有意义的人，就是一个地地道道糊涂的人；

他们是家庭建设的破坏者。他们破坏了夫妻的关系，破坏了与上代人的和谐，破坏了与下代人的亲情，破坏了亲戚间的和睦，破坏了家庭的幸福，破坏了家庭的建设。

这些不孝之人中的大部分人都想生个儿子，试想，如果生了儿子，将来儿子成家立业后，现在的你就成了公公，你的妻子就成了婆婆。你们现在不孝顺父亲母亲，不孝顺公公婆婆，怎么能让儿子将来孝顺你们呢？也许有的人会说，我们不想生儿子，我们想生个女儿，即使你们生了女儿，你们不孝的不良行为，也可能会污染了你们女儿的灵魂，你们的女儿将来也可能会成为一个懒妇、悍妇、泼妇，你们的女婿也不会孝顺。《增广贤文》中有句话说：“孝顺还生孝顺子，忤逆还生忤逆儿。”你们对父母孝顺，子女也会对你们孝顺。你们对父母不孝顺，你们的子女也不可能对你们孝顺。好传统传下去是好家风，坏传统传下去是坏家风。孝顺的人结出的是孝顺之果，不孝的人结出的是不孝之果，你们现在的不孝行为可能会让将来的子女也成了不孝的人。这种不孝人的发展轨迹就是——今日不尽孝，来日难得孝！

2017 年 6 月 8 日

生命 身体 吃饭 睡觉 时间

生命、身体、吃饭、睡觉、时间，这五个词，与世上的每个人都密切相联，与每个人的每一天都息息相关，与每个人的人生价值都休戚与共。

可是，有的人却不能正确认识和处理五者的关系：

口头上说珍惜生命，但不知道生命与身体的关系，实际上却在糟蹋生命；

口头上说爱护生命，但不知道生命与吃饭的关系，实际上却在虐待生命；

口头上说尊重生命，但不知道生命与睡觉的关系，实际上却在折磨生命；

口头上说生命可贵，但不知道生命与时间的关系，实际上却在浪费生命；

这些现象司空见惯，一点儿也不新鲜，一点儿也不惊人。

如果一个人不能注意克服这些不新鲜的问题，不能注意解决这些不惊人的现象，将使你的人生无意义，价值打折扣，活得太无聊，枉费生命，亏待父母，愧对人类，欠债世界。

生命是一切生物所具有的活动能力。人的生命是万物之宝，是万物之源，只有拥有生命，才能创造一切、产生一切、改造一切。

身体是生命的载体，承载着至关重要的因素，一个人身体健康与否，直接影响到这个人的生命存在与否，只有你的身体才能始终不离不弃的陪伴你的生命，走完人生的全部历程，只有身体才能拼命呵护、保护你的生命，直到耗尽全部能量为止。

生命只有一次，不会像韭菜那样割了一茬又一茬。可是有的人就是不重视生命的载体——身体，该锻炼时不锻炼，该体检时不体检，该看病时不看病，该吃药时不吃药。人们常说，健康在于运动，有的人反而说健康在于静止，还发明“蚂蚁王八理论”，说什么“蚂蚁运动而短命，王八不动而长寿”，不重视锻炼身体，身体怎么能好；有的人有病不看病，不对身体进行保护，还说什么“我的工资怎么能用来看病”，结果使病情恶化，日趋严重，无法治愈；有的人小病不理，大病重视，绝症住院，到了不治之时才治，结果是治也治不了；有的人天天看“养生堂”的讲座，但不懂养生之道，头部已有脑瘤头痛，用的却是梳头揪耳的办法，经检查，脑瘤是肺癌转移所致，癌症已进入晚期，医生已无回天之力。他们最后的结果只能是短命了此一生，或者无奈英年早逝。这些人的做法无异于糟蹋生命。

吃饭是人的最基本需要，所以人必须吃饭。良好的合理的饮食习惯，是保健的一个重要方面，可以使身体健康地发育成长，还可对疾病起到治疗作用，帮助人体恢复健康，保持健康的身体，否则，将损害身体、危及生命。

吃饭人人都会，可如何吃饭有人却不清楚。有的人为了减肥，拼命节食，将任何有营养的食物都拒之门外，生怕自己长胖一点点，最终导致面黄肌瘦，体质下降，表面看起来漂亮动人，实则外美内衰，外强中干，身患多病。因追求骨感美减肥，一对年仅 18 岁的乌拉圭双胞胎模特姐妹，先后倒在了 T 型台上，永远离开了人世。这样的行为不是在拼美，而是在拼命，拿健康的身体作为一时美丽的代价。有的人正好相反，不节食，却是暴饮暴食，整天大吃大喝，把“我是吃货”挂在嘴边，引以为荣，最终导致肠胃功能紊乱，疾病缠身。科学研究发现，暴饮暴食后 2 小时，发生心脏病的危险几率增加 4 倍；同时，还会发生腹泻，因大量丢失体液，全身血循环量减少，从而引发脑动脉闭塞，脑血流中断，造成脑梗塞等不良后果。这些人的做法无异于虐待生命。

睡眠是每人每天都需要的，适当的睡眠是最好的休息，既是维护健康和体力的基础，也是取得高效工作能力的保证。从某种意义上讲，睡眠比吃饭还重要。我们应该将睡眠视为对健康的投资，保证时间，提高质量。睡眠关系身体、关系生命。

睡觉，这个看似人人都会做的事情，却有人做的不合常理。有的人，整日忙于各种应酬、聚会，通宵打麻将，玩游戏，导致严重睡眠不足，体力透支，将自己的身体推到岌岌可危的境地。事实证明，人体经常熬夜，所造成的后遗症众多，最常见的表现就是过度疲劳、精神不振，免疫力下降等的自律神经失调症状都会找上门来；有的人虽然不熬夜，却是整日昏昏沉沉，迷迷糊糊，睡了还睡，没事就睡，搞的自己每天无精打彩，事无所成，无人交往，生活如同行尸走肉，他们过着寄生式、傍老式、动物式的生活，既不科学也不合理。这些人的做法无异于折磨生命。

时间是生命的承载体，生命是时间价值的创造者，二者互为依存，不可分割。我们都拥有时间，时间是无限的，生命是有限的。每个人对待时间的态度不同，方法不同，将决定着每个人工作成绩的不同，生命价值的不同。

时间是生命构成的，人们常说："时间就是生命"，就是告诫人们要像珍惜生命一样去珍惜时间。但有些人却在上学的时候不思学业，工作的时候不思进取，整天百无聊赖，无所事事，将宝贵的时间随意浪费掉了，这是浪费时间的直接表现。还有一些人，看似在争取时间，和时间赛跑，拼命挣钱，他们要钱不要命，快速缩短了自己的寿命，早早将自己送上了黄泉之路，这也是浪费时间的另一种表现。比如：2012 年，一个创造了网络奇迹，月收入百万的 24 岁杭州淘宝店女老板突然离世的消息在微博上引发关注，究其原因，就是因为不分昼夜过度劳累导致的结果。这些人或者不珍惜时间，或者乱用时间，这些人的做法无异于浪费生命。

如果一个人，只为健康而健康，只是躯壳一个，那就失去了生命的意义；如果一个人，只为吃饭而吃饭，只是饭桶一个，那就失去了吃饭的意义；如果一个人，只为睡觉而睡觉，只是懒虫一个，那就失去了睡眠的意义。吃饭、睡眠是身体健康的需要，但身体健康又是生命的需要。那么生命需要什么呢？生命需要在时间上下功夫，生命需要在时间上做文章，生命需要在时间上有作为。

一个人生命的大部分时间是与工作时间相联系的。从一生来看，20 多岁工作到 60 岁退休，其中有近 40 年是在工作中度过，同时，还需要有为工作储备而学习的时间。从一天来看，8 小时上班，8 小时睡觉，另外 8 小时还会有一部分时间与工作有关，比如，上下班时间、学习、特殊情况等。按一个人活 80 岁计算，几乎超过一半的时间在为工作而活着，这段时间是人生最美好的时光，如果不好好工作，就是在浪费自己的生命。

生命由时间组成，工作占用了时间，就是在使用生命；生命由工作充实，不好好工作，就是在缩短生命。如果在这段时间里，你不热爱自己的工作，或对工作无兴趣，或消极怠工无干劲，或平平淡淡无起色，或磨磨蹭蹭无效率，当这些现象出现时，就是在减少自己的生命。

如果一个人的时间用在违法犯罪上，罔顾法律法规，侵害人民利益，或制做假冒伪劣商品，或拐卖妇女儿童，或制造有毒食品饮料，或干杀人越货勾当，整天干坏事；如果一个人的时间用在以权谋私上，假公济私，将职位当作谋私的平台，千方百计捞取私利，想方设法投机钻营，受贿成常态，贪腐成内行，干着损害党和人民利益的事情；他们不起正作用，只起负作用，这样使用时间，就是在乱用、瞎用、错用自己的生命。

一个人的价值，往往体现在工作中做出的成绩和结果。如果在工作中创造不出应有的成绩，经常出问题，任务完不成，正事无能力，吃喝很精通，玩乐很内行，这无疑是在白白消耗自己的生命。

法国思想家伏尔泰曾出过一个意味深长的谜语：“世界上哪样东西最长又是最短的，最快又是最慢的，最能分割又是最广大的，最不受重视又是最值得惋惜的？没有它，什么事情都做不成，它使一切的东西归于消灭，使一切伟大的东西生命不绝。”这条谜语的谜底就是时间。我们常常看到，有的人因时间“长”，而开一堆空头支票；有的人因时间“短”，又轻意随手丢弃它；有的人因时间“快”，惊呼光阴似箭抓不住；有的人因时间“慢”，感叹度日如年不好熬。时间的价值非比寻常，它与人生的发展和成功关系非常密切。一个人在时间面前如果是个弱者，他将永远是个弱者，因为放弃时间的人，时间也放弃了他。如果一个人在时间面前是个强者，那么他将是一个善于运用时间于手掌之中的成功者，谁尊重时间，时间就对谁慷慨，谁会利用时间，时间就会服服帖帖为谁服务，时间给丢失者留下的是遗憾和惆怅，时间给珍惜者献上的是壮美人生。

爱因斯坦说：“一个人的价值，应当看他贡献什么，而不应当看他取得什么。”生命的价值在于奉献，而不在于索取，有奉献才有价值，奉献越大，价值就越大。奉献，就是要在人生的道路上留下有意义的东西。如果自己给自己历史留得是一片空白，那么他的生命就暗淡无光、毫无意义。人生在世，“奉献”二字是正经，“吃喝”二字是歪理，在全社会弘扬奉献精神的时候，作为每一个公民，尤其是党员干部，应当身体力行，率先垂范，把无私奉献作为自己的行为准则，牢记“两个务必”，发扬党的优良传统，坚持党和人民的利益高于一切，个人利益服从党和人民的利益，吃苦在前、享受在后、克己奉公、多做贡献。时间抓起来就像金子，抓不住就像流水，人不能瞎活，要珍惜时间，科学管理时间，合理安排时间，只争朝夕，满负荷工作，让理想在工作中闪光，让工作在时间中闪光，让业绩在人生中闪光，让奉献在生命中闪光。

2014 年 12 月 28 日

健康二则

一、身体与生命

生命载体是身体，要想长命爱身体；
身要健康须锻炼，心要健康需修炼；
违背饮食规律食，随心所欲胡乱食；
生活无度图快活，患上重病很难活；
不把身体当生命，快要命时喊救命；
病来方知健康贵，健康锻炼更可贵。

二、食·睡·动·心

按时吃饭胜于山珍海味，
睡眠充足好于灵丹妙药，
天天锻炼等于终身保险，
心态良好强于天天美容。

2013 年 7 月 22 日

重生命　爱身体　保健康

——写给患病住院的保卫处长邓大成同志

事物有规律，身体亦如此；
身体要健康，规律管自己；
三餐须适量，过多出问题；
睡眠定按时，过少病魔袭；
无病重预防，有病及时治；
“三高”若出现，烟酒彻底弃；
人属动物类，勤动要成习；
天天能锻炼，坚持受大益；
身体是本钱，工作是天职；
工作要争先，身体应争气；
生命只一次，岂能不重视；
企望高寿命，日日爱身体。

2011 年 11 月 4 日

异化的婚姻

恩格斯说："如果说只有以爱情为基础的婚姻才是合乎道德的，那么也只有继续保持爱情的婚姻才合乎道德"。

一、权利之婚

你找个小 CEO 结婚，
他就找个大 CEO 结婚；
你找个局长结婚，
他就找个厅长结婚。

二、金钱之婚

你找个百万者结婚，
他就找个亿万者结婚；
你找个国内富翁结婚，
他就找个国外富翁结婚。

三、色相之婚

你找个市级模特结婚，
他就找个省级模特结婚；
你找个国家级演员结婚，
他就找个国际级演员结婚。

四、傍老之婚

你找个厂长之子结婚，
她就找个总裁之子结婚；
你找个市长之女结婚，
他就找个省长之女结婚。

五、奇特之婚

你找爷爷辈结婚，
他就找孙子辈结婚；
你找个动物结婚，
他就找个植物结婚。

六、乱伦之婚

你找多偶结婚，
他就找同性结婚；
你找近亲结婚，
他就找子女结婚。

七、婚属之说

有的属无爱之婚，
有的属薄情之婚，
有的属失德之婚，
有的属违理之婚。

八、结局如何

专一者少也，
共苦者少也，
幸福者少也，
偕老者少也。

2013 年 9 月 13 日

过度玩手机　危害多又多

移动互联网的蓬勃兴起，使智能手机在人们工作、学习、生活中的作用越来越突出。与此同时，也派生出了低头族、自拍族、点赞族、机械族、标题族、随停族等这些时代的新兴人群。但是再智能、再先进的手机也只是一种工具，一种人际之间交流、联系、沟通的工具。如果将人与工具的关系颠倒，手机成了人的主人，人成了手机的工具，人被手机所控制，所奴役，所支配，就会产生失控手、依赖症、社会病，就会出现异常、过度、有害的现象。

其一，玩机丧志。中国自古就有“玩物丧志”之说，但在现代条件下，这个玩的范围最广、玩的人数最多的物是手机。玩物丧志这个成语应与时俱进，改为“玩机丧志”更恰当，更贴切。爱玩手机者忘记了自己的理想，忘记了自己的志气，见缝插针玩手机，争分夺秒玩手机，工作时间玩手机，业余时间玩手机，被手机所左右，所束缚，他们好像情报处长似的，生怕丢掉一条信息，可是这些信息又给他的工作带来什么好处呢？因为碎片式阅读很难留下太深的记忆，所以好处也就微乎其微了。这样玩手机丧失了自己职业生涯的黄金时间，丧失了自己人生的宝贵价值。这种爱玩手机者丧失的是自己的志气。

其二，玩机丧责。每个人都有自己的工作职责，既然有职责，就要爱岗敬业，心往事业上想，劲往事业上使，上班时间考虑工作，下班之后琢磨工作。可是爱玩手机者上班时间抽空玩手机，下班后集中玩手机，对手机知识学了又学，钻了又钻，问了又问，生怕落于人后，说起手机头头是道，津津有味，十分内行，十分精通，但对本职工作却是应付差事，马马虎虎，低能落后，成绩甚微。这种爱玩手机者丧失的是自己的责任。

其三，玩机丧情。人与人之间的感情是在实际交往中建立起来的，也是在实际交往中巩固和发展起来的。爱玩手机者与人交往中不是在见面后进行思想、工作、生活、学习的交谈，而是不顾一切的低头玩手机。正如有网友套用印度诗人泰戈尔的诗句，调侃说：“世界上最远的距离，是我在你身边，你却在玩手机。”有的人住在同一座楼的同一个单元里，过春节拜年也不迈开双脚走动走动，仍是用手机拜年。这种玩手机者，把人际关系变成人机关系，变成纯粹的手机与手机的关系。这种爱玩手机者丧失的是人与人之间的感情。

其四，玩机丧德。作为一个正常的人，一切工作都要注重道德，讲究道德，玩手机也不例外，也要坚持“用机有德”的原则。如教师监考时低头玩游戏，丧失的是师德；医生做手术时玩自拍微博，丧失的是医德；而对暴力突发之事，只顾手机直播，却不上前劝阻，丧失的是公德……一个一个“德”的丧失，架空了我们应有的道德，让本该绿树葱葱的情感绿洲逐渐变成了草木不长的一片道德荒漠。这样的爱玩手机者丧失的是自己的道德。

其五，玩机丧家。有的家庭或夫或妻，有一人只要有空隙，进家里就守到电脑前，手机不离身，一点也不管家务，弄得夫妻反目，家庭不和，甚至到了离婚的地步；有的家庭，夫妻双双爱玩手机如命，孩子两三岁就给个平板电脑玩，平板电脑成了孩子的“保姆”“玩伴”“家长”，导致孩子从小上瘾，到上学时又不好好学习；有的父母玩手机不管孩子学习，出现了家庭冷暴力，致使孩子发出“爸妈只爱手机不爱我”的抱怨，甚至孩子要离家出走；还有的家庭出现“电脑争夺战”或“手机争夺战”的现象。这种爱玩手机者丧失的是家庭的素质。

其六，玩机丧体。这种人手不离机，机不离手，将手机当作了身体上的一个器官，玩手机玩得上了瘾，如同吸毒者一样，在手机上寻找娱乐，在手机上实现自己的享乐主义。他们沉迷于手机，白天玩，晚上玩，吃饭时间玩，如厕时间玩，深更半夜玩，起早贪黑玩，平时玩，节日玩，一玩三小时有之，一玩六小时有之。玩得废寝忘食，玩得丢盹瞌睡，玩得他的身体患上躯体疾病，比如出现手脚发麻，心悸，头晕，冒汗，肠胃失调等症状，还会引发眼部疾病，颈椎腰椎等骨骼疾病。这种爱玩手机者丧失的是自己的健康身体。

其七，玩机丧命。手机本与生命危险没有多大关系，可是有的人玩手机不分时间、地点、场合，随时随地玩手机，不顾一切玩手机，他们不专注工作、生活，开车玩手机丢掉了生命；下楼梯玩手机丢掉了生命；过马路玩手机丢掉了生命……类似的新闻时有耳闻，他们不知玩手机时会让死神有机可乘，会让悲剧随时发生，他们玩的不是手机而是生命，这种爱玩手机者丧失的是自己的生命。

危害种种，不必一一列举……

干任何事情都必须掌握“度”的问题，适度则有利，过度则有害，过度就会出现物极必反的问题。人们常说：“科学改变生活”，我们不可否认，小小手机给人们带来了方便。但是，在享受高科技好处的同时，应该考虑如何正确利用，让手机真正成为自己的工具，成为自己发挥正能量的工具，成为有利于自己工作、学习、生活的工具。

第一，要正确认识人机关系。在对待自己和手机关系方面，一定要坚持自己的主人地位，一定要把手机当作自己的工具。摆正两者的关系，手机就能给自己带来好处，带来方便。如果颠倒了两者关系，自己成了手机的工具，手机就会给你带来害处，带来麻烦。

第二，要合理安排用手机时间。我们大部分人都要工作、学习，在职者有在职者的工作、学习，退休者有退休者的工作、学习，与此同时，人人都需要有休息时间、娱乐时间。但是两者相比，工作、学习是第一位的，休闲享乐是第二位的，使用手机的时间应多放在有利于第一位的事情上，少放在第二位的事情上。同时，每次、每天使用手机的时间不宜过长。

第三，要克服手机“唯一”思想。有人说“我的手机，我的生活。”手机可以成为生活的一部分，或一小部分，但是不可将自己的手机与自己的生活划了等号。手机功能虽然强大，但现实生活更加广泛，更加丰富，更加多彩，应减少玩手机的时间，适当增加业余爱好，多参加打球、健身、读书等活动，在这个过程中带来的愉快大大超过手机网络。否则就会成为网络世界里的能人，现实生活中的白痴。

对待手机，一种是“用”的态度，一种是“玩”的态度，两字不同，意义不同。“用机”，人类是主宰，“玩机”，手机是主宰，“用机”是科学的进步，“玩机”是生活的空虚；“用机”是时代的发展，“玩机”是思想的浮躁；“用机”是沟通的便利，“玩机”是感情的虚拟；“用机”是时间的节省，“玩机”是时光的消磨。

工作很精彩，学习很精彩，生活很精彩，人生很精彩，需要我们亲身去实践和体验，才能得到精彩的感觉。要让手机为我们添彩，莫让手机中的精彩挡住我们自己活生生的精彩，警惕过度玩手机的危害，真正当好手机的主人。

2015 年 3 月 15 日

“礼”中应有情和意

这里所说的“礼”，既是“上礼”中的“礼”，又是“礼金”中的“礼”。“礼金”的意思是作为礼物的现金。现实生活中人们在婚丧嫁娶时亲朋好友都要送上一定的礼金，或表达祝福或寄托哀思。这种上礼完全不同于数额大的行贿或受贿。正常的“礼金”一般不太多，但俗话说得好：礼轻情意重。这就是说礼金虽然少，但情意却很深重。每一份礼金中都有情和意，这情和意表现在三个方面：

1. 说明两者保持正常关系。这是一种正常的人际交往，这种上礼说明两个人的关系比较近，比较好，所以保持礼尚往来的行动，没有来而不往的问题。

2. 体现出重视对方的大事。亲朋好友的婚丧嫁娶属于家中大事，事情繁杂，花销较大，送上一份礼金，既是给予对方精神上一定的关心和配合，又是给予对方经济上一定的支持和帮助。

3. 坚持巩固调整双方关系。平时关系好的，通过上礼得到巩固和发展，平时关系不是很好的，通过上礼使得双方的关系得到调整和理顺。邀请者与上礼者双方应注意的问题是：邀请者对该请者不邀请，该请者则认为疏远或停止了双方的关系；上礼者对邀请者不上礼，邀请者则认为冷落或终止了双方的关系。

可现在有一些人的上礼却让人们感觉很不舒服，究其原因就是礼金中少了情和意。有三类事例：

第一类：占小便宜的上礼。有的人别人给他上礼 500 元，他却给别人 300 元，从中赚取 200 元便宜；有的人别人给他上过礼，当别人邀请他赴宴时，或编造各种谎言，或想出各种诡计，千方百计不赴宴，不上礼，只想让人给自己上礼，自己却不给别人上礼。

前者多进少出，后者只进不出，这种做法与上礼已搭不上边了。上礼应有点奉献精神，只求付出不求回报，怎么能在上礼过程中打起了小算盘，占起了小便宜呢？

第二类：等价交换的上礼。A 某在 B 某儿子结婚时上礼 200 元，当 A 某结婚时，B 某已经身患重病，奄奄一息，但 A 某却仍旧电话通知了 B 某，B 某的爱人为其上礼 200 元。A 某结婚不久，B 某去世了，在大家想通知 A 某时，她却将手机关机，不想再给 B 某上礼了。

这种等价交换式上礼好像是在做生意，最终收入只能使自己“大于”“等于”对方，不能“小于”对方，生怕亏损一点点。看不到同志之情，看不到朋友之谊，看到的是一副奸商的面孔，着实让人心寒！

第三类：设法“捞”礼的上礼。C 某参加王某的婚礼时，为了能将自己所送之礼金尽量捞回来，便在饭桌上多吃（饭）、多喝（酒）、多抽（烟）、多拿（剩饭），把放在桌上供大家共同抽的香烟私自装进了自己的口袋里，并将饭桌上剩下的菜打包拿回家。

当王某知道了 C 某的行为后会怎样想？我想王某定会觉得后悔，这样的人怎么能成为朋友？别人也会想：王某怎么会交这种朋友呢？这样的人简直是“吃货”！“喝货”！“抽货”！“拿货”！一次上礼，失去了自己的尊严，失去了自己的朋友，这样的上礼，真是得不偿失啊！

以上三个类型的上礼都不是真正意义上的“礼”，这些人上礼不懂礼，上礼不要礼，上礼不重礼，因为我们从这些上礼中看不到礼中应有的情和意，看到的只是人的私心。而有了私心的礼还叫“礼”吗？

礼中有私便失礼。失礼意思就是违反礼节。礼中有了私，从动机到言行就看不到对人的诚心、尊重、礼貌，这哪有礼的意义？这哪有礼的味道？是一种纯粹的失礼行为，这是一种地道的丢人现象。

礼中有私无情意。情意通常是指对人的感情。这种感情是不含杂质的。如果礼中有了私心，那么这种表面看着热闹非凡，实际并无真情真意可言，也就与礼背道而驰了，那就变成了有礼无人意了！

礼中有私难深交。交友贵在真心，交往贵在诚心，如果礼中有了私心，就如朋友之间垒了一堵高墙，挖了一道鸿沟，与这样的人来往，时间虽长，不可能深交；礼金虽有，不可能长交。

我们在日常的生活中要学习和懂得正常的人情世故，上礼就是在所难免的了。我们在上礼中要坚持“人意为重，情谊第一”的原则，做到礼轻重人意，交友无私心；在上礼中体现自己良好的人情、人品、人缘，让我们中华民族的这一传统美德变得干净、变得纯粹、变得历久而弥新。

现在多数家庭是独生子女，孩子结婚时邀请亲朋好友赴宴，可以说是家庭唯一的一次重大外交活动，作为邀请者和上礼者一定要十分重视，认真对待，思考周全，顾及效果，以免留下难以弥补的终生遗憾或无法挽回的不良印象。

2013 年 11 月 4 日

军报是我48年的老“战友”

——为《我与军报·纪念创刊60周年》专栏而写

《军报》是军队之报，军人之报，也是与军队有必然关系的复转军人的喜欢之报，爱读之报。就拿我的个人经历来说，自从1968年入伍到38集团军以后，12年的部队生活与《军报》联系在一起，36年的地方工作同样与《军报》联系在一起，我与《军报》结下了不解之缘，天天阅读军报已成为我生活的习惯，有一天不阅读我就会感到缺少了什么。

刚入伍时，我在连队里就开始接触《军报》，因为《军报》是当时部队进行思想政治教育的主要资料之一。由于我是连队唯一的高中生，连队就安排我当报道员，这样一来，作为报道员看《军报》就有了双重任务，一方面要学习《军报》里宣传的先进思想、先进人物；另一方面要选择《军报》里的文章进行分析，从中找出自己应该学习的写作技巧。在阅读的过程中，既汲取了思想政治营养，又掌握了写作的基本知识，使自己不但每年被部队评为五好战士，而且写作能力也在不断提高，陆陆续续在《解放军报》《战友报》《河北日报》《保定日报》等报上有了自己的稿件。直到现在我还记得，1969年，当我写的一篇反映自己所在连队事迹的文章第一次在《军报》刊登时，指导员特意在全连召开大会进行了宣读，指导员说，这是我们连队六年来唯有的一次在军报上刊登的稿子，这是连队的一件大喜事，为连队争了光。我当时内心的喜悦之情是无法用语言来形容的。后来当了新闻干事、指导员，也更加注重学习《军报》，《军报》成了我工作的参谋，写作的助手。

1979年转业以后，我不论是在太原百货公司当团委书记，或是在太原五一百货大楼当党总支书记，还是在太原解放百货大楼当党委书记、总经理、董事长，我走到哪里，都将《解放军报》订阅到哪里。有人说：“回了地方看《解放军报》有什么用?”我对他们说：“虽然军队和地方是两个行业，既有隔行如隔山的道理，更有隔行不隔理的道理。”直到现在，我仍然坚持天天看《军报》，特别喜欢《军报》的思想政治理论方面的文章，这些文章既有做人做事的道理，又有大是大非的论述，阅之有益，读之受益。尤其是“长城论坛”“思想纵横”“读书随笔”“谈心录”等几个版块是我最感兴趣的，这些文章对我自身修养和工作方面都有很大的帮助。记得有一天，我在《军报》上看到一篇文章中写：“一流军队设计战争，二流军队应对战争，三流军队尾随战争”这样几句话，使我很受启发，想到军事战争与市场竞争的相通之处，我把这段话移用到工作中就变成了“一流经营者设计竞争，二流经营者应对竞争，三流经营者尾随竞争。”我除了看《军报》，还坚持剪报的习惯，从 1980 年开始，我先后共剪报 36 本，每一本都有军报的文章，还有 9 本军报专辑。近几年来，改变剪报的办法，从网上下载军报文章，集成的小册子也有几十本。学习《军报》刊登的政工经验，对我做好思想政治工作有益，学习《军报》刊登的部队管理经验，对我搞好经营管理工作也同样有益，同时对我的写作也大有益处。

转业 36 年来，我所经历的单位，或获得省市思想政治工作先进单位的称号，或获得省市模范企业的称号，或获得全国职业道德建设先进单位的称号。1995 年 7 月 11 日，军报还刊登了反映我工作事迹的《治军与经营之道相通》的文章。这期间，我个人也获得了省市劳模的称号，省市优秀党员的称号。1996 年 4 月，我个人被评为了全国模范军队转业干部，受到了中央领导的接见。

我在工作的同时，结合工作实践，利用业余时间写作，也取得了一点成绩。1993 年，当我出版了第一本书《经理通俗理论上卷》时，《中国商报》发表了一篇题为《“忙”的辩证思维》的文章，称我是“国内商企主管立言第一人”，更鼓舞了我写作的信心。我笔耕不辍，坚持写作，先后出版了《经理通俗理论》（上下卷）《企业管理 100 招》《思想政治工作漫谈》（上、下卷）等五本书，共计 200 万字。

我无论是在经营管理工作方面，还是在思想政治工作方面和写作方面所取得的成绩，都是与学习军报分不开的。学习军报启迪之多，收获之多，使我得到益处，尝到甜头，完全可以这样说，《军报》是我在军队成长的良师之报，是我写作的益友之报，是我在地方进行思想政治工作的助手之报，是我进行经营管理的参谋之报，是我改造思想的修养之报，是我天天见面的战友之报。

每天阅读《军报》，感觉自己就像仍是军中的一员，感觉自己好像是部队的编外干部，和部队永远有割不断的联系；每天阅读军报，可以起到巩固和维护军人基因的作用，使我们转业不转志，退伍不褪色，永葆军人本色；每天阅读《军报》，好像每天见到首长，经常获得勉励，好像每天身在军队，经常受到教育，好像每天遇到战友，经常得到帮助。在过去的 48 年里，《军报》是我的“战友”，在未来更长的时间里，《军报》仍然是我的战友，且将会成为自己终身的战友。

2015 年 10 月 20 日

（此文刊登于 2016 年 2 月 1 日《解放军报》第八版）

三十年感悟

光阴似箭，岁月如梭，1986年8月18日我到解放百货大楼任职至今已有30年，回顾往事，感悟如下：

我在五一当书记，忽闻工作要调动；
市长谈话增动力，迎战新岗心服从；
只身来到解百店，这难那难怎么弄；
具体问题多又多，思想观念列主攻；
调查研究明实情，攻克矛盾靠智勇；
各种难关果敢闯，经济效益视最重；
铁碗交椅大锅饭，三铁打破一路通；
承包经营当先锋，改制转制往前冲；
市场疲软斗志昂，网络冲击无愁容；
方法哪条作用大，改革创新最管用；
管理工作是基础，严格精细方有功；
职工教育谓大计，持之以恒能称雄；
依靠职工属上策，集思广益法无穷；
班子建设很重要，团结一心百难溶；
系列工作见成效，企业面貌令人恭；
扭转亏损到盈利，自身难保变众崇；
原来位居众店后，如今企业成青松；
光荣称号市省国，与时俱进业绩红；
试看今日老百货，唯有我店业正彤；
勤奋工作三十年，人生价值这里宏；
工作求上要学习，每天读书不落空；

遇事写作发言论，著文五百为政工；
爱岗之心有宏图，敬业大志早日种；
人生华章自己写，做人做事心要忠；
岗位虽然有成绩，理想目标还未中；
现在仍要勤奋斗，两学一做趣永浓；
党员言行不离公，践行宗旨人定颂；
不忘初心继续进，智力体力尽力贡；
这里奉献三十载，再要三十恐难供；
时间有限倍珍惜，只争早夕追善终。

2015 年 10 月 20 日

生日之恩

我生于 1947 年 5 月 23 日（阴历四月初四），今年是我 60 岁的生日之年，而且今年过了一个十分愉快、十分难忘、十分有意义的生日。此时此刻，浮想联翩，感想颇多，特写一诗以志纪念。

今已甲子岁，不可有暮心；
而今从头越，要有十六心；
工作四十载，再树奋斗心；
入党卅九年，永葆先进心；
为公是幸福，为民可乐心。

2007 年 5 月 23 日

佳日

公司召开第三届党委换届选举大会，实现了新老交替。这一天是 2016 年 10 月 26 日（农历九月二十六）星期三，含“369”；这一天也是我在公司任党委书记一职 30 年零 69 天，又含“369”；这一天的天气是秋高气爽、风和日丽。无论从哪个角度看，今天是个好日子，特写《佳日》一诗以示纪念。

多次请让贤，
终于心如愿；
书记变委员，
仍要努力干；
过去当主官，
今后做中坚；
搞好传帮带，
扶新驾好辕；
新老交替好，
企业能长安。

2016 年 10 月 26 日

年年生活福洋洋

值此新春佳节之际，祝您——羊年大吉，吉祥如意！

羊气使你喜洋洋，
洋气促你美洋洋，
阳气保你暖洋洋，
扬气让你沸洋洋，
生命不喜慢洋洋，
事业不要懒洋洋，
天天心态乐洋洋，
年年生活福洋洋。

2015 年 2 月 17 日

猴年之际三祝福

追 梦

小年到，早祝福，想美梦，做美梦，美梦实现心更美！

中国梦是人民梦，民梦国梦要同梦；
自己要梦工作梦，做好工作是美梦；
只说不干是空梦，求真务实是实梦；
一点一滴靠近梦，持之以恒实现梦。

2016 年 2 月 1 日

猴年大吉

在新春来临之际，我在这里给大家拜个早年，祝您及家人猴年有猴乐，猴年有猴福，猴年有猴运！

申猴接瑞千家乐，顽猴喜闹庆福春；
灵猴腾跃迎盛世，美猴奋起鼓雄风；
神猴振臂万象新，金猴贺岁追国梦；
千猴维新创奇迹，万猴攀高步青云。

2016 年 2 月 7 日

猴年学悟空

小年大年已过，人人上班工作，
元宵节即将到，再送您一祝福：

丙申换个大圣心，千难万险皆藐视；
网络冲击猛似虎，不过只占十之一；
实体斗志要昂扬，攻坚克难志不移；
错位经营天地广，创新发展多商机；
众力强劲能胜天，众智无比全无敌；
发挥优势闯市场，勇于搏击好效益。

2016 年 2 月 19 日

鸡年要做战斗鸡

在新春佳节来临之际，我给大家拜个早年，祝大家一帆风顺、两袖清风、三思而行、四季长安、五福临门、鸡年大吉、积极向上、爱岗敬业、再立新功。

金鸡报晓迎新年，
闻鸡起舞志在先；
鸡立鹤群不畏惧，
雄鸡胆敢与鹤战；
杀鸡取卵须杜绝，
小肚鸡肠要除剪；
鸡声如同冲锋号，
久久为功鸡不闲；
一鸡独立难持久，
群鸡共舞操胜券；
丁酉要做战斗鸡，
克敌制胜鸡开颜。

2017 年 1 月 25 日

迎接十九大　事业多用功

今天立春，也是春节后第一个工作日，春天来了，我们在鸡年如何做个优秀的“战斗鸡”呢？

鸡是知时畜，人比鸡聪明，知时更惜时，只争朝夕拼搏；
鸡为五德禽，其一是勇德，奋斗无惧心，再接再厉不辍；
鸡年逢大事，迎接十九大，事业多用功，尽心尽力报国；
鸡年有吉祥，吉心自己创，祥运自己造，创造美好生活；
闻鸡要起舞，心中有理想，勤奋不知倦，向善向上工作；
鸡年三八四，日日不虚度，月月有实绩，争取年终硕果！

2017 年 2 月 3 日

贺李春生同志九十大寿

李春生同志生于 1923 年 11 月 2 日，一直从事商业工作，1981 年，他 58 岁时到太原市解放百货大楼任经理，1984 年离休。在他 90 寿辰之际，我代表全体职工，特写一诗，以示祝贺。

解百经理共九任，您居其中第六位；
任职之时近花甲，朝气蓬勃不知累；
早来晚归忙不停，勤奋经营有作为；
虽然工作只四载，用心管理增光辉；
辛苦履职人皆知，良好形象成口碑；
离开企业二十八，关注发展心不退；
常来常往常联系，爱店感情发自肺；
离休在家不虚度，读书看报时不违；
言语风趣又幽默，思维敏捷显智慧；
耄耋之年少年魂，精神矍铄令人佩；
名为春生望生春，生机勃勃有虎威；
春夏秋冬要更替，独盼春天为尔陪；
历经风雨心态好，快乐幸福晚年随；
史传彭祖八百八，身处盛世有心追；
喜庆今年九十寿，祝君长命超百岁。

2012 年 10 月 28 日

同心同德　携手偕老

——祝贺秦忠义、李锋夫妇爱女秦雪与陕梅辰结婚之喜

秦李好伉俪，女儿表现棒；
家教尚忠义，雷锋作榜样；
千金有娇容，关爱超人常；
读书有理想，勤学喜争强；
大学仍大学，高校居高档；
半子情如何，相貌亦堂堂；
同学同党员，同心同信仰；
志同又道合，互为心仪郎；
梅花欢喜雪，情到自成双；
令嫒得帅婿，怙恃心欢畅；
才子遇佳人，珠联璧合旺；
今日美良辰，亮相惊全场；
爱应终如始，情须持续浪；
做牢爱情基，偕老志如钢；
家庭和事业，两者均求上；
和睦须互帮，业精靠自创；
铭记养育恩，孝顺成贤良；
女儿有幸福，父母喜洋洋；
秦陕成一家，一世要流芳；
爱家爱生活，再谱新篇章。

2015 年 5 月 13 日

爱须一生爱　婚应一世婚

——祝贺成树德、范原瑞夫妇爱子成伟与陈语楚结婚之喜

成范好伴侣，儿子亦优秀；
家教重树德，原瑞养育周；
伟有鸿鹄志，大学居上游；
初心永不忘，从来不落后；
文才大长进，专业苦研究；
同学佼佼者，攀高不停休；
学妹陈语楚，同校好学友；
旅游结伴行，魂游到佳偶；
赢得芳心倾，相爱情深厚；
晋川隔千里，恋人顺成媾；
男才女美貌，必定好千秋；
珠联璧合善，婚姻属头筹；
结婚助爱情，更上一层楼；
长敬偕久爱，金婚必恭候；
生活与事业，两者皆丰收；
家要永和睦，爱字位居首；
长大成了家，父母功不朽；
孝顺记心间，报恩时永久；
成陈组成家，以诚创一流；
争着献爱心，家庭向锦绣。

2016 年 8 月 28 日

赠言“宇”“宙”二学子

职工冯天霞的儿子曹宇、曹宙是一对双胞胎，庚辰年6月参加中考，一个被太铁一中录取，一个被太铁二中录取。在高中升学之际，特写短言赠之。

世间有个大宇宙，
曹家有个小宇宙，
宇之虽大要钻研，
宙之虽长需珍惜。
宇立雄心攀高峰，
宙怀虚心再进步，
高中力争成绩佳，
企盼金榜题名时。

2000年8月10日

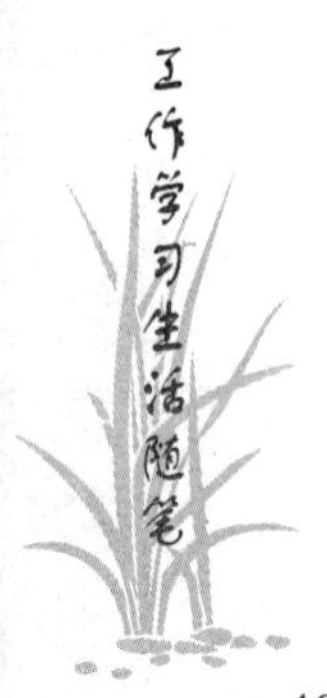

登高望远　志在千里

——为职工赵燕同志之女任慧考上大学赠言

五一小学评三好，十八中学获优秀；
刻苦学习成习惯，高考中榜无忧愁；
中学圆满画句号，武汉高校在恭候；
离别并州赴江城，民族大学争上游；
任重道远不松懈，慧至高峰凯歌奏；
所学课程数十门，攻克难题如灭寇；
读书需要识规律，抓住重点须智谋；
今日读书为将来，步入社会路无忧；
家中千金有佳绩，父母心里乐悠悠；
养育之恩铭记心，报答之行要全周。

2011 年 7 月 26 日

汝强进京贺

姚小刚和高丽萍是单位双职工，近闻其子大学毕业后在北京就业，同事们为其高兴，为其道喜。我代表大家写几句，以示祝贺！

姚家有一子，
取名姚汝强；
名中有寓意，
盼儿能高强；
儿子很争气，
学习好要强；
顺利进大学，
就业比人强；
京城干事业，
望成强中强。

2007 年 8 月 1 日

写　　字

——写给孙子赵皓轩

一日写字一日功；
一日不写十日空；
日日写字不落空；
日日坚持定成功。

2013 年 11 月 15 日

功退光荣

王翠兰同志生于 1955 年 3 月 28 日，1971 年参加工作，2010 年 3 月 28 日退休，现写二十八句作为其退休赠言。

相识三十二，两度成同事；
而今评说其，简要概括之；
十六到五五，工龄整四十；
解百二十年，一晃成历史；
工作四企业，岗位求精细；
身在最基层，艰苦当宝视；
学习坚持好，素质多受益；
入党葆本色，宗旨心牢记；
公利放首位，用心谋民利；
政工当事业，忠诚加努力；
书记又主席，党工有功立；
勤奋干工作，多年能如一；
处处是骨干，年年有成绩；
善始而善终，好评留公司。

2010 年 3 月 18 日

荣　耀

李焕英同志 1979 年 4 月至 2013 年 11 月工作 35 年，她是市三八红旗手，市劳动模范，企业标兵，逢其荣退之年，特写一诗，一作评价，二作留念。

入徒之时生梦想，事业征途与人赛；
崇尚道德正气盛，旁门左道绝不挨；
是非分明品行正，严于律己从不歪；
精益求精成习惯，认真负责是常态；
用心操心更专心，爱岗敬业居头排；
言行一致作风好，说到做到现真才；
经营年年成绩优，管理岁岁向上迈；
思想觉悟与时进，改革路上做表率；
组织纪律观念强，政策法纪严肃待；
次次活动争一流，各种困难脚下踩；
样样工作求完美，上下左右皆信赖；
组长主任又经理，一级一级成长来；
党团支委加董事，处处骨干无例外；
搪化百货到搪百，连续胜任职工爱；
荣誉称号店局市，创先争优不懈怠；
做人做事高标准，标兵形象是众楷；
职业生涯创佳绩，勤奋工作显风采；
理想信念树得牢，党员意识满脑塞；
诚实守信当干部，善始善终志不改；
心美行美铸最美，三十五年尽光彩；

经商服务数十年，回首往事令心快；
身离企业神仍留，宝贵经验史册载；
一心为公立多功，美名必定能长在。

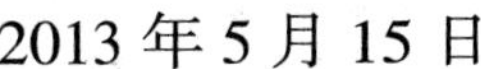

2013 年 5 月 15 日

健康劝言

审统处长张丽芳同志患胰腺炎病故后写给职工的健康劝言

人食五谷粮，岂能不得病；
患病不可怕，可怕在麻痹；
病情处动态，天天在变化；
量变有质变，质变在量变；
萌芽最好治，莫要失良机；
早治有变无，迟疗轻变重；
视病如敌人，赶快消灭它；
你不消灭它，它就消灭你；
病情似敌情，时刻要警惕；
小病需注意，及时服药品；
大病要重视，马上求医治；
要选好医院，力寻名医诊；
时间要抓紧，一刻不耽误；
看病放第一，花钱勿多虑；
思维要科学，切忌错决策；
思路如正确，省钱医病快；
除病康复早，就医效果好；
有病乱投医，适而得其反；
小病变大病，费用翻几番；
有命变无命，人和财两空；
生命只一次，不会有来世；
健康是本钱，失去丢一切；
奉劝诸职工，生命应关爱；
身体要保重，健康须珍视；
平安度一生，争取活百岁。

2010 年 3 月 16 日

忠　告

——为患病的营销处长赵宝贵同志而写

身体是本钱，格外须重视；
健康要保证，香烟需绝迹；
生命要长久，酒水降最低；
家庭要安宁，赴宴少为宜；
运动很重要，锻炼应求质；
面子是尊严，至上则无益；
关系要注意，过度会有失；
忠告共七条，望你能切记；
说到很容易，贵在能坚持；
说到能做到，疾病成历史；
说好能做好，体健无问题；
长说能长做，长寿自然至。

2013 年 1 月 3 日

点赞捐款

傅晶爱人突患重病，医治费用需百万，本人压力大，众人伸援手，公司发倡议两天，职工纷纷捐款，令人十分感动，特写一诗以示赞颂。

一人遇困难，众人急似火；
企业发倡议，职工快动作；
大家齐努力，共捐十万多；
施恩尽责任，爱心在辅佐；
奉献自愿行，助人心中乐；
文明常开花，今又添一朵。

2017 年 4 月 14 日

不同的人生轨迹

(一)

生活上——对己能抠多少抠多少，
有点钱——尽力能存多少存多少，
患病时——医院要多少就给多少，
逝世后——物品有多少就扔多少。
——这样的人生太可怜！

(二)

生命短暂，自己要明白，应倍加珍惜，
工龄有限，自己要努力，应志在优秀，
生活幸福，自己要创造，应善于消费，
回顾往事，自己要欣慰，应无怨无悔。
——这样的人生很值得！

2017 年 8 月 12 日